2025

EBS 교육방송교재

Since 2006
누적판매 **1위**

최신기출
개정법령
완벽반영

물류
관리사
기출문제집

KB195424

기출을 보면 합격이 보인다!

• 제24회~제28회 기출문제(2020~2024년도) 수록

물류관리사 개요

1 물류관리사란?

물류 관련 업무의 전문가로서, 물류의 전반적인 과정을 기획하고 관리하는 역할을 수행합니다. 물류관리사의 주된 업무는 물품의 수송, 보관, 하역, 포장, 유통, 국제물류 등을 체계적으로 관리하여 비용을 절감하고 효율성을 극대화하는 것입니다.

물류관리사 자격증은 국가공인 자격증으로, 한국산업인력공단이 주관하는 시험에 합격해야 취득할 수 있습니다. 물류 전문가로서의 전문성을 인정받기 위한 필수 자격증이라고 할 수 있습니다.

2 물류관리사 자격증이 필요한 사람들

① 물류 분야 취업을 원하는 취업 준비생
② 물류 실무자로서 자격증과 이론에 대한 지식이 필요한 직장인
③ 인사고과 및 승진을 위한 직장인 등

3 물류관리사의 수행업무

물류관리사는 물류관리에 대한 전문적인 지식을 가지고 원자재의 조달에서부터 물품의 생산, 보관, 포장, 가공, 유통에 이르기까지 물류가 이동되는 전체영역의 업무를 수행합니다.

4 물류관리사의 진로 및 전망

물류관리사는 물류관련 정부투자기관이나 공사, 운송·유통·보관 전문회사, 대기업 또는 중소기업의 물류 관련 부서(물류, 구매, 자재, 수송 등), 물류연구기관에 취업이 가능하다. 물류는 대부분의 주요 기업 활동을 포함하고 있으므로 대기업, 중소기업 및 공기업 모두 물류관리사를 요구하고 있다.

또한, 각계 전문기관에서 물류부문을 전자상거래와 함께 유망직종 중의 하나로 분류하고 있으며, 정부 차원에서는 국가물류기본계획을 수립하여 우리나라가 지향하는 물류미래상을 제시하고 세계 속에서 경쟁할 수 있는 물류전문인력을 양성·보급한다는 장기 비전을 제시하고 있다. 이러한 현 상황과 기업에서의 물류비용의 증가가 국제경쟁력 약화의 중요 원인임을 인식하고 물류 전담부서를 마련하고 있는 추세에서 물류전문가는 부족한 실정이어서 고용 전망이 매우 밝다.

시험정보

1 시험과목 및 배정

교시	시험과목	세부사항	문항수	시험시간	시험방법
1	물류관리론	물류관리론 내의 「화물운송론」, 「보관하역론」 및 「국제물류론」은 제외	과목당 40문항 (총 120문항)	120분 (09:30~11:30)	객관식 5지선택형
	화물운송론	–			
	국제물류론	–			
2	보관하역론	–	과목당 40문항 (총 80문항)	80분 (12:00~13:20)	
	물류관련법규	「물류정책기본법」, 「물류시설의 개발 및 운영에 관한 법률」, 「화물자동차운수사업법」, 「항만운송사업법」, 「농수산물유통 및 가격안정에 관한 법률」 중 물류 관련 규정			

※ 물류관련법규는 시험 시행일 현재 시행 중인 법령을 기준으로 출제함
 (단, 공포만 되고 시행되지 않은 법령은 제외)

2 합격기준

매 과목 100점을 만점으로 하여 매 과목 40점 이상, 전 과목 평균 60점 이상 득점한 자

3 응시정보

– 응시자격 : 제한없음
– 주무부서 : 국토교통부
– 시행처 : 한국산업인력공단
– 응시수수료 : 20,000원
– 과목면제 : 물류관리론(화물운송론 · 보관하역론 및 국제물류론은 제외) · 화물운송론 · 보관하역론 및 국제물류론에 관한 과목이 개설되어 있는 대학원에서 해당 과목을 모두 이수(학점을 취득한 경우로 한정한다)하고 석사학위 이상의 학위를 받은 자는 시험과목 중 물류관련법규를 제외한 과목의 시험을 면제

※ 정확한 내용은 국가자격시험 물류관리사 (www.q-net.or.kr) 에서 확인

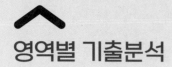

영역별 기출분석

1. 물류관리론

(단위 : 문항수)

주요 영역 \ 연도	2020	2021	2022	2023	2024	합계	비율(%)
물류 원론	9	9	8	8	6	40	20
물류의 합리화	5	7	6	5	6	29	14.5
물류비용	4	3	4	5	4	20	10
고객서비스와 품질관리	2	3	3	3	5	16	8
유통과 마케팅	4	2	4	5	3	18	9
물류정보시스템	8	7	6	6	7	34	17
물류 조직과 아웃소싱	2	2	2	2	3	11	5.5
공급사슬관리	5	5	6	4	4	24	12
물류포장과 녹색물류	1	2	1	2	2	8	4
총계(문항수)	40	40	40	40	40	200(문항)	100(%)

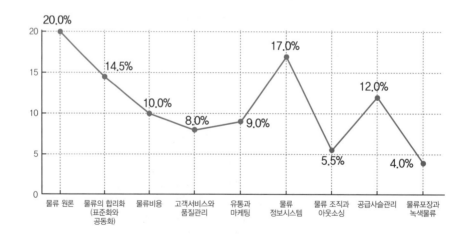

2. 화물운송론

(단위 : 문항수)

주요 영역 \ 연도	2020	2021	2022	2023	2024	합계	비율(%)
화물운송의 기초	8	5	7	9	5	34	17
화물자동차운송	13	12	12	11	13	61	30.5
수 · 배송시스템의 합리화	5	7	7	8	6	32	16
철도운송	3	4	4	3	3	17	8.5
항공운송	5	4	4	2	5	19	9.5
해상운송	4	4	4	5	3	20	10
국제복합운송	1	2	2	3	5	12	6
단위적재운송시스템	1	2	2	5	–	5	2.5
총계(문항수)	40	40	40	40	40	200(문항)	100(%)

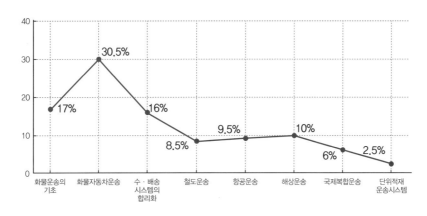

3. 국제물류론

(단위 : 문항수)

주요 영역 \ 연도	2020	2021	2022	2023	2024	합계	비율(%)
국제물류 일반과 무역	15	11	13	14	15	68	34
국제해상운송	16	18	16	17	15	82	41
국제항공운송	3	6	6	4	6	25	12.5
국제복합운송	6	5	5	5	4	25	12.5
총계(문항수)	40	40	40	40	40	200(문항)	100(%)

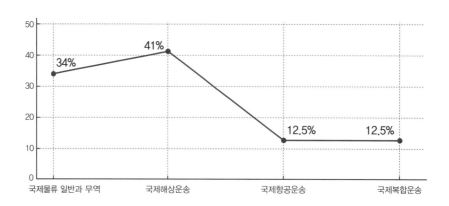

4. 보관하역론

(단위 : 문항수)

주요 영역 \ 연도	2020	2021	2022	2023	2024	합계	비율(%)
보관론	14	10	15	8	12	59	29.5
물류시설	2	6	4	7	8	27	13.5
보관 및 하역기기	7	6	6	9	8	36	18
하역론	6	11	7	9	8	41	20.5
재고관리	11	7	8	7	4	37	18.5
총계(문항수)	40	40	40	40	40	200(문항)	100(%)

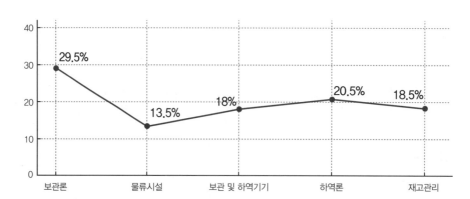

5. 물류관련법규

(단위 : 문항수)

연도 주요 영역	2020	2021	2022	2023	2024	합계	비율(%)
물류정책기본법	8	8	8	8	8	40	20
물류시설의 개발 및 운영에 관한 법률	8	8	8	8	8	40	20
유통산업발전법	5	5	5	5	5	25	12.5
화물자동차 운수사업법	10	10	10	10	10	50	25
철도사업법	4	4	4	4	4	20	10
항만운송사업법	3	3	3	3	3	15	7.5
농수산물 유통 및 가격안정에 관한 법률	2	2	2	2	2	10	5
총계(문항수)	40	40	40	40	40	200(문항)	100(%)

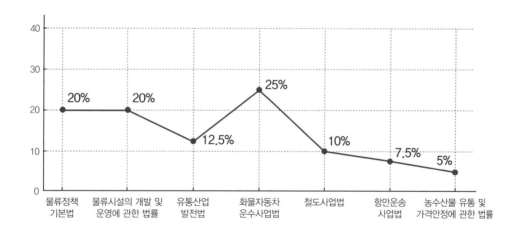

차례

28회 기출문제

물류관리사

제1교시 2024년 물류관리사	형별	**A형**	제한시간	120분	수험번호	성 명

제1과목 **물류관리론(01~40)**

01 물류에 관한 설명으로 옳지 않은 것은?

① 물적유통(Physical Distribution)은 판매영역 중심의 물자 흐름을 의미한다.

② 로지스틱스(Logistics)는 병참이라는 군사용어에서 유래되었으며, 조달·생산·판매·회수물류 등을 포함하는 총체적인 개념이다.

③ 3S 1L 원칙은 신속성(Speedy), 안정성(Safely), 확실성(Surely), 경제성(Low)을 고려한 물류의 기본 원칙이다.

④ 7R 원칙은 적절한 상품(Commodity), 품질(Quality), 수량(Quantity), 시간(Time), 장소(Place), 보안(Security), 가격(Price)이다.

⑤ 공급사슬관리(SCM)는 고객, 공급업체, 제조업체 및 유통업체로 이루어진 네트워크에서의 재화, 정보 및 자금흐름을 다룬다.

해설 7R 원칙 : 적절한 상품(Commodity), 품질(Quality), 수량(Quantity), 시간(Time), 장소(Place), <u>인상(Impression)</u>, 가격(Price)

02 물류환경의 변화에 관한 설명으로 옳지 않은 것은?

① 전자상거래와 홈쇼핑의 성장으로 택배시장이 확대되고 있다.

② 글로벌 물류시장 선도를 위해 국가 차원의 종합물류기업 육성정책이 시행되고 있다.

③ 소비자 중심 물류로의 전환으로 인하여 소품종 대량생산의 중요성이 증가하고 있다.

④ 고객 수요 충족을 위해 수요예측 등 종합적 물류계획의 수립과 관리의 중요성이 높아지고 있다.

⑤ 물류서비스의 수준향상과 원가절감을 위해 아웃소싱과 3PL이 활용되고 있다.

해설 최근 물류환경은 소비자 중심 물류로의 전환으로 인하여 다품종 소량생산, 다빈도 배송의 중요성이 증가하고 있다.

정답 **01** ④ **02** ③

03 물류의 기능에 관한 설명으로 옳지 않은 것은?

① 포장활동은 제품의 취급을 용이하게 하고 상품가치를 제고시키는 역할을 한다.

② 하역활동은 운송과 보관을 위해 제품을 싣거나 내리는 행위를 말한다.

③ 물류정보는 전자적 수단을 활용하여 물류활동을 효율화시킨다.

④ 유통가공활동은 유통과정에 있어서 고객의 요구에 부합하기 위해 행해지는 단순 가공, 재포장, 조립, 절단 등의 물류활동이다.

⑤ 보관활동은 물자를 수요가 낮은 국가에서 높은 국가로 이동시켜 물자의 효용가치를 증대시키기 위한 물류활동이다.

[해설] 물자의 효용가치가 낮은 곳에서 높은 곳으로 이동시켜 물자의 효용가치를 증대시키기 위한 물류활동은 운송(Transportation)이다.

04 물류관리 원칙에 관한 설명으로 옳은 것은?

① 신뢰성의 원칙 : 필요한 물량을 원하는 시기와 장소에 공급하여 사용할 수 있도록 보장하는 원칙

② 균형성의 원칙 : 불필요한 유통과정을 제거하여 물자지원체계를 단순화하고 간소화하는 원칙

③ 단순성의 원칙 : 생산, 유통, 소비에 필요한 물자의 수요와 공급 및 조달과 분배의 균형성을 유지하는 원칙

④ 적시성의 원칙 : 최소한의 자원으로 최대한의 물자공급 효과를 추구하여 물류관리 비용을 최소화하는 원칙

⑤ 경제성의 원칙 : 저장시설 보호 및 도난, 망실, 화재, 파손 등으로부터 화물을 보호하는 원칙

[해설] ② **균형성의 원칙** : 생산, 유통, 소비에 필요한 물자를 수요와 공급의 균형, 조달과 분배의 균형을 유지하며 공급

③ **단순성의 원칙** : 불필요한 유통과정을 제거하여 물자지원체계를 단순화하고 간소화하는 원칙

④ **적시성의 원칙** : 필요한 수량을 필요한 시기에 공급함으로써, 고객만족도를 높이고 재고비용을 최소화함

⑤ **경제성의 원칙** : 최소한의 자원으로 최대한의 물자공급 효과를 추구하여 물류관리 비용을 최소화하는 원칙

정답 **03** ⑤ **04** ①

05 A기업의 매출액은 3,000억 원, 경상이익이 60억 원, 물류비는 200억 원일 때, 물류비를 5% 절감하여 얻을 수 있는 경상이익의 추가액과 동일한 효과를 얻기 위하여 달성해야 할 추가 매출액은?

① 100억원
② 200억원
③ 300억원
④ 400억원
⑤ 500억원

해설 물류비 절감액＝200억 원 × 5% ＝ 10억 원
비용이 절감된 만큼 이익과 이익률은 증가하며, 이는 매출액이 증가한 효과와 동일하게 된다.

이익 증가율 ＝ $\frac{\text{이익 증가분}}{\text{기존 이익}}$ × 100 ＝ $\frac{10억\ 원}{60억\ 원}$ × 100≒16.7%

따라서 매출액 증가분 ＝ 3,000억 원 × $\frac{10억\ 원}{60억\ 원}$ ＝ 500억 원

06 물류 측면의 고객서비스에 관한 설명으로 옳지 않은 것은?

① 물류서비스에 대한 고객의 만족도는 기대(Expectation)수준과 성과(Performance)수준의 차이로 설명된다.
② 제품 가용성(Availability) 정보제공은 물류서비스 신뢰성에 영향을 주지 않는다.
③ 물류서비스와 물류비용 사이에는 상충(Trade-off) 관계가 존재한다.
④ 서비스 품질은 고객과 서비스 제공자 간의 상호 작용에 의해서 결정된다.
⑤ 고객서비스의 수준이 결정되지 않았다면 수익과 비용을 동시에 고려하여 최적의 서비스수준을 결정해야 한다.

해설 고객에게 제품 가용성(Availability)에 대한 정보제공이 투명하게 되는 경우 물류서비스 신뢰성은 높아진다.

07 기업물류의 영역별 분류에 관한 설명으로 옳지 않은 것은?

① 조달물류는 기업이 제품생산을 위해 필요한 원자재를 확보하기 위한 물류이다.
② 사내물류는 완제품의 판매로 출하되어 고객에게 인도될 때까지의 물류활동이다.
③ 생산물류는 자재 또는 부품이 생산 공정에 투입된 이후 생산이 완료될 때까지의 물류이다.
④ 역물류는 반품물류, 폐기물류, 회수물류를 포함하는 물류이다.
⑤ 회수물류는 판매물류를 지원하는 파렛트, 컨테이너 등의 회수에 따른 물류이다.

해설 완제품의 판매로 출하되어 고객에게 인도될 때까지의 물류활동은 판매물류에 해당한다.

정답 **05** ⑤ **06** ② **07** ②

08 물류와 마케팅에 관한 설명으로 옳지 않은 것은?

① 마케팅 믹스(4′P)는 제품, 가격, 유통, 촉진으로 구성된다.

② 마케팅 믹스(4′P) 중 유통은 물류와 관련성이 높은 요인이다.

③ 탁월한 고객서비스를 제공하는 마케팅은 고객만족을 증대시킨다.

④ 고객만족을 위해 물류서비스 수준을 높이면 물류비는 절감된다.

⑤ 효과적인 물류관리를 위해서는 기능별 개별 물류비 절감보다 총 물류비를 줄이는 것이 중요하다.

> [해설] 물류서비스 수준과 물류비는 상충(Trade-off)관계에 있으므로, 고객만족을 위해 물류서비스 수준을 높이기 위해서는 물류비용은 증가하게 된다.

09 J. F. Robeson과 W. C. Copacino는 물류계획을 전략적, 구조적, 기능적, 실행적 수준으로 구분하였다. 다음 중 구조적 수준에 해당하는 것을 모두 고른 것은?

ㄱ. 창고설계 및 운영	ㄴ. 설비 및 장치
ㄷ. 유통경로설계	ㄹ. 수송관리
ㅁ. 네트워크 전략	ㅂ. 고객서비스

① ㄱ, ㅂ   ② ㄴ, ㄹ

③ ㄷ, ㅁ   ④ ㄱ, ㄴ, ㄷ

⑤ ㄷ, ㄹ, ㅁ, ㅂ

> [해설]
> • 전략적 수준 : 고객서비스
> • 구조적 수준(관리적 수준) : 유통경로설계, 네트워크 전략
> • 기능적 수준 : 운송관리, 창고설계 및 운영
> • 실행적 수준 : 설비 및 장치

10 4PL(Fourth Party Logistics)에 관한 설명으로 옳지 않은 것은?

① 3PL(Third Party Logistics), 물류컨설팅업체, IT업체 등이 결합한 형태이다.

② 이익분배를 통하여 공급사슬 구성원 공통의 목표를 관리한다.

③ 공급사슬 전체의 관리와 운영을 대상으로 한다.

④ 수입증대, 운영비용 감소, 운전자본 확대, 고정자본 확대를 목적으로 한다.

⑤ 기존 물류업체의 한계를 극복하고 지속적인 개선효과 창출을 목적으로 한다.

해설 제4자물류는 3PL(Third Party Logistics), 물류컨설팅업체, IT업체 등이 결합한 형태로 수입증대, 운영비용 감소 등의 기대효과가 장점이다. 그러나 아웃소싱이 이루어지므로 화주기업은 고정자본 확대가 아니라 감소가 발생하게 된다.

11 다음 (   )에 들어갈 용어를 옳게 나열한 것은?

(ㄱ)은 물류관리 업무를 각 공장 및 영업부서, 운송부서, 총무부서 등에서 개별적으로 운영하는 조직이다. (ㄴ)은 물류관리 업무를 전문화하여 독립된 회사로 분사(分社)시킨 조직이다.

① ㄱ : 집중형,   ㄴ : 분산형
② ㄱ : 분산형,   ㄴ : 자회사형
③ ㄱ : 분산형,   ㄴ : 집중형
④ ㄱ : 집중형,   ㄴ : 자회사형
⑤ ㄱ : 자회사형, ㄴ : 분산형

해설 • **분산형** : 물류 전담 조직 없음, 물류 조직이 별도로 있지 않고, 영업이나 생산 등 다른 부서의 하위기능으로 존재했다.
• **집중형** : 물류 전담 조직 탄생, 물류 통합 관리를 위해 물류관리와 운영을 총괄하는 하나의 물류 조직을 두었다.
• **자회사형** : 물류 아웃소싱 효과와 함께 전문화된 물류관리를 위해 모기업이 출자하고 모기업의 물류 업무를 수행하는 물류자회사가 생겼다.

12 제조기업의 물류 아웃소싱의 장·단점에 관한 설명으로 옳지 않은 것은?

① 제조업체는 고객 불만에 대한 신속한 대처가 어렵다.
② 제조업체는 물류 정보의 유출이 발생할 수 있다.
③ 제조업체는 내부 전문가 상실 및 사내 전문지식을 축적하기 어렵다.
④ 물류업체는 규모의 경제를 통한 효율의 증대를 기대할 수 있다.
⑤ 제조업체는 물류거점에 대한 자본투입을 최대화하고 전문 물류업체의 인프라를 전략적으로 활용할 수 있다.

해설 물류 아웃소싱을 통해 제조업체(화주기업)는 물류거점에 대한 자본투입을 최소화하고 전문 물류업체의 인프라를 전략적으로 활용하여 핵심역량에 집중할 수 있다는 장점이 있다.

13 서비스품질모형(SERVQUAL)의 5가지 차원에 해당하지 않는 것은?

① 신뢰성(Reliability)
② 대응성(Responsiveness)
③ 무형성(Intangibility)
④ 확신성(Assurance)
⑤ 공감성(Empathy)

> 해설 PZB의 서비스품질모형(SERVQUAL)은 RATER(Reliability, Assurance, Tangibility(유형성), Empathy, Responsiveness)모형이라고도 한다.

14 공급사슬관리(SCM)의 도입 배경과 필요성에 관한 설명으로 옳지 않은 것은?

① 기업 간 경쟁심화로 비용절감과 납기준수가 중요해지고 있다.
② 공급사슬 상류로 갈수록 수요정보가 증폭되어 왜곡되는 현상이 나타난다.
③ 공급사슬 계획과 운영을 지원하는 IT 솔루션이 개발되고 있다.
④ 글로벌화로 인해 부품공급의 리드타임이 짧아지고 있다.
⑤ 고객 요구가 다양해지고 제품의 수명주기가 단축되고 있다.

> 해설 공급망의 글로벌화로 인해 부품공급의 리드타임이 길어지고 있다. 이를 개선하기 위해 SCM이 필수적인 물류관리 시스템으로 도입되고 있다.

15 제약이론(TOC)에서 다음 설명에 해당하는 개념은?

- 가장 속도가 늦은 사람을 선두에 세우는 행군대열에서 유추
- 대열의 선두와 가장 속도가 늦은 사람을 연결
- 원자재와 부품에 대한 재고보충이 공급업체로 전달되도록 정보교환

① Analysis
② Drum
③ Improve
④ Rope
⑤ Throughput

> 해설 공정속도가 느린 애로공정을 선두에 세우고 다른 공정들을 로프(Rope)로 묶어 간격(공정 간 밸런스)을 유지한 다음(Buffer), 선두가 드럼을 치며 전체 공정 간 대열의 속도를 조절하는 방법으로(Drum)에서 유래했다.
> - Drum : 제약요인 그 자체로, 전체 프로세스의 속도를 결정한다.
> - Buffer : 생산과 판매를 중단 없이 지속하기 위한 재고수준으로 병목 전 공정은 병목구간이 쉬지 않도록 버퍼를 형성하는 기능을 한다.
> - Rope : 대열의 선두와 가장 속도가 늦은 사람을 연결하는 개념으로, 생산과 판매에서 재고가 소진되어 보충되는 속도를 나타낸다.

정답 **13** ③ **14** ④ **15** ④

16 6시그마 기법에 관한 설명으로 옳지 않은 것은?

① 미국 기업 모토로라에서 처음으로 도입하였다.

② 대표적인 추진 방법론은 DMAIC이다.

③ 2시그마 수준은 3시그마 수준보다 불량률이 크다.

④ 시그마(σ)는 통계학의 표준편차를 의미한다.

⑤ 6시그마 수준은 불량률 4.3 PPM을 의미한다.

해설   6시그마는 모토로라의 엔지니어 빌 스미스(Bill Smith)가 1985년 제창한 기법으로 100만 개 중 3.4개의 불량만을 인정한다는 통계적 품질관리 기법이다. 이는 불량률 3.4 PPM을 의미한다.

17 A기업은 공급업체로부터 부품을 운송해서 하역하는 데 40만 원, 창고입고를 위한 검수에 10만 원, 생산공정에 투입하여 제조하는 데 30만 원, 완제품출고검사에 20만 원, 완제품포장에 50만 원, 트럭에 상차하여 고객에게 배송하는 데 30만 원을 지불하였다. A기업의 판매물류비는?

① 50만 원   ② 70만 원

③ 80만 원   ④ 100만 원

⑤ 180만 원

해설
- 조달물류비 : 부품의 운송하역비(40만 원) + 창고입고 검수비(10만 원) = 50만 원
- 제조원가 : 30만 원
- 판매물류비 : 완제품출고검사비(20만 원) + 완제품포장비(50만 원) + 배송비(30만 원) = 100만 원

18 투자수익률(ROI : Return On Investment)에 관한 설명으로 옳은 것은?

① 매출액순이익률과 총자본회전율의 곱으로 표현할 수 있다.

② 매출액순이익률과 손익분기점의 곱으로 표현할 수 있다.

③ 재고회전율과 총자본회전율의 곱으로 표현할 수 있다.

④ 재고회전율과 손익분기점의 곱으로 표현할 수 있다.

⑤ 손익분기점과 총자본회전율의 곱으로 표현할 수 있다.

해설   투자액 대비 이익이 얼마나 발생하는 여부를 나타내는 지수로 미국 듀퐁사에 의해 개발된 투자 관련 지표이며, 매출액순이익률과 회전율의 곱으로 표현할 수 있다.

$$투자수익률 = \frac{순이익}{투자액} = \frac{순이익}{총투자액(자본)} = \frac{순이익}{매출액} \times \frac{매출액}{총투자액(자본)}$$
$$= 매출액순이익률 \times (총투자자본)회전율$$

19 A기업의 물류성과지표가 다음과 같을 때 현금전환주기(Cash-to-Cash Cycle)는?

- 재고기간(Days of inventory) : 3개월
- 매출채권 회수기간(Days of accounts receivable) : 2개월
- 매입채무 지급기간(Days of accounts payable) : 3개월

① 2개월　　　　　　　　　　② 3개월
③ 4개월　　　　　　　　　　④ 6개월
⑤ 8개월

해설 현금전환주기(CCC : Cash-to-Cash Cycle) : 원자재 구매대금을 지급한 시점부터 원자재로 제품을 생산해서 매출하고 판매대금을 회수하는 시점까지의 기간

CCC = 매출채권 회수기간 + 재고회전기간 − 매입채무 지급기간
= 2개월 + 3개월 − 3개월 = 2개월

20 예비창업자 A씨의 사업계획서를 분석한 결과 연간 2천만 원의 고정비가 발생하였고, 제품 1개당 판매가격은 1만 원, 제품 1개당 변동비용은 판매가격의 80%일 때 손익분기점이 되는 제품 판매량은?

① 2,000개　　　　　　　　　② 5,000개
③ 10,000개　　　　　　　　 ④ 15,000개
⑤ 20,000개

해설 손익분기점 판매량 $= \dfrac{총\ 고정비}{단위당\ 가격 - 단위당\ 변동비} = \dfrac{20,000,000}{10,000 - 10,000 \times 0.8}$

$= 10,000$개

21 수직적 유통경로(VMS : Vertical Marketing System)에 관한 설명으로 옳지 않은 것은?

① 기업형 VMS의 수직적 통합의 정도는 관리형 VMS보다 높다.
② 계약형 VMS의 수직적 통합의 정도는 관리형 VMS보다 높다.
③ 기업형 VMS의 대표적 유형은 프랜차이즈 시스템이다.
④ 전통적 유통경로에 비하여 전후방적 통합의 정도가 높다.
⑤ 전통적 유통경로에서 발생하던 경로구성원들 각각의 이익극대화 추구 현상이 줄어들 수 있다.

해설 계약형 VMS의 대표적 유형은 프랜차이즈 시스템이다.

정답 **19** ①　**20** ③　**21** ③

22 자재관리에 관한 설명으로 옳지 않은 것은?

① MRP는 MRP−Ⅱ로 확장되었다.

② JIT는 최소의 재고유지를 통한 낭비제거를 목표로 하는 적시생산시스템이다.

③ JIT는 칸반(Kanban) 시스템이라고도 불린다.

④ 자재소요계획 시스템은 MRP로부터 ERP로 발전되었다.

⑤ JIT−Ⅱ는 일본 도요타 자동차가 개발한 시스템이다.

> **해설** 도요타 자동차에서 개발한 JIT의 후속편으로 등장한 JIT−Ⅱ는 1986년 미국 오디오 부품업체 ㈜보스사에 의해 개발된 이후 IBM, AT&T, 인텔 등에 의해 잇따라 도입된 바 있다.

23 도매상과 소매상에 관한 설명으로 옳지 않은 것은?

① Broker는 구매자와 판매자 간 거래의 중개가 주된 기능이므로 제품에 대한 소유권은 가지지 않는다.

② Rack Jobber는 완전서비스 도매상(Full−service wholesaler)에 속한다.

③ Factory Outlet은 상설할인매장으로서 제조업체의 잉여상품, 단절상품 또는 재고상품을 주로 취급한다.

④ Category Killer는 특정 상품군을 전문적으로 취급하고 저렴한 가격으로 판매하는 소매업이다.

⑤ Supermarket은 식료품, 일용품 등을 주로 취급하며 셀프서비스를 특징으로 하는 소매업이다.

> **해설** 완전서비스 도매상(Full−service wholesaler)에는 일반상품 도매상, 전문품 도매상, 한정상품 도매상 등이 있다. 선반진열 도매상(Rack Jobber)은 한정서비스 도매상에 해당한다.

24 2차원 바코드에 해당하는 것은?

① PDF−417   ② EAN−8

③ EAN−13   ④ ITF−14

⑤ GS1−128

> **해설** ② EAN−8, ③ EAN−13, ④ ITF−14, ⑤ GS1−128은 1차원 바코드에 해당한다. 반면 PDF−417, QR코드, 맥시코드 등은 2차원 바코드에 해당한다.

25 RFID에 관한 설명으로 옳지 않은 것은?

① 무선주파수 식별기법으로서 Radio Frequency Identification 기술을 말한다.
② 바코드와 스캐닝 기술 기반으로 구축된다.
③ 태그에 접촉하지 않아도 인식이 가능하다.
④ 태그에 데이터 추가 또는 변경이 가능하다.
⑤ 주파수 대역에 따라 태그 인식 거리 및 인식 속도의 차이가 발생한다.

해설 바코드와 스캐닝 기술을 기반으로 구축되는 시스템은 POS에 해당하며, RFID는 판독기를 이용하여 태그(Tag)에 직접 접촉하지 않고도 태그에 기록된 정보를 판독하는 무선주파수인식기술을 말한다.

26 다음 설명에 해당하는 물류정보시스템은?

> 물류센터의 랙이나 보관장소에 전자 표시기를 설치하여 출고할 물품의 보관구역과 출고수량을 작업자에게 알려주고 출고가 완료되면 신호가 꺼져 작업이 완료되었음을 자동으로 알려주는 시스템

① CALS   ② TMS
③ SIS   ④ OMS
⑤ DPS

해설 DPS(Digital Picking System)는 물류센터의 랙이나 보관 구역에 점등 장치를 달아서 피킹할 화물이 보관된 지역과 피킹할 수량을 알려주는 시스템으로, 작업자가 지정된 구역에서 지정된 피킹을 완료하면 점등 장치를 꺼서 피킹 완료 여부를 알려주는 작동방식을 지닌다.

27 물류정보망에 관한 설명으로 옳은 것은?

① KT-NET은 물류거점 간의 원활한 정보 및 물류 EDI 서비스를 제공한다.
② KROIS는 철도운영정보시스템이다.
③ PORT-MIS는 항만 및 공항에 관한 정보를 제공하며 국토교통부에서 관리하는 정보망이다.
④ CVO는 Common Vehicle Operations의 약어이다.
⑤ KL-NET은 우리나라 최초의 무역정보망으로서 무역자동화 서비스를 제공한다.

해설 ① KT-NET은 1989년 정부의 종합무역자동화 기본계획 수립에 따라 한국무역협회가 100% 출자하여 설립한 '무역정보화' 서비스 기업이자 '무역정보화시스템'을 말한다.
③ Port-MIS는 항만법 제26조, 항만법 시행령 제33조를 기반으로 구축되고 운영되는 시스템으로, 해양수산부가 주관한다.
④ CVO(Commercial Vehicle Operation) : 첨단화물운송시스템으로 구차구화시스템이라고 한다.
⑤ KL-NET은 1994년 물류정보화를 통한 국가경쟁력 강화를 목적으로 물류 관련 기관과 기업들이 공동 출자하여 설립한 물류 IT 전문기업을 말한다. 우리나라 최초의 무역정보망으로서 무역자동화 서비스를 제공하는 것은 KT-NET에 해당한다.

정답 25 ② 26 ⑤ 27 ②

28 물류정보시스템에 관한 설명으로 옳지 않은 것은?

① 영어식 약어 표현으로는 LIS라고 한다.
② 물류정보의 수집·저장·가공·유통을 가능하게 하는 컴퓨터 하드웨어와 소프트웨어, 업무프로세스, 사용자 등의 집합체이다.
③ 개별 물류활동들의 통합을 통한 전체 최적화보다는 특정한 물류활동의 최적화를 위하여 구축한다.
④ 처리해야 할 정보가 많을수록 수작업에 비하여 물류관리의 효율성과 정확성이 증대되는 효과가 있다.
⑤ 물류서비스 향상 및 물류비 절감을 목적으로 구축한다.

해설 물류정보시스템은 특정한 물류활동의 최적화보다는 물류활동들의 통합을 통한 전체 최적화를 위하여 구축된다.

29 다음 설명에 해당하는 기업 간 협업 유형을 바르게 연결한 것은?

ㄱ. 의류업계 공급사슬의 정보 공유로부터 시작하였다.
ㄴ. 제품 판매정보를 실시간으로 제공하여 별도의 주문 없이 제품이 지속적으로 보충되는 시스템이다.
ㄷ. 부품공급자가 제조업자의 생산 계획을 공유하여 제조업자의 재고를 관리한다.

① ㄱ : QR,　ㄴ : BPR,　ㄷ : VMI　　② ㄱ : QR,　ㄴ : CRP,　ㄷ : VMI
③ ㄱ : ECR,　ㄴ : CRP,　ㄷ : VMI　　④ ㄱ : ECR,　ㄴ : BPR,　ㄷ : CPFR
⑤ ㄱ : QR,　ㄴ : BPR,　ㄷ : CPFR

해설 ㄱ. QR은 본격적으로 SCM 개념이 도입되기 전인 1980년대 미국 의류업계의 주도로 도입된 물류정보시스템으로 바코드, EDI, POS, 유연한 생산시스템 등을 합친 프로세스이다.
ㄴ. CRP는 팔린 만큼 실시간으로 재고를 보충하는 개념으로 공급업자와 소매업자 간에 POS 정보를 공유하여 별도의 주문 없이 공급업자가 제품을 보충할 수 있는 시스템을 말한다.
ㄷ. VMI는 판매자의 재고 최적화를 공급자가 담당하는 재고관리 형태를 말한다. 경로구성원 중 판매자가 공급자(제조업체)에게 재고주문권을 부여하고, 공급자는 자율적으로 공급 스케줄을 관리한다.

30 다음에서 설명하는 공급사슬관리(SCM) 기법은?

> 식자재유통업체 A사는 물류센터에 공급업체와 소매업체 차량이 약속한 시간에 도착하고, 지체 없이 공급업체의 식자재를 소매업체 차량으로 이동하도록 하여 물류센터의 보관작업이 불필요한 시스템을 도입하였다.

① Cross Docking
② Delayed Differentiation
③ Outsourcing
④ Postponement
⑤ Risk Pooling

> **해설** 크로스도킹은 제조업체에서 고객에게 또는 하나의 운송수단에서 다른 운송수단으로 창고 보관 과정 없이 바로 실물을 인도하는 개념으로 사전 스케줄링, JIT수·배송을 요한다.

31 물류표준화의 목적에 해당하지 않는 것은?

① 단위화물 체계의 보급
② 물류기기와의 연계성 향상
③ 물류비의 절감
④ 납품주기 단축과 납품횟수 증대
⑤ 물류활동의 효율화

> **해설** 물류표준화는 물류활동의 각 단계에서 사용되는 기기, 용기, 설비 등을 규격화하여 상호 간 호환성과 연계성을 확보하는 것으로 물류의 공동화, 유닛로드시스템 구현을 통해 물류활동의 효율화 및 물류비 절감을 위한 전제조건에 해당한다. 그러나 물류표준화의 목적이 납품주기 단축과 납품횟수 증대를 위한 것은 아니다.

32 다음 설명에 해당하는 물류 용어는?

> 하역, 보관, 운송 등의 합리화를 위해 제품에 최적화된 포장치수를 선택함으로써 포장의 단위화를 가능하게 하고, 하역작업의 기계화 및 자동화, 화물파손방지 등의 물류합리화에 기여할 수 있다.

① 이송장비의 표준화
② 파렛트 표준화
③ 파렛트 풀 시스템
④ 컨테이너 표준화
⑤ 포장의 모듈화

> **해설** 물류모듈화가 단위화물 체계를 구성하기 위해 포장의 치수를 단위화물의 배수 또는 분할로 관리하는 기법이라면, 포장모듈화는 포장 치수 표준화 및 단위화를 통해 화물, 파렛트, 컨테이너, 운송수단 등을 가장 효율적이고 경제적으로 설계하고 운영하는 활동을 말한다.

정답 **30** ① **31** ④ **32** ⑤

33 물류표준화에 관한 설명으로 옳지 않은 것은?

① T−11형 파렛트는 11톤 트럭에 최대 12매가 적재되도록 물류모듈 배수관계가 정립되어 있다.

② T−11형 파렛트에 1,100mm(길이) × 275mm(폭) 포장박스를 1단에 4개 적재할 때 적재효율은 100%이다.

③ 물류모듈은 물류시설 및 장비들의 규격이나 치수가 일정한 배수나 분할 관계로 조합되어 있는 집합체로 물류표준화를 위한 기준치수를 의미한다.

④ 대표적인 Unit Load 치수에는 NULS(Net Unit Load Size)와 PVS(Plan View Size)가 있다.

⑤ 하역·운송·보관 등을 일관화하고 합리화할 수 있다.

해설 표준 파렛트 T11(1,100mm×1,100mm)의 윙바디 11톤 트럭 적재 수량 : 윙바디 트럭 적재함 양쪽으로 9파렛트씩 총 18개 적재 가능

※ 표준 파렛트 T11(1,100mm×1,100mm)의 ISO 표준컨테이너 적재 수량

- 20피트 컨테이너에 1단 적재하면 10개를 적재 가능
- 20피트 컨테이너에 2단 적재하면 20개를 적재 가능
- 40피트 컨테이너에 1단 적재하면 20개를 적재 가능
- 45피트 컨테이너에 1단 적재하면 22개까지 적재 가능

34 수·배송 공동화의 효과에 관한 설명으로 옳지 않은 것은?

① 화물의 규격, 포장, 파렛트 규격 등의 물류표준화가 선행될 때 효과가 높다.

② 공동 수·배송에 참여하는 기업들은 개별적인 차원보다 공동의 목표를 가져야 효과가 높다.

③ 일정 지역 내에 공동 수·배송에 참여하는 복수의 화주가 존재해야 효과가 높다.

④ 공동 수·배송을 주도할 수 있는 중심업체가 있어야 효과가 높다.

⑤ 화물형태가 일정하지 않은 비규격품, 목재, 골재, 위험물 등은 공동배송에 효과가 높다.

해설 화물형태가 일정하지 않은 비규격품, 목재, 골재, 위험물 등은 표준화의 정도가 낮으므로 공동 수·배송의 효과가 낮다.

35 물류공동화의 장·단점에 관한 설명으로 옳지 않은 것은?

① 새로운 공동배송센터, 정보시스템 등의 투자에 따른 위험부담이 존재한다.

② 공동배송센터의 경우 입고에서 출고까지 일관물류시스템의 최적화가 가능하다.

③ 참여기업의 기밀유지 문제가 발생할 가능성이 낮아진다.

④ 참여 기업 간 포장, 전표, 용기 등의 표준화가 용이하지 않을 경우 효율이 저하될 수 있다.

⑤ 참여 기업 간 이해 조정, 의사소통, 의사결정 지연 등의 문제점이 존재한다.

> **해설** 물류공동화는 여러 화주기업들의 화물을 공동으로 운송, 보관, 하역하는 것으로 참여기업들 간의 기밀 유출 문제가 발생할 수 있다는 단점이 지적된다.

36 다음 설명에 해당하는 공동 수·배송 운영방식은?

- 화주가 협동조합 및 연합회를 조직하여 공동화하는 형태가 있다.
- 운송업자가 공동화하여 불특정 다수의 화물에 대하여 공동화하는 형태가 있다.
- 물류센터에서의 배송뿐만 아니라 화물의 보관 및 집하업무까지 공동화하는 것이다.

① 집배송공동형   ② 배송공동형
③ 노선집하공동형   ④ 공동수주·공동배송형
⑤ 납품대행형

> **해설** ※ 공동 수·배송 운영방식

집배송공동형	특정화주공동형 : 복수의 화주가 주도하여 조합이나 연합회 등의 형태로 집화와 배송을 공동화하는 형태
	운송사업자공동형 : 복수의 운송업자가 주도하여 복수 화주의 집화와 배송을 공동화하는 형태
배송공동형	복수의 운송업자가 복수 화주의 화물을 공동으로 배송하는 형태, 운송사업자공동형은 집화와 배송을 공동화하는 데 반해, 배송공동형은 물류거점까지 집화를 공동으로 하지는 않음
납품대행형	백화점 또는 할인점 등이 지정한 운송업자가 납품업체를 대신하여 여러 업체에 납품하는 형태
공동수주·공동배송형	운송업자가 조합을 구성하고 수주와 배송을 공동으로 하는 형태
노선집하공동형	특정 노선의 집화를 공동화하여 화주가 지정된 노선의 운송업자에게 화물을 맡기면 노선 운송업자가 배송하는 방식

정답 **35** ③ **36** ①

37 다음 물류관련 보안제도에 관한 설명으로 옳은 것을 모두 고른 것은?

ㄱ. ISPS는 해상화물 운송선박 및 항만시설에 대한 해상테러 가능성을 대비하기 위해 국제해사기구(IMO)가 제정한 제도이다.

ㄴ. SPA(SAFE Port Act)는 CSI, SFI, C-TPAT 등의 법적인 근거를 부여하고 미국 관세국경보호청(CBP)이 미국 외부의 주요 항만에 세관원을 파견하여 위험도가 높은 컨테이너를 사전 검사하는 제도이다.

ㄷ. ISO 28000은 보안관리 시스템을 구축하고 인증을 받으면 일정한 보안자격을 갖춘 것으로 인정하는 국제인증제도이다.

① ㄱ   ② ㄷ

③ ㄱ, ㄴ   ④ ㄴ, ㄷ

⑤ ㄱ, ㄴ, ㄷ

해설 ㄱ. ISPS Code(International Ship & Port Facility Security Code, 국제 선박 및 항만시설 보안에 관한 규칙) : 선박과 항만시설 대상 보안 인증, 해상화물 운송선박과 항만시설에 대한 테러 가능성에 대비하기 위해, 2001년 11월 IMO 22차 총회에서 제정하고 2004년 7월 1일부로 발효하였다.

ㄴ. SPA(SAFE Port Act)는 CSI, SFI, C-TPAT 등의 법적인 근거를 부여하고 미국 관세국경보호청(CBP)이 미국 외부의 주요 항만에 세관원을 파견하여 위험도가 높은 컨테이너를 사전 검사하는 제도이다.

ㄷ. ISO 28000(공급망 보안관리 시스템) : 민간기구인 ISO(국제표준화기구) 주도의 물류 인증제도로, 공급망의 보안에 관한 신뢰성을 확보할 수 있는 공인된 제도 도입의 필요성에 따라 2007년 제정되었으며, 우리나라는 한국기술표준원을 통해 2008년 도입되었다.

38 A기업은 최근 수송부문의 연비개선을 통해 이산화탄소 배출량을 30kg 감소시켰다. 연비법에 의한 이산화탄소 배출량 산출식 및 관련 자료가 다음과 같을 때, 연비개선 전의 평균연비(km/L)는? (단, 총 주행거리는 동일하다.)

- 이산화탄소 배출량(kg) = 주행거리(km) ÷ 연비(km/L) × 이산화탄소 배출계수(kg/L)
- 총 주행거리 : 180,000km
- 연비개선 후 평균연비 : 6.0km/L
- 이산화탄소 배출계수 : 0.002kg/L

① 1.0   ② 2.0

③ 3.0   ④ 4.0

⑤ 5.0

정답 **37** ⑤   **38** ④

해설 이산화탄소 배출량 = $\dfrac{\text{주행거리(km)}}{\text{연비(km/L)}}$ × 이산화탄소 배출계수(kg/L)

개선 후 연비 : $\dfrac{180,000km}{6.0km/L}$ × 0.002 = 60km/L

개선 전 연비 : $\dfrac{180,000km}{x\ km/L}$ × 0.002 = 90km/L,

따라서 x = 4.0km/L

39 친환경 물류에 관한 설명으로 옳지 않은 것은?

① ISO 9000 시리즈는 환경경영을 기본방침으로 한다.

② 생산자책임재활용(EPR)은 효율적인 자원이용과 폐기물발생을 줄이고 재활용을 촉진하는 환경보전에 기여하는 방안이다.

③ 1997년 교토의정서에서 6대 온실가스를 이산화탄소(CO_2), 메테인(메탄 : CH_4), 아산화질소(N_2O), 수소불화탄소(HFCs), 과불화탄소(PFCs), 육불화황(SF_6)으로 정의하였다.

④ 우리나라는 2050년 탄소중립을 선언하였고 2030년까지 국가온실가스 감축목표를 2018년 대비 40%로 감축하도록 노력하고 있다.

⑤ 국내 육상운송부문에서 이산화탄소의 절감 대책으로 친환경 운송수단으로 전환되고 있다.

해설 ISO 9000 시리즈는 품질경영시스템으로, 기업 또는 조직의 품질관리 체계가 국제표준기구(ISO)에서 요구하는 규격에 적합하게 구축되어 있음을 객관적으로 증명한다. 환경경영은 ISO 14000 시리즈에 해당한다.

40 스마트물류에 관한 설명으로 옳지 않은 것은?

① 스마트물류의 특징은 초연결성, 초지능화, 공유경제로 설명할 수 있다.

② 블록체인은 공급사슬 전체와 반품 등의 물류과정을 효과적으로 처리할 수 있도록 추적 및 관리할 수 있는 기술이다.

③ 사물인터넷(IoT)은 논리적인 문제해결뿐만 아니라 자연어처리, 시각적 및 인지적 인식 등의 물류정보처리를 위한 의사결정 기술이다.

④ 빅데이터는 공급사슬시스템이 생성하는 데이터를 효과적으로 수집, 저장, 처리, 분석, 시각화하는 기술이다.

⑤ 클라우드 서비스는 물류 IT 인프라를 임대하는 IaaS, PaaS, SaaS 등으로 구분할 수 있다.

해설 논리적인 문제해결뿐만 아니라 자연어처리, 시각적 및 인지적 인식 등의 물류정보처리를 위한 의사결정 기술을 활용하는 것은 인공지능(AI) 기술에 해당한다.

정답 39 ① 40 ③

제2과목 화물운송론(41~80)

41 운송수단에 관한 내용으로 옳지 않은 것은?

① 화물자동차는 필요시 즉시배차가 가능하다.

② 화물자동차에 비해 철도는 단거리 운송에 유리하다.

③ 선박은 기후의 영향을 많이 받는다.

④ 항공기는 중량 및 용적에 제한이 있다.

⑤ 파이프라인은 연속대량 운송이 가능하다.

[해설] ② 육상운송수단인 철도는 화물자동차에 비해 중·장거리, 대량화물 운송에 유리하다.

42 화물자동차의 운송 효율화 방안에 관한 내용으로 옳지 않은 것은?

① 화물자동차의 수리 및 정비 등을 통한 가동성 향상

② 신규 화주와의 계약으로 화물자동차의 적재율 향상

③ 새로운 운송방법 도입으로 화물자동차의 공차율 극대화

④ 대형차량을 이용한 운송단위의 대형화

⑤ 대기시간 단축, 상하차시간 단축 등을 통한 운송시간 단축

[해설] ③ 새로운 운송방법 도입으로 화물자동차의 공차율은 최소화되고 영차율은 극대화된다.

43 다음은 운송수단 결정 시 고려해야 할 사항이다. 이에 해당하는 요건은?

- 지정기일 내 인도가 가능한가?
- 정시운행이 가능한가?

① 편리성   ② 확실성

③ 신속성   ④ 안전성

⑤ 경제성

정답 **41** ② **42** ③ **43** ②

해설 ※ 운송수단 결정 시 운송항목별 고려사항

구분	내용
이용가능성 (확실성)	• 지정기일 내 인도가 가능한가? • 정시운행이 가능한가?
편리성	• 결절점에서의 연결이 용이한가? • 송장 등 운송서류가 간단한가? • 필요시 이용이 간단한가?
신속성	• 발송에서 도착까지 운송시간이 단기간인가? • 주행속도가 신속한가?
신뢰성	• 운송주체가 건실하고 안정성이 높은가? • 장기거래 유지가 가능한가?
안정성	• 클레임 발생빈도가 많은가? • 사고에 의한 화물손상의 정도가 적은가? • 멸실, 손상 등에 대한 보상이 정확히 이행되는가?
경제성	• 절대평가에 의한 비용이 저렴한가? • 상대평가에 의해 신속하고 저렴한가? • 자사의 운송수단 이용보다 저렴한가?

44 운송주선인(Freight Forwarder)의 역할 및 기능에 관한 내용으로 옳지 않은 것은?

① 특정화주를 대신하여 화물인도지시서(D/O)를 작성하여 선사에 제출

② 특정화주를 대신하여 통관수속 진행

③ 운송수단, 화물의 포장형태 및 목적지의 각종 운송규칙, 운송서류 작성에 관한 조언

④ 화물의 집화·분배·혼재 서비스 제공

⑤ 특정화주의 대리인으로서 자기명의로 운송계약 체결

해설 화물인도지시서(Delivery Order : D/O)는 선사가 도착지에서 화물도착통지(Arrival Notice)를 받은 수화인으로부터 선하증권(B/L) 또는 보증장(L/G)을 받아 대조 후, 본선이나 터미널에 화물인도를 지시하는 서류로, D/O 발행 시 B/L, M/F 등과 대조 후 선사의 책임자가 서명하여 발행한다. 따라서 운송주선인이 작성하는 서류에 해당하지 않는다.

정답 **44** ①

45 다음 (   )에 들어갈 화물운송의 3대 구성요소로 옳은 것은?

- (ㄱ) : 화물자동차, 화물열차, 선박, 항공기
- (ㄴ) : 물류센터, 제조공장, 화물터미널, 항만, 공항
- (ㄷ) : 공로, 철도, 해상항로, 항공로

① ㄱ : Node,   ㄴ : Mode,   ㄷ : Route
② ㄱ : Mode,   ㄴ : Spoke,   ㄷ : Network
③ ㄱ : Mode,   ㄴ : Node,   ㄷ : Link
④ ㄱ : Carrier, ㄴ : Node,   ㄷ : Link
⑤ ㄱ : Carrier, ㄴ : Node,   ㄷ : Line

[해설] ㄱ. Mode(운송수단) : 화물자동차, 화물열차, 선박, 항공기
ㄴ. Node(거점) : 물류센터, 제조공장, 화물터미널, 항만, 공항
ㄷ. Link(거점 간 연결) : 공로, 철도, 해상항로, 항공로

46 복합운송의 유형으로 옳지 않은 것은?
① Piggy Back System : 철도운송 + 화물자동차운송
② Birdy Back System : 항공운송 + 화물자동차운송
③ Fishy Back System : 해상운송 + 파이프라인운송
④ Train & Ship System : 철도운송 + 해상운송
⑤ Sea & Air System : 해상운송 + 항공운송

[해설] Fishy Back System : 해상운송 + 화물자동차운송

47 다음에서 설명하는 혼재서비스(Consolidation Service)는?

다수의 송하인으로부터 운송 의뢰를 받은 LCL(Less than Container Load)화물을 상대국의 자기 파트너 또는 대리점을 통하여 다수의 수하인에게 운송해 주는 형태이며, 주 수입원은 혼재에서 발생하는 운임차액이다.

① Buyer's Consolidation
② Forwarder's Consolidation
③ Shipper's Consolidation
④ Seller's Consolidation
⑤ Consigner's Consolidation

정답 **45** ③ **46** ③ **47** ②

21

> 해설 • **Forwarder's Consolidation(CFS / CFS 방식)** : 수출자(송화인)와 수입업자(수화인)가 각각 다수인 경우에 사용되는 방식으로, 수출 선적항의 컨테이너 화물처리장소인 CFS(Container Freight Station)에서 LCL화물을 컨테이너에 싣고 목적지까지 컨테이너로 운송한 후 목적지에서 다수의 수화인에게 화물을 인도하는 방식이다.
> • **Shipper's Consolidation(CY / CFS 방식)** : 한 명의 수출자가 화물을 컨테이너에 FCL 상태로 선적하여 운송하고 목적지에 도착하면 다수의 수입자(수화인)에게 인도하는 방식의 컨테이너 운송방식으로, 한 수출업자가 동일한 지역의 여러 소규모 수입업자에게 동시에 화물을 운송할 경우 많이 사용하는 형태이다. 이 방법은 Consigner's Consolidation 또는 Seller's Consolidation이라 한다.
> • **Buyer's Consolidation(CFS / CY 방식)** : 한 명의 수입업자가 다수의 송화인으로부터 물품을 수입할 때 주로 이용되는 방식으로, LCL화물을 인도받아 FCL 상태를 만들어 컨테이너에 싣고 이를 수입업자 창고에까지 운송하는 방식이다.

48 선하증권(Bill of Lading : B/L)의 종류에 관한 설명으로 옳지 않은 것은?

① 선적 선하증권(Shipped B/L) : 화물이 선하증권에 명시된 본선에 선적되어 있음을 표시한 것으로 On Board B/L이라고 한다.

② 무사고 선하증권(Clean B/L) : 본선수취증의 비고란에 선적화물의 결함에 대한 기재사항이 없을 때 발행된다.

③ 기명식 선하증권(Straight B/L) : 선하증권의 수하인란에 수하인의 성명이 기입된 선하증권이다.

④ 스테일 선하증권(Stale B/L) : 선하증권이 발행된 후 은행 측에서 용인하는 허용 기간 내에 제시되지 못한 선하증권이다.

⑤ 적색 선하증권(Red B/L) : 2가지 이상의 운송수단이 결합되어 국제복합운송이 발생하였음을 증명하는 선하증권이다.

> 해설 • **적색 선하증권(Red B/L)** : 보통 선하증권의 기능에다 보험증권의 기능까지도 겸하고 있는 선하증권을 말한다. 즉, 선하증권에 기재된 화물이 항해 중에 해상 사고로 인하여 입은 손해에 대하여 선박회사가 보상해 주는 선하증권이다.
> • **복합운송증권** : 2가지 이상의 운송수단이 결합되어 국제복합운송이 발생하였음을 증명하는 선하증권이다.

49 다음에서 설명하는 철도하역방식은?

- 컨테이너 자체만 철도화차에 상차하거나 하차하는 방식이다.
- 하역작업이 용이하고 화차중량이 가벼워 보편화된 하역방식이다.
- 화차에 컨테이너를 상·하차하기 위하여 별도의 장비가 필요하다.

① COFC
② Kangaroo
③ Piggy Back
④ RORO
⑤ TOFC

해설 **COFC(Container On Flat Car)방식** : COFC는 컨테이너 자체만을 철도화차에 상차하거나 철도화차로부터 하차하는 방식을 의미하며, 지게차에 의한 방식(세로-가로방식), 매달아 싣기방식, 플랙시-밴방식이 이에 해당한다.

50 다음에서 설명하는 전용열차 서비스 형태는?

- 복수의 중간역 또는 터미널을 거치면서 운행하는 열차서비스로 운송경로상의 화차 및 화물을 운송
- 화주가 원하는 시간에 서비스를 제공하는 것이 아니라 열차편성이 가능한 물량이 확보된 경우에만 서비스를 제공

① Block Train
② Coupling & Sharing Train
③ Shuttle Train
④ Y-Shuttle Train
⑤ Single-Wagon Train

해설 **Single-Wagon Train** : 가장 일반적인 형태의 열차서비스 형태로 복수의 중간역 또는 터미널을 거치면서 운행하는 열차서비스에 해당한다. 모든 종류의 화차 및 화물을 수송하며, 목적지까지 열차운행을 위한 충분한 물량이 확보된 경우에만 운행하므로 일반적으로 화물의 대기시간이 매우 긴 서비스 형태이다.

51 해상운송 중 부정기선 시장의 특징에 관한 설명으로 옳지 않은 것은?

① 항로별 운임요율표가 불특정 다수의 화주에게 제공된다.
② 화주가 요구하는 시기와 항로에 선복을 제공하여 화물을 운송한다.
③ 부정기선의 주요 대상 화물은 원자재, 연료, 곡물 등이다.
④ 운송계약의 형태에는 나용선, 항해용선, 정기용선이 있다.
⑤ 화물의 특성 또는 형태에 따라 특수 전용선이 도입되고 있다.

해설 ① 항로별로 정해진 운임요율표(Tariff)가 불특정 다수의 화주에게 제공되는 것은 정기선이며, 부정기선
은 시장의 수급상황에 따라 운임이 달라진다.

※ 정기선과 부정기선 비교

구분	정기선(Liner)	부정기선(Tramper)
특성	규칙적, 신속성, 정확성 有	상대적 저운임, 규칙성 및 신속성 低
대상화물	취득가격에서 운임비중이 낮고 운임부담력이 큰 공산품, 고가품 등	단위당 가격이 낮아 가격에서 운임비중이 큰 대량의 bulk화물
수요발생	일정하고 안정적 수요	불규칙적, 불안정적 수요
운송인	공중운송인(Public Common Carrier)	사적계약운송인(Private Contract Carrier)
운송계약서	선하증권(B/L)	용선계약서(Charter Party, CP) = 전세계약
운송계약의 종류	개품운송계약	용선운송계약
운임	공시된 운임률 적용	시장의 수급상황에 따라 결정

52 항공물류와 관련된 용어의 설명으로 옳지 않은 것은?

① Clearing House : 통관이 완료된 수출입화물이 일시 대기하는 보관장소
② Cabotage : 외국 항공기에 대해서 자국 내의 일정 지점 간의 운행을 금지하는 것
③ Belly Cargo : 대형 비행기의 동체하부 화물실에 적재하는 화물
④ Pivot Weight : 각각의 ULD에 대해 마련되어 있는 정액한계중량
⑤ Apron : 공항에서 여객의 탑승 및 하기, 화물의 탑재 및 하역, 정비, 보급 등을 위하여
항공기가 대기하는 장소

해설 ① Clearing House : IATA 가맹 항공사 간의 운임정산을 목적으로 운영하고 있는 기구를 말한다.
※ Apron : Apron은 항만에도 있지만, 공항에서 여객의 탑승·하기, 화물의 적재, 항공기의 정비점검,
연료보급 등을 위해 설치된 비행장의 일정 지역으로 터미널 빌딩 및 정비지구에 인접하고 있으며
Ramp라고도 한다.

53 항공화물운송장(AWB)에 관한 설명으로 옳지 않은 것은?

① 송하인과 항공사의 운송계약 체결을 증명하는 운송서류로 유가증권이 아닌 단순한 화
물운송장의 기능만을 수행한다.
② 화물의 접수를 증명하는 영수증에 불과하며 유통이 불가능하다.
③ 수하인은 무기명식이 원칙이며, 항공기에 화물 탑재가 완료된 이후에 발행된다.
④ 통관 시 항공운임, 보험료의 증명자료로서 세관신고서의 기능을 가진다.
⑤ 항공사가 발행하는 Master AWB와 혼재업자가 개별화주에게 발행하는 House AWB로
구분하여 사용한다.

정답 52 ① 53 ③

54 다음에서 설명하는 복합운송 서비스 형태는?

> 아시아 극동지역의 화물을 북미서부연안의 항만까지 해상운송을 실시하고, 철도 및 트럭을 이용하여 북미내륙지역까지 복합운송하는 서비스

① ALB(American Land Bridge)
② CLB(Canadian Land Bridge)
③ MLB(Mini Land Bridge)
④ IPI(Interior Point Intermodal)
⑤ RIPI(Reversed Interior Point Intermodal)

해설 IPI(Interior Point Intermodal) : Micro Land Bridge라고도 하며, 한국, 일본 등 극동아시아지역에서 미국의 미국 서안까지 항만운송 후 네브래스카, 시카고 등 로키산맥 동부의 내륙지점까지 철도운송하는 복합운송서비스로 내륙에서는 도로운송을 통해 Door to Door로 문전운송서비스를 제공한다.

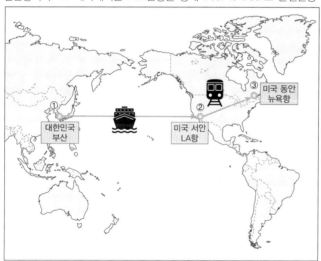

55 다음에서 설명하는 항공화물운임 산정 기준은?

실제화물의 중량 기준으로 운임을 산출하는 동시에 실제화물의 부피 기준으로도 운임을 산출하여, 각각 산출된 운임을 비교한 후 운송인에게 유리한 운임을 적용

① Chargeable Weight
② Gross Weight
③ Net Weight
④ Revenue Weight
⑤ Volume Weight

해설 C/W(Chargeable Weight, 운임산출 중량) : 항공운임계산의 기준이 되는 중량을 말하며, 일반적으로 화물의 실제중량과 용적중량(6,000㎤=1kg) 중 무거운 쪽이 Chargeable Weight로 계산된다.

56 선박에 관한 내용으로 옳지 않은 것은?

① Barge Ship : 예인선(Tug Boat)에 의해 예인되는 무동력 선박
② Lighter Aboard Ship : Float−On Float−Off 방식에 특화된 선박
③ Full Container Ship : 선박 건조 시 갑판과 선창에 컨테이너를 적재하도록 설계된 선박
④ Lift−On Lift−Off Ship : 본선의 선수 또는 선미에서 트랙터 등에 의해 적·양하가 이루어지는 선박
⑤ Combination Ship : 공선항해를 감소시키기 위해 한 척의 선박에 2~3종의 화물을 겸용할 수 있는 선박

해설 Lift−On Lift−Off Ship은 본선에 설치된 크레인을 이용해 선적과 양하가 이루어지는 선박을 말하며, 본선의 선수 또는 선미에서 트랙터 등에 의해 적·양하가 이루어지는 선박은 Roll−On Roll−Off선이라 할 수 있다.

57 철도운송에 관한 내용으로 옳지 않은 것은?

① 초기 구축비용 등 고정비용이 많이 든다.
② km당 운임은 단거리일수록 비싸며, 장거리일수록 저렴해진다.
③ 공로운송보다 먼저 대량화물을 운송하였다.
④ 공로운송에 비해 기상의 영향을 받지 않는다.
⑤ 화차의 소재관리가 편리하여 열차편성을 신속히 할 수 있다.

해설 철도운송은 화차확보 시 사전 스케줄이 필요하여 열차편성에 시간이 상대적으로 많이 소요된다는 단점이 있다.

정답 **55** ① **56** ④ **57** ⑤

58 다음의 목적과 기능을 수행하는 국제항공기구는?

- 국제민간항공운송에 종사하는 민간항공사들이 협력하여, 안전하고 경제적인 항공운송업의 발전과 항공교역의 육성 및 관련 운송상의 문제 해결
- 표준운송약관, 항공화물운송장, 판매대리점과의 표준계약에 관한 표준 방식을 설정하고, 항공운송에 관한 여객운임과 화물요율을 협의하여 결정

① 국제민간항공기구(ICAO)
② 국제항공운송협회(IATA)
③ 국제운송주선인협회연합회(FIATA)
④ 국제항공화물협회(TIACA)
⑤ 국제항공운송기구(IATO)

해설 ① **국제민간항공기구**(ICAO) : 제2차 세계대전 후 영공통과 문제, 항해기술 등의 문제를 해결할 목적으로 설립
③ **국제운송주선인협회연합회**(FIATA) : 항공화물 포워더의 이익을 보호하고 대표하는 단체에 해당
④ **국제항공화물협회**(TIACA) : 항공화물관련 국제협회로 규제완화, 법령제안 등을 통해 항공운송 활성화에 기여하는 비영리 법인

59 수 · 배송시스템 설계 시 고려대상이 아닌 것은?

① 수 · 배송 비율
② 차량운행 대수
③ 차량의 적재율
④ 선하증권
⑤ 리드타임

해설 ※ **수 · 배송시스템 설계의 기본요건**
- 지정된 시간 내에 목적지에 배송할 수 있는 화물량 확보 및 정확한 물품 배송
- 총 물류비용이 최소화되도록 수 · 배송 비율 및 운행 대수 등을 고려한 시스템 설계
- 화물에 대한 리드타임(Lead Time)을 고려하여 설계
- 편도수송 · 중복수송을 피할 수 있도록 설계
- 수주에서 출하까지 작업의 표준화 및 효율화
- 최저 주문단위제 등 주문의 평준화
- 정확한 물품의 배송 및 배차계획 등의 조직적인 실시
- 최적 운송수단 및 최단 운송루트 개발로 적재율과 회전율 향상 도모

60 허브 앤 스포크(Hub & Spoke) 시스템에 관한 내용으로 옳지 않은 것은?

① 복잡한 운송노선으로 인해 전체 운송비용 증가
② 집하한 화물을 하나의 대형터미널로 집결시킨 후 배송지를 구분·분류하는 간선 운송 시스템
③ 규모의 경제를 이루어 운송망 전체의 효율성 제고
④ 허브터미널은 대규모 분류능력이 필요
⑤ 근거리 물량은 허브 경유로 인해 직송서비스 대비 운송거리와 운송시간 증가

> **해설** Hub & Spoke 시스템은 물동량이 적은 지역들의 물동량들이 Spoke에 집화되면 여러 Spoke로부터 중앙 Hub에 대규모로 집화·분류되어 다시 각각의 Spoke별로 발송하는 시스템으로 기본적으로 Shuttle 운송이 없으며, Point to Point(PTP) 시스템에 비해 운송노선이 단순하다.

61 공동 수·배송의 장점이 아닌 것은?

① 동일지역 및 동일수하처에 대한 중복교차배송의 배제
② 물류관리 제반 경비에 대한 규모의 경제
③ 적재율 향상
④ 물동량의 계절적 수요변동에 따른 차량운영의 탄력성 확보
⑤ 기업의 영업기밀 유지가 용이

> **해설** ⑤ 기업의 영업기밀 유지가 어렵다는 점이 공동 수·배송의 단점에 해당한다.

62 다음 조건에서 채트반공식을 이용한 화물자동차운송과 철도운송의 경제효용거리 분기점은?

- 화물자동차운송비 : 10,000원/ton·km
- 철도운송비 : 5,000원/ton·km
- 톤당 철도운송 부대비용 (철도역 상하차 비용 등) : 500,000원/ton

① 50km ② 75km
③ 100km ④ 125km
⑤ 250km

> **해설** 경제적 분기점 $= \dfrac{500,000}{10,000-5,000} = 100\text{km}$

정답 **60** ① **61** ⑤ **62** ③

63 다음 A기업의 1년간 화물자동차 운행실적을 이용한 실차율은?

- 표준 영업일수 : 300일
- 비영업일수 : 60일
- 실제 적재 주행거리 : 63,000km
- 트럭의 평균 적재중량 : 8.5톤
- 실제가동 영업일수 : 240일
- 총 주행거리 : 70,000km
- 트럭의 적재 가능 총중량 : 10톤

① 20%
② 25%
③ 80%
④ 85%
⑤ 90%

[해설] 가동률 $= \dfrac{240일}{300일} \times 100 = 80\%$

실차율 $= \dfrac{63,000km}{70,000km} \times 100 = 90\%$

적재율 $= \dfrac{8.5톤}{10톤} \times 100 = 85\%$

64 다음 네트워크에서 출발지 S로부터 도착지 F까지 최단경로의 거리는? (단, 경로별 숫자는 km임)

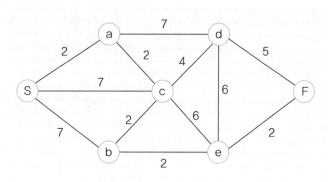

① 10
② 11
③ 12
④ 13
⑤ 14

[해설] 최단경로 = S → a → c → b → e → F : 10km

65 다음 수송표에서 북서코너법과 보겔추정법을 적용한 총 운송비용에 관한 내용으로 옳은 것은? (단, 공급지에서 수요지까지의 톤당 운송비는 각 칸의 우측 상단에 제시되어 있음)

(단위 : 천 원)

공급지＼수요지	D1	D2	D3	공급량(톤)
S1	15	13	10	400
S2	8	9	13	200
S3	4	7	12	300
수요량(톤)	400	300	200	900

① 북서코너법에 의해 산출된 총 운송비용은 6,300,000원이다.

② 보겔추정법에 의해 산출된 총 운송비용은 10,300,000원이다.

③ 보겔추정법에 의해 산출된 총 운송비용과 북서코너법에 의해 산출된 총 운송비용의 차이는 3,400,000원이다.

④ 북서코너법을 적용할 경우, S2-D2 셀(Cell)에 운송량이 할당되지 않는다.

⑤ 보겔추정법을 적용할 경우, S2-D2 셀(Cell)에 운송량이 할당되지 않는다.

해설 ① 북서코너법 적용 총 운송비용 : 15 × 400＋9 × 200＋7 × 100＋12 × 200 = 10,900,000

② 보겔추정법 적용 총 운송비용 : 4 × 300＋8 × 100＋9 × 100＋10 × 200＋13 × 200 = 7,500,000

③ 보겔추정법에 의해 산출된 총 운송비용과 북서코너법에 의해 산출된 총 운송비용의 차이는 10,900,000 － 7,500,000 = 3,400,000원

④ 북서코너법을 적용할 경우, S2-D2 셀(Cell)에 200톤만큼 할당된다.

⑤ 보겔추정법을 적용할 경우, S2-D2 셀(Cell)에 100톤만큼 할당된다.

66 다음 그림에서 노드 간(c → b)의 용량이 3으로 새로 생성된다고 가정할 때, S에서 F까지의 최대 유량의 증가분은? (단, 링크의 숫자는 인접한 노드 간의 용량을 나타내며, 화살표 방향으로만 이동 가능함)

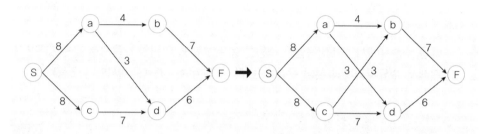

① 1
② 2
③ 3
④ 4
⑤ 5

[해설]
1. 기존 경로의 최대운송량
　　S−a−b−F : 4톤
　　S−a−d−F : 3톤
　　S−c−d−F : 3톤　　따라서 최대운송량 : 4+3+3 = 10톤
2. cb노선이 생성된 경우의 최대운송량
　　S−a−b−F : 4톤
　　S−a−d−F : 3톤
　　S−c−b−F : 3톤
　　S−c−d−F : 3톤　　따라서 최대운송량 : 4+3+3+3 = 13톤

67 A사는 B항공사를 통해 서울에서 파리까지 화물을 항공운송하고자 한다. B항공사는 다음과 같은 요율 체계를 가지고 있으며, 중량과 용적중량 중 높은 중량을 요율로 적용하고 있다. A사의 중량 30kg, 최대길이(L) = 40cm, 최대폭(W) = 50cm, 최대높이(H) = 60cm인 화물에 적용되는 운임은? (단, 용적중량은 1kg = 6,000cm³를 적용하여 계산함)

지역	최저요율	kg당 일반요율	45kg 이상 kg당 중량요율
파리	100,000원	9,000원	8,000원

① 180,000원
② 270,000원
③ 280,000원
④ 360,000원
⑤ 370,000원

MAX(실제중량, 부피중량), 즉 실제중량과 부피중량 중 큰 것을 선택한 뒤 kg당 요율을 곱해서 구한다. 이때 곱한 금액을 최저요율과 비교하여 큰 것으로 결정한다.

- 중량계산 : 실제중량(30kg) vs 부피중량($\frac{40 \times 50 \times 60}{6,000} = 20kg$), 둘 중 큰 실제중량(30kg)을 선택한다.
- 적용운임 : 30kg × 9,000원/kg = 270,000원, 최저요율(100,000원), 둘 중 큰 270,000원으로 결정한다.

68 다음 수송표에서 최소비용법을 적용한 총 운송비용에 관한 내용으로 옳은 것은? (단, 공급지에서 수요지까지의 톤당 운송비는 각 칸의 우측 상단에 제시되어 있음)

(단위 : 천 원)

공급지 \ 수요지	D1	D2	D3	공급량(톤)
S1	14	12	9	500
S2	14	10	7	200
S3	10	13	15	300
수요량(톤)	400	300	300	1,000

① S1－D1 셀(Cell)에 운송량이 100톤 할당된다.
② S2－D2 셀(Cell)에 운송량이 100톤 할당된다.
③ S3－D3 셀(Cell)에 운송량이 200톤 할당된다.
④ 총 운송비용은 10,500,000원보다 크다.
⑤ 총 운송비용은 10,000,000원보다 작다.

해설 총 운송비용 = 7×200+9×100+10×300+12×300+14×100 = 10,300,000원

(단위 : 천 원)

공급지 \ 수요지	D1		D2		D3		공급량(톤)
S1	14	ㅁ 100	12	ㄹ 300	9	ㄴ 100	500
S2	14		10		7	ㄱ 200	200
S3	10	ㄷ 300	13		15		300
수요량(톤)	400		300		300		1,000

69 택배 표준약관(공정거래위원회 표준약관 제10026호)의 운송장에서 사업자가 고객(송화인)에게 교부해야 하는 사항이 아닌 것은?

① 사업자의 상호, 대표자명, 주소 및 전화번호, 담당자(집화자) 이름
② 운송물의 중량 및 용적 구분
③ 손해배상한도액
④ 운임 기타 운송에 관한 비용 및 지급방법
⑤ 운송물의 원산지(제조지)

해설 택배 표준약관 제7조 【운송장】
① 사업자는 계약을 체결하는 때에 다음의 사항을 기재한 운송장을 마련하여 고객(송화인)에게 교부한다.

> 1. 사업자의 상호, 대표자명, 주소 및 전화번호, 담당자(집화자) 이름, 운송장 번호
> 2. 운송물을 수탁한 당해 사업소(사업자의 본·지점, 출장소 등)의 상호, 대표자명, 주소 및 전화번호
> 3. 운송물의 중량 및 용적 구분
> 4. 운임 기타 운송에 관한 비용 및 지급방법
> 5. 손해배상한도액 (※ 고객(송화인)이 운송장에 운송물의 가액을 기재하지 아니하면 제22조 제3항에 따라 사업자가 손해배상을 할 경우 손해배상한도액은 50만원이 적용되고, 운송물의 가액에 따라 할증요금을 지급하는 경우에는 각 운송가액 구간별 최고가액이 적용됨을 명시해 놓을 것)
> 6. 문의처 전화번호
> 7. 운송물의 인도예정장소 및 인도예정일
> 8. 기타 운송에 관하여 필요한 사항(특급배송, 신선식품 배송 등)

70 화물자동차 운영관리지표에 관한 설명으로 옳지 않은 것은?

① 가동률은 특정 기간 동안 화물운송을 위해 운행한 일수의 비율로 산출하는 지표이다.
② 복화율은 편도운송을 한 후 복귀 시 화물운송을 얼마나 수행했는지를 나타내는 지표이다.
③ 적재율은 차량의 적재정량 대비 실제 화물을 얼마나 적재하고 운행했는지를 나타내는 지표이다.
④ 공차율은 화물자동차의 총 운송매출 중에서 무료로 얼마나 운송했는지를 나타내는 지표이다.
⑤ 회전율은 특정 기간 내에 화물을 운송한 횟수로 산출하는 지표이다.

해설 ④ 공차율은 트럭의 운송거리 중 화물을 적재하지 않고 운행한 거리의 비율이다.
공차율 = 1 - 영차율

71 특장차에 관한 내용으로 옳지 않은 것은?

① 합리화특장차는 적재 및 하역작업의 합리화를 위해 특수기기를 장착한다.

② 액체운송차는 콘크리트를 섞으면서 건설현장 등으로 운송하는 차량이다.

③ 전용특장차는 자체의 동력을 이용하여, 장착된 기계장치를 직접 가동시켜 화물 하역 및 운반할 수 있다.

④ 분립체운송차는 시멘트, 곡물 등 분립체를 자루에 담지 않고 운반하기 위해 설계되어 있다.

⑤ 덤프트럭은 적재함 높이를 경사지게 하여 적재물을 하역한다.

> **해설** 액체운송차는 유류를 운송하는 차량으로 탱크로리라고 하며, 콘크리트를 섞으면서 건설현장 등으로 운송하는 차량은 믹서트럭(레미콘)이다.

72 다음에서 설명하는 운송시스템은?

- 하나의 터미널에서 다른 터미널로 운송할 화물을 각각의 터미널로 직접 발송하는 형태의 운송시스템
- 여러 영업점을 순회하면서 화물을 운송하는 셔틀운송이 필요한 방식
- 운송노선의 수가 많고 분류작업의 인건비가 증가할 수 있는 방식
- 터미널 수가 많기 때문에 성수기의 물량 증가에 대한 대처가 양호한 방식

① Hub & Spoke System   ② Point to Point System

③ Tracking System   ④ Cross-Docking System

⑤ Unit Load System

> **해설** Point to Point 시스템(PTP 시스템)은 간선운송시스템의 한 종류로 일정한 권역별로 터미널을 구축하고 해당 권역 내에 산재해 있는 영업소나 집배센터는 해당 권역터미널로 집된 화물을 발송하고 그 터미널로부터 배달화물을 인계받아 배달업무를 수행하는 형태의 운송시스템이다.
>
> ※ PTP 시스템의 특징
>
> - 지역별로 큰 규모의 터미널 설치
> - Shuttle운송이 필요
> - 가장 먼 지역에서 배달된 화물의 출발시간에 맞춰 집화화물 입고
> - 운송노선의 수가 많음(간선 및 Shuttle)
> - 분류작업이 시간적으로 발송작업과 도착작업으로 구분
> - 네트워크의 구조는 터미널과 영업소로 이루어짐

정답 71 ②   72 ②

73 화물운송의 비용 및 운임에 관한 내용으로 옳지 않은 것은?

① 종가운임은 화물중량이 아닌 화물가격(송장가액)에 따라 운임의 수준이 달라지는 운임을 말한다.

② 양모, 면화 등 중량에 비해 부피가 큰 용적화물은 수량기준으로 운임을 산정해야 한다.

③ 운송수단의 선정 시 운송비용은 중요한 기준이 된다.

④ 연료비, 수리비, 타이어비는 화물자동차운송 비용 중 변동비에 해당한다.

⑤ 수요자(화주)가 인지하는 서비스 가치에 기초하여 운임을 책정할 수 있다.

해설 양모, 면화, 코르크, 목재 등 중량에 비해 부피가 큰 용적화물은 용적(부피)을 기준으로 운임을 산정한다.

74 택배 표준약관(공정거래위원회 표준약관 제10026호)에 관한 내용으로 옳지 않은 것은?

① 고객(송화인)은 운송물을 성질, 중량, 용량에 따라 운송에 적합하도록 포장하여야 한다.

② 사업자는 운송물의 포장이 운송에 적합하지 아니한 때, 고객(송화인)의 승낙을 얻어 운송 중 발생될 수 있는 충격량을 고려하여 포장을 하여야 한다.

③ 사업자는 운송물을 수탁한 후 포장의 외부에 운송물의 종류와 수량, 인도예정일(시), 운송상의 특별한 주의사항을 표시한다.

④ 사업자가 운반하는 도중에 운송물의 포장이 훼손되어 재포장을 한 경우, 운송물을 인도한 후 고객(송화인)에게 그 사실을 알려야 한다.

⑤ 운송물이 포장당 50만원을 초과하거나 운송상 특별한 주의를 요하는 것일 때는 사업자는 별도 할증요금을 청구할 수 있다.

해설 사업자가 운반하는 도중에 운송물의 포장이 훼손되어 재포장을 한 경우, 지체 없이 고객(송화인)에게 그 사실을 알려야 한다.

75 화물자동차의 운송능력에 관한 내용으로 옳은 것은?

① 최대적재중량은 화물자동차 자체중량과 최대 승차중량을 합한 중량을 말한다.

② 자동차연결 총중량은 공차상태에서 트랙터와 트레일러까지 합산된 중량을 말한다.

③ 화물자동차의 운송능력은 공차중량에 자동차의 평균 용적을 곱하여 계산한다.

④ 최대접지압력은 공차상태에서 도로 지면 접지부에 미치는 압력의 정도를 말한다.

⑤ 공차중량은 화물을 적재하지 않고 연료, 냉각수, 윤활유 등을 가득 채운 상태의 중량을 말한다.

① 최대적재중량은 적재를 허용하는 최대의 하중으로, '차량총중량 – 공차중량'으로 나타낸다.
② 자동차연결 총중량은 트랙터에 트레일러를 연결한 경우의 차량총중량(승차정원과 최대 적재량 적재 시 그 자동차의 전체 중량)을 말한다.
③ 화물자동차의 운송능력은 최대 적재중량에 자동차의 평균속도를 곱하여 계산한다.
④ 최대접지압력은 최대 적재상태에서 접지부에 미치는 단위면적당 중량이다.

76 택배서비스에 관한 내용으로 옳지 않은 것은?

① 택배사업은 집하, 운송 및 중계 작업에 많은 인력이 소요된다.
② 신속하고 정확한 화물운송을 위해서는 정보시스템의 구축이 필요하다.
③ 소품종 대량생산 체제로 전환되면서 운송단위가 대량화되고 있다.
④ 차량, 터미널, 분류기기 등의 장비와 시설에 대한 대규모 투자가 필요하다.
⑤ 사업구역 내에 적절한 집배를 위한 적정수의 영업소(네트워크)를 설치하고 운영해야 한다.

해설 ③ 최근 전자상거래의 급증으로 다품종 소량생산 체제로 전환되면서 운송단위 또한 표준화되고 있다.

77 다음에서 설명하는 화물운송관련 시스템은?

• 화물운송 시 수반되는 자료와 정보를 신속하게 수집하여 효율적으로 관리하는 시스템
• 수주과정에서 입력한 정보를 기초로 비용이 가장 적은 운송경로와 운송수단을 제공하는 시스템

① Cold Chain System
② Geographic Information System
③ Vanning Management System
④ Transportation Management System
⑤ Intelligent Transportation System

해설 운송관리시스템(TMS : Transportation Management System)은 화물자동차의 화물운송을 효율적으로 관리하기 위한 정보체계로서 배송주문의 지리적 분포, 교통화물의 단위가 커서 대형차량으로 운송하는 경우 규모의 경제가 발생하여 운송단위당 부담되는 비용은 감소한다. 따라서 단위당 고정비 및 일반관리비는 높아지는 것이 아니라 감소한다.

78 다음은 트레일러 트럭(Trailer Truck)에 관한 내용이다. (   )에 들어갈 내용으로 옳은 것은?

- (ㄱ)트레일러 트럭 : 트랙터에 턴테이블을 설치하고 트레일러를 연결한 후, 대형파이프 등 장척물의 수송에 사용한다.
- (ㄴ)트레일러 트럭 : 트랙터와 트레일러가 적재하중을 분담하는 트레일러를 말한다.
- (ㄷ)트레일러 트럭 : 트랙터와 트레일러가 완전히 분리되어 있고, 트랙터 자체도 바디(Body)를 가지고 있다.

① ㄱ : 폴(Pole),   ㄴ : 더블(Double),   ㄷ : 세미(Semi)
② ㄱ : 풀(Full),   ㄴ : 폴(Pole),   ㄷ : 스켈레탈(Skeletal)
③ ㄱ : 풀(Full),   ㄴ : 세미(Semi),   ㄷ : 더블(Double)
④ ㄱ : 폴(Pole),   ㄴ : 세미(Semi),   ㄷ : 풀(Full)
⑤ ㄱ : 세미(Semi), ㄴ : 스켈레탈(Skeletal),   ㄷ : 풀(Full)

해설 ㄱ. 폴－트레일러 트럭 : 트랙터에 턴테이블을 설치하고 트레일러를 연결한 후, 대형파이프 등 장척물의 수송에 사용한다.
ㄴ. 세미－트레일러 트럭 : 트랙터와 트레일러가 적재하중을 분담하는 트레일러를 말한다.
ㄷ. 풀－트레일러 트럭 : 트랙터와 트레일러가 완전히 분리되어 있고, 트랙터 자체도 바디(Body)를 가지고 있다.

79 화물자동차운송의 특징에 관한 설명으로 옳은 것은?
① 운송단위가 작아서 장거리 대량화물 운송에 적합하다.
② 철도운송에 비해 사고율이 낮고 안전도가 높다.
③ 다른 운송수단과 연계하지 않고도 일관운송 서비스를 제공할 수 있다.
④ 운송화물의 중량에 제한이 없다.
⑤ 철도운송에 비해 정시성이 높다.

해설 ① 운송단위가 작아서 단·중거리 대량화물 운송에 적합하다.
② 철도운송에 비해 사고율이 높고 안전도가 낮다.
④ 운송화물의 중량에 제약이 크다.
⑤ 철도운송의 정시성이 화물자동차운송에 비해 높다.

80 복합운송인의 한 형태인 무선박운송인(NVOCC)에 관한 설명으로 옳지 않은 것은?

① 1984년 미국의 신해운법에 의해 법적 지위를 인정받았다.

② 화물운송을 위해 선박을 직접 보유하지 않는다.

③ 선박운송인(VOCC)에 대해 화주의 입장에서 계약을 체결한다.

④ 화주에 대해 선박운송인(VOCC)의 입장에서 계약을 체결한다.

⑤ 화주에게 NVOCC 자기명의로 B/L을 발행할 수 없다.

[해설] 미국규정 NVOCC(무선박운송인)는 일종의 프레이트 포워더로서 운송인에 대해서는 화주가 되고, 화주에 대해서는 운송인 기능을 수행한다는 점에서는 계약운송인과 유사하나, ㉠ NVOCC는 해상운송에만 존재한다는 점, ㉡ NVOCC는 자기의 명의로 서명하고 선하증권(B/L)을 발행한다는 점에서 큰 차이가 있다.

제**3**과목 국제물류론(81~120)

81 국제물류관리에 관한 설명으로 옳지 않은 것은?

① 국제물류활동에 따른 리드타임의 증가는 재고량 감소에 영향을 미친다.

② 운송거리, 수출입절차, 통관절차 등의 영향으로 국내물류에 비해 리드타임이 길다.

③ 조달, 생산, 판매 등 물류활동이 국경을 초월하여 이루어지기 때문에 국내물류에 비해 제도적·환경적 제약을 많이 받는다.

④ 국가 간 상이한 상관습, 제도, 유통채널 등 국가별 차이를 고려해야 한다.

⑤ 9.11테러 이후 국경 간 물자의 이동에 있어서 물류보안제도의 중요성이 높아지고 있다.

> **해설** 국제물류는 주문시간이 길고(리드타임의 증가), 운송 등의 불확실성으로 재고수준이 높다(재고량이 증가한다).

82 국제운송시스템의 운영에 관한 설명으로 옳지 않은 것은?

① 운송수단을 선정할 때는 적합한 서비스 수준을 유지하면서 총비용을 최소화할 수 있도록 운송비뿐만 아니라 재고비용, 보관비용, 리드타임, 운송화물의 특성 등을 고려해야 한다.

② 항공운송을 이용하는 경우 해상운송에 비해 재고비용이나 보관비용을 절감할 수 있다.

③ 소량화물의 경우 혼재운송이나 공동 수·배송을 통해 적재효율을 높일 수 있다.

④ 해상운송을 이용하는 경우 대량운송을 통해 단위당 운송비를 절감할 수 있다.

⑤ 컨테이너를 이용한 단위화물은 개품화물(break bulk cargo)에 비해 하역기간이 늘어날 수 있다.

> **해설** 컨테이너는 반복사용이 가능한 운송용기로서 신속한 하역작업을 가능하게 하고 이종운송수단 간 접속을 원활하게 하기 위해 고안된 화물수송용기이다. 컨테이너를 이용한 단위(Unit)화물은 컨테이너 전용부두와 갠트리 크레인 등 전용장비를 활용하여 Bulk Cargo에 비해 신속한 하역작업을 할 수 있어 작업시간의 단축이 가능하다.

83 다음 설명에 해당하는 국제물류시스템은?

> 국제물류기업들은 선박 및 항공기의 대형화에 따라 소수의 대규모 거점 항만 및 공항으로 기항지를 줄이고 물동량이 많지 않은 소규모 거점은 피더서비스를 통해 연결하여 운송빈도를 줄이고 운송단위를 늘려 물류비를 절감하고 있다.

① ERP   ② POS
③ VMI   ④ QR
⑤ Hub & Spoke

[해설] ⑤ 노선이 허브를 중심으로 구축되고 노선 수가 적어 비용 및 운송시간이 단축되는 Hub & Spoke 시스템에 대한 설명이다.
① ERP(Enterprise Resource Planning, 전사적 자원관리) : ERP는 생산, 판매, 구매, 인사, 재무, 물류 등 기업업무 전반을 통합 관리하는 경영관리시스템의 일종이다. 이는 기업이 보유하고 있는 모든 자원에 대해서 효과적인 사용 계획과 관리를 위한 시스템이다.
② POS(Point Of Sales, 판매시점정보관리시스템) : 대표적인 소매점 관리시스템 중 하나로서 판매시점에 발생하는 정보를 수집하여 컴퓨터로 자동 처리하는 시스템이다.
③ VMI(Vendor Managed Inventory, 공급자재고관리) : 공급자 주도형 재고관리로서 유통업체에서 발생하는 재고를 제조업체가 전담해서 주도적으로 관리하는 방식이다.
④ QR(Quick Response, 신속대응) : 생산 및 유통업자가 전략적으로 협력하여 소비자의 선호 등을 즉시 파악하고, 시장변화에 신속하게 대응함으로써 시장에 적합한 제품을 적시·적소에 적절한 가격으로 제공하는 것을 원칙으로 한다.

84 국내물류와 구분되는 국제물류의 특성으로 옳지 않은 것은?
① 물류관리에 있어서 복잡성의 증가
② 물류관리와 관련된 거래비용의 감소
③ 리드타임 및 불확실성의 증가
④ 환율변동으로 인한 환위험 노출
⑤ 국가별 유통채널의 상이성

[해설] 국내물류에 비해 국제물류는 대금결제, 선적, 통관 등의 여러 절차를 필요로 하고 이에 수반되는 거래비용이 상승한다.

85 용선선박이 용선계약상에 명시된 날짜까지 선적준비를 하지 못할 경우 용선자에게 용선계약의 취소 여부에 관한 선택권을 부여하는 항해용선계약(Gencon C/P)상 조항은?

① Laytime
② Demurrage
③ Off hire Clause
④ Cancelling Clause
⑤ Deviation Clause

해설 Gencon Form의 해약조항(Cancelling Clause)에 대한 설명이다. 해약조항이란 선박이 용선자에게 인도돼야 할 마지막 날짜(해약기일)가 지나서 도착할 경우에 용선자는 계약을 해약할 권리를 갖게 된다는 조항이다.
　① Laytime(정박기간)
　② Demurrage(체선료) : 체선료는 초과정박일에 대한 용선자 또는 화주가 선주에게 지급하는 보수이다.
　③ Off hire Clause(휴항약관) : 용선기간 중 용선자의 귀책사유가 아닌 선체의 고장이나 해난과 같은 불가항력 사유 때문에 발생하는 휴항약관조항이다.
　⑤ Deviation Clause(이로약관)

86 편의치적(Flag of Convenience)에 관한 설명으로 옳은 것은?

① 선박 및 항만설비에 영향을 미치는 보안위협을 탐지하고 제거하기 위한 제도이다.
② 항만국이 자국 항구에 기항하는 외국국적 선박을 대상으로 국제협약상의 기준에 따른 점검 및 통제권한을 행사할 수 있도록 하는 제도이다.
③ 세금부담 경감, 인건비 절감 등을 위해 소유 선박을 자국이 아닌 국적부여조건이 엄격하지 않은 외국에 등록하는 제도이다.
④ 자국선 보호 및 외화유출방지를 위해 국적선취항지역은 국적선을 이용하도록 하고 국적선불취항증명서(waiver) 없이는 외국선 이용을 금지하는 제도이다.
⑤ 외국의 선박을 나용선한 뒤 용선기간이 종료되고 용선료를 모두 납부하면 자국의 국적선으로 등록하게 하는 제도이다.

해설 ① 국제선박 및 항만시설 보안규칙(ISPS Code)에 대한 설명이다.
　② 항만국 통제(Port State Control)에 대한 설명이다.
　④ 해운보호주의에 대한 개념으로 볼 수 있다.
　⑤ 국적취득조건부나용선에 대한 설명이다.

87 선급제도(Ship's Classification)에 관한 설명으로 옳지 않은 것은?

① 선박의 감항성(seaworthiness)에 관한 객관적·전문적 판단을 위해 생긴 제도이다.
② 로이드 선급(Lloyd's register)은 보험자들이 보험인수 여부 및 보험료 산정을 위해 만든 선박등록부이다.
③ 한국선급협회는 국제선급협회의 정회원으로 가입되어 있다.
④ 선박이 특정 선급을 얻기 위해서는 선급검사관(surveyor)의 엄격한 감독하에 동 선급 규칙에 맞춰 건조되어야 한다.
⑤ 한국선급협회는 영국 적하보험 선급약관에 등재되어 있다.

> **해설** 로이드 선급(LR)은 비영리 선급협회로, 선박 검사, 감정 및 등록기관이다. 주요 업무는 선박의 선급 관리이며 선박이 국제적 안전 규정에 부응하는지 검사하는 역할도 수행한다.

88 국제물류시스템 중 통과시스템의 특징으로 옳은 것은?

① 혼재·대량수송을 통해 운송비용을 절감할 수 있다.
② 해외 자회사 창고는 보관기능보다 집하, 분류, 배송기능에 중점을 둔다.
③ 상품이 생산국에서 해외 중앙창고로 출하된 후 각국 자회사 창고 혹은 고객에게 수송된다.
④ 해외 자회사는 상거래 유통에는 관여하지만 물류에는 직접적으로 관여하지 않는다.
⑤ 수출입 통관수속을 고객이 직접 해야 하기 때문에 그만큼 고객 부담이 높아진다.

> **해설** ① 고전적 시스템(Classical System)에 대한 설명으로 적절하다.
> ③ 다국적창고시스템(Multi-country Warehouse System)에 대한 설명으로 적절하다.
> ④ 직송시스템(Direct System)에 대한 설명으로 적절하다.
> ⑤ 국제물류시스템 중에서는 직송시스템(Direct System)에 대한 설명으로 적절하다.

89 다음 설명에 해당하는 비용은?

> 컨테이너 화물이 CY에 반입되는 순간부터 본선 선측까지 또는 반대로 본선 선측에서부터 CY까지 화물의 이동에 따르는 비용

① Freight All Kinds
② Terminal Handling Charge
③ Commodity Classification Rate
④ Commodity Box Rate
⑤ Detention Charge

THC에 대한 설명이다.
① Freight All Kinds(무차별운임) : FAK는 화물의 종류에 관계없이 일률적으로 부과되는 운임이다.
③ Commodity Classification Rate(품목분류요율) : 항공운송요율에서 특정구간의 특정품목에 대하여 적용되는 요율로서 보통 일반화물요율에 대한 백분율로 할증(S) 또는 할인(R)되어 결정된다.
④ Commodity Box Rate : 컨테이너 내부에 넣는 화물의 양(부피)에 상관없이 무조건 컨테이너 하나당 운임을 책정하는 것이다.
⑤ Detention Charge(지체료) : 화주가 반출해 간 컨테이너 또는 트레일러를 무료사용이 허용된 시간(Free Time) 이내에 지정 선사의 CY로 반환하지 않을 경우 선박회사에 지불하는 비용이다.

90 정기선 운송과 관련된 것을 모두 고른 것은?

ㄱ. tariff
ㄴ. charter party
ㄷ. shipping conference
ㄹ. tramp

① ㄱ, ㄴ
② ㄱ, ㄷ
③ ㄴ, ㄷ
④ ㄴ, ㄹ
⑤ ㄷ, ㄹ

해설 ㄱ. tariff(운임률표) : 정기선 운송의 경우 해상운임에 있어서 운임률표를 보유하고 있다.
ㄷ. shipping conference(해운동맹) : 정기선 운송의 경우 해운동맹이 결성되어 있다.
ㄴ. charter party(용선계약) : 부정기선 운송의 경우 일반적으로 용선계약에 의하여 운송계약이 체결된다.
ㄹ. tramper(부정기선) : 부정기선 운송에 사용되는 부정기선을 의미한다.

91 항공운송화물의 사고유형 중 지연에 관한 설명으로 옳지 않은 것은?

	사고유형	내용
①	Cross Labelled	라벨이 바뀌거나, 운송장 번호, 목적지 등을 잘못 기재한 경우
②	OFLD(Off-Load)	출발지나 경유지에서 탑재공간 부족으로 인하여 의도적이거나, 실수로 화물을 내린 경우
③	OVCD(Over-Carried)	화물이 하기되어야 할 지점을 지나서 내려진 경우
④	SSPD(Short-shipped)	적재화물목록에는 기재되어 있으나, 화물이 탑재되지 않은 경우
⑤	MSCN(Miss-connected)	탑재 및 하기, 화물인수, 타 항공사 인계 시에 분실된 경우

해설 탑재 및 하기, 화물인수, 타 항공사 인계 시에 분실된 경우는 지연(Delay)이 아닌 분실(Missing)의 사고유형이라 볼 수 있다. MSCN(Miss-Connected)은 다른 목적지로 화물이 잘못 보내진 경우를 의미한다.

정답 **90** ② **91** ⑤

92 운송인의 책임한도에 관한 설명으로 옳지 않은 것은?

	국제협약 · 법령	손해배상 한도
①	Hague Rules(1924)	포장당 또는 선적단위당 100파운드 또는 동일한 금액의 타국통화
②	Hague-Visby Rules(1968)	포장당 또는 선적단위당 666.67 SDR 또는 kg당 2 SDR 중 높은 금액
③	Hamburg Rules(1978)	포장당 또는 선적단위당 835 SDR 또는 kg당 2.5 SDR 중 높은 금액
④	Rotterdam Rules(2008)	포장당 또는 선적단위당 875 SDR 또는 kg당 4 SDR 중 높은 금액
⑤	우리나라 상법(2020)	포장당 또는 선적단위당 666.67 SDR 또는 kg당 2 SDR 중 높은 금액

> **해설** Rotterdam Rules(2008) 협약의 경우 포장당 875 SDR 또는 3 SDR/kg 중 큰 금액을 손해배상 한도로 한다.

93 정박기간에 관한 설명으로 옳지 않은 것은?

① WWD는 하역이 가능한 기상조건의 작업일만을 정박기간에 포함한다.
② WWDSHEX는 일요일과 공휴일에 작업을 하면 정박기간에서 제외한다.
③ WWDSHEXUU는 일요일과 공휴일에 작업을 하면 정박기간에 포함한다.
④ CQD는 항구의 관습적 하역방법이나 하역능력 등에 따라 가능한 한 빨리 하역하도록 약정하는 것으로, 일요일과 공휴일에 작업을 하면 모두 정박기간에서 제외한다.
⑤ Running Laydays는 하역이 시작된 날로부터 종료시까지를 정박기간으로 산정하며, 특약이 없는 한 일요일과 공휴일에 작업을 하면 모두 정박기간에 포함한다.

> **해설** ④ **관습적 조속하역조건(CQD)** : 하루의 하역량을 한정하지 않고, 그 항구의 관습에 따라 가능한 한 신속히 하역하는 관습적 조속 하역조건을 말한다. 일요일, 공휴일 및 야간작업에 대하여도 특약이 없는 한 기본적으로 항구의 관습에 따른다.
> ① Weather Working Days
> ② Sunday and Holidays EXcepted
> ③ Sunday and Holiday EXcepted unless used

94 다음 설명에 해당하는 공항터미널에서 사용되는 조업장비는?

> ㄱ. 주기장과 항공기와 터미널을 직접 연결시켜 탑재와 하역을 용이하게 한다.
> ㄴ. 파렛트 트레일러를 연결하여 이동하는 차량이다.

① ㄱ : Nose Dock,   ㄴ : Self-Propelled Conveyor
② ㄱ : High Loader,   ㄴ : Self-Propelled Conveyor
③ ㄱ : Nose Dock,   ㄴ : Tug Car
④ ㄱ : High Loader,   ㄴ : Tug Car
⑤ ㄱ : Work Station,   ㄴ : Self-Propelled Conveyor

해설 ㄱ. Nose Dock에 대한 설명이다.
ㄴ. Tug Car에 대한 설명이다.
- **Self-Propelled Conveyor** : 수하물 및 소형화물을 화물창에 낱개 단위로 탑재할 때 사용하는 장비이다.
- **High Loader** : 항공화물을 항공기에 적재하는 전용탑재기이다.
- **Work Station** : 항공화물터미널에서 화물을 파렛트에 적재(Build-up)하거나 해체(Break down)할 때 사용되는 설비이다.

95 다음 설명에 해당하는 항해용선계약서 이면약관은?

> 선박이 도착예정일보다 늦게 도착하거나 빨리 도착하는 경우에 부선료나 하역대기료 등 화주에게 손실이 발행하게 되며, 본선이 선적준비완료 예정일 이전에 도착하여도 하역을 하지 않는다는 조항

① General Average Clause   ② Not Before Clause
③ Lien Clause   ④ Cancelling Clause
⑤ Off Hire Clause

해설 ① General Average Clause(공동해손약관)
③ Lien Clause(유치권조항) : 화주(용선자)가 운임 및 기타 부대경비를 지급하지 아니할 때 선주가 그 화물을 유치할 수 있는 권한이 있음을 나타내는 조항이다.
④ Cancelling Clause(해약조항) : 선박이 용선자에게 인도돼야 할 마지막 날짜(해약기일)이 지나서 도착할 경우에 용선자는 계약을 해약할 권리를 갖게 된다는 조항이다.
⑤ Off Hire Clause(휴항약관조항) : 용선기간 중 용선자의 귀책사유가 아닌 선체의 고장이나 해난과 같은 불가항력 사유 때문에 발생하는 휴항약관소항이나.

정답 **94** ③ **95** ②

96 항공화물운송장의 작성방법에 관한 설명으로 옳지 않은 것은?

① Currency란은 AWB 발행국 화폐단위 Code를 기입하며 Currency란에 나타난 모든 금액은 AWB에 표시되는 화폐단위와 일치한다.

② Declared Value for Carriage란은 항공사의 운송신고가격을 기입한다.

③ Amount of Insurance란은 화주가 보험에 부보하는 보험금액을 기입하며, 보험에 부보치 않을 때에는 공백으로 둔다.

④ Consignment Details and Rating란은 화물요금과 관련된 세부사항을 기입한다.

⑤ Chargeable Weight란은 화물의 실제중량과 부피중량 중 높은 쪽의 중량을 기입한다.

> 해설 Declared Value for Carriage : 해당란에는 송하인의 운송신고가격이 기재된다.

97 다음 설명에 해당하는 항공화물 부대운임은?

> 송하인 또는 그 대리인이 선지급한 비용으로 수하인이 부담하는 육상운송료, 보관료, 통관수수료 등을 말하며, 운송인은 송하인의 요구에 따라 AWB를 통해 수하인에게 징수한다.

① Disbursement fee
② Dangerous goods handling fee
③ Charges collect fee
④ Handling charge
⑤ Pick up service charge

> 해설 Disbursement fee(입체지불수수료)에 대한 설명이다. 입체지불수수료란 출발지로부터 항공운송이 이루어지기 전까지 발생된 비용들(트럭운비, 취급수수료, 서류발급수수료, 항공화물화주보험료 등) 중에서 수하인이 부담해야 할 비용을 송하인 또는 항공운송인이 선지급한 경우, 항공사가 수하인에게 징수하는 금액을 말하며, 이것은 항공화물운송장에 명기된다.
> ② Dangerous goods handling fee(위험물취급수수료) : 위험화물 접수 시 포장상태, 관계 서류, 당국의 검사에 따라 부과하는 수수료이다.
> ③ Charges collect fee(CCF) : 착불 수수료를 의미하며, 항공운송에서 수입화물의 운임이 착지불될 때 수입자에게 청구하는 비용이다.
> ④ Handling charge(화물취급수수료) : 화물취급수수료는 항공화물운송대리점 또는 항공운송주선인(혼재업자)이 수출입화물의 취급에 따른 서류발급비용, 화물도착통지(Arrival Notice), 해외 파트너와의 교신 등에 소요되는 통신비용 등 제반 서비스 제공에 대한 대가로서 징수하는 수수료이다.
> ⑤ Pick up service charge(집화수수료) : 항공화물운송대리점 또는 항공운송주선인이 송하인이 지정한 장소로부터 화물을 집화(Pick up)하는 경우에 발생한 차량운송비용을 말하며, 화물인수지연으로 차량이 대기할 경우 대기비용을 부가하여 실비로 정산한다.

98 복합운송증권(FIATA FBL)의 이면약관 내용으로 옳은 것은?

① 운송주선인의 책임 : 인도일 경과 후 연속일수 60일 이내에 인도되지 않을 경우 손해배상 청구자는 물품이 멸실된 것으로 간주한다.

② 물품의 명세 : 증권표면에 기재된 모든 사항에 대한 정확성은 운송주선인이 책임을 진다.

③ 불법행위에 대한 적용 : 계약이행과 관련하여 운송주선인을 상대로 한 불법행위를 포함한 모든 손해배상청구에 적용한다.

④ 운송주선인의 책임 : 운송주선인의 이행보조자를 상대로 제기된 경우에는 이 약관이 적용되지 않는다.

⑤ 제소기한 : 수하인은 물품이 멸실된 것으로 간주할 수 있는 권리를 가지게 된 날로부터 3개월 이내에 소송을 제기하지 아니하고 다른 방법에 의해 명확히 합의되지 않는 한 운송주선인은 모든 책임으로부터 면제된다.

해설 ① 운송주선인의 책임 : FIATA FBL에서는 인도일 경과 후 90일 이내에 인도되지 않을 경우 물품이 멸실된 것으로 간주한다.
② 물품의 명세 : FIATA FBL에서는 물품의 명세에 대해 운송주선인이 책임지지 않는다
④ 운송주선인의 책임 : 운송주선인의 이행보조자에 대해서도 FIATA FBL의 이면약관이 적용된다.
⑤ 제소기한 : FIATA FBL에 따르면 제소기한은 물품이 멸실된 것으로 간주할 수 있는 날로부터 9개월 이내로 규정되어 있다.

99 항공운송 관련 국제규범으로 옳은 것을 모두 고른 것은?

　　ㄱ. Guatemala Protocol　　　　　ㄴ. CIM
　　ㄷ. CMR　　　　　　　　　　　　ㄹ. Montreal Agreement

① ㄱ, ㄴ　　　　　　　　　　② ㄱ, ㄷ
③ ㄱ, ㄹ　　　　　　　　　　④ ㄴ, ㄷ
⑤ ㄴ, ㄹ

해설 ㄱ. Guatemala Protocol(과테말라의정서) : 국제민간항공기구(ICAO) 총회에서 개정된 바르샤바조약상 운송인의 책임한도액을 재개정할 필요성이 제기된 후 ICAO의 법률위원회에서 초안한 내용을 1971년에 과테말라 외교회의에서 통과시킨 의정서이다.
ㄹ. Montreal Agreement(몬트리올협정) : 미국이 항공운송 사고 시 운송인의 책임한도액이 너무 적다는 이유로 바르샤바조약을 탈퇴하였다. 이에 따라 IATA가 미국 정부와 직접교섭은 하지 않고 미국을 출발, 도착, 경유하는 항공회사들 간의 회의에서 운송인의 책임한도액을 인상하기로 합의한 협정이다.
ㄴ. CIM(철도화물운송조약)
ㄷ. CMR(도로화물운송조약)

정답 **98** ③ **99** ③

100 UN국제물품복합운송조약(1980)에 관한 설명으로 옳지 않은 것은?

① 복합운송인의 책임체계는 절충식 책임체계를 따르고 있다.

② 복합운송인의 책임기간은 화물을 인수한 때부터 인도할 때까지로 한다.

③ 적용화물(Goods)이란 송하인에 의해 공급된 경우에는 컨테이너, 파렛트 또는 유사한 운송용구와 포장용구를 포함하지 않는다.

④ 송하인은 위험물에 관하여 적절한 방법으로 위험성이 있다는 표식(mark)을 하거나 꼬리표(label)를 붙여야 한다.

⑤ 법적 절차 또는 중재 절차가 2년 내에 제기되지 않으면 어떠한 소송도 무효가 된다.

> [해설] 적용화물(Goods)이란 송하인에 의해 공급된 경우에는 컨테이너, 파렛트 또는 유사한 운송용구와 포장용구를 <u>포함</u>한다.
> (원문) "Goods" <u>includes</u> any container, pallet or similar article of transport or packaging, if supplied by the consignor(UN국제물품복합운송조약 PART I. GENERAL PROVISIONS Article 1 Definitions 7p)

101 다음 설명에 해당하는 컨테이너는?

> 정장의류 및 실크·밍크 등의 고급의류를 옷걸이에 걸어 구겨지지 않게 운송하여 다림질(ironing)을 하지 않고 진열·판매할 수 있다.

① Solid Bulk Container   ② Liquid Bulk Container

③ Open Top Container   ④ Insulated Container

⑤ Garment Container

> [해설] 의류운송용 컨테이너인 Garment Container에 대한 설명이다.
> ① Solid Bulk Container : 천장에 구멍이 뚫려 있어 소맥분, 가축사료 등 주로 곡물을 적입하여 운송하기에 편리한 컨테이너이다.
> ② Liquid Bulk Container : 위험물, 석유화학제품, 화공약품, 유류, 술 등의 액체화물을 운송하기 위하여 내부에 원통형의 탱크(Tank)를 위치시키고 외부에 철재 프레임으로 고정시킨 컨테이너이다.
> ③ Open Top Container : 건화물 컨테이너의 지붕과 측면, 상부가 개방되어 있어 상부에서 작업이 가능하도록 제작된 컨테이너로 중량이 큰 물품이나 장착화물을 크레인으로 하역하는 데 편리하다.
> ④ Insulated Container : 내벽에 보온재를 넣은 구조로서, 소정의 보냉 성능을 가진 컨테이너이다.

102 해공(Sea & Air)복합운송 서비스의 장점에 관한 설명으로 옳지 않은 것은?

① 화주는 해상운송 기간을 단축하여 경쟁력을 높일 수 있다.

② 전(全) 구간 해상운송보다 수송기간이 짧고, 전(全) 구간 항공운송보다 운임이 저렴하다.

③ 해상운송에 비해 수송기간이 짧아 재고비용이 절감되며 자본비용도 낮출 수 있다.

④ 항공사가 운송장(Through B/L)을 발행하게 되면 항공사는 함부르크조약으로 책임을 지기 때문에 화주에게 유리하다.

⑤ 생산일정과 수입상의 창고 및 시장 상황에 맞춰 적시(JIT)납품을 결정할 수 있게 되어 기업의 물류관리 측면에서 융통성이 많아지게 된다.

> 해설 항공사는 항공운송조약(예 몬트리올 협약)에 따라 책임을 진다. 함부르크규칙은 해상운송과 관련된 국제협약이다.

103 컨테이너 운송의 특성에 관한 설명으로 옳지 않은 것은?

① 컨테이너의 유휴 등 고가 설비의 효율적 활용이 쉽지 않다.

② 컨테이너의 용량이 커서 소량화물의 경우 혼재를 해야 하는 불편이 있다.

③ 모든 화물을 컨테이너화할 수 없는 단점을 가지고 있다.

④ 신속하고 안전한 화물의 환적이 가능하며, 하역의 기계화로 시간과 비용을 절감할 수 있다.

⑤ 컨테이너화에는 선사직원 및 항만노무자의 교육·훈련 등에 있어 장기간의 노력과 투자가 필요하지 않다.

> 해설 컨테이너화에는 선사직원 및 항만노무자의 교육·훈련 등에 있어 장기간의 노력과 투자가 필요하다.

104 항공화물운송장 기능과 내용으로 옳은 것을 모두 고른 것은?

	기능	내용
ㄱ	화물수령증	항공사가 송하인으로부터 화물을 수령했음을 입증하는 성격을 가지고 있다.
ㄴ	요금계산서	화물과 함께 목적지에 보내어져 수하인이 운임과 요금을 계산하는 근거 자료로 사용된다.
ㄷ	세관신고서	통관 시 수출입신고서 및 통관자료로 사용된다.

① ㄱ

② ㄱ, ㄴ

③ ㄱ, ㄷ

④ ㄴ, ㄷ

⑤ ㄱ, ㄴ, ㄷ

> 해설 항공화물운송장은 운송계약의 증거, 화물수령증, 보험증서, 송장, 청구서, 수입통관자료, 운송인에 대한 송하인의 지시서, 수하인에의 화물인도증서의 역할을 한다.

정답 **102** ④ **103** ⑤ **104** ⑤

105 항만시설에 관한 설명으로 옳지 않은 것은?

① 묘박지(Anchorage)는 선박이 닻을 내리고 접안을 위해 대기하는 수역을 말한다.

② 계선주(Bitt)는 선박의 계선밧줄을 고정하기 위하여 안벽에 설치된 석재 또는 강철재의 짧은 기둥을 말한다.

③ 선회장(Turning Basin)은 자선선회(自船船回)의 경우 본선 길이의 2배를 직경으로 하는 원이며, 예선(曳船)이 있을 경우에는 본선 길이의 3배를 직경으로 하는 원으로 한다.

④ 펜더(Fender)는 선박의 접안 시 또는 접안 중에 선박이 접촉하더라도 선박이 파손되지 않도록 안벽의 외측에 부착시켜 두는 고무재이다.

⑤ 항로(Access Channel)는 바람과 파랑의 방향에 대해 30°~60°의 각도를 갖는 것이 좋으며 조류방향과 작은 각도를 이루어야 한다.

> [해설] 선회장(Turning Basin)은 선박이 방향을 전환할 수 있는 장소로서 대개 자선의 경우 대상선박 길이의 3배를 직경으로 하는 원이며, 예선이 있을 경우에는 대상선박 길이의 2배를 직경으로 하는 원으로 한다.

106 다음 설명에 해당하는 부정기선 운임은?

> 화물의 개수·중량·용적을 기준으로 하는 경우와 화물의 양(量)과 관계없이 항해(trip)·선복(ship's space)을 단위로 운임을 계산하는 경우, 항해·선복 단위의 용선계약 시 지불하는 운임

① Lump Sum Freight
② Option Surcharge
③ Dead Freight
④ Congestion Surcharge
⑤ Long Term Contract Freight

> [해설] ② Option Surcharge : 양륙항을 정하지 않은 상태에서 운송 도중에 양륙항이 정해지는 경우에 부과되는 할증운임이다.
> ③ Dead Freight : 실제 적재량을 계약한 화물량만큼 채우지 못할 경우 사용하지 않은 부분에 대하여 부과하는 운임이다.
> ④ Congestion Surcharge : 정기선 해상운송의 운임 중 도착항의 항만사정으로 예정된 기간 내 하역할 수 없을 때 부과한다.
> ⑤ Long Term Contract Freight : 원유, 철광석 등 대량화물의 운송수요를 가진 대기업과 선사 간에 장기간 반복되는 항해에 대하여 적용되는 운임이다.

107 우리나라 상법상 선하증권 법정기재사항을 모두 고른 것은?

> ㄱ. 선박의 명칭, 국적 및 톤수
> ㄴ. 운임지불지 및 환율
> ㄷ. 선하증권번호
> ㄹ. 본선항해번호
> ㅁ. 용선자 또는 송하인의 성명·상호
> ㅂ. 수하인 또는 통지수령인의 성명·상호

① ㄱ, ㄴ, ㄷ   ② ㄱ, ㄷ, ㄹ
③ ㄱ, ㅁ, ㅂ   ④ ㄴ, ㄹ, ㅂ
⑤ ㄴ, ㅁ, ㅂ

[해설] 선하증권 기재사항(상법 제853조 제1항)
1. 선박의 명칭·국적 및 톤수
2. 송하인이 서면으로 통지한 운송물의 종류, 중량 또는 용적, 포장의 종별, 개수와 기호
3. 운송물의 외관상태
4. 용선자 또는 송하인의 성명·상호
5. 수하인 또는 통지수령인의 성명·상호
6. 선적항
7. 양륙항
8. 운임
9. 발행지와 그 발행연월일
10. 수통의 선하증권을 발행한 때에는 그 수
11. 운송인의 성명 또는 상호
12. 운송인의 주된 영업소 소재지

108 다음 설명에 해당하는 국제물류 정보기술은?

> 사전·사후 배송 라우팅을 통한 자동배차 등의 효율적인 배송계획을 수립하여 배송차량의 실시간 위치관제 및 배송상태의 확인이 가능하게 함으로써 대리점과 고객에게 화물위치 추적 및 도착 예정시간, 화물정보 검색 등의 다양한 기능을 제공하여 고객의 니즈(needs)에 부응하고자 만들어진 시스템

① CVO   ② ECR
③ WMS   ④ RFID
⑤ SCM

해설 화물 및 화물차량에 대한 위치를 실시간으로 추적관리하여 각종 부가정보를 제공하는 시스템인 CVO에 대한 설명이다.
　　② ECR(Efficient Consumer Response, 효율적 고객대응) : 제품에 대한 고객들의 반응을 측정하여 재고관리 및 생산효율을 달성하는 방식이다.
　　③ WMS(창고관리시스템)
　　④ RFID(무선주파수식별법) : 판독기를 이용하여 태그(Tag)에 기록된 정보를 판독하는 무선주파수인식 기술

109 복합운송증권(FIATA FBL)의 약관 중 다음 내용이 포함되는 약관은?

> 포워더는 화주에게 고지하지 않고 화물을 갑판적 또는 선창적할 수 있으며, 화물의 취급, 적부, 보관 및 운송에 따른 수단, 경로 및 절차를 자유로이 선택 또는 대체할 수 있는 재량권(liberty)을 갖는다.

① Delivery
② Paramount Clause
③ Negotiability and title to the goods
④ Method and Route of Transportation
⑤ Liability of Servants and Other Persons

해설 Method and Route of Transportation(운송방법 및 경로) 약관에 대한 설명이다.
　　① Delivery(인도) : 화물이 본 FBL에 의거 수하인 또는 그 대리인에게 인도되거나 그들이 처분할 수 있는 장소에 놓이면, 또는 인도지의 법률·규정에 따라 당국 또는 기타 당사자에게 화물을 인도하거나, 포워더가 화주에게 화물의 인수를 요구할 수 있는 기타의 장소에 화물이 놓이면 인도한 것으로 간주한다.
　　② Paramount Clause(지상약관) : 본 약관은 본 FBL이 증명하는 운송계약에 적용되는 국제조약·국내법에 저촉되지 않는 범위에서만 효력을 갖는다.
　　③ Negotiability and title to the goods(유통성 및 화물에 대한 권리) : FBL은 유통불능이란 표시가 없으면 유통증권이 된다. FBL은 화물에 대한 권리증권이며, 소지인은 배서로 증권의 화물을 인수양도할 권리를 갖는다.
　　⑤ Liability of Servants and Other Persons(사용인 및 기타인의 책임) : 클레임의 원인이 계약위반·불법행위라 해도 본 FBL로 증명되는 계약의 이행을 위해 고용한 사용인·대리인·기타인(독립계약자 포함)에게 제기한 클레임도 본 약관을 적용하고, 포워더·사용인·대리인·기타인들의 총책임은 한도를 초과하지 않는다.

110 다음 설명에 해당하는 국제물류 보안제도는?

해상뿐만 아니라 항공, 철도, 트럭 등의 운송수단을 통해 미국으로 수입되는 화물에 대한 정보를 미국 관세청(세관)에 제출하게 하는 규정으로, 이 규정을 통하여 항공, 철도, 트럭 운송을 통한 화물에 대한 사전정보도 확보할 수 있게 되었다.

① CSI
② 24−Hour Rule
③ Trade Act of 2002 Final Rule
④ ISPS Code
⑤ C−TPAT

해설 Trade Act of 2002 Final Rule에 대한 설명이다.
① CSI(Container Security Initiative, 컨테이너안전협정) : 테러 위험이 있는 컨테이너 화물이 미국으로 선적되기 전에 외국항에서 검사하고 확인할 수 있도록 하는 것이다.
② 24−Hour Rule : 해상화물의 경우 운송인이 선적항에서 선적 24시간 전에 화물적하목록을 제출하도록 규정한 미국 관세국경보호청(CBP)의 규칙이다.
④ ISPS Code(선박 및 항만시설 보안규칙) : 선박 및 항만설비에 영향을 미치는 보안위협을 탐지하고 제거하기 위한 제도이다.
⑤ C−TPAT : 테러방지를 목적으로 하는 미국 관세청(세관)과 기업의 파트너십 프로그램이다.

111 Marine Insurance Act(1906)에 규정된 용어의 설명이다. (   )에 들어갈 용어로 옳은 것은?

(   ) is a policy which describes the insurance in general terms, and leaves the name of the ship or ships and other particulars to be defined by subsequent declaration. The subsequent declaration or declarations may be made by indorsement on the policy, or in other customary manner.

① A valued policy
② A floating policy
③ A fixed policy
④ An open policy
⑤ An unvalued policy

해설 'leaves the name of the ship or ships', 'by subsequent declaration'라는 표현으로 보아 선명미정보험증권(선명미확정보험)에 대한 설명이다.
① A valued policy(기평가보험) : 피보험목적물의 가액을 기재해 놓은 보험이다.
② A floating policy(미확정보험)
③ A fixed policy(확정보험) : 보험계약이 성립될 때 모든 세부사항이 명확히 규정된 보험증권이다.
④ An open policy(포괄예정보험) : 일정기준에 의해 정한 다수의 보험목적에 대하여 일정기간 자기가 취급하는 모든 화물에 대하여 포괄적으로 부보하는 예정보험이다.
⑤ An unvalued policy(미평가보험) : 피보험목적물의 가액을 기재해 놓지 않고, 추후에 확정되는 보험이다.

정답 110 ③ 111 ②

112 Incoterms® 2020 규칙에 관한 설명으로 옳지 않은 것은?

① "도착지인도"(DAP)란 매도인이 물품을 지정목적지까지 또는 지정목적지 내의 합의된 지점에서 도착운송수단에 실어둔 채 매수인 처분하에 두어야 하는 것을 말한다.

② "선측인도"(FAS)란 매도인이 지정 선적항에서 매수인이 지정한 선박의 선측에 물품이 놓인 때까지만 물품의 멸실 또는 훼손의 위험 의무를 부담하는 것을 말한다.

③ "운임 보험료 포함인도"(CIF)란 물품이 선박에 적재된 때 물품의 멸실 또는 훼손의 위험이 매도인에서 매수인에게 이전되는 것을 말한다.

④ "공장인도"(EXW)란 매도인이 계약물품을 공장이나 창고 같은 지정장소에서 매수인의 처분상태로 둘 때 인도하는 것을 말한다.

⑤ Incoterms® 2020 규칙은 그 자체로 매매계약이다.

[해설] Incoterms는 이미 존재하는 매매계약에 편입된(incorporated) 때 그 매매계약의 일부가 된다.

113 국제물품매매계약에 관한 UN 협약(CISG, 1980)에서 매도인의 계약위반에 대한 매수인의 구제방법이 아닌 것은?

① 의무의 이행 청구　　　　　② 대체물의 인도 청구
③ 하자보완 청구　　　　　　④ 손해배상 청구
⑤ 권한쟁의 심판 청구

[해설] 비엔나협약(CISG)상 매수인의 구제권리
- 대체품인도청구권
- 하자보완청구권
- 대금감액권
- 조기이행거절권
- 의무이행청구권
※ 매수인은 손해배상 이외의 구제를 구하는 권리행사로 인하여 손해배상을 청구할 수 있는 권리를 박탈당하지 아니한다.

114 Incoterms® 2020 규칙상 해상운송이나 내수로운송의 경우에만 사용되어야 하는 거래조건으로 옳은 것은?

① FAS, FOB, CFR, CIF　　　② FOB, CIF, CPT, DPU
③ FAS, FOB, CPT, CIP　　　④ CFR, CIF, CPT, CIP
⑤ FOB, DAP, DPU, DDP

[해설] 해상운송이나 내수로운송의 경우에만 사용되어야 하는 거래조건은 FAS(선측인도조건), CFR(운임포함조건), FOB(본선인도조건), CIF(운임보험료포함조건)이다.

정답 **112** ⑤ **113** ⑤ **114** ①

115 무역구제제도(Trade Remedy)에 관한 설명으로 옳지 않은 것은?

① 긴급관세(세이프가드)제도는 수출국의 공정한 수출행위에 의한 수입이지만 특정 물품의 수입이 급격히 증가하여 국내산업에 심각한 피해를 받거나 받을 우려가 있을 때 조사를 실시하여 긴급관세를 인하한다.

② 상계관세제도는 수출국 정부로부터 보조금을 받아 수출경쟁력이 높아진 물품이 수입되어 국내산업이 실질적인 피해를 받거나 받을 우려가 있을 때 조사를 실시하여 보조금 범위 내에서 상계관세를 부과한다.

③ 반덤핑관세제도는 외국물품이 정상가격 이하로 덤핑수입되어 국내산업이 실질적인 피해를 받거나 받을 우려가 있을 때 조사를 실시하여 정상가격과 덤핑가격의 차액범위 내에서 반덤핑 관세를 부과한다.

④ 긴급관세(세이프가드)를 부과하는 경우에는 이해당사국과 긴급관세부과의 부정적 효과에 대한 적절한 무역보상방법에 관하여 협의할 수 있다.

⑤ 무역구제제도는 공정한 경쟁을 확보하고 국내산업을 보호하는 제도이다.

> **해설** 수출국의 공정한 수출행위에 의한 수입이지만 특정 물품의 수입이 급격히 증가하여 국내산업에 심각한 피해를 받거나 받을 우려가 있을 때 조사를 실시하여 관세를 부과하거나 수입량을 제한하는 조치이다.

116 Incoterms® 2020 규칙의 적용범위에 해당하는 것은?

① 매매계약 위반에 대한 구제수단

② 소유권 이전

③ 국제분쟁과 중재방법, 장소 또는 준거법

④ 매도인과 매수인의 의무, 비용 및 위험

⑤ 매매대금 지급의 시기, 장소 및 방법

> **해설** 인코텀즈는 매도인과 매수인의 의무, 비용 및 위험의 분기점에 대해서 규정하고 있다.

117 Institute Cargo Clause(C)(2009)에서 담보하는 위험이 아닌 것은?

① 화재·폭발

② 본선·부선의 좌초·교사·침몰·전복

③ 육상운송용구의 전복·탈선

④ 포장이나 준비의 불충분 또는 부적합으로 인한 손해

⑤ 피난항에서 화물의 양하

> **해설** 포장, 준비의 불완전은 ICC(A), ICC(B), ICC(C) 약관 모두 면책사항이다.

118 Incoterms® 2020 규칙의 내용이다. (   )에 들어갈 용어로 옳은 것은?

> (ㄱ) means that the seller delivers the goods—and transfers the risk—to the buyer by handing them over to the carrier contracted by the seller or by procuring the goods so delivered.
>
> (ㄴ) may do so by giving the carrier physical possession of the goods in the manner and at the place appropriate to the means of transport used.

① ㄱ : CPT, ㄴ : The buyer

② ㄱ : DDP, ㄴ : The seller

③ ㄱ : CPT, ㄴ : The seller

④ ㄱ : DDP, ㄴ : The buyer

⑤ ㄱ : FOB, ㄴ : The buyer

> [해설] CPT에 대한 설명이다. "운송비지급인도(CPT)"은 매도인이 합의된 장소(양 당사자의 합의장소)에서 자신에 의해 지정된 운송인이나 다른 당사자에게 물품을 인도하는 것을 말하며, 매도인은 지정된 도착지까지 물품을 운송하기 위해 필요한 운송비를 지불하는 것에 대한 계약을 체결해야 한다.

119 다음 (   )에 들어갈 용어로 옳은 것은?

> (   )란 세계관세기구의 수출입 공급망 안전관리 기준 또는 이와 동등한 기준을 준수하여 자국 세관으로부터 인증을 받은 국제수출입공급망의 개별당사자를 의미한다.

① Authorized Supplier

② Authorized Economic Operator

③ Authorized Consignor

④ Authorized Manufacturer

⑤ Authorized Consignee

> [해설] AEO에 대한 설명이다. AEO는 세계적인 물류보안 강화 조치로 인한 무역원활화를 저해하는 문제점을 해소하고자 각국 세관이 수출업자, 수입업자, 제조업자, 관세사, 운송사, 창고업자, 하역업자 등을 대상으로 적정성 여부를 심사하여 우수업체로 공인해 줌으로써 통관상의 혜택을 부여하는 제도이다.

정답 **118** ③ **119** ②

120 관세법에서 정의하고 있는 내국물품에 해당하지 않는 것은?

① 외국으로부터 우리나라에 도착한 물품으로 수입신고가 수리되기 전의 것

② 우리나라의 선박 등이 공해에서 채집하거나 포획한 수산물 등

③ 수입신고수리 전 반출승인을 받아 반출된 물품

④ 우리나라에 있는 물품으로서 외국물품이 아닌 것

⑤ 수입신고전 즉시반출신고를 하고 반출된 물품

해설 ①의 경우 외국물품이다.

내국물품(관세법 제2조 제5호) : "내국물품"이란 다음 각 목의 어느 하나에 해당하는 물품을 말한다.

가. 우리나라에 있는 물품으로서 외국물품이 아닌 것

나. 우리나라의 선박 등이 공해에서 채집하거나 포획한 수산물 등

다. 입항전수입신고가 수리된 물품

라. 수입신고수리전 반출승인을 받아 반출된 물품

마. 수입신고전 즉시반출신고를 하고 반출된 물품

정답 **120** ①

제2교시 2024년 물류관리사	형별	**A형**	제한시간	80분	수험번호	성 명

제**1**과목　보관하역론(01~40)

01 보관의 원칙에 관한 설명으로 옳지 않은 것은?

　① 네트워크 보관의 원칙 : 입출고 빈도에 따라 보관할 물품의 위치를 달리하는 원칙으로 빈도가 높은 물품은 출입구 가까운 위치에 보관한다.

　② 중량특성 보관의 원칙 : 물품의 중량에 따라 보관 위치를 결정하는 원칙으로 중량이 무거울수록 하층부에 보관한다.

　③ 위치표시 보관의 원칙 : 보관된 물품의 장소와 선반 번호의 위치를 표시하여 작업 효율성을 높이는 원칙으로 입출고 시 불필요한 작업이나 실수를 줄일 수 있다.

　④ 유사성 보관의 원칙 : 유사품은 가까운 장소에 모아서 보관하는 원칙으로 관리효율 향상을 기대할 수 있다.

　⑤ 통로대면 보관의 원칙 : 입출고 용이성 및 보관의 효율성을 위해 물품을 가능한 통로에 접하여 보관하는 것으로 화물의 원활한 흐름과 활성화를 위한 원칙이다.

> 해설　입출고 빈도에 따라 보관할 물품의 위치를 달리하는 원칙으로 빈도가 높은 물품은 출입구 가까운 위치에 보관하는 원칙은 회전대응 보관의 원칙이다. 네트워크 보관의 원칙은 연대출고가 예상되는 관련 품목을 출하가 용이하도록 모아서 보관하는 원칙이다.

02 보관품목수, 보관수량, 회전율에 따른 보관유형을 올바르게 표시한 것은?

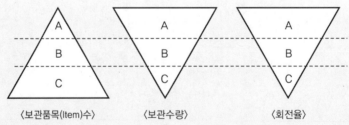

⟨보관품목(Item)수⟩　⟨보관수량⟩　⟨회전율⟩

- ㄱ : 보관품목수는 매우 적지만 보관수량이 매우 많고 회전율이 매우 높은 특징을 갖는다.
- ㄴ : 보관품목수와 보관수량이 매우 많고, 회전율이 매우 높으며, 관리가 복잡하여 자동화 방식이 적합하다.

정답　**01** ①　**02** ②

① ㄱ : A-A-A,　ㄴ : C-C-A
② ㄱ : A-A-A,　ㄴ : C-A-A
③ ㄱ : A-C-C,　ㄴ : C-C-A
④ ㄱ : C-A-A,　ㄴ : A-C-C
⑤ ㄱ : C-A-A,　ㄴ : A-C-A

[해설] ㄱ : 보관품목수는 매우 적지만(A) 보관수량이 매우 많고(A) 회전율이 매우 높은 특징(A)을 갖는다. (A-A-A)

ㄴ : 보관품목수(C)와 보관수량(A)이 매우 많고, 회전율이 매우 높으며(A), 관리가 복잡하여 자동화 방식이 적합하다. (C-A-A)

03 복합물류터미널에 관한 설명으로 옳지 않은 것은?

① 두 종류 이상의 운송수단을 연계할 수 있는 규모 및 시설을 갖춘 화물터미널이다.
② 보관기능 위주로 운영되는 물류시설로 환적물량은 취급하지 않는다.
③ 조립·가공 등의 기능을 수행하기 위한 유통가공 시설을 보유할 수 있다.
④ 배송센터 기능과 더불어 화물정보센터의 기능도 수행한다.
⑤ 화물의 집화·하역 및 이와 관련된 분류·포장 등에 필요한 기능을 갖춘 물류시설이다.

[해설] 복합물류터미널은 주로 터미널, 화물혼재, 정보센터, 환적, 유통보관의 기능을 수행한다.

04 물류시설의 설명으로 옳은 것은?

① 스마트물류센터 : 첨단물류설비, 운영시스템 등을 도입하여 저비용, 고효율, 친환경성 등에서 우수한 성능을 발휘할 수 있는 물류창고
② 농수산물종합유통센터 : 농수산물의 출하 경로를 다원화하고 물류비용을 절감하기 위한 물류시설로 농수산물의 수집, 포장, 가공, 보관, 수송, 판매 기능과 함께 통관 기능도 수행
③ ICD(Inland Container Depot) : 장치보관, 집화분류, 통관 기능과 함께 마샬링(marshalling), 본선 선적 및 양하 기능도 수행
④ CY(Container Yard) : 컨테이너에 LCL(Less than Container Load)화물을 넣고 꺼내는 작업을 하는 시설과 장소
⑤ 도시첨단물류단지 : 수출입 통관업무, 집하, 분류 기능을 수행하며, 트럭회사, 포워더(forwarder) 등을 유치하여 운영하므로 내륙 항만이라고도 부름

해설 ② "농수산물종합유통센터"란 국가 또는 지방자치단체가 설치하거나 국가 또는 지방자치단체의 지원을 받아 설치된 것으로서 농수산물의 출하 경로를 다원화하고 물류비용을 절감하기 위하여 농수산물의 수집·포장·가공·보관·수송·판매 및 그 정보처리 등 농수산물의 물류활동에 필요한 시설과 이와 관련된 업무시설을 갖춘 사업장을 말한다(농수산물 유통 및 가격안정에 관한 법률 제2조 정의). (통관 기능은 없음)
③ ICD에 선박 적하, 양하, 마샬링 기능은 없다.
④ CFS에 대한 설명이다.
⑤ ICD에 대한 설명이다.
"도시첨단물류단지"란 도시 내 물류를 지원하고 물류·유통산업 및 물류·유통과 관련된 산업의 육성과 개발을 촉진하려는 목적으로 도시첨단물류단지시설과 지원시설을 집단적으로 설치하기 위하여 「국토의 계획 및 이용에 관한 법률」에 따른 도시지역에 지정·개발하는 일단의 토지 및 시설을 말한다(물류시설의 개발 및 운영에 관한 법률 제2조 정의).

05 물류센터 운영에 관한 설명으로 옳지 않은 것은?

① 상품의 리드타임 단축을 통해 고객 만족도를 높일 수 있다.
② 각각의 공장에서 소비지까지 제품을 개별 수송하므로 손상, 분실, 오배송이 감소한다.
③ 적절한 재고량을 유지하면서 고객니즈에 부합하는 서비스를 제공한다.
④ 물류센터 수가 증가하면 총 안전재고량과 납기준수율이 모두 증가한다.
⑤ 물류센터 운영 전에 비해 상대적으로 공차율이 감소한다.

해설 물류센터란 공급자와 수요자의 중간에 위치하여 수요와 공급을 통합하고 계획하여 효율화를 높이는 시설이다. 즉, 물류센터는 각각의 공장별 재고를 적정한 수준으로 통합하여 유지하다가 배송하는 것이므로 '개별 수송'과는 거리가 있다.

06 컨테이너 터미널의 시설에 관한 설명으로 옳지 않은 것은?

① 마샬링 야드(marshalling yard)는 컨테이너선에 선적하거나 양하하기 위해 컨테이너를 임시 보관하는 공간으로 대부분 에이프런에 인접해 있다.
② 게이트(gate)는 컨테이너 터미널의 화물 출입통로이다.
③ 메인트넌스 숍(maintenance shop)은 컨테이너 자체의 검사, 보수, 사용 전후의 청소 등을 수행한다.
④ ILS(Instrument Landing System)는 선박이 안전하게 접안할 수 있도록 유도하는 시설로 평소에는 항만 하역장비를 보관하기도 한다.
⑤ 위생검사소는 부패성 화물, 음식물과 같이 위생에 위험이 초래될 가능성이 있는 화물에 대한 검사를 위해 설치한다.

정답 05 ② 06 ④

ILS(Instrument Landing System)는 항공기가 악천후나 시야가 확보되지 않는 상태에서도 안전하게 착륙할 수 있도록 도와주는 지상기반시스템으로 계기착륙장치이다.
선박이 안전하게 접안할 수 있도록 유도하는 시설로 평소에는 항만 하역장비를 보관하기도 하는 곳은 부두(안벽 또는 선석)로 볼 수 있다.

07 물류거점 입지선정 방법에 관한 설명으로 옳지 않은 것은?

① 요인평정법(가중점수법)은 접근성, 지역환경, 노동력 등의 입지요인별로 가중치를 부여하고 가중치를 고려한 요인별 평가점수를 통해 입지후보지를 선택하는 방법이다.
② 브라운 & 깁슨법은 입지에 영향을 주는 요인을 필수적 요인, 객관적 요인, 주관적 요인으로 구분하여 평가하는 방법이다.
③ 총비용 비교법은 입지거점 대안별로 예상비용을 산출하고, 총비용이 최소가 되는 대안을 선택하는 방법이다.
④ 손익분기 도표법은 예상 물동량에 대한 고정비와 변동비를 산출하고 그 합을 비교하여 물동량에 따른 총비용이 최소가 되는 대안을 선택하는 방법이다.
⑤ 톤-킬로법은 물동량의 무게와 거리를 고려한 방법으로 입지 제약, 환경 제약 등의 주관적 요인을 반영할 수 있는 방법이다.

해설 톤-킬로법은 각 수요지에서 배송센터까지의 거리와 각 수요지까지의 운송량에 대해 평가하고 총계가 최소가 되는 입지를 선정하는 기법으로, 제약조건 등 정성적이고 주관적 요인을 반영하기는 어렵다.

08 물류센터 규모 및 내부 설계 시 고려해야 할 사항으로 옳지 않은 것은?

① 입출고, 피킹, 보관, 배송 등에 관한 운영 특성을 고려한다.
② 자동화 수준, 설비 종류 등 설비 특성을 고려한다.
③ 화물보험 가입 용이성, 신용장 개설 편의성 등 보험·금융 회사 접근 특성을 고려한다.
④ 주문건수, 주문빈도, 주문크기 등의 주문 특성을 고려한다.
⑤ 화물의 크기, 무게, 가격 등 화물 특성을 고려한다.

해설 물류센터의 설계 특성별 고려사항
- 주문 특성 : 주문건수, 주문빈도, 주문의 크기 등 (선지 ④)
- 제품 특성 : 크기, 무게, 가격 등 (선지 ⑤)
- 설비 특성 : 자동화 수준, 설비 종류 등 (선지 ②)
- 환경 특성 : 지리적 위치, 입지 제약, 인구 등
- 운영 특성 : 입고 방법, 보관 방법, 피킹 방법 등 (선지 ①)

09 다음은 각 수요지의 수요량과 위치좌표를 나타낸 것이다. 무게중심법에 의한 신규 배송센터의 최적의 입지좌표는? (단, 배송센터로의 공급은 고려하지 않음)

구분	X좌표	Y좌표	수요량(톤/월)
수요지 1	20	40	200
수요지 2	60	20	100
수요지 3	80	50	200
수요지 4	120	100	500

① X : 52, Y : 40 ② X : 72, Y : 52

③ X : 80, Y : 72 ④ X : 86, Y : 70

⑤ X : 92, Y : 86

해설 X = (200×20+100×60+200×80+500×120)/200+100+200+500
  = (4,000+6,000+16,000+60,000)/1,000 = 86
Y = (200×40+100×20+200×50+500×100)/200+100+200+500
  = (8,000+2,000+10,000+50,000)/1,000 = 70
※ 배송센터로의 공급은 고려하지 않으므로 공장의 공급량 및 좌표는 고려하지 않는다.

10 자동창고시스템(AS/RS)에서 단위화물을 처리하는 S/R(Storage/Retrieval) 장비의 단일명령(single command) 수행시간(cycle time)은 3분, 이중명령(dual command) 수행시간은 5분이다. 이 AS/RS에서 1시간 동안 처리해야 할 저장(storage)과 반출(retrieval) 지시가 각각 10건씩 발생하며, 그중에서 이중명령으로 60%가 우선 수행되고 나머지는 단일명령으로 수행된다고 할 때, S/R 장비의 평균가동률은?

① 84% ② 86%

③ 88% ④ 90%

⑤ 92%

해설 1. 주어진 정보를 정리해 보면, 단일명령 3분, 이중명령 5분이 소요되며, 처리해야 할 지시는 저장 10건, 반출 10건(총 20건)이다.
2. 이중명령 60%, 단일명령 40% 수행된다.
3. 총 20건×60%=12건이며, 이중명령 수행 시 6회 수행된다. → 6회×5분 = 30분
4. 총 20건×40%=8건이며, 단일명령 수행 시 8회 수행된다. → 8회×3분 = 24분
5. S/R 장비의 평균가동률 = (30분+24분)/60분 = 90%
※ 이중명령은 1회 수행 시 저장(1건)과 반출(1건)을 한번에 처리한다라는 것을 알고 있어야 풀 수 있다.

11 창고의 저장위치 할당 방법에 관한 설명으로 옳지 않은 것은?

① 임의저장(randomized storage)방식은 저장위치를 임의로 결정한다.

② 지정위치저장(dedicated storage)방식은 품목별 입출고 빈도수를 고려하여 저장위치를 지정한다.

③ 지정위치저장(dedicated storage)방식의 저장공간이 임의저장방식의 저장공간보다 크거나 같다.

④ 등급별저장(class-based storage)방식은 보관품목의 단위당 경제적 가치를 기준으로 등급을 설정한다.

⑤ 등급별저장(class-based storage)방식에서 동일 등급 내에서의 저장위치는 임의저장방식으로 결정된다.

> **해설** 등급별보관(Class-based Storage)의 경우 보관품목의 입출고 빈도 등을 기준으로 등급을 설정하고, 동일 등급 내에서는 임의보관하는 방식으로 보관위치를 결정한다.

12 적층 랙(mezzanine rack)에 관한 설명으로 옳은 것은?

① 천장이 높은 단층창고 등에서 창고의 화물적재 높이와 천장 사이 공간을 활용하는 데 효과적이다.

② 직선으로 수평 이동하는 랙이며, 도서관 등에서 통로면적을 절약하는 데 효과적이다.

③ 선입선출의 목적으로 격납 부분에 롤러, 휠 등을 장착하여 반입과 반출이 반대 방향에서 이루어진다.

④ 랙 자체가 수평 또는 수직방향으로 회전하여 저장위치가 지정된 입출고장소로 이동 가능한 랙이며, 가벼운 다품종 소량품에 많이 적용된다.

⑤ 파이프, 목재 등의 장척물 보관에 적합하도록 랙 구조물에 암(arm)이 설치되어 있다.

> **해설** ② 이동 랙(Mobile Rack, 모빌 랙)에 대한 설명이다.
> ③ 유동 랙(Flow Rack, 플로 랙)에 대한 설명이다.
> ④ 회전 랙(Carousel Rack)에 대한 설명이다.
> ⑤ 암 랙(Arm Rack)에 대한 설명이다.

11 ④ **12** ①

13 기존 물류센터에서 크로스도킹(cross docking)을 도입할 때, 이에 관한 설명으로 옳지 않은 것은?

① 기계설비 보강과 정보기술도입 등 추가 투자가 필요할 수 있다.
② 물류센터의 재고회전율이 감소한다.
③ 물류센터의 재고수준이 감소한다.
④ 장기적으로 물류센터의 물리적 저장 공간을 줄일 수 있다.
⑤ 입고되는 품목의 출하지가 알려져 있는 경우에 더 효과적이다.

> [해설] 크로스도킹이란 공급처에서 수령한 물품을 물류센터에서 재고로 보관하지 않고 바로 출하(배송)할 수 있도록 하는 물류시스템이다. 크로스도킹은 보관이 아닌 흐름 중심이므로 물류센터의 재고회전율은 증가하게 된다.

14 창고에 관한 설명으로 옳지 않은 것은?

① 야적창고 : 물품을 노지에 보관하는 창고
② 수면창고 : 하천이나 해수면을 이용하여 물품을 보관하는 창고
③ 리스창고 : 자기의 화물을 보관하기 위해 설치한 창고
④ 위험물창고 : 고압가스 및 유독성 물질 등을 보관하는 창고
⑤ 영업창고 : 타인의 화물을 보관하는 창고

> [해설] 리스창고는 기업이 보관공간을 리스하는 것으로 영업창고의 단기적 임대와 자가창고의 장기적 계약 사이의 중간적인 성격을 가지고 있는 곳을 말한다.
> 자기의 화물을 보관하기 위해 설치한 창고는 자가창고라고 한다.

15 창고의 기능으로 옳은 것은 모두 몇 개인가?

- 품질 특성이나 영업 전략에 따른 보관 기능
- 품절을 예방하는 기능
- 포장, 라벨 부착, 검품 등의 기능
- 운송 기능과의 연계 기능

① 0개   ② 1개
③ 2개   ④ 3개
⑤ 4개

해설 모두 창고의 기능이다. 창고는 단순한 저장 기능뿐만 아니라 분류, 유통가공, 재포장 등의 역할도 수행하며, 물건을 보관하여 재고를 확보함으로써 품절을 방지하고 신용을 증대시키는 기능을 수행한다. 또한 물류활동을 연결시키는 터미널로서의 기능을 수행한다.

16 창고관리시스템(WMS : Warehouse Management System)에 관한 설명으로 옳지 않은 것은?

① 화물파손에 대한 위험성이 높아진다.
② 운송수단과의 연계가 쉬워진다.
③ 피킹, 출하의 효율성이 높아진다.
④ 입하, 검품 등이 용이해진다.
⑤ 창고 내의 화물 로케이션관리가 용이해진다.

해설 수작업으로 수행되는 입출고 업무를 시스템화하여 작업시간과 인력이 절감되며 화물파손에 대한 위험성이 감소한다.

17 오더 피킹에 관한 설명으로 옳지 않은 것은?

① 1인 1건 피킹 : 피커(picker)가 1건의 주문 전표에서 요구되는 물품을 모두 피킹하는 방법
② 총량 오더 피킹 : 1건의 주문마다 물품을 피킹해서 모으는 방법
③ 일괄 오더 피킹 : 여러 건의 주문 전표를 한데 모아 한꺼번에 피킹하는 방법
④ 존(zone) 피킹 : 자기가 분담하는 선반의 작업범위를 정해 두고, 주문 전표에서 자기가 맡은 종류의 물품만을 피킹하는 방법
⑤ 릴레이(relay) 피킹 : 주문 전표에서 해당 피커가 담당하는 품목만을 피킹하고, 다음 피커에게 넘겨주는 방법

해설 1건의 주문마다 물품의 피킹을 집계하는 방법은 단일주문피킹방식이다. 이 방식은 주문처의 한 오더마다 주문상품(Item)을 집품하여 주문품의 품목을 갖추는 방법이다.
총량 오더 피킹은 한나절이나 하루의 주문 전표를 모아서 피킹하는 방식이다.

18 시계열 분석법에 관한 설명으로 옳지 않은 것은?

① 시계열 분석법에는 이동평균법, 가중이동평균법, 지수평활법 등이 있다.
② 수준(level)은 추세, 계절적, 순환적, 무작위적 요인을 제외한 평균적 수요량을 의미한다.
③ 추세(trend)는 수요가 계속적으로 증가하거나 감소하는 경향을 말한다.
④ 계절적(seasonal) 요인은 수요의 변화가 규칙적으로 반복하는 현상을 말한다.
⑤ 순환적(cyclical) 요인은 단기간에 발생하는 불규칙한 수요변화이다.

정답 **16** ① **17** ② **18** ⑤

[해설] 단기간에 발생하는 불규칙한 수요변화는 불규칙 요인이다. 순환적 요인은 장기적인 변동, 순환변동(장기간의 규칙적 수요변화)을 의미한다.

19 MRP(Material Requirements Planning)에 관한 설명으로 옳지 않은 것은?

① MRP는 주생산계획을 기초로 완제품 생산에 필요한 자재 및 구성부품의 종류, 수량, 시기 등을 계획한다.
② MRP 시스템은 주생산계획, 자재명세서와 재고기록파일을 이용한다.
③ MRP는 재고수준의 최대화를 목표로 한다.
④ MRP는 소요자재를 언제 발주할 것인지를 알려준다.
⑤ MRP를 확장하여 사업계획과 각 부문별 계획을 연결시키는 계획을 제조자원계획(manufacturing resource planning)이라고 부른다.

[해설] MRP는 자재관리 및 재고통제기법으로 종속수요품목의 소요량과 소요시기를 결정하기 위한 기법이다. 공정품을 포함한 종속수요품의 평균재고 감소가 MRP의 장점이며, 재고수준을 최대화하는 것은 MRP의 목표가 아니다.

20 6월의 판매 예측량은 110,000개이고, 실제 판매량은 100,000개이다. 지수평활법을 이용한 7월의 판매 예측량(개)은? (단, 평활상수(α)는 0.2를 사용한다.)

① 105,000
② 106,000
③ 107,000
④ 108,000
⑤ 109,000

[해설] **지수평활법** : 차기 예측치＝당기 판매예측치＋α(당기 판매실적치－당기 판매예측치)
110,000＋0.2(100,000－110,000) ＝ 108,000

21 집중구매방식과 분산구매방식의 비교 설명으로 옳지 않은 것은?

① 집중구매방식은 대량구매가 가능하며, 가격과 거래조건이 유리하다.
② 집중구매방식은 구입 절차를 표준화하기 쉽다.
③ 집중구매방식은 공통자재의 표준화, 단순화가 가능하다.
④ 분산구매방식은 구매요청 사업장의 특수한 요구가 반영되기 쉽다.
⑤ 분산구매방식은 긴급수요에 대처하기 불리하다.

[해설] 분산구매방식은 긴급조달이 필요한 자재구매에 유리하다.

[정답] **19** ③ **20** ④ **21** ⑤

22 A제품의 재고관리 환경이 EPQ(Economic Production Quantity) 가정과 일치하며, A의 연간 수요량이 2700톤, 하루 생산량이 12톤, 일일 소비량이 9톤이다. A제품의 생산가동 준비비용(setup cost)은 1회당 400,000원이고, 톤당 연간 재고유지비용이 13,500원이라고 할 때, 경제적생산량(EPQ)은?

① 400톤   ② 500톤

③ 600톤   ④ 700톤

⑤ 800톤

[해설]
$$EPQ = Q_p = \sqrt{\frac{2SD}{H} \cdot \frac{p}{p-d}}$$

상기 EPQ 공식에 아래 수치를 대입하면, 답은 800톤이다.

1. D(연간 수요량) = 2700톤
2. S(생산준비비용) = 400,000원
3. H(단위당 연간 재고유지비용) = 13,500원
4. p(생산량) = 12톤
5. d(소비량) = 9톤

23 재고관리의 목표가 아닌 것은?

① 서비스율 증대   ② 백오더(back order)율 증대

③ 재고회전율 증대   ④ 재고품의 손상률 감소

⑤ 보관비용 감소

[해설] 백오더(Back Order)율은 납기 내에 납품되지 못한 주문에 대한 결품비율이다. 백오더율을 감소시키는 것이 재고관리의 목적이다.

24 재고관리시스템에 관한 설명으로 옳지 않은 것은?

① 정량발주시스템 : 연속적으로 재고수준을 검토하므로 연속점검시스템(continuous review system)이라고도 한다.

② 정량발주시스템 : 주문량이 일정하므로 Q시스템이라고도 한다.

③ 정기발주시스템 : 재고수준 파악과 발주를 정기적으로 하고, 재고가 목표수준에 도달하도록 발주량을 정한다.

④ 정기발주시스템 : 통상 정량발주시스템에 비하여 적은 안전재고량을 갖는다.

⑤ 기준재고시스템 : 일명 s-S재고시스템이라고 하며 보유재고량이 s보다 적어지면 최대 재고량인 S에 도달하도록 발주량을 정한다.

[해설] 정기발주시스템의 경우에 안전재고수준은 정량발주시스템의 경우보다 더 높다.

정답 **22** ⑤   **23** ②   **24** ④

25 경제적주문량(EOQ) 모형의 전제조건(가정)이 아닌 것은?

① 주문비용과 단가는 주문량에 관계없이 일정하다.

② 재고유지비용은 주문량에 반비례한다.

③ 단일 품목이며, 주문량은 한 번에 입고된다.

④ 리드타임(lead time)은 일정하다.

⑤ 재고부족은 허용되지 않는다.

해설 재고유지에 소요되는 비용은 평균재고량에 비례한다.

26 하역에 관한 설명으로 옳은 것은?

① 물류센터 내에서 물품의 짧은 거리 이동은 하역의 범위에 포함되지 않는다.

② 하역은 운송수단에 실려 있는 물품을 꺼내는 일만을 의미하며, 정돈이나 분류는 하역의 범위에 포함되지 않는다.

③ 배송 속도가 중요한 전자상거래 시대에 하역의 중요성이 더욱 부각되고 있다.

④ 하역작업의 생산성을 향상시키기 위해 인력 하역 비중이 늘어나는 추세이다.

⑤ 하역작업의 혁신을 위해 물류센터 장비의 기계화와 무인화를 늦게 도입해야 한다.

해설 ① 물류센터 내에서 물품의 짧은 거리 이동은 운반으로 생산, 유통, 소비 등에 필요하므로 하역의 일부로 볼 수 있다.
② 하역은 적하, 운반, 적재, 반출 및 분류 및 정돈으로 구성된다.
④, ⑤ 하역작업은 물류활동 중 인력 의존도가 높은 분야로 생산성과 효율성을 향상시키기 위해 기계화·자동화·무인화가 급속도로 진행되고 있다.

27 〈보기〉의 화물 상태별 운반활성지수를 모두 합한 것은?

〈보기〉
• 물류센터에 입고된 화물을 컨베이어벨트 위에 놓아두었다.
• 물류센터에 입고된 화물을 바닥에 놓아두었다.
• 물류센터에 입고된 화물을 대차에 실어두었다.
• 물류센터에 입고된 여러 화물을 한 개의 상자로 재포장하였다.

① 4   ② 5

③ 6   ④ 7

⑤ 8

정답 **25** ② **26** ③ **27** ⑤

※ 운반활성지수

상태	활성지수
바닥에 낱개의 상태로 놓여 있을 때	0
상자 속에 들어 있을 때	1
파렛트나 스키드 위에 놓여 있을 때	2
대차 위에 놓여 있을 때	3
컨베이어 위에 놓여 있을 때	4

- 물류센터에 입고된 화물을 컨베이어벨트 위에 놓아두었다. (4)
- 물류센터에 입고된 화물을 바닥에 놓아두었다. (0)
- 물류센터에 입고된 화물을 대차에 실어두었다. (3)
- 물류센터에 입고된 여러 화물을 한 개의 상자로 재포장하였다. (1)
→ 4+0+3+1 = 8

28 하역의 원칙이 아닌 것은?

① 경제성 원칙
② 이동거리 최소화 원칙
③ 동일성 원칙
④ 단위화 원칙
⑤ 운반 활성화 원칙

해설 동일성의 원칙은 하역의 원칙에 포함되지 않는다.
① **경제성 원칙** : 불필요한 하역작업을 줄이고 가장 경제적인 하역횟수로 하역이 이루어지도록 하는 원칙
② **이동거리 최소화 원칙** : 하역작업의 이동거리를 최소화하여 작업의 효율성을 증가시키는 원칙
④ **단위화 원칙** : 취급단위를 크게 하여 작업능률을 향상시킨다.
⑤ **운반 활성화 원칙** : 운반활성지수를 최대화하는 원칙으로 지표와 접점이 작을수록 활성지수는 높아진다.

29 하역의 구성 요소를 모두 고른 것은?

ㄱ. 쌓기
ㄴ. 내리기
ㄷ. 반출
ㄹ. 꺼내기
ㅁ. 운반
ㅂ. 통관

① ㄱ, ㄴ, ㄷ
② ㄴ, ㄷ, ㅂ
③ ㄱ, ㄹ, ㅁ, ㅂ
④ ㄷ, ㄹ, ㅁ, ㅂ
⑤ ㄱ, ㄴ, ㄷ, ㄹ, ㅁ

해설 통관은 하역의 범주가 아닌 수출입 및 반송을 수행하기 위해 행하는 일련의 공적절차이다.

정답 **28** ③ **29** ⑤

30 하역에 활용되는 장비에 관한 설명으로 옳지 않은 것은?

① AGV(Automated Guided Vehicle)는 화물의 이동을 위해 지정된 장소까지 자동 주행할 수 있는 장비이다.

② 사이드 포크형 지게차는 차체의 측면에 포크와 마스트가 장착된 지게차이다.

③ 카운터 밸런스형 지게차는 포크와 마스트를 전방에 장착하고 후방에 웨이트를 설치한 지게차이다.

④ 트롤리 컨베이어는 롤러 또는 휠을 배열하여 화물을 운반하는 컨베이어이다.

⑤ 벨트 컨베이어는 연속적으로 움직이는 벨트를 사용하여 화물을 운반하는 컨베이어이다.

> [해설] 롤러 또는 휠을 배열하여 화물을 운반하는 컨베이어는 롤러(Roller) 컨베이어이다.
> 트롤리 컨베이어(Trolley Conveyor)는 천정에 설치한 레일을 일정한 간격으로 배치하여 트롤리 사이를 체인으로 연결하고, 이것에 화물을 매다는 기구가 있는 트롤리를 매달고, 체인과 체인풀리에 의해 구동하여 트롤리를 순환시켜서 물품을 운반하는 컨베이어이다.

31 다음 설명에 모두 해당하는 장비는?

- 화물을 보관하는 선반(rack)과 선반 사이의 통로(aisle)에서 수직과 수평으로 동시에 움직일 수 있는 장비
- 컴퓨터를 활용하여 화물을 저장(storage), 반출(retrieval)하는 장비

① 스태커 크레인(stacker crane)
② 데릭(derrick)
③ 도크 레벨러(dock leveller)
④ 리프트 게이트(lift gate)
⑤ 야드 갠트리 크레인(yard gantry crane)

> [해설] 스태커 크레인에 대한 설명이다.
> ② 데릭(Derrick) : 상단이 지지된 마스트를 가지며 마스트 또는 붐(Boom) 위 끝에서 화물을 달아 올리는 지브(Jib)붙이 크레인이다.
> ③ 도크 레벨러(Dock Leveller) : 주로 트럭의 하대 높이와 홈의 높이 차이를 조절하여 적재함이나 포크리프트 파렛트 트럭 등에서 용이하게 하역을 할 수 있도록 한 시설이다.
> ④ 리프트 게이트(Lift Gate) : 배터리를 이용한 전동유압장치로서 차량에 부착되어 화물을 안전하고 간편하게 상하차시키기 위한 하역장비로서 하역장에 도크가 설치되어 있지 않은 경우에 트럭이 자체적으로 화물을 승강시킬 수 있도록 차체에 부착하여 사용하는 장치이다.

정답 **30** ④ **31** ①

32 파렛트에 관한 설명으로 옳지 않은 것은?

① 롤(roll) 파렛트는 바닥면에 바퀴가 장착되어 밀어서 움직일 수 있다.

② 항공 파렛트는 화물을 탑재 후 항공기의 화물적재공간을 고려하여 망(net)이나 띠(strap)로 묶을 수 있다.

③ 파렛트는 운송, 보관, 하역 등의 효율을 증대시키는 데 적합하다.

④ 시트(sheet) 파렛트는 푸시풀(push-pull) 장치를 부착한 장비에 의해 하역되는 시트 모양의 파렛트이다.

⑤ 사일로(silo) 파렛트는 액체를 담는 용도로 사용되며 밀폐를 위한 뚜껑이 있다.

> **해설** 사일로(silo) 파렛트는 주로 분말체를 담는 데 사용되며, 밀폐상의 측면과 뚜껑을 가지고 하부에 개폐장치가 있는 상자형 파렛트이다.
> 액체 취급 시 사용되고 밀폐를 위한 뚜껑을 가지며 상부 또는 하부에 개폐장치가 있는 파렛트는 탱크 파렛트이다.

33 유닛로드시스템(ULS)에 관한 설명으로 옳지 않은 것은?

① 유닛로드시스템으로 운송의 편의성이 떨어졌고, 트럭 회전율 또한 감소하였다.

② 유닛로드시스템으로 하역의 기계화가 촉진되고 보관효율이 향상되었다.

③ 유닛로드시스템으로 재고파악이 용이해졌다.

④ 유닛로드시스템이란 컨테이너나 파렛트 1개분으로 화물을 단위화하여 이 단위를 유지하는 것을 말한다.

⑤ 빈 파렛트나 빈 컨테이너 회수가 원활하지 못하면 운송 및 하역 작업이 지연될 수 있다.

> **해설** 유닛로드시스템은 하역의 기계화를 통한 하역능력의 향상으로 트럭을 포함한 운송수단의 회전율을 높일 수 있고, 운송편의성도 향상되는 장점이 있다.

34 물류모듈화를 위해 파렛트화된 화물과 정합성을 고려할 필요가 없는 것은?

① 랙(rack)

② 해상용 갠트리 크레인(gantry crane)

③ 파렛트 트럭

④ 컨테이너(container)

⑤ 운반승강기

> **해설** 해상용 갠트리 크레인은 파렛트화된 화물과 정합성을 고려하기보다는 컨테이너의 규격을 고려해야 한다.

35 다음 설명에 모두 해당하는 파렛트 풀(pool) 시스템은?

> • 송하인이 화물을 파렛트에 적재한 후 이를 운송회사에 운송 위탁하고, 운송회사는 같은 수량의 빈 파렛트를 송하인에게 지급한다.
> • 운송회사는 위탁받은 화물을 파렛트 상태로 수하인에게 운송한다. 수하인은 파렛트 상태로 화물을 수령하고, 같은 수량의 빈 파렛트를 운송회사에 지급한다.
> • 이 방식을 이용한 송하인, 수하인, 운송회사는 동일한 규격의 파렛트를 미리 보유하고 있어야 한다.
> • 이 방식은 같은 수의 파렛트를 동시에 교환해야 하기 때문에 파렛트의 규격 통일이 선행되어야 한다.

① 교환방식
② 리스 · 렌탈방식
③ 교환 · 리스병용방식
④ 대차결제방식
⑤ 교환 · 대차결제병용방식

해설 교환방식은 파렛트를 동시에 교환하여 사용하는 것으로 언제나 교환에 응할 수 있도록 파렛트를 준비해 놓아야 하는 방식이다. 설명상 '같은 수량의 빈 파렛트', '동일한 규격의 파렛트를 미리 보유', '파렛트를 동시에 교환'이라는 키워드로 미루어보아 교환방식에 대한 설명임을 알 수 있다.

36 분류(sorting)방식 중 동작에 의한 분류방식이 아닌 것은?

① 밀어내는 방식
② 다이버트 방식
③ 바코드 방식
④ 이송 방식
⑤ 틸트 방식

해설 바코드 방식의 경우에는 동작에 의한 분류방식이 아닌 인식 기술을 통한 분류방식으로 볼 수 있다.

37 일관 파렛트화의 장점으로 옳지 않은 것은?

① 운반활성지수 감소
② 화물 도난과 파손의 감소
③ 물품검수 용이
④ 하역작업 능률 향상
⑤ 하역시간의 단축

해설 일관 파렛트화가 도입되면 물류효율성이 증가하여 운반활성지수가 높아진다.

38 아래 설명에 해당하는 것은?

- 컨테이너 터미널에 설치되어 있으며, 안벽을 따라 폭이 약 30 ~ 50m 정도로 포장된 공간
- 야드트럭과 컨테이너 크레인의 하역작업에 필요한 공간

① 잔교(pier)
② CFS(Container Freight Station)
③ 에이프런(apron)
④ 컨테이너 야드(container yard)
⑤ 컨트롤센터(control center)

해설 '컨테이너 터미널에 설치'되어 있고, '컨테이너 크레인(갠트리 크레인)' 작업에 필요한 공간은 에이프런이다.

39 항공하역 장비에 해당하는 것을 모두 고른 것은?

ㄱ. 이글루(igloo)
ㄴ. 리치스태커(reach stacker)
ㄷ. 트랜스포터(transporter)
ㄹ. 탑 핸들러(top handler)
ㅁ. 돌리(dolly)
ㅂ. 스트래들 캐리어(straddle carrier)

① ㄱ, ㄴ, ㄷ
② ㄱ, ㄴ, ㄹ
③ ㄱ, ㄷ, ㄹ
④ ㄱ, ㄷ, ㅁ
⑤ ㄱ, ㄷ, ㅂ

해설 ㄴ, ㄹ, ㅂ의 경우에는 해상하역에 필요한 장비이다.

40 다음 중 포장의 기능이 아닌 것은?

① 판매촉진성
② 표시성
③ 상품 수요 예측의 정확성
④ 취급의 편리성
⑤ 보호성

해설 포장만으로 상품 수요 예측의 정확성을 제고하기 어렵다.

정답 **38** ③ **39** ④ **40** ③

제2과목 물류관련법규(41~80)

41 물류정책기본법령상 물류정책위원회에 관한 설명으로 옳지 않은 것은?

① 물류보안에 관한 중요 정책 사항은 국가물류정책위원회의 심의·조정 사항에 포함된다.

② 국가물류정책위원회의 분과위원회가 국가물류정책위원회에서 위임한 사항을 심의·조정한 때에는 분과위원회의 심의·조정을 국가물류정책위원회의 심의·조정으로 본다.

③ 국가물류정책위원회에 둘 수 있는 전문위원회는 녹색물류전문위원회와 생활물류전문위원회이다.

④ 지역물류정책에 관한 주요 사항을 심의하기 위하여 국토교통부장관 소속으로 지역물류정책위원회를 둘 수 있다.

⑤ 지역물류정책위원회는 위원장을 포함한 20명 이내의 위원으로 구성한다.

> **해설** 지역물류정책에 관한 주요 사항을 심의하기 위하여 <u>시·도지사 소속</u>으로 지역물류정책위원회를 둔다.

42 물류정책기본법상 물류체계의 효율화에 관한 설명으로 옳지 않은 것은?

① 국토교통부장관·해양수산부장관 또는 산업통상자원부장관은 효율적인 물류활동을 위하여 필요한 물류시설 및 장비를 확충할 것을 물류기업에 권고할 수 있다.

② 국토교통부장관·해양수산부장관·산업통상자원부장관 또는 시·도지사는 물류공동화를 추진하는 물류기업이나 화주기업 또는 물류 관련 단체에 대하여 예산의 범위에서 필요한 자금을 지원할 수 있다.

③ 국토교통부장관·해양수산부장관 또는 산업통상자원부장관은 물류기업이 물류자동화를 위하여 물류시설 및 장비를 확충하거나 교체하려는 경우에는 필요한 자금을 지원할 수 있다.

④ 국토교통부장관 또는 해양수산부장관은 물류표준화에 관한 업무를 효과적으로 추진하기 위하여 필요하다고 인정하는 경우에는 통계청장에게 「산업표준화법」에 따른 한국산업표준의 제정·개정 또는 폐지를 요청하여야 한다.

⑤ 국토교통부장관·해양수산부장관·산업통상자원부장관 또는 관세청장은 물류정보화를 통한 물류체계의 효율화를 위하여 필요한 시책을 강구하여야 한다.

> **해설** 국토교통부장관 또는 해양수산부장관은 물류표준화에 관한 업무를 효과적으로 추진하기 위하여 필요하다고 인정하는 경우에는 <u>산업통상자원부장관</u>에게 「산업표준화법」에 따른 한국산업표준의 제정·개정 또는 폐지를 요청할 수 있다.

정답 **41** ④ **42** ④

43 물류정책기본법령상 우수물류기업의 인증에 관한 설명으로 옳지 않은 것은?

① 국토교통부장관 및 해양수산부장관은 물류기업의 육성과 물류산업 발전을 위하여 소관 물류기업을 각각 우수물류기업으로 인증할 수 있다.

② 우수물류기업의 인증은 물류사업별로 운영할 수 있다.

③ 국토교통부장관 또는 해양수산부장관은 인증우수물류기업이 해당 요건을 유지하는지에 대하여 국토교통부와 해양수산부의 공동부령으로 정하는 바에 따라 2년마다 점검하여야 한다.

④ 국토교통부장관 또는 해양수산부장관은 소관 인증우수물류기업이 물류사업으로 인하여 공정거래위원회로부터 시정조치를 받은 경우에는 그 인증을 취소할 수 있다.

⑤ 국토교통부장관 및 해양수산부장관은 우수물류기업의 인증과 관련하여 우수물류기업 인증심사 대행기관을 공동으로 지정하여 인증신청의 접수를 하게 할 수 있다.

> [해설] 국토교통부장관 또는 해양수산부장관은 인증우수물류기업이 해당 요건을 유지하는지에 대하여 국토교통부와 해양수산부의 공동부령으로 정하는 바에 따라 <u>3년마다 점검</u>하여야 한다.

44 물류정책기본법상 국제물류주선업의 등록에 관한 설명이다. (   )에 들어갈 내용을 바르게 나열한 것은?

- 국제물류주선업을 경영하려는 자는 국토교통부령으로 정하는 바에 따라 (ㄱ)에게 등록하여야 한다.
- 국제물류주선업의 등록을 하려는 자는 (ㄴ) 이상의 자본금(법인이 아닌 경우에는 6억 원 이상의 자산평가액을 말한다)을 보유하고 그 밖에 대통령령으로 정하는 기준을 충족하여야 한다.

① ㄱ : 시・도지사,   ㄴ : 3억 원
② ㄱ : 시・도지사,   ㄴ : 4억 원
③ ㄱ : 국토교통부장관,   ㄴ : 3억 원
④ ㄱ : 국토교통부장관,   ㄴ : 4억 원
⑤ ㄱ : 국토교통부장관,   ㄴ : 5억 원

> [해설]
> - 국제물류주선업을 경영하려는 자는 국토교통부령으로 정하는 바에 따라 시・도지사에게 등록하여야 한다.
> - 국제물류주선업의 등록을 하려는 자는 3억 원 이상의 자본금(법인이 아닌 경우에는 6억 원 이상의 자산평가액을 말한다)을 보유하고 그 밖에 대통령령으로 정하는 기준을 충족하여야 한다.

정답 **43** ③ **44** ①

45 물류정책기본법령상 물류관련협회 및 민·관 합동 물류지원센터에 관한 설명으로 옳지 않은 것은?

① 국토교통부장관 또는 해양수산부장관은 물류관련협회 설립의 인가권자이다.

② 물류관련협회는 법인으로 한다.

③ 물류관련협회는 해당 사업의 진흥·발전에 필요한 통계의 작성·관리와 외국자료의 수집·조사·연구사업을 수행한다.

④ 국토교통부장관·해양수산부장관·산업통상자원부장관 및 대통령령으로 정하는 물류관련협회 및 물류관련 전문기관·단체는 공동으로 물류지원센터를 설치·운영할 수 있다.

⑤ 민·관 합동 물류지원센터의 장은 3년마다 사업계획을 수립한다.

> 해설 │ 물류지원센터의 장은 <u>매 연도별로</u> 사업계획을 수립하고, 물류지원센터의 조직·인사·복무·보수·회계·물품·문서의 처리에 관한 규정을 정한 후, 이에 따라 사무를 처리하여야 한다(시행령 제46조).

46 물류정책기본법령상 국가물류통합정보센터에 관한 설명으로 옳지 않은 것은?

① 국토교통부장관은 국가물류통합정보센터를 설치·운영할 수 있다.

② 국토교통부장관은 자본금 2억 원 이상, 업무능력 등 대통령령으로 정하는 기준과 자격을 갖춘 「상법」상의 주식회사를 국가물류통합정보센터의 운영자로 지정할 수 있다.

③ 국토교통부장관은 국가물류통합정보센터운영자를 지정하려는 경우에는 미리 물류정책분과위원회의 심의를 거쳐 신청방법 등을 정하여 30일 이상 관보 또는 인터넷 홈페이지에 이를 공고하여야 한다.

④ 국토교통부장관은 국가물류통합정보센터운영자가 국가물류통합데이터베이스의 물류정보를 영리를 목적으로 사용한 경우에는 그 지정을 취소할 수 있다.

⑤ 국토교통부장관은 해양수산부장관·산업통상자원부장관 및 관세청장과 협의하여 국가물류통합정보센터운영자에게 필요한 지원을 할 수 있다.

> 해설 │ 국토교통부장관은 국가물류통합정보센터운영자를 지정하려는 경우에는 미리 <u>물류시설분과위원회의 심의</u>를 거쳐 신청방법 등을 정하여 30일 이상 관보 또는 인터넷 홈페이지에 이를 공고하여야 한다.

정답 45 ⑤ 46 ③

47 물류정책기본법상 환경친화적 물류의 촉진에 관한 설명으로 옳지 않은 것은?

① 국토교통부장관·해양수산부장관 또는 시·도지사는 물류활동이 환경친화적으로 추진될 수 있도록 관련 시책을 마련하여야 한다.

② 국토교통부장관·해양수산부장관 또는 시·도지사는 물류기업 및 화주기업에 대하여 환경친화적인 운송수단으로의 전환을 권고하고 지원할 수 있다.

③ 국토교통부장관은 환경친화적 물류활동을 모범적으로 하는 물류기업과 화주기업을 우수기업으로 지정할 수 있다.

④ 국토교통부장관은 우수녹색물류실천기업 지정심사대행기관이 고의 또는 중대한 과실로 지정 기준 및 절차를 위반한 경우에는 그 지정을 취소하여야 한다.

⑤ 우수녹색물류실천기업 지정심사대행기관은 공공기관 또는 정부출연연구기관 중에서 지정한다.

> **해설** 국토교통부장관은 우수녹색물류실천기업 지정심사대행기관이 고의 또는 중대한 과실로 지정 기준 및 절차를 위반한 경우에는 그 지정을 <u>취소할 수 있다</u>.

48 물류정책기본법령상 국가물류통합정보센터운영자 또는 단위물류정보망 전담기관이 보관하는 전자문서 및 정보처리장치의 파일에 기록되어 있는 물류정보의 보관기간은?

① 1년   ② 2년

③ 3년   ④ 4년

⑤ 5년

> **해설** 국가물류통합정보센터운영자 또는 단위물류정보망 전담기관은 전자문서 및 정보처리장치의 파일에 기록되어 있는 물류정보를 대통령령으로 정하는 기간(2년) 동안 보관하여야 한다(법 제33조 제3항).

49 물류시설의 개발 및 운영에 관한 법률상 복합물류터미널사업의 등록을 할 수 없는 결격사유에 해당하는 것은?

① 「물류시설의 개발 및 운영에 관한 법률」을 위반하여 벌금형을 선고받은 후 3년이 된 자

② 「물류시설의 개발 및 운영에 관한 법률」을 위반하여 금고형을 선고받은 후 1년이 된 자

③ 「물류시설의 개발 및 운영에 관한 법률」을 위반하여 징역형을 선고받은 후 2년 6개월이 된 자

④ 법인으로서 그 임원이 아닌 직원 중에 파산선고를 받고 복권되지 아니한 자가 있는 경우

⑤ 법인으로서 그 임원 중에 「물류시설의 개발 및 운영에 관한 법률」을 위반하여 금고형의 집행유예를 선고받고 그 유예기간 종료 후 1년이 된 자가 있는 경우

복합물류터미널사업 등록의 결격사유(법 제8조) : 다음 각 호의 어느 하나에 해당하는 자는 복합물류터미널사업의 등록을 할 수 없다.

> 1. 이 법을 위반하여 벌금형 이상을 선고받은 후 2년이 지나지 아니한 자
> 2. 복합물류터미널사업 등록이 취소(제3호 가목에 해당하여 제17조 제1항 제4호에 따라 등록이 취소된 경우는 제외한다)된 후 2년이 지나지 아니한 자
> 3. 법인으로서 그 임원 중에 제1호 또는 다음 각 목의 어느 하나에 해당하는 자가 있는 경우
>   가. 피성년후견인 또는 파산선고를 받고 복권되지 아니한 자
>   나. 이 법을 위반하여 금고 이상의 실형을 선고받고 그 집행이 종료(집행이 종료된 것으로 보는 경우를 포함한다)되거나 집행이 면제된 날부터 2년이 지나지 아니한 자
>   다. 이 법을 위반하여 금고 이상의 형의 집행유예를 선고받고 그 유예기간 중에 있는 자

50 물류시설의 개발 및 운영에 관한 법률상 물류시설개발종합계획의 수립에 관한 설명으로 옳지 않은 것은?

① 국토교통부장관은 물류시설개발종합계획을 5년 단위로 수립하여야 한다.
② 연계물류시설은 물류터미널 및 물류단지 등 둘 이상의 단위물류시설 등이 함께 설치된 물류시설이다.
③ 물류시설의 기능개선 및 효율화에 관한 사항은 물류시설개발종합계획에 포함되어야 한다.
④ 물류시설개발종합계획의 수립은 「물류정책기본법」에 따른 물류시설분과위원회의 심의를 거쳐야 한다.
⑤ 국토교통부장관은 물류시설개발종합계획을 수립한 때에는 이를 관보에 고시하여야 한다.

물류시설개발종합계획은 물류시설을 다음의 기능별 분류에 따라 체계적으로 수립한다(법 제4조 제2항).
  1. **단위물류시설** : 창고 및 집배송센터 등 물류활동을 개별적으로 수행하는 최소 단위의 물류시설
  2. **집적[클러스터(Cluster)]물류시설** : 물류터미널 및 물류단지 등 둘 이상의 단위물류시설 등이 함께 설치된 물류시설
  3. **연계물류시설** : 물류시설 상호 간의 화물운송이 원활히 이루어지도록 제공되는 도로 및 철도 등 교통시설

51 물류시설의 개발 및 운영에 관한 법률상 다음 신청을 하려고 할 때 국토교통부령으로 정하는 바에 따라 수수료를 내야 하는 사항이 아닌 것은?

① 도시첨단물류단지의 지정의 신청
② 물류터미널의 구조 및 설비 등에 관한 공사시행인가의 신청
③ 물류창고업의 등록
④ 스마트물류센터 인증의 신청
⑤ 복합물류터미널사업의 등록신청

해설 **수수료**(법 제63조) : 다음의 어느 하나에 해당하는 신청을 하려는 자는 국토교통부령으로 정하는 바에 따라 수수료를 내야 한다.
1. 복합물류터미널사업의 등록신청 및 변경등록의 신청
2. 물류터미널의 구조 및 설비 등에 관한 공사시행인가와 변경인가의 신청
3. 물류창고업의 등록 및 변경등록
4. 스마트물류센터 인증의 신청

52 물류시설의 개발 및 운영에 관한 법률상 형사벌의 대상이 되는 경우를 모두 고른 것은?

ㄱ. 공사시행인가를 받지 아니하고 공사를 시행한 복합물류터미널사업자
ㄴ. 인증을 받지 않고 스마트물류센터임을 사칭한 자
ㄷ. 등록을 하지 아니하고 복합물류터미널사업을 경영한 자
ㄹ. 다른 사람에게 등록증을 대여한 복합물류터미널사업자

① ㄱ, ㄴ   ② ㄴ, ㄷ
③ ㄷ, ㄹ   ④ ㄱ, ㄴ, ㄹ
⑤ ㄱ, ㄴ, ㄷ, ㄹ

해설 ㄱ. 공사시행인가를 받지 아니하고 공사를 시행한 복합물류터미널사업자(1년 이하의 징역 또는 1천만 원 이하의 벌금형)
ㄴ. 인증을 받지 않고 스마트물류센터임을 사칭한 자(3천만 원 이하의 벌금형)
ㄷ. 등록을 하지 아니하고 복합물류터미널사업을 경영한 자(1년 이하의 징역 또는 1천만 원 이하의 벌금형)
ㄹ. 다른 사람에게 등록증을 대여한 복합물류터미널사업자(1년 이하의 징역 또는 1천만 원 이하의 벌금형)

정답 **51** ① **52** ⑤

53 물류시설의 개발 및 운영에 관한 법령상 이행강제금에 관한 설명으로 옳지 않은 것은?

① 이행강제금은 해당 토지·시설 등 재산가액(「감정평가 및 감정평가사에 관한 법률」에 따른 감정평가법인등의 감정평가액을 말함)의 100분의 20에 해당하는 금액으로 한다.

② 물류단지지정권자는 이행강제금을 부과하기 전에 이행강제금을 부과하고 징수한다는 뜻을 미리 문서로 알려야 한다.

③ 물류단지지정권자는 의무가 있는 자가 그 의무를 이행한 경우에는 이미 부과된 이행강제금 처분을 취소하여야 한다.

④ 물류단지지정권자는 이행기간이 만료한 다음 날을 기준으로 하여 매년 1회 그 의무가 이행될 때까지 반복하여 이행강제금을 부과하고 징수할 수 있다.

⑤ 물류단지지정권자는 의무를 이행하지 아니한 자에 대하여 의무이행기간이 끝난 날부터 6개월이 경과한 날까지 그 의무를 이행할 것을 명하여야 한다.

> **해설** 물류단지지정권자는 의무가 있는 자가 그 의무를 이행한 경우에는 새로운 이행강제금의 부과를 중지하되, 이미 부과된 이행강제금은 징수하여야 한다(법 제50조의3).

54 물류시설의 개발 및 운영에 관한 법령상 스마트물류센터의 인증에 관한 설명으로 옳은 것은?

① 스마트물류센터 인증은 국토교통부장관과 해양수산부장관이 공동으로 한다.

② 스마트물류센터 인증의 유효기간은 인증을 받은 날부터 5년으로 한다.

③ 인증받은 자가 인증서를 반납하는 경우는 인증을 취소할 수 있는 사유에 해당한다.

④ 스마트물류센터 인증에 대한 정기 점검은 인증한 날을 기준으로 5년마다 한다.

⑤ 인증기관의 장은 점검 결과 스마트물류센터가 인증기준을 유지하고 있다고 판단하는 경우에는 인증의 유효기간을 5년의 범위 내에서 연장할 수 있다.

> **해설** ① 스마트물류센터 인증은 국토교통부장관이 할 수 있다.
> ② 스마트물류센터 인증의 유효기간은 인증을 받은 날부터 3년으로 한다.
> ④ 인증기관의 장은 인증한 날을 기준으로 3년마다 정기 점검을 실시해야 한다.
> ⑤ 인증기관의 장은 점검 결과 스마트물류센터가 인증기준을 유지하고 있다고 판단하는 경우에는 인증의 유효기간을 3년의 범위 내에서 연장할 수 있다.

정답 53 ③ 54 ③

55 물류시설의 개발 및 운영에 관한 법률상 물류단지의 개발 및 운영에 관한 설명으로 옳은 것은?

① 일반물류단지는 물류단지 개발사업의 대상지역이 2개 이상의 시·도에 걸쳐 있는 경우 시·도지사가 협의하여 지정한다.

② 시·도지사는 일반물류단지를 지정하려는 때에는 「물류정책기본법」에 따른 물류시설분과위원회의 심의를 거쳐야 한다.

③ 국토교통부장관은 시장·군수·구청장의 신청을 받아 도시첨단물류단지를 지정한다.

④ 「민법」에 따라 설립된 법인은 물류단지개발사업의 시행자로 지정받을 수 없다.

⑤ 물류단지 안에서 토지분할을 하려는 자는 시장·군수·구청장의 허가를 받아야 한다.

> **해설** ① 일반물류단지는 물류단지 개발사업의 대상지역이 2개 이상의 시·도에 걸쳐 있는 경우 국토교통부장관이 지정한다.
> ② 시·도지사는 일반물류단지를 지정하려는 때에는 「물류정책기본법」에 따른 지역물류정책위원회의 심의를 거쳐야 한다.
> ③ 국토교통부장관 또는 시·도지사는 시장·군수·구청장의 신청을 받아 도시첨단물류단지를 지정할 수 있다.
> ④ 「민법」에 따라 설립된 법인은 물류단지개발사업의 시행자로 지정받을 수 있다.

56 물류시설의 개발 및 운영에 관한 법령상 물류단지 관리기구에 해당하지 않는 것은?

① 지방자치단체

② 「한국토지주택공사법」에 따른 한국토지주택공사

③ 「한국도로공사법」에 따른 한국도로공사

④ 「한국농어촌공사 및 농지관리기금법」에 따른 한국농어촌공사

⑤ 「지방공기업법」에 따른 지방공사

> **해설** 관리기구의 범위(시행령 제43조) : 법 제53조 제1항에서 "대통령령으로 정하는 관리기구"란 다음의 어느 하나에 해당하는 자를 말한다.
> 1. 「한국토지주택공사법」에 따른 한국토지주택공사
> 2. 「한국도로공사법」에 따른 한국도로공사
> 3. 「한국수자원공사법」에 따른 한국수자원공사
> 4. 「한국농어촌공사 및 농지관리기금법」에 따른 한국농어촌공사
> 5. 「항만공사법」에 따른 항만공사
> 6. 「지방공기업법」에 따른 지방공사

57 화물자동차 운수사업법상 운수사업자 등이 국가로부터 재정지원을 받을 수 있는 사업에 해당하지 않는 것은?

① 공동차고지 및 공영차고지 건설
② 화물자동차 운수사업의 정보화
③ 낡은 차량의 대체
④ 화물자동차 휴게소의 건설
⑤ 화물자동차 운수사업에 대한 홍보

해설 국가는 지방자치단체, 「공공기관의 운영에 관한 법률」에 따른 공공기관 중 대통령령으로 정하는 공공기관, 「지방공기업법」에 따른 지방공사, 사업자단체 또는 운수사업자가 다음의 어느 하나에 해당하는 사업을 수행하는 경우로서 재정적 지원이 필요하다고 인정되면 대통령령으로 정하는 바에 따라 소요자금의 일부를 보조하거나 융자할 수 있다(법 제43조).
1. 공동차고지 및 공영차고지 건설
2. 화물자동차 운수사업의 정보화
3. 낡은 차량의 대체
4. 연료비가 절감되거나 환경친화적인 화물자동차 등으로의 전환 및 이를 위한 시설·장비의 투자
5. 화물자동차 휴게소의 건설
6. 화물자동차 운수사업의 서비스 향상을 위한 시설·장비의 확충과 개선
7. 그 밖에 화물자동차 운수사업의 경영합리화를 위한 사항으로서 국토교통부령으로 정하는 사항

58 화물자동차 운수사업법령상 화물자동차 운송주선사업에 관한 설명으로 옳지 않은 것은?

① 국토교통부장관은 화물자동차 운송주선사업의 허가사항 변경신고를 받은 경우 그 신고를 받은 날부터 7일 이내에 신고수리 여부를 신고인에게 통지하여야 한다.
② 운송주선사업자는 자기 명의로 다른 사람에게 화물자동차 운송주선사업을 경영하게 할 수 없다.
③ 관할관청은 화물자동차 운송주선사업 허가증을 발급하였을 때에는 그 사실을 협회에 통지하고 화물자동차 운송주선사업 허가대장에 기록하여 관리하여야 한다.
④ 화물자동차 운송주선사업 허가대장은 전자적 처리가 불가능한 특별한 사유가 없으면 전자적 처리가 가능한 방법으로 작성하여 관리하여야 한다.
⑤ 관할관청은 운송주선사업자가 허가기준을 충족하지 못한 사실을 적발하였을 때에는 특별한 사유가 없으면 적발한 날부터 30일 이내에 처분을 하여야 한다.

해설 국토교통부장관은 화물자동차 운송주선사업의 허가사항 변경신고를 받은 경우 그 신고를 받은 날부터 5일 이내에 신고수리 여부를 신고인에게 통지하여야 한다.

정답 **57** ⑤ **58** ①

59 화물자동차 운수사업법령상 공제조합에 관한 설명으로 옳지 않은 것은?

① 공제조합을 설립하려면 공제조합의 조합원 자격이 있는 자의 10분의 1 이상이 발기하고, 조합원 자격이 있는 자 200인 이상의 동의를 받아 창립총회에서 정관을 작성한 후 국토교통부장관에게 인가를 신청하여야 한다.

② 공제조합은 공제사업에 관한 사항을 심의·의결하고 그 업무집행을 감독하기 위하여 운영위원회를 둔다.

③ 국토교통부장관은 운송사업자로 구성된 협회 등이 각각 연합회를 설립하는 경우, 연합회(연합회가 설립되지 아니한 경우에는 그 업종을 말함)별로 하나의 공제조합만을 인가하여야 한다.

④ 연합회가 공제사업을 하는 경우의 운영위원회 위원은 시·도별 협회의 대표 전원을 포함하여 25명 이내로 한다.

⑤ 공제조합은 결산기마다 그 사업의 종류에 따라 공제금에 충당하기 위한 책임준비금 및 지급준비금을 계상하고 이를 적립하여야 한다.

> [해설] 법 제51조에 따라 연합회가 공제사업을 하는 경우의 운영위원회 위원은 시·도별 협회의 대표 전원을 포함하여 <u>37명</u> 이내로 한다(법 제51조의4 제2항).

60 화물자동차 운수사업법령상 화물자동차 운송가맹사업 등에 관한 설명으로 옳지 않은 것은?

① 운송사업자가 국토교통부령으로 정하는 바에 따라 운송가맹사업자의 화물정보망을 이용하여 운송을 위탁하면 직접 운송한 것으로 본다.

② 국토교통부장관은 운송가맹사업자가 거짓이나 그 밖의 부정한 방법으로 화물자동차 운송가맹사업 허가를 받은 경우 6개월 이내의 기간을 정하여 그 사업의 전부 또는 일부의 정지를 명할 수 있다.

③ 화물취급소의 설치 및 폐지는 운송가맹사업자의 허가사항 변경신고의 대상이다.

④ 운송사업자가 다른 운송사업자나 다른 운송사업자에게 소속된 위·수탁차주에게 화물운송을 위탁하는 경우에는 운송가맹 사업자의 화물정보망을 이용할 수 있다.

⑤ 감차 조치, 사업 전부정지 또는 사업 일부정지의 대상이 되는 화물자동차가 2대 이상인 경우에는 화물운송에 미치는 영향을 고려하여 해당 처분을 분할하여 집행할 수 있다.

> [해설] 국토교통부장관은 운송가맹사업자가 거짓이나 그 밖의 부정한 방법으로 화물자동차 운송가맹사업 허가를 받은 경우 <u>그 허가를 취소하여야 한다.</u>

61 화물자동차 운수사업법상 적재물배상보험등의 의무 가입에 관한 설명이다. ( )에 들어갈 내용을 바르게 나열한 것은?

> 최대 적재량이 (ㄱ)톤 이상이거나 총중량이 (ㄴ)톤 이상인 화물자동차 중 국토교통부령으로 정하는 화물자동차를 소유하고 있는 운송사업자는 적재물사고로 발생한 손해배상책임을 이행하기 위하여 대통령령으로 정하는 바에 따라 적재물배상 책임보험 또는 공제에 가입하여야 한다.

① ㄱ : 2.5, ㄴ : 2.5 　　　　② ㄱ : 2.5, ㄴ : 5
③ ㄱ : 2.5, ㄴ : 7 　　　　④ ㄱ : 3, 　ㄴ : 5
⑤ ㄱ : 5, 　ㄴ : 10

해설 다음의 어느 하나에 해당하는 자는 손해배상 책임을 이행하기 위하여 대통령령으로 정하는 바에 따라 "적재물배상보험등"에 가입하여야 한다(법 제35조).

> 1. 최대 적재량이 5톤 이상이거나 총중량이 10톤 이상인 화물자동차 중 국토교통부령으로 정하는 화물자동차를 소유하고 있는 운송사업자
> 2. 국토교통부령으로 정하는 화물을 취급하는 운송주선사업자
> 3. 운송가맹사업자

62 화물자동차 운수사업법상 위·수탁계약의 갱신에 관한 설명이다. ( )에 들어갈 내용을 바르게 나열한 것은?

> 운송사업자가 위·수탁계약기간 만료 전 (ㄱ)일부터 (ㄴ)일까지 사이에 위·수탁차주에게 계약 조건의 변경에 대한 통지나 위·수탁계약을 갱신하지 아니한다는 사실의 통지를 서면으로 하지 아니한 경우에는 계약 만료 전의 위·수탁계약과 같은 조건으로 다시 위·수탁계약을 체결한 것으로 본다. 다만, 위·수탁차주가 계약이 만료되는 날부터 30일 전까지 이의를 제기하거나 운송사업자나 위·수탁차주에게 천재지변이나 그 밖에 대통령령으로 정하는 부득이한 사유가 있는 경우에는 그러하지 아니하다.

① ㄱ : 150, ㄴ : 20 　　　　② ㄱ : 150, ㄴ : 30
③ ㄱ : 150, ㄴ : 60 　　　　④ ㄱ : 180, ㄴ : 60
⑤ ㄱ : 180, ㄴ : 90

정답 **61** ⑤ **62** ③

해설 위·수탁계약의 갱신 등(제40조의2 제3항) : 운송사업자가 거절통지를 하지 아니하거나 위·수탁계약 기간 만료 전 150일부터 60일까지 사이에 위·수탁차주에게 계약 조건의 변경에 대한 통지나 위·수탁계약을 갱신하지 아니한다는 사실의 통지를 서면으로 하지 아니한 경우에는 계약 만료 전의 위·수탁계약과 같은 조건으로 다시 위·수탁계약을 체결한 것으로 본다. 다만, 위·수탁차주가 계약이 만료되는 날부터 30일 전까지 이의를 제기하거나 운송사업자나 위·수탁차주에게 천재지변이나 그 밖에 대통령령으로 정하는 부득이한 사유가 있는 경우에는 그러하지 아니하다.

63 화물자동차 운수사업법령상 운수종사자 교육에 관한 설명으로 옳지 않은 것은?

① 관할관청은 운수종사자 교육을 실시하는 때에는 운수종사자 교육계획을 수립하여 운수사업자에게 교육을 시작하기 1개월 전까지 통지하여야 한다.
② 운전적성정밀검사 중 특별검사 대상자인 운수종사자 교육의 교육시간은 8시간으로 한다.
③ 「물류정책기본법」에 따라 이동통신단말장치를 장착해야 하는 위험물질 운송차량을 운전하는 사람에 대한 교육시간은 8시간으로 한다.
④ 운수종사자 교육을 실시할 때에 교육방법 및 절차 등 교육 실시에 필요한 사항은 한국교통안전공단 이사장이 정한다.
⑤ 지정된 운수종사자 연수기관은 운수종사자 교육 현황을 매달 20일까지 시·도지사에게 제출하여야 한다.

해설 운송종사자 교육을 실시할 때에 교육방법 및 절차 등 교육 실시에 필요한 사항은 관할관청이 정한다(시행규칙 제53조 제4항).

64 화물자동차 운수사업법령상 공영차고지 설치 대상 공공기관에 해당하지 않는 것은?

① 「인천국제공항공사법」에 따른 인천국제공항공사
② 「한국도로공사법」에 따른 한국도로공사
③ 「한국철도공사법」에 따른 한국철도공사
④ 「한국토지주택공사법」에 따른 한국토지주택공사
⑤ 「한국가스공사법」에 따른 한국가스공사

해설 "공영차고지"란 화물자동차 운수사업에 제공되는 차고지로서 다음의 하나에 해당하는 자가 설치한 것을 말한다.
가. 특별시장·광역시장·특별자치시장·도지사·특별자치도지사(이하 "시·도지사"라 한다)
나. 시장·군수·구청장(자치구의 구청장을 말한다. 이하 같다)
다. 「공공기관의 운영에 관한 법률」에 따른 공공기관 중 대통령령으로 정하는 공공기관

> 1. 「인천국제공항공사법」에 따른 인천국제공항공사
> 2. 「한국공항공사법」에 따른 한국공항공사
> 3. 「한국도로공사법」에 따른 한국도로공사
> 4. 「한국철도공사법」에 따른 한국철도공사
> 5. 「한국토지주택공사법」에 따른 한국토지주택공사
> 6. 「항만공사법」에 따른 항만공사

라. 「지방공기업법」에 따른 지방공사

65 화물자동차 운수사업법령상 운송사업자의 준수사항으로 옳지 않은 것은?

① 개인화물자동차 운송사업자는 주사무소가 있는 특별시·광역시·특별자치시 또는 도와 이와 맞닿은 특별시·광역시·특별자치시 또는 도 외의 지역에 상주하여 화물자동차 운송사업을 경영하지 아니하여야 한다.
② 밤샘주차하는 경우에는 화물자동차 휴게소에 주차할 수 없다.
③ 최대 적재량 1.5톤 이하의 화물자동차의 경우에는 주차장, 차고지 또는 지방자치 단체의 조례로 정하는 시설 및 장소에서만 밤샘주차하여야 한다.
④ 화주로부터 부당한 운임 및 요금의 환급을 요구받았을 때에는 환급하여야 한다.
⑤ 개인화물자동차 운송사업자는 자기 명의로 운송계약을 체결한 화물에 대하여 다른 운송사업자에게 수수료나 그 밖의 대가를 받고 그 운송을 위탁하거나 대행하게 할 수 없다.

해설 **운송사업자의 준수사항**(시행규칙 제21조 제3호) : 밤샘주차(0시부터 4시까지 사이에 하는 1시간 이상의 주차를 말한다)하는 경우에는 다음의 하나에 해당하는 시설 및 장소에서만 할 것

> 가. 해당 운송사업자의 차고지
> 나. 다른 운송사업자의 차고지
> 다. 공영차고지
> 라. 화물자동차 휴게소
> 마. 화물터미널
> 바. 그 밖에 지방자치단체의 조례로 정하는 시설 또는 장소

정답 **65** ②

66 화물자동차 운수사업법령상 관할관청이 화물자동차 운송사업의 임시허가 신청을 받았을 때 확인해야 하는 사항이 아닌 것은?

① 화물자동차의 등록 여부
② 차고지 설치 여부 등 허가기준에 맞는지 여부
③ 화물운송 종사자격 보유 여부
④ 화물운송사업자의 채권·채무 여부
⑤ 적재물배상보험등의 가입 여부

해설 **허가절차**(시행규칙 제7조 제2항) : 관할관청은 제1항에 따라 화물자동차 운송사업 예비허가증을 발급하였을 때에는 신청일부터 20일 이내에 다음의 사항을 확인한 후 별지 제4호서식의 화물자동차 운송사업 허가증을 발급하여야 한다.

> 1. 법 제4조 각 호의 결격사유의 유무
> 2. 화물자동차의 등록 여부
> 3. 차고지 설치 여부 등 제13조에 따른 허가기준에 맞는지 여부
> 4. 법 제35조에 따른 적재물배상보험 등의 가입 여부
> 5. 화물자동차 운전업무에 종사하는 자의 화물운송 종사자격 보유 여부

67 항만운송사업법령상 항만운송 분쟁협의회에 관한 설명이다. ( )에 들어갈 내용을 바르게 나열한 것은?

• 항만운송사업자 단체, 항만운송근로자 단체 및 그 밖에 대통령령으로 정하는 자는 항만 운송과 관련된 분쟁의 해소 등에 필요한 사항을 협의하기 위하여 (ㄱ)로 항만운송 분쟁 협의회를 구성·운영할 수 있다.
• 항만운송 분쟁협의회의 회의는 재적위원 (ㄴ)의 출석으로 개의하고, 출석위원 (ㄷ)의 찬성으로 의결한다.

① ㄱ : 업종별, ㄴ : 과반수,   ㄷ : 과반수
② ㄱ : 업종별, ㄴ : 과반수,   ㄷ : 3분의 2 이상
③ ㄱ : 업종별, ㄴ : 3분의 2 이상, ㄷ : 3분의 2 이상
④ ㄱ : 항만별, ㄴ : 과반수,   ㄷ : 3분의 2 이상
⑤ ㄱ : 항만별, ㄴ : 3분의 2 이상, ㄷ : 3분의 2 이상

해설 • 항만운송사업자 단체, 항만운송근로자 단체 및 그 밖에 대통령령으로 정하는 자는 항만운송과 관련된 분쟁의 해소 등에 필요한 사항을 협의하기 위하여 항만별로 항만운송 분쟁협의회를 구성·운영할 수 있다.
• 항만운송 분쟁협의회의 회의는 재적위원 2/3 이상의 출석으로 개의하고, 출석위원 2/3 이상의 찬성으로 의결한다.

정답 **66** ④ **67** ⑤

68 항만운송사업법상 과태료 부과 대상은?

① 항만운송사업자로서 관리청의 자료 제출 요구에 거짓으로 자료를 제출한 자

② 선박연료공급업을 등록한 자로서 사업계획 변경신고를 하지 아니하고 장비를 추가한 자

③ 해양수산부장관에게 신고하지 아니하고 선용품공급업을 한 자

④ 항만운송사업자로서 대통령령으로 정하는 부득이한 사유로 등록을 하지 아니한 항만에서 미리 신고를 하지 아니하고 일시적 영업행위를 한 자

⑤ 관리청으로부터 사업정지처분을 받았음에도 해당 기간 동안 사업을 영위한 항만운송사업자

> 해설 ① 항만운송사업자로서 관리청의 자료 제출 요구에 거짓으로 자료를 제출한 자(200만 원 이하의 과태료처분)
> ② 선박연료공급업을 등록한 자로서 사업계획 변경신고를 하지 아니하고 장비를 추가한 자(1년 이하의 징역 또는 1천만 원 이하의 벌금형)
> ③ 해양수산부장관에게 신고하지 아니하고 선용품공급업을 한 자(1년 이하의 징역 또는 1천만 원 이하의 벌금형)
> ④ 항만운송사업자로서 대통령령으로 정하는 부득이한 사유로 등록을 하지 아니한 항만에서 미리 신고를 하지 아니하고 일시적 영업행위를 한 자(500만 원 이하의 벌금형)
> ⑤ 관리청으로부터 사업정지처분을 받았음에도 해당 기간 동안 사업을 영위한 항만운송사업자(300만 원 이하의 벌금형)

69 항만운송사업법령상 항만운송종사자 등에 대한 교육훈련기관에 관한 설명으로 옳지 않은 것은?

① 교육훈련기관은 매 사업연도의 세입·세출결산서를 다음 해 3월 31일까지 해양수산부장관에게 제출하여야 한다.

② 교육훈련기관은 법인으로 한다.

③ 교육훈련기관은 다음 해의 사업계획 및 예산안을 매년 11월 30일까지 해양수산부장관에게 제출하여야 한다.

④ 교육훈련기관의 운영에 필요한 경비는 대통령령으로 정하는 바에 따라 국가가 부담한다.

⑤ 교육훈련기관을 설립하려는 자는 해양수산부장관의 설립인가를 받아야 한다.

> 해설 교육훈련기관의 운영에 필요한 경비는 대통령령으로 정하는 바에 따라 항만운송사업자, 항만운송관련사업자 및 해당 교육훈련을 받는 자가 부담한다(법 제27조의4 제5항).

정답 **68** ① **69** ④

70 유통산업발전법령상 유통업상생발전협의회(이하 '협의회'라 함)에 관한 설명으로 옳지 않은 것은?

① 대규모점포 및 준대규모점포와 지역중소유통기업의 균형발전을 협의하기 위하여 특별자치시장·시장·군수·구청장 소속으로 협의회를 둔다.

② 협의회의 회의는 재적위원 과반수의 출석으로 개의하고, 출석위원 3분의 2 이상의 찬성으로 의결한다.

③ 회장은 회의를 소집하려는 경우에는 긴급한 경우나 부득이한 사유가 있는 경우를 제외하고 회의 개최일 5일 전까지 회의의 날짜·시간·장소 및 심의 안건을 각 위원에게 통지하여야 한다.

④ 협의회의 사무를 처리하기 위하여 간사 1명을 두되, 간사는 유통업무를 담당하는 공무원으로 한다.

⑤ 협의회는 대형유통기업과 지역중소유통기업의 균형발전을 촉진하기 위하여 대규모점포 및 준대규모점포에 대한 영업시간의 제한 등에 관한 사항에 대해 특별자치시장·시장·군수·구청장에게 의견을 제시할 수 있다.

> **해설** 협의회의 회의는 <u>재적위원 3분의 2 이상의 출석</u>으로 개의하고, 출석위원 3분의 2 이상의 찬성으로 의결한다.

71 유통산업발전법상 대규모점포등을 등록하는 경우 의제되는 허가등에 해당하지 않는 것은?

① 「담배사업법」에 따른 소매인의 지정
② 「식품위생법」에 따른 집단급식소 설치·운영의 신고
③ 「대기환경보전법」에 따른 배출시설 설치의 허가 또는 신고
④ 「평생교육법」에 따른 평생교육시설 설치의 신고
⑤ 「외국환거래법」에 따른 외국환업무의 등록

> **해설** 허가 등의 의제사항(법 제9조)
> 1. 「영화 및 비디오물의 진흥에 관한 법률」에 따른 비디오물제작업·비디오물배급업, 「게임산업진흥에 관한 법률」에 따른 게임제작업·게임배급업·게임제공업 또는 「음악산업진흥에 관한 법률」에 따른 음반·음악영상물제작업 및 음반·음악영상물배급업의 신고 또는 등록
> 2. 「담배사업법」제16조 제1항에 따른 소매인의 지정
> 3. 「식품위생법」제37조 제1항 또는 제4항에 따른 식품의 제조업·가공업·판매업 또는 식품접객업의 허가 또는 신고로서 대통령령으로 정하는 것
> 4. 「식품위생법」제88조 제1항에 따른 집단급식소 설치·운영의 신고
> 5. 「관광진흥법」제5조 제4항에 따른 유원시설업(遊園施設業)의 신고
> 6. 「평생교육법」제35조 제2항 전단에 따른 평생교육시설 설치의 신고
> 7. 「체육시설의 설치·이용에 관한 법률」제20조에 따른 체육시설업의 신고

정답 **70** ② **71** ③

8. 「전자상거래 등에서의 소비자보호에 관한 법률」 제12조 제1항에 따른 통신판매업자의 신고
9. 「공연법」 제9조 제1항에 따른 공연장의 등록
10. 「옥외광고물 등의 관리와 옥외광고산업 진흥에 관한 법률」 제3조에 따른 광고물 또는 게시시설의 허가 또는 신고
11. 「외국환거래법」 제8조에 따른 외국환업무의 등록
12. 「주류 면허 등에 관한 법률」 제9조에 따른 주류 판매업면허 승계의 신고
13. 「축산물 위생관리법」 제24조에 따른 축산물판매업의 신고
14. 「물환경보전법」 제33조에 따른 배출시설 설치의 허가 또는 신고
15. 「폐기물관리법」 제17조 제2항에 따른 사업장폐기물배출자의 신고
16. 「약사법」 제20조에 따른 약국 개설의 등록
17. 「의료기사 등에 관한 법률」 제12조에 따른 안경업소개설의 등록

72 유통산업발전법령상 공동집배송센터의 지정취소사유에 해당하는 것을 모두 고른 것은?

ㄱ. 공동집배송센터의 지정을 받은 날부터 정당한 사유 없이 3년 이내에 시공을 하지 아니 하는 경우
ㄴ. 공동집배송센터사업자가 파산한 경우
ㄷ. 공동집배송센터의 시공 후 공사가 6월 이상 중단된 경우
ㄹ. 공동집배송센터의 지정을 받은 날부터 5년 이내에 준공되지 아니한 경우

① ㄱ, ㄴ   ② ㄷ, ㄹ
③ ㄱ, ㄴ, ㄷ   ④ ㄴ, ㄷ, ㄹ
⑤ ㄱ, ㄴ, ㄷ, ㄹ

해설 산업통상자원부장관은 다음의 어느 하나에 해당하는 경우에는 공동집배송센터의 지정을 취소할 수 있다. 다만, 제1호에 해당하는 경우에는 그 지정을 취소하여야 한다(법 제33조 제2항).
1. 거짓이나 그 밖의 부정한 방법으로 공동집배송센터의 지정을 받은 경우
2. 공동집배송센터의 지정을 받은 날부터 정당한 사유 없이 3년 이내에 시공을 하지 아니하는 경우
3. 제1항에 따른 시정명령을 이행하지 아니하는 경우
4. 공동집배송센터사업자의 파산 등 대통령령으로 정하는 사유로 정상적인 사업추진이 곤란하다고 인정되는 경우

> 가. 공동집배송센터사업자가 파산한 경우
> 나. 공동집배송센터사업자인 법인, 조합 등이 해산된 경우
> 다. 공동집배송센터의 시공 후 정당한 사유 없이 공사가 6개월 이상 중단된 경우
> 라. 공동집배송센터의 지정을 받은 날부터 5년 이내에 준공되지 아니한 경우

정답 72 ⑤

73 유통산업발전법령상 대규모점포등과 관련한 유통분쟁조정위원회(이하 '위원회'라 함)의 분쟁 조정에 관한 설명으로 옳지 않은 것은?

① 대규모점포등과 관련한 분쟁의 조정신청을 받은 특별자치시·시·군·구의 위원회는 부득이한 사정이 없으면 신청을 받은 날부터 60일 이내에 이를 심사하여 조정안을 작성하여야 한다.

② 시(특별자치시는 제외)·군·구의 위원회의 조정안에 불복하는 자는 조정안을 제시받은 날부터 15일 이내에 시·도의 위원회에 조정을 신청할 수 있다.

③ 위원회는 동일한 시기에 동일한 사안에 대하여 다수의 분쟁조정이 신청된 경우에는 그 다수의 분쟁조정신청을 통합하여 조정할 수 있다.

④ 위원회는 유통분쟁조정신청을 받은 경우 신청일부터 10일 이내에 신청인외의 관련 당사자에게 분쟁의 조정신청에 관한 사실과 그 내용을 통보하여야 한다.

⑤ 위원회는 분쟁의 성질상 위원회에서 조정함이 적합하지 아니하다고 인정하거나 부정한 목적으로 신청되었다고 인정하는 경우에는 조정을 거부할 수 있다.

> **해설** 위원회는 유통분쟁조정신청을 받은 경우 신청일부터 3일 이내에 신청인외의 관련 당사자에게 분쟁의 조정신청에 관한 사실과 그 내용을 통보하여야 한다(시행령 제16조).

74 유통산업발전법령상 지정유통연수기관의 지정기준으로 옳은 것을 모두 고른 것은?

ㄱ. 사무실 면적 : 16m² 이상
ㄴ. 강의실 면적 : 50m² 이상
ㄷ. 휴게실 면적 : 7m² 이상
ㄹ. 연수실적 : 지정신청일 기준으로 1년 이내에 2회(1회당 20시간 이상) 이상의 유통연수강좌를 실시한 실적이 있을 것

① ㄱ, ㄴ   ② ㄱ, ㄹ
③ ㄴ, ㄷ   ④ ㄴ, ㄷ, ㄹ
⑤ ㄱ, ㄴ, ㄷ, ㄹ

> **해설** ※ 유통연수기관의 지정기준(시행령 제9조의2 관련)

구분	구비요건
시설기준	가. 강의실 면적 : 100m² 이상 나. 사무실 면적 : 16m² 이상 다. 휴게실 면적 : 10m² 이상
연수실적	지정신청일 기준으로 1년 이내에 2회(1회당 20시간 이상) 이상의 유통연수강좌를 실시한 실적이 있을 것

정답 **73** ④ **74** ②

75 철도사업법상 철도사업자가 공동사용시설관리자와 협정을 체결하여 공동 활용할 수 있는 공동 사용시설로서 옳지 않은 것은?

① 철도역 및 환승시설을 제외한 역 시설
② 철도차량의 정비·검사·점검·보관 등 유지관리를 위한 시설
③ 사고의 복구 및 구조·피난을 위한 설비
④ 열차의 조성 또는 분리 등을 위한 시설
⑤ 철도 운영에 필요한 정보통신 설비

해설 **철도시설의 공동 활용**(법 제31조) : 공공교통을 목적으로 하는 선로 및 다음의 공동 사용시설을 관리하는 자는 철도사업자가 그 시설의 공동 활용에 관한 요청을 하는 경우 협정을 체결하여 이용할 수 있게 하여야 한다.
　1. 철도역 및 역 시설(물류시설, 환승시설 및 편의시설 등을 포함한다)
　2. 철도차량의 정비·검사·점검·보관 등 유지관리를 위한 시설
　3. 사고의 복구 및 구조·피난을 위한 설비
　4. 열차의 조성 또는 분리 등을 위한 시설
　5. 철도 운영에 필요한 정보통신 설비

76 철도사업법령상 민자철도의 운영평가 방법 등에 관한 설명으로 옳지 않은 것은?

① 국토교통부장관이 민자철도사업자에게 필요한 조치를 명한 경우 해당 민자철도사업자는 15일 이내에 조치계획을 마련하여 국토교통부장관에게 제출해야 한다.
② 국토교통부장관은 운영평가를 실시하려면 매년 3월 31일까지 소관 민자철도에 대한 평가일정, 평가방법 등을 포함한 운영평가계획을 수립한 후 평가를 실시하기 2주 전까지 민자철도사업자에게 통보해야 한다.
③ 국토교통부장관은 운영평가 결과에 따라 민자철도에 관한 유지·관리 및 체계 개선 등 필요한 조치를 민자철도사업자에게 명할 수 있다.
④ 국토교통부장관은 운영평가를 위하여 필요한 경우에는 관계 공무원, 철도 관련 전문가 등으로 민자철도 운영 평가단을 구성·운영할 수 있다.
⑤ 국토교통부장관이 정하여 고시하는 민자철도 운영평가 기준에는 민자철도 운영의 효율성이 포함되어야 한다.

해설 국토교통부장관이 민자철도사업자에게 필요한 조치를 명한 경우 해당 민자철도사업자는 30일 이내에 조치계획을 마련하여 국토교통부장관에게 제출해야 한다(시행규칙 제17조 제4항).

77 철도사업법령상 전용철도를 운영하는 자가 등록사항을 변경하려는 경우 국토교통부장관에게 등록을 하지 않아도 되는 경미한 변경에 해당하지 않는 것은?

① 운행시간을 연장한 경우
② 운행횟수를 단축한 경우
③ 10분의 1의 범위 안에서 철도차량 대수를 변경한 경우
④ 주사무소·철도차량기지를 제외한 운송관련 부대시설을 변경한 경우
⑤ 9월의 범위 안에서 전용철도 건설기간을 조정한 경우

[해설] 법 제34조 제1항 단서에서 "대통령령으로 정하는 경미한 변경의 경우"란 다음의 하나에 해당하는 경우를 말한다(시행령 제12조 제1항).
1. 운행시간을 연장 또는 단축한 경우
2. 배차간격 또는 운행횟수를 단축 또는 연장한 경우
3. 10분의 1의 범위 안에서 철도차량 대수를 변경한 경우
4. 주사무소·철도차량기지를 제외한 운송관련 부대시설을 변경한 경우
5. 임원을 변경한 경우(법인에 한한다)
6. 6월의 범위 안에서 전용철도 건설기간을 조정한 경우

78 철도사업법상 국토교통부장관이 철도시설물의 점용허가를 취소할 수 있는 경우가 아닌 것은?

① 점용허가를 받은 자가 점용허가 목적과 다른 목적으로 철도시설을 점용한 경우
② 시설물의 종류와 경영하는 사업이 철도사업에 지장을 주게 된 경우
③ 점용허가를 받은 자가 점용허가를 받은 날부터 6개월 이내에 해당 점용허가의 목적이 된 공사에 착수하지 아니한 경우
④ 점용허가를 받은 자가 점용료를 납부하지 아니하는 경우
⑤ 점용허가를 받은 자가 스스로 점용허가의 취소를 신청하는 경우

[해설] **점용허가의 취소**(제42조의2) : 국토교통부장관은 제42조 제1항에 따른 점용허가를 받은 자가 다음의 어느 하나에 해당하면 그 점용허가를 취소할 수 있다.
1. 점용허가 목적과 다른 목적으로 철도시설을 점용한 경우
2. 제42조 제2항을 위반하여 시설물의 종류와 경영하는 사업이 철도사업에 지장을 주게 된 경우
3. 점용허가를 받은 날부터 1년 이내에 해당 점용허가의 목적이 된 공사에 착수하지 아니한 경우. 다만, 정당한 사유가 있는 경우에는 1년의 범위에서 공사의 착수기간을 연장할 수 있다.
4. 점용료를 납부하지 아니하는 경우
5. 점용허가를 받은 자가 스스로 점용허가의 취소를 신청하는 경우

정답 **77** ⑤ **78** ③

79 농수산물 유통 및 가격안정에 관한 법령상 중도매업의 허가에 관한 설명으로 옳지 않은 것은?

① 도매시장법인의 주주 및 임직원으로서 해당 도매시장법인의 업무와 경합되는 중도매업을 하려는 자는 중도매업의 허가를 받을 수 없다.
② 최저거래금액 및 거래대금의 지급보증을 위한 보증금 등 도매시장 개설자가 업무규정으로 정한 허가조건을 갖추지 못한 자는 중도매업의 허가를 받을 수 없다.
③ 법인인 중도매인은 임원이 파산선고를 받고 복권되지 아니한 때에는 그 임원을 지체 없이 해임하여야 한다.
④ 도매시장 개설자는 법인인 중도매인에게 중도매업의 허가를 하는 경우 3년 이상 10년 이하의 범위에서 허가 유효기간을 설정할 수 있다.
⑤ 도매시장의 개설자는 갱신허가를 한 경우에는 유효기간이 만료되는 허가증을 회수한 후 새로운 허가증을 발급하여야 한다.

> **해설** 도매시장 개설자는 중도매업의 허가를 하는 경우 <u>5년 이상 10년 이하의 범위</u>에서 허가 유효기간을 설정할 수 있다. 다만, <u>법인이 아닌 중도매인은 3년 이상 10년 이하의 범위</u>에서 허가 유효기간을 설정할 수 있다(법 제25조 제6항).

80 농수산물 유통 및 가격안정에 관한 법령상 농수산물공판장(이하 '공판장'이라 함)에 관한 설명으로 옳지 않은 것은?

① 농림수협등, 생산자단체 또는 공익법인이 공판장의 개설승인을 받으려면 공판장 개설승인 신청서에 업무규정과 운영관리계획서 등 승인에 필요한 서류를 첨부하여 시·도지사에게 제출하여야 한다.
② 공판장 개설자가 업무규정을 변경한 경우에는 이를 시·도지사에게 보고하여야 한다.
③ 생산자단체가 구성원의 농수산물을 공판장에 출하하는 경우 공판장의 개설자에게 산지유통인으로 등록하여야 한다.
④ 공판장의 경매사는 공판장의 개설자가 임면한다.
⑤ 공판장의 중도매인은 공판장의 개설자가 지정한다.

> **해설** ③ 농수산물을 수집하여 공판장에 출하하려는 자는 공판장의 개설자에게 산지유통인으로 등록하여야 한다(법 제44조 제3항).

물류관리사

27 회 기출문제

제1교시 2023년 물류관리사	형별	**A형**	제한시간	120분	수험번호	성 명

제**1**과목 물류관리론(01~40)

01 물류관리의 대상이 아닌 것은?

① 고객서비스관리　　　　　　　② 재고관리

③ 인사관리　　　　　　　　　　④ 주문정보관리

⑤ 운송관리

[해설] 물류의 기능은 운송, 보관, 하역, 포장, 유통가공, 물류정보이다. 이 중 보관과 하역이 재고관리와 연결되어 있다. 주문정보관리는 물류정보와 연결되어 있다.
③ 인사관리가 필요는 하지만 물류관리의 대상으로 보기는 어렵다.

02 스마이키(E. W. Smikey) 교수가 제시한 물류의 7R 원칙에 해당되지 않는 것은?

① Right Impression　　　　　　② Right Place

③ Right Quality　　　　　　　　④ Right Safety

⑤ Right Time

[해설] ④ 7R 이론은 Right Commodity, Right Quantity, Right Quality, Right Price, Right Time, Right Place, Right Impression이며, 고객서비스 중심의 이론이다.

03 제품수명주기에 따른 단계별 물류관리전략에 해당되지 않는 것은?

① 성숙기 전략　　　　　　　　② 쇠퇴기 전략

③ 수요기 전략　　　　　　　　④ 성장기 전략

⑤ 도입기 전략

[해설] ③ 제품수명주기는 도입기 – 성장기 – 성숙기 – 쇠퇴기 순서이다.

정답 **01** ③ **02** ④ **03** ③

04 물류서비스 품질을 결정하는 요인을 고객서비스 시행 전, 시행 중, 시행 후로 나눌 때, 시행 중의 요인에 해당하는 것을 모두 고른 것은?

> ㄱ. 재고수준 ㄴ. 주문의 편리성
> ㄷ. 시스템의 유연성 ㄹ. 시스템의 정확성
> ㅁ. 고객서비스 명문화 ㅂ. 고객클레임·불만

① ㄱ, ㄴ ② ㄱ, ㄴ, ㄹ
③ ㄱ, ㄷ, ㅁ ④ ㄴ, ㄹ, ㅂ
⑤ ㄷ, ㅁ, ㅂ

[해설] 시행 중이면 판매 과정에 영향을 미칠 만한 요인을 생각해 보자. 고객서비스 명문화와 시스템의 유연성은 시행 전 결정 요인이다. 고객클레임과 불만은 판매 후에 발생할 수밖에 없으므로 시행 후 결정 요인이다. 재고 관련해서 재고 확보 정책은 시행 전 결정 요인이고, 판매 시 결품 여부는 시행 중 결정 요인이다. 재고수준이라는 용어가 애매모호하지만, 이 문제에서는 판매 전 재고 정책보다는 실제 판매 시 재고수준으로 보인다.

05 물류의 영역별 분류에 해당하지 않는 것은?

① 조달물류 ② 정보물류
③ 사내물류 ④ 판매물류
⑤ 회수물류

[해설] ② 물류의 영역별 분류는 반드시 숙지해야 한다. 조달물류, 생산물류, 사내물류, 판매물류, 그리고 반품물류와 회수물류, 폐기물류를 합친 리버스물류이다.

06 물류관리에 관한 설명으로 옳지 않은 것은?

① 최근 전자상거래 활성화에 따라 물동량은 증가하는 반면 물류관리의 역할은 줄어들고 있다.
② 물류관리의 목표는 비용 절감을 통한 제품의 판매 촉진과 수익 증대라고 할 수 있다.
③ 기업의 물류관리는 구매, 생산, 마케팅 등의 활동과 상호 밀접한 관련이 있다.
④ 물류비용 절감을 통한 이익 창출은 제3의 이익원으로 인식되고 있다.
⑤ 원자재 및 부품의 조달, 구매상품의 보관, 완제품 유통도 물류관리의 대상이다.

[해설] ① 전자상거래의 활성화는 개별 배송에 의한 물류비 증가와 역물류 증가로 이어진다. 물류관리의 역할이 줄어들 수 없다.

정답 **04** ② **05** ② **06** ①

07 물류 환경변화에 관한 설명으로 옳지 않은 것은?

① 경제 규모 확대에 따른 화물량 증가로 사회간접자본 수요는 급증하는 반면 물류 기반 시설은 부족하여 기업의 원가 부담이 가중되고 있다.

② 정보기술 및 자동화기술의 확산으로 물류작업의 고속화 및 효율화, 적정 재고관리 등이 추진되고 있다.

③ 소비자 니즈(Needs)의 다양화에 따라 상품의 수요패턴이 소품종, 대량화되고 있다.

④ 기후변화 및 친환경 물류정책에 따라 운송활동 등 물류부문에서 탄소배출을 줄이는 방향으로 변화되고 있다.

⑤ 소비자 니즈(Needs)의 다양화와 제품수명주기의 단축에 따라 과잉재고를 지양하려는 경향이 심화되고 있다.

> [해설] ③ 자본주의의 발전으로 우리는 다품종 소량생산의 시대를 살고 있다고 강조한 바 있다.
>   ① 도로에 체증이 발생하므로 사회간접자본 수요가 급증한다. 빠른 배송을 위해서는 주거지 인근에 물류 기반 시설이 들어서야 하는데, 다수의 물류 기반 시설은 주거지와 떨어져 있다. 수요와 공급의 불균형은 변함없이 존재한다.
>   ⑤ 구매자 시장에서는 과잉재고가 발생하기 쉽지만, 그렇다고 기업이 과잉재고를 '지향'하지는 않는다. 맞는 설명이다.

08 인과형 예측기법의 하나로 종속변수인 수요에 영향을 미치는 독립변수를 파악하고, 독립변수와 종속변수 간의 함수관계를 통계적으로 추정하여 미래의 수요를 예측하는 방법은?

① 회귀분석법   ② 델파이법
③ 지수평활법   ④ 수명주기예측법
⑤ 가중이동평균법

> [해설] ① 독립변수가 종속변수에 미치는 영향을 파악하는 인과형 예측기법은 회귀분석법이다.

09 물류와 마케팅의 관계에 관한 설명으로 옳지 않은 것은?

① 물류역량이 강한 기업일수록 본래 마케팅의 기능이었던 수요의 창출 및 조절에 유리하다.

② 물류와 마케팅 기능이 상호작용하는 분야는 하역관리와 설비관리 등이 있다.

③ 물류는 마케팅뿐만 아니라 생산관리 측면 등까지 광범위하게 확대되고 있다.

④ 물류는 마케팅의 4P 중 Place, 즉 유통채널과 관련이 깊다.

⑤ 물류는 포괄적인 마케팅에 포함되며 물류 자체의 마케팅 활동을 할 수도 있다.

정답 **07** ③ **08** ① **09** ②

> [해설] ② 마케팅에서 Place와 관련이 깊다면 운송과 보관이 관련이 깊다고 할 수 있다.
> ① 물류역량이 있어야 수요가 증가할 때 적시 공급하고 수요가 떨어지면 신속하게 재고를 철수하고 축소할 수 있다.
> ③ 생산 일정에 따라 차량을 확보해야 재고 적체 없이 수송과 배송을 할 수 있다.
> ⑤ 새벽배송 자체를 마케팅 수단으로 삼는 전자상거래 플랫폼 기업을 생각해 보자.

10 상물분리의 효과에 관한 내용으로 옳지 않은 것은?

① 물류와 영업업무를 각각 전담 부서가 수행하므로 전문화에 의한 핵심역량 강화가 가능하다.
② 공동화, 통합화, 대량화에 의한 규모의 경제 효과로 물류비 절감이 가능하다.
③ 영업소와 고객 간 직배송이 확대되므로 고객서비스가 향상된다.
④ 운송차량의 적재효율이 향상되어 수송비용 절감이 가능하다.
⑤ 대규모 물류시설의 기계화 및 자동화에 의해 효율 향상이 가능하다.

> [해설] 영업소는 소유권 이전, 즉 영업활동에 집중하고, 물류는 실물을 인도하는 물류 활동에 집중하자는 개념이 상물분리이다. ③은 상물일치에 관한 설명이다.

11 물류 개념에 관한 설명으로 옳지 않은 것은?

① 물류의 전통적 개념은 사물의 흐름과 관련된 시간적, 공간적 효용을 창출하는 경영활동을 말한다.
② 물류 활동은 운송, 보관, 하역, 포장, 유통가공 및 이들의 활동들을 지원하는 정보를 포함한다.
③ 물류와 Logistics는 동일한 개념으로 혼용하여 사용되고 있으나 범위 면에서는 Logistics가 더 넓다.
④ 2000년대부터 물류의 개념이 시대적인 요구·변화에 따라 점차 그 영역을 확대하여 SCM(공급사슬관리)으로 변천되어 왔다.
⑤ 생산단계에서 소비단계로의 전체적인 물적 흐름으로 조달부문을 제외한 모든 활동이다.

> [해설] ⑤ 물류의 영역별 분류 1번 항목이 조달물류이다. 조달부문을 제외할 수 없다.

정답 **10** ③ **11** ⑤

12 제약이론(TOC : Theory of Constraints)의 지속적 개선 프로세스를 순서대로 옳게 나열한 것은?

ㄱ. 제약자원 개선   ㄴ. 제약자원 식별
ㄷ. 제약자원 최대 활용   ㄹ. 개선 프로세스 반복
ㅁ. 비제약자원을 제약자원에 종속화

① ㄱ – ㄴ – ㄷ – ㄹ – ㅁ   ② ㄱ – ㄷ – ㄴ – ㅁ – ㄹ
③ ㄴ – ㄱ – ㄷ – ㄹ – ㅁ   ④ ㄴ – ㄷ – ㅁ – ㄱ – ㄹ
⑤ ㄷ – ㄴ – ㄱ – ㅁ – ㄹ

> [해설] 소설 '더 골'에서 주인공 알렉스가 제약자원을 찾아서(가장 느린 아이를 찾는다), 최대한 활용하고(맨 앞에 세우고 일정한 속도로 걷게 한다), 비제약자원을 제약자원에 종속시킴으로써(모든 아이가 가장 느린 아이와 같은 속도로 걷게 한다) 목적지에 도착하는 데 성공한다. 제약이론에서는 이와 같은 순서로 제약자원을 개선하고 개선을 반복하라고 가르친다.

13 물류혁신을 위한 6시그마 기법의 DMAIC 추진 단계들 중 다음 설명에 해당하는 것은?

통계적 기법을 활용해서 현재 프로세스의 능력을 계량적으로 파악하고, 품질에 결정적인 영향을 미치는 핵심품질특성(CTQ : Critical to Quality)의 충족 정도를 평가한다.

① Define   ② Measure
③ Analyze   ④ Improve
⑤ Control

> [해설] ② 프로세스를 파악하고 현재의 수준을 평가하는 단계는 측정 단계이다.
> Define 단계에서 CTQ를 정의하고, Measure 단계에서 평가하고, Analyze 단계에서 분석하여 핵심 원인을 도출하며, Improve 단계에서 개선하고, Control 단계에서 안정화한다.

14 다음 설명에 해당하는 물류시설은?

국내용 2차 창고 또는 수출 화물의 집화, 분류, 운송을 위한 내륙 CFS(Container Freight Station)와 같이 공급처에서 수요처로 대량으로 통합 운송된 화물을 일시적으로 보관하는 창고

① 물류터미널   ② 집배송센터
③ 공동집배송단지   ④ 물류센터
⑤ 데포(Depot)

정답 **12** ④ **13** ② **14** ⑤

15 일반기준에 의한 물류비 분류에서 기능별 물류비에 해당하지 않는 것은?

① 위탁비   ② 운송비

③ 보관비   ④ 포장비

⑤ 하역비

[해설] 물류의 기능별 분류를 알고 있다면 풀 수 있는 문제이다. 운송, 보관, 하역, 포장, 유통가공, 물류정보.

16 현대의 구매 혹은 조달 전략에 관한 설명으로 옳지 않은 것은?

① 최근에는 총소유비용 절감보다 구매단가 인하를 위한 협상 전략이 더 중요해졌다.

② 구매자의 경영 목표를 달성하기 위한 공급자와의 정보공유 필요성이 커졌다.

③ 적기에 필요한 품목을 필요한 양만큼 확보하는 JIT(Just-In-Time) 구매를 목표로 한다.

④ 구매의 품질을 높이기 위해서 구매자는 공급자의 활동이 안정적으로 수행되도록 협력한다.

⑤ 구매전략에는 공급자 수를 줄이는 물량통합과 공급자와의 운영통합 등이 있다.

[해설] ① 구매자 시장의 시대가 되면서 기업 간 경쟁이 공급망 간 경쟁이 된 시대에는 구매단가 인하가 아닌 총 소유비용 절감이 더 중요하다. 구매단가가 낮더라도 품질이 낮거나 납기를 지키지 못하면 반품비용과 무상수리, 판매 실기로 공급망 전체가 큰 충격을 받는다.

17 유통경로의 구조에 관한 설명으로 옳지 않은 것은?

① 전통적 유통경로 시스템은 자체적으로 마케팅 기능을 수행하는 독립적인 단위들로 구성된다.

② 전통적 유통경로 시스템은 수직적 시스템에 비해 구성원 간 결속력은 약하지만 유연성이 높다.

③ 수직적 유통경로 시스템은 신규 구성원의 진입이 상대적으로 용이한 개방형 네트워크이다.

④ 도소매기관 지원형 연쇄점, 소매기관 협동조합, 프랜차이즈 등은 계약형 유통경로 구조에 해당한다.

⑤ 기업형 유통경로 구조는 특정 유통경로가 다른 유통경로를 소유하고 통제하는 형태이다.

[해설] ③ 수직적 유통경로 시스템은 통제력의 강약 차이가 있을 뿐 유통경로 구성원 간 통제하고 통제받는 관계이다. 신규 구성원의 진입이 쉬울 수가 없다.

정답 **15** ① **16** ① **17** ③

18 물류기업 K는 제품의 포장 및 검사를 대행하는 유통가공 서비스의 경제적 타당성을 검토하고 있으며, 관련 자료는 다음과 같다. K사 유통가공 서비스의 연간 손익분기 매출액(단위 : 만 원)은?

- 서비스 가격 : 10만 원/개
- 고정비 : 10,000만 원/년
- 변동비 : 7.5만 원/개

① 1,000
② 4,000
③ 10,000
④ 20,000
⑤ 40,000

> **해설** 손익분기점은 매출액에서 변동비를 차감한 공헌이익이 고정비와 같아지는 지점이다. 따라서 고정비를 단위당 공헌이익으로 나누면 매출 수량이 나온다.
> 고정비 100,000,000 ÷ (100,000 − 75,000) = 매출 수량은 4,000개
> 따라서 매출액은 4,000개 × 100,000 = 400,000,000

19 공동수배송의 기대 효과를 모두 고른 것은?

ㄱ. 물류비용 감소
ㄴ. 교통혼잡 완화
ㄷ. 환경오염 방지
ㄹ. 물류 인력 고용 증대

① ㄱ, ㄴ, ㄷ
② ㄱ, ㄴ, ㄹ
③ ㄱ, ㄷ, ㄹ
④ ㄴ, ㄷ, ㄹ
⑤ ㄱ, ㄴ, ㄷ, ㄹ

> **해설** 공동수배송을 하면 공동의 물류 자원으로 수·배송을 하므로 물류비용 절감 효과가 있으며, 차량 투입 자체가 줄어 교통체증이 줄고 환경오염 방지에도 공헌한다. 그런데 공동수배송은 물류 인력 확보가 어려운 상황에서 제한된 물류 인력으로 물류공동화를 하자는 취지에서 시작했으므로 물류 인력 고용이 늘어난다고 볼 수는 없다.

20 K 물류센터의 6월 비목별 간접물류비와 품목별 배부를 위한 자료가 다음과 같다. 간접물류비 배부기준이 운송비는 (운송물량 × 운송거리), 보관비는 (보관공간 × 보관일수), 하역비는 (상차수량 + 하차수량)일 때, 품목별 간접물류비 배부액(단위 : 천 원)은?

비목	운송비	보관비	하역비
금액(천 원)	10,000	2,000	1,000

품목	운송물량 (ton)	운송거리 (km)	보관공간 (m^3)	보관일수 (일)	상차수량 (개)	하차수량 (개)
P1	15	250	500	3	4,000	5,000
P2	10	125	300	15	600	400
합계	25	375	800	–	4,600	5,400

① P1 : 8,000, P2 : 5,000
② P1 : 8,300, P2 : 4,700
③ P1 : 8,600, P2 : 4,400
④ P1 : 8,900, P2 : 4,100
⑤ P1 : 9,200, P2 : 3,800

해설 운송물량 × 운송거리는 P1 = 15 × 250 = 3,750, P2 = 10 × 125 = 1,250
따라서 운송비는 P1에 75%, P2에 25%를 배부한다.
보관공간 × 보관일수는 P1 = 500 × 3 = 1,500, P2 = 300 × 15 = 4,500
따라서 보관비는 P1에 25%, P2에 75%를 배부한다.
상차수량 + 하차수량은 P1 = 4,000 + 5,000 = 9,000, P2 = 600 + 400 = 1,000
따라서 하역비는 P1에 90%, P2에 10%를 배부한다.
P1 = 7,500 + 500 + 900 = 8,900
P2 = 2,500 + 1,500 + 100 = 4,100

21 공동수배송의 전제조건으로 옳지 않은 것은?
① 대상기업 간 배송조건의 유사성
② 공동수배송을 주도할 중심업체 존재
③ 대상기업 간 공동수배송에 대한 이해 일치
④ 화물형태가 일정하지 않은 비규격품 공급업체 참여
⑤ 일정 지역 내 공동수배송에 참여하는 복수기업 존재

해설 ④ 비규격품은 물류표준화를 할 수 없으므로, 신속하게 집화하고 일관배송해야 하는 공동수배송을 할 수 없다. 공동수배송의 전제 중 하나가 물류표준화이다.

정답 **20** ④ **21** ④

22 포장표준화에 관한 설명으로 옳지 않은 것은?

① 포장이 표준화되어야 기계화, 자동화, 파렛트화, 컨테이너화 등이 용이해진다.

② 포장 치수는 파렛트 및 컨테이너 치수에 정합하고, 수송, 보관, 하역의 기계화 및 자동화에 최적의 조건을 제공해야 한다.

③ 포장표준화는 치수, 강도, 재료, 기법의 표준화 등 4요소로 나누지만, 관리의 표준화를 추가하기도 한다.

④ 포장표준화를 통해 포장비, 포장재료비, 포장작업비 등을 절감할 수 있다.

⑤ 치수표준화는 비용 절감 효과가 빠르게 나타나지만, 강도표준화는 그 효과가 나타나기까지 오랜 시간이 걸린다.

해설 ⑤ 강도가 표준화되지 않으면 약한 강도에 의한 화물 파손이나 강한 강도에 의한 해체의 어려움 또는 원가 상승이 금방 나타난다.
③ 치수, 강도, 재료, 기법의 표준화가 관리의 표준화와 연결된다.

23 물류 네트워크의 창고 수와 물류비용 혹은 성과지표 간의 관계로 옳지 않은 것은?

①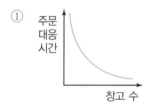

②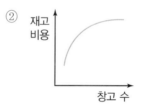

③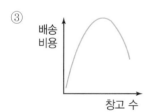

④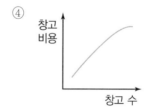

⑤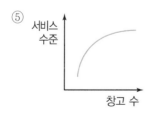

정답 **22** ⑤ **23** ③

해설 ③ 창고 수가 늘면 배송비용은 급격하게 줄어든다. 창고 간 이동은 대형차량이 순회하고, 각 창고에서 단거리 배송하므로 배송비용은 줄어든다.
① 창고 수가 늘면 주문 대응시간은 급격하게 짧아진다. 도심지에 소규모 창고를 두거나 도심지의 점포를 물류센터로 활용하는 비즈니스 형태가 빠른 배송에 대응할 수 있는 이유를 생각해 보자.
② 창고 수가 늘면 재고비용은 증가하지만, 규모의 경제로 어느 정도 수준에 이르면 증가 폭이 낮아진다.
④ 창고 수가 늘면 창고비용은 늘어난다.
⑤ 창고 수가 늘면 서비스 수준은 높아지지만, 어느 정도 수준에 이르면 증가 폭이 낮아진다.

24 공급사슬 성과지표 중 원자재 구매비용을 지불한 날부터 제품 판매대금을 수금한 날까지 소요되는 시간을 측정하는 것은?

① 주문 주기 시간(Order Cycle Time)
② 현금화 사이클타임(Cash-to-Cash Cycle Time)
③ 공급사슬 배송성과(Delivery Performance to Request)
④ 주문충족 리드타임(Order Fulfillment Lead Time)
⑤ 공급사슬 생산유연성(Upside Production Flexibility)

해설 ② 효율적인 공급망은 구매대금 지급과 판매대금 수수 사이의 리드타임, 즉 현금화 사이클타임을 짧게 가져감으로써 현금흐름 개선에 공헌한다.

25 다음 (   )에 들어갈 내용으로 옳게 짝지어진 것은?

SCM은 산업별로 다양한 특성과 니즈에 적합한 형태로 발전되어 왔다. 의류부문에서 시작된 (ㄱ), 식품부문에서 시작된 (ㄴ), 의약품부문에서 시작된 (ㄷ) 등은 특정 산업에 적용된 후 관련 산업으로 확산되어 활용되고 있다.

① ㄱ : ECR, ㄴ : QR,   ㄷ : EHCR
② ㄱ : QR,   ㄴ : ECR, ㄷ : EHCR
③ ㄱ : ECR, ㄴ : EHCR, ㄷ : QR
④ ㄱ : EHCR, ㄴ : QR,   ㄷ : ECR
⑤ ㄱ : QR,   ㄴ : EHCR, ㄷ : ECR

해설 의류부문에서 QR이 시작되었고, 식품부문이 ECR로 이어받았으며, 의약품부문이 EHCR로 발전시켰다.

26 공동수배송의 필요성에 관한 설명으로 옳지 않은 것은?

① 소비자 욕구의 다양화로 다빈도 소량주문 증가

② 화물량 증가에 따른 도로혼잡 및 환경오염 문제 발생

③ 능률적이고 효율적으로 물류 활동 개선 필요

④ 새로운 시설과 설비 투자에 따른 위험부담 감소 필요

⑤ 소비자의 물류서비스 차별화 요구 증가

> 해설 ⑤ 제한된 물류 자원으로 공동으로 수·배송함으로써 물류 효율화를 달성하고자 하는데 물류서비스 차별화를 해야 한다면, 공동수배송을 해서는 안 된다.

27 화물을 일정한 중량이나 체적으로 단위화시켜 하역과 수송의 합리화를 도모하는 것은?

① 유닛로드 시스템(Unit Load System)

② 파렛트 풀 시스템(Pallet Pool System)

③ 파렛트 표준화(Pallet Standardization)

④ 포장의 모듈화(Packaging Modularization)

⑤ 일관 파렛트화(Palletization)

> 해설 유닛로드 시스템의 다른 말은 단위화물 체계이다.

28 SCM 등장배경에 관한 설명으로 옳지 않은 것은?

① 부가가치의 60~70%가 제조공정 외부 공급망에서 발생한다.

② 부품 및 기자재의 납기 및 품질, 주문의 납기 및 수요 등 외부의 불확실성이 점점 더 심화되고 있다.

③ 공급망 하류로 갈수록 정보가 왜곡되는 현상이 심화되고 있다.

④ 기업활동이 글로벌화되면서 공급망상의 리드타임이 길어지고 불확실해졌다.

⑤ 글로벌화 및 고객요구 다양성 증대에 따라 대량고객화가 보편화되고 있다.

> 해설 ③ 공급망 상류, 즉 공급 쪽으로 갈수록 결품 경험 때문에 시장의 수요보다 더 많은 재고를 확보하려는 경향을 채찍효과라고 부른다. 정보가 왜곡되는 곳은 공급망 상류이지 하류가 아니다.

정답 26 ⑤ 27 ① 28 ③

29 기업 간 협력의 유형에 관한 설명으로 옳지 않은 것은?

① VMI(Vendor-Managed Inventory) : 유통업체와 제조업체가 실시간 정보공유를 통해 공동으로 유통업체의 재고를 관리하는 방식

② CRP(Continuous Replenishment Programs) : 유통업체의 실제 판매 데이터를 토대로 제조업체에서 상품을 지속적으로 공급하는 방식

③ QR(Quick Response) : 제조업체와 유통업체가 협력하여 소비자에게 적절한 시기에 적절한 양을 적절한 가격으로 제공하는 것을 목표로 함

④ ECR(Efficient Consumer Response) : 제품에 대한 고객들의 반응을 측정하여 재고관리 및 생산효율을 달성하는 방식

⑤ CPFR(Collaborative Planning, Forecasting & Replenishment) : 제조업체와 유통업체가 협업전략을 통해 공동으로 계획, 생산량 예측, 상품 보충을 구현하는 방식

해설 공급망 관리의 협력 유형은 실제 비즈니스 현장에서도 이론대로 실천하기 매우 어렵고, 그 경계를 정하기가 쉽지 않기 때문에, 유형별로 특성을 명확히 이해하는지 묻는 문제가 자주 출제된다.
①은 Co-Managed Inventory에 관한 설명이다.

30 외주물류(아웃소싱)와 3자물류에 관한 설명 중 옳지 않은 것을 모두 고른 것은?

ㄱ. 외주물류는 주로 운영 측면에서 원가절감을 목표로 하는 반면, 3자물류는 원가절감과 경쟁우위 확보 등을 목표로 한다.

ㄴ. 외주물류는 중장기적 협력 관계를 기반으로 이루어지는 반면, 3자물류는 단기적 관계를 기반으로 운영된다.

ㄷ. 외주물류는 주로 최고경영층의 의사결정에 따라 경쟁계약의 형태로 진행되는 반면, 3자물류는 중간관리층의 의사결정에 따라 수의계약 형태로 주로 진행된다.

ㄹ. 서비스 범위 측면에서 외주물류는 기능별 서비스(수송, 보관) 수행을 지향하는 반면, 3자물류는 종합물류를 지향한다.

① ㄱ, ㄴ
② ㄴ, ㄷ
③ ㄷ, ㄹ
④ ㄱ, ㄴ, ㄹ
⑤ ㄱ, ㄷ, ㄹ

해설 ㄴ. 외주물류는 단기적 관계이고, 3자물류는 중장기적 협력 관계이다.
ㄷ. 외주물류는 수의계약 형태가 많고, 3자물류는 중장기적 협력 관계라는 특성 때문에 경쟁입찰을 통한 계약이 많다.

정답 **29** ① **30** ②

31 다음에서 설명하는 물류 활동에 해당하는 것은?

- 녹색물류의 일환으로 출하된 상품 또는 원부자재를 반품, 폐기, 회수하는 물류를 의미한다.
- 강화되는 환경규제로 인해 이에 관한 관심이 높아지고 있다.
- 폐기비용 감소, 부품의 재활용, 고객들의 환경 친화적 제품 요구 등으로 인해 제조기업들의 기술 도입 및 관련 네트워크 구축이 활발해지고 있다.

① Forward Logistics   ② Cross Docking
③ Reverse Logistics   ④ Gatekeeping
⑤ Life Cycle Assessment

[해설] 반품물류, 회수물류, 폐기물류. 역물류에 관한 설명이다.

32 채찍효과(Bullwhip Effect)의 발생 원인이 아닌 것은?
① 공급사슬 구성원들의 독립적 수요예측   ② 경제성을 고려한 일괄 주문
③ 공급 부족에 따른 과다 주문   ④ 제품 생산 및 공급 리드타임 단축
⑤ 판촉활동, 수량 할인 등에 따른 가격변동

[해설] ④ 제품 생산 및 공급 리드타임을 단축하면 공급망 참여자가 원할 때 신속하게 공급할 수 있게 되므로, 채찍효과를 개선할 수 있다.

33 다음 설명에 해당하는 물류보안제도는?

- 기존 24시간 규칙을 강화하기 위한 조치로 항만보안법에 의해 법제화되었다.
- 보안 및 수입자의 책임을 강화하기 위해 적재 24시간 전, 미국 세관에 온라인으로 신고하도록 의무화한 제도이다.
- 수입자가 신고해야 할 사항이 10가지, 운송사가 신고할 사항이 2가지로 되어 있어 10+2 rule이라고도 불린다.

① C-TPAT(Customs-Trade Partnership Against Terrorism)
② ISF(Importer Security Filing)
③ Safe Port Act 2006
④ CSI(Container Security Initiative)
⑤ ISPS(International Ship and Port Facility Security) Code

정답 **31** ③ **32** ④ **33** ②

34 A기업은 수송부문 연비개선을 통해 이산화탄소 배출량을 10kg 줄이고자 한다. 연비법에 의한 이산화탄소 배출량 산출식 및 관련 자료는 다음과 같을 때, 이산화탄소 배출량 10kg 감축을 위한 A기업의 목표 평균연비는?

- 이산화탄소 배출량(kg) = 주행거리(km) ÷ 연비(km/L) × 이산화탄소 배출계수(kg/L)
- 주행거리 : 150,000km
- 연비개선 전 평균연비 : 5km/L
- 이산화탄소 배출계수 : 0.002kg/L

① 6.0km/L   ② 7.5km/L
③ 9.0km/L   ④ 10.5km/L
⑤ 12.0km/L

해설 이산화탄소 배출량 = 150,000 ÷ 5 × 0.002 = 60kg
이산화탄소 배출량을 10kg 줄어든 50kg으로 맞추려면
150,000 ÷ ?? × 0.002 = 50
150,000 × 0.002 ÷ 50 = 6

35 4자물류에 관한 설명으로 옳지 않은 것은?
① 기존의 3자물류 서비스에 IT, 기술, 전략적 컨설팅 등을 추가한 서비스이다.
② 포괄적인 공급사슬관리(SCM) 서비스를 제공하기 위한 통합서비스로, 공급사슬 전반의 최적화를 도모한다.
③ 합작투자 또는 장기간 제휴 형태로 운영되며, 이익의 분배를 통하여 공통의 목표를 설정한다.
④ 기업과 고객 간의 거래(B2C)보다는 기업과 기업 간의 거래(B2B)에 집중한다.
⑤ 다양한 기업이 파트너로서 참여하는 혼합조직이다.

해설 4자물류는 IT 서비스, 물류컨설팅 등 다양한 업종의 기업이 파트너로 참여한다. 비즈니스 형태가 B2B냐 B2C냐에 상관없는 물류 운용 형태이다. 공급망 관리의 등장과 전자상거래 등 B2C 비즈니스의 등장으로 기존의 B2B 중심의 3자물류로는 신속하고 효율적인 물류를 수행할 수 없게 되면서 4자물류가 등장하였다.

정답 **34** ① **35** ④

36 물류정보의 개념과 특징에 관한 설명으로 옳지 않은 것은?

① 생산에서 소비에 이르기까지의 물류 기능을 유기적으로 결합하여 물류관리 효율성을 향상시키는 데 활용된다.

② 운송, 보관, 하역, 포장 등의 물류 활동에 관한 정보를 포함한다.

③ 원료의 조달에서 완성품의 최종 인도까지 각 물류 기능을 연결하여 신속하고 정확한 흐름을 창출한다.

④ 기술 및 시스템의 발전으로 인해 물류정보의 과학적 관리가 가능하다.

⑤ 정보의 종류가 다양하고 규모가 크지만, 성수기와 평상시의 정보량 차이는 작다.

> [해설] ⑤ 물류정보는 성수기와 비수기의 물류량 크기가 크게 다른 물류의 특성상 성수기와 비수기의 정보량 차이도 크다.

37 다음 설명에 해당하는 물류정보관리 시스템은?

- 대표적인 소매점 관리시스템 중 하나로서, 상품의 판매 시점에 발생하는 정보를 저장 가능하다.
- 실시간으로 매출을 등록하고, 매출 자료의 자동정산 및 집계가 가능하다.
- 상품의 발주, 구매, 배송, 재고관리와 연계가 가능한 종합정보관리 시스템이다.

① POS(Point of Sale)
② KAN(Korean Article Number)
③ ERP(Enterprise Resource Planning)
④ GPS(Global Positioning System)
⑤ DPS(Digital Picking System)

> [해설] 판매시점관리 시스템에 관한 설명이다.

38 능동형 RFID(Radio Frequency IDentification) 시스템에 관한 설명으로 옳지 않은 것은?

① 내장 배터리를 전원으로 사용한다.

② 지속적인 식별정보 송신이 가능하다.

③ 수동형에 비해 가격이 비교적 비싸다.

④ 수동형에 비해 비교적 원거리 통신이 가능하다.

⑤ 반영구적으로 사용 가능하다.

> [정답] **36** ⑤ **37** ① **38** ⑤

> **해설** 능동형 RFID는 말 그대로 스스로 송신한다. 스스로 송신하기 위해 내장 배터리를 사용한다. 내장 배터리를 사용해서 전파를 송신할 수 있으므로 원거리 통신을 할 수 있지만, 태그 가격은 비싸다. 배터리 수명 때문에 영구적으로 사용할 수는 없다.

39 표준 바코드의 한 종류인 EAN(European Article Number)-13 코드에 관한 설명으로 옳지 않은 것은?

① EAN-13(A)와 EAN-13(B)의 국가식별코드는 2~3자리 숫자로 구성된다.

② 제조업체코드는 EAN-13(A)의 경우 4자리, EAN-13(B)의 경우 6자리로 구성된다.

③ 상품품목코드는 EAN-13(A)의 경우 5자리, EAN-13(B)의 경우 3자리로 구성된다.

④ EAN-13(A)와 EAN-13(B) 모두 물류용기에 부착하기 위한 물류식별코드를 가지고 있다.

⑤ EAN-13(A)와 EAN-13(B) 모두 체크 디지트를 통해 스캐너에 의한 판독 오류를 방지한다.

> **해설** EAN-13(A)는 국가코드, 제조업체코드, 상품코드 순서로 2~3-4-5, EAN-13(B)는 3-6-3이다. EAN-13에 물류식별코드는 없다.

40 물류 EDI(Electronic Data Interchange) 시스템에 관한 설명으로 옳지 않은 것은?

① 거래업체 간에 상호 합의된 전자문서표준을 이용한 컴퓨터 간의 구조화된 데이터 전송을 의미한다.

② 상호 간의 정확한, 실시간 업무 처리를 가능하게 하여 물류업무의 효율성을 향상시킬 수 있다.

③ 종이문서 수작업 및 문서 처리 오류를 감소시킬 수 있다.

④ 국제적으로는 다양한 EDI 시스템이 존재하지만, 국내 EDI 시스템 개발 사례는 존재하지 않는다.

⑤ 전자적 자료 교환을 통해 기업의 국제 경쟁력을 강화시킬 수 있다.

> **해설** EDI는 세상에 나온 지 50년이 지난 전자적 수단을 활용한 데이터 교환 방식이다. 우리나라에서도 활발하게 쓰고 있다.

제2과목 화물운송론(41~80)

41 운송수단별 특징에 관한 설명으로 옳은 것은?

① 철도운송은 장거리, 대량운송에 유리하지만 운송시간이 오래 걸리고 초기인프라 설치 관련 진입비용이 낮다.

② 해상운송은 대량화물의 장거리운송에 적합하지만 정기항로에 치우쳐 유연성과 전문성이 떨어진다.

③ 항공운송은 장거리를 신속하게 운송하며 항공기의 대형화로 운송비 절감을 가져왔다.

④ 공로운송은 접근성이 가장 뛰어나지만 1회 수송량이 적어 운임부담력이 상대적으로 낮다.

⑤ 연안운송은 초기 항만하역시설투자비가 적은 편이고 해상경로가 비교적 짧은 단거리 수송에 유리하다.

> **해설** ① 철도운송은 국가 기간산업 SOC로 초기인프라 설치관련 비용이 많이 소요된다.
> ② 해상운송은 정기항로뿐만 아니라 수요에 따라 부정기선도 많이 활용되고 있다.
> ④ 공로운송은 1회 수송량이 적어 운임 부담력이 상대적으로 크다.
> ⑤ 연안운송은 초기 항만하역시설 투자비가 큰 편이고 해상경로가 비교적 긴 장거리 수송에 유리하다.

42 다음은 최근 운송산업의 변화에 관한 설명이다. ( )의 내용으로 옳은 것은?

- 철도운송은 철도르네상스를 통하여 시간적 제약을 극복하면서 도심으로의 접근성에 대한 우수한 경쟁력으로 (ㄱ)운송의 대체수단으로 떠오르고 있다.
- 운송수단의 대형화, 신속화 추세에 따라 (ㄴ) 간의 경쟁이 심화되면서 (ㄴ)의 수는 줄어들고 그 기능이 복합화 되어 가는 새로운 지역경제 협력시대를 열고 있다.
- 기후변화와 관련된 운송수단의 (ㄷ) 기술혁신은 조선업의 새로운 부흥시대를 열고 있다.
- 미국과 중국 간의 정치적 갈등은 글로벌공급망의 재편과 관련하여 최저 생산비보다 (ㄹ) 공급망을 중시하는 방향으로 협업적 관계를 강조하고 있다.

① ㄱ : 해상   ㄴ : 경로   ㄷ : 친환경   ㄹ : 효율적인
② ㄱ : 해상   ㄴ : 운송방식   ㄷ : 인공지능   ㄹ : 안정적인
③ ㄱ : 항공   ㄴ : 경로   ㄷ : 인공지능   ㄹ : 효율적인
④ ㄱ : 항공   ㄴ : 거점   ㄷ : 친환경   ㄹ : 안정적인
⑤ ㄱ : 공로   ㄴ : 거점   ㄷ : 인공지능   ㄹ : 효율적인

정답 41 ③ 42 ④

> 해설 최근 운송산업의 변화는 녹색물류 측면에서 공로운송을 대체하기 위해 철도운송이 강조되고 있으며, 물류 거점을 통합하는 리스크풀링(risk pooling)의 등장과 공급망관리(supply chain management)가 강조되고 있다.

43 운송서비스의 특징에 관한 설명으로 옳지 않은 것은?

① 운송이란 생산과 동시에 소비되는 즉시재이다.
② 운송공급은 비교적 계획적이고 체계적인 반면, 운송수요는 상대적으로 무계획적이고 비체계적이다.
③ 개별적 운송수요는 다양하므로 운송수요는 집합성을 가질 수 없다.
④ 운임의 비중이 클수록 운임상승은 상품수요를 감소시킴으로써 운송수요를 줄이게 되어 운송수요의 탄력성이 더욱 커지게 된다.
⑤ 운송수단 간 대체성이 높아 운송수요에 대한 탄력적 대응이 가능하다.

> 해설 개별적 운송수요는 다양하지만, 일정지역 내 영업 및 화물특성의 유사성이 있는 다수의 화주가 존재하는 경우에는 화주들 간의 이해관계에 따라 물류공동화가 발생하고 있다.

44 국내 화물운송의 합리화 방안에 관한 설명으로 옳지 않은 것은?

① 과학적 관리에 입각한 계획수송체계의 강화
② 운송수단의 대형화, 신속화, 표준화
③ 적재율 감소를 통한 물류합리화
④ 공동수배송 체계의 활성화
⑤ 운송업체의 대형화, 전문화

> 해설 국내 화물운송의 합리화 방안 중 하나로 유닛로드시스템(Unit Load System)을 구축하여 적재율을 높이는 정책이 주요하게 자리 잡고 있다.

정답 **43** ③ **44** ③

45 운송의 기능에 관한 설명으로 옳지 않은 것은?

① 보관과 배송을 연결하는 인적 조절기능이 있다.

② 한계생산비의 차이를 극복하는 장소적 조절기능이 있다.

③ 원재료 이동을 통한 생산비 절감기능이 있다.

④ 운송의 효율적 운용을 통한 물류비 절감기능이 있다.

⑤ 지역 간 경쟁력 있는 상품의 생산과 교환, 소비를 촉진시키는 기능이 있다.

해설 운송이란 거리적, 장소적 효용을 창출하는 물류의 근본 기능으로 거점 간 연결을 담당하는 물적인 기능을 담당하고 있다.

46 물류와 운송의 개념에 관한 설명으로 옳지 않은 것은?

① 미국 마케팅협회는 물류를 생산지에서 소비지에 이르는 상품의 이동과 취급에 관한 관리라고 정의하였다.

② 1976년 미국물류관리협회는 물류를 생산에서 소비에 이르는 여러 활동을 포함하되 수요예측이나 주문처리는 물류가 아닌 마케팅의 영역으로 구분하였다.

③ 오늘날 운송은 생산지와 소비지 간의 공간적 거리 극복뿐만 아니라 토탈 마케팅비용의 절감과 고객서비스 향상이라는 관점도 강조하고 있다.

④ 물류의 본원적 활동인 운송은 다양한 부가가치 활동이 추가되면서 오늘날의 물류로 발전되었다.

⑤ 운송은 재화를 효용가치가 낮은 장소로부터 높은 장소로 이전하는 활동을 포함한다.

해설 채찍효과로 인한 과잉재고 문제가 물류업계의 중요한 이슈가 되고 있으므로 시스템을 통한 수요예측과 주문처리는 오늘날 물류의 중요한 영역에 해당한다.

47 국내 화물운송의 특징으로 옳지 않은 것은?

① 공로운송은 운송거리가 단거리이기 때문에 전체 운송에서 차지하는 비중이 낮다.

② 화물운송의 출발/도착 관련 경로의 편중도가 높다.

③ 한국의 수출입 물동량 중 항만을 이용한 물동량이 가장 큰 비중을 차지하며 특정수출입 항만의 편중도가 높다.

④ 화물자동차운송사업은 영세업체가 많고 전문화, 대형화가 미흡하여 운송서비스의 질이 위협받고 있다.

⑤ 화주기업과 운송인과의 협업적 관계가 미흡하여 제3자 물류나 제4자 물류로 발전하기 위한 정부의 정책적 지원 확대가 필요하다.

정답 45 ① 46 ② 47 ①

국내 화물운송 비중에 있어서 육상운송인 공로운송(도로운송)은 90% 이상을 차지하고 있어 가장 큰 기능을 담당하고 있다.

48 물류활동 및 운송합리화를 위한 3S1L의 기본원칙으로 옳지 않은 것은?

① 저비용　　　　　　　　② 대체성
③ 안전성　　　　　　　　④ 정확성
⑤ 신속성

해설 소비자에게 필요한 물품을 필요한 장소에, 필요한 시기에, 적정한 가격으로 전달한다는 3S1L원칙은 신속하게(speedy), 확실하게(surely), 안전하게(safely), 저렴하게(low cost)로 정의한다.

49 화물자동차의 운행상 안전기준에 해당하는 것을 모두 고른 것은?

ㄱ. 적재중량 : 구조 및 성능에 따르는 적재중량의 110% 이내일 것
ㄴ. 길이 : 자동차 길이에 그 길이의 10분의 1을 더한 길이를 넘지 아니할 것
ㄷ. 승차인원 : 승차정원의 110% 이내일 것
ㄹ. 너비 : 자동차의 후사경(後寫鏡)으로 뒤쪽을 확인할 수 있는 범위(후사경의 높이보다 화물을 낮게 적재한 경우에는 그 화물을, 후사경의 높이보다 화물을 높게 적재한 경우에는 뒤쪽을 확인할 수 있는 범위를 말한다)의 너비를 넘지 아니할 것
ㅁ. 높이 : 지상으로부터 4.5미터를 넘지 아니할 것

① ㄱ, ㄴ, ㄷ　　　　　　② ㄱ, ㄴ, ㄹ
③ ㄴ, ㄷ, ㄹ　　　　　　④ ㄱ, ㄴ, ㄷ, ㄹ
⑤ ㄱ, ㄷ, ㄹ, ㅁ

해설 도로교통법 시행령 제22조(운행상의 안전기준)
ㄷ. 승차인원 : 자동차(화물자동차는 제외한다)의 승차인원은 승차정원의 110퍼센트 이내일 것
ㅁ. 높이 : 지상으로부터 4.0미터를 넘지 아니할 것

50 화물자동차 운송가맹사업의 허가기준에 관한 설명으로 옳지 않은 것은?

① 허가기준대수 : 400대 이상(운송가맹점이 소유하는 화물자동차 대수를 포함하되, 8개 이상의 시·도에 50대 이상 분포되어야 한다)

② 화물자동차의 종류 : 일반형·덤프형·밴형 및 특수용도형 화물자동차 등 화물자동차 운수사업법 시행규칙 제3조에 따른 화물자동차(화물자동차를 직접 소유하는 경우만 해당한다)

③ 사무실 및 영업소 : 영업에 필요한 면적

④ 최저보유차고 면적 : 화물자동차 1대당 그 화물자동차의 길이와 너비를 곱한 면적(화물자동차를 직접 소유하는 경우만 해당한다)

⑤ 그 밖의 운송시설 : 화물정보망을 갖출 것

[해설] 화물자동차운수사업법 시행규칙 제41조의7 별표 5 규정
화물자동차 운송가맹사업의 허가기준대수 : 50대 이상(운송가맹점이 소유하는 화물자동차 대수를 포함하되, 8개 이상의 시·도에 5대 이상 분포되어야 한다)

51 화물자동차의 구조에 의한 분류 중 합리화 특장차는?

① 믹서트럭　　　　　　　② 분립체 운송차
③ 액체 운송차　　　　　　④ 냉동차
⑤ 리프트게이트 부착차량

[해설] 화물자동차의 구조에 의한 종류는 모터트럭, 트레일러, 전용특장차, 합리화 특장차로 구분하며 믹서트럭, 분립체 운송차, 액체 운송차는 전용특장차에 해당한다.

52 다음에서 설명하는 화물자동차 운송정보시스템은?

출하되는 화물의 양(중량 및 부피)에 따라 적정한 크기의 차량선택과 1대의 차량에 몇 개의 배송처의 화물을 적재할 것인지를 계산해 내고, 화물의형상 및 중량에 따라 적재함의 어떤 부분에 화물을 적재해야 가장 효율적인 적재가 될 것인지를 시뮬레이션을 통하여 알려주는 시스템

① WMS(Warehouse Management System)
② Routing System
③ Tracking System
④ VMS(Vanning Management System)
⑤ CVO(Commercial Vehicle Operating System)

① WMS(Warehouse Management System) : 창고관리시스템
② 라우팅시스템(Routing System) : 화물자동차의 운행경로와 배송처를 최적으로 설정해 주는 정보시스템으로 루트배송 방식이라고 함.
③ 화물추적시스템(Tracking System) : 화물이 송화인의 문전에서 출발하여 수화인에게 도착할 때까지 언제, 어떤 단계를 거쳐 전달되었는지를 알려주는 정보시스템
⑤ 구차구화시스템(CVO) : 필요한 차량이나 운송할 화물을 정보시스템을 이용하여 찾는 시스템

53 자가용 화물자동차와 비교한 사업용 화물자동차의 장점으로 옳지 않은 것은?

① 자가용 화물차 이용 시보다 기동성이 높고, 보험료가 적다.
② 귀로 시 복화화물운송이 가능하여 운송비가 저렴하다.
③ 돌발적인 운송수요의 증가에 탄력적 대응이 가능하다.
④ 필요한 시점에 필요한 수량과 필요한 규격 및 종류의 차량 이용이 가능하다.
⑤ 운임이 저렴하고 서비스 수준이 높은 업체와 계약운송이 가능하다.

해설 자가용 화물자동차는 언제든지 필요한 경우에 사용할 수 있으므로 사업용(영업용) 화물자동차에 비해 기동성이 높다.

54 화물운임의 부과방법에 관한 설명으로 옳지 않은 것은?

① 종가운임 : 운송되는 화물의 가격에 따라 운임의 수준이 달라지는 형태의 운임
② 최저운임 : 일정한 수준 이하의 운송량을 적재하거나 일정 거리 이하의 단거리 운송 등으로 실운임이 일정수준 이하로 계산될 때 적용하는 최저 수준의 운임
③ 특별운임 : 운송거리, 서비스 수준, 운송량, 운송시간 등에 따라 운임 차이가 발생할 수 있음에도 불구하고 동일한 요율을 적용하는 형태의 운임
④ 품목별운임 : 운송하는 품목에 따라 요율을 달리하는 운임
⑤ 반송운임 : 목적지에 도착한 후 인수거부, 인계불능 등에 의하여 반송조치하고 받는 운임

해설 특별운임(Special rate) : 수송조건과는 별개로 해운동맹 측이 비동맹선과 적취 경쟁을 하게 될 경우 일정 조건 하에서 정상요율보다 인하한 특별요율을 적용하는 운임을 말한다.

정답 53 ① 54 ③

118

55 일반 화물자동차의 화물 적재공간에 박스형 덮개를 고정적으로 설치한 차량은?

① 밴형 화물자동차   ② 덤프트럭

③ 포크리프트   ④ 평바디 트럭

⑤ 리치스테커(Reach Stacker)

> 해설 밴형 화물자동차는 일반 화물자동차의 화물적재실을 박스형으로 덮개를 고정·설치한 화물자동차로 화물적재함 내부구조를 화물특성에 맞게 다양하게 장치가 가능하다.

56 다음에서 설명하고 있는 운송방식은?

- 배송에 관한 사항을 시간대별로 계획하고 표로 작성하여 운행
- 배송처 및 배송물량의 변화가 심할 때 방문하는 배송처, 방문순서, 방문시간 등을 매일 새롭게 설정하여 배송하는 운송방식

① 루트(Route) 배송   ② 밀크런(Milk Run) 배송

③ 적합 배송   ④ 단일 배송

⑤ 변동다이어그램 배송

> 해설 변동다이어그램 배송시스템은 계획시점에서의 물동량, 가용차량의 수, 도로사정 등의 정보를 감안하여 컴퓨터로 가장 경제적인 배송경로를 도출해서 적재 및 운송지시를 내리는 방식을 채용하는 시스템으로 VSP, SWEEP, TSP법 등이 있다.

57 다음과 같은 화물자동차 운송과 철도운송 조건에서 두 운송수단 간 경제적 효용거리 분기점은?

- 철도 운송비 : 40원/ton·km
- 화물자동차 운송비 : 80원/ton·km
- 철도 부대비용(철도발착비, 하역비 등) : 10,000원/ton

① 200km   ② 230km

③ 250km   ④ 270km

⑤ 320km

> 해설 채트반 공식에 의하면,
> $$경제효용거리 = \frac{10,000}{80-40} = 250km$$

58 컨테이너 전용 철도 무개화차의 종류에 해당하지 않는 것은?

① 오픈 톱 카(Open Top Car)
② 플랫카(Flat Car)
③ 컨테이너카(Container Car)
④ 더블스텍카(Double Stack Car)
⑤ 탱크화차(Tank Car)

[해설] 컨테이너 전용 철도 무개화차란 컨테이너만을 운송하는데 활용되는 화차로 천장 및 덮개부분이 없는 것을 의미한다. 탱크화차는 컨테이너 운송이 아닌 유류, 화학물질 등을 운송하는 데 이용되는 화차에 해당한다.

59 철도화물 운임 및 요금에 관한 설명으로 옳지 않은 것은?

① 화물운임의 할인종류에는 왕복수송 할인, 탄력할인, 사유화차 할인 등이 있다.
② 컨테이너의 크기, 적컨테이너, 공컨테이너 등에 따라 1km당 운임률은 달라진다.
③ 화차 1량에 대한 최저기본운임은 사용화차의 화차표기하중톤수의 200km에 해당하는 운임이다.
④ 일반화물의 기본운임은 1건마다 중량, 거리, 임률을 곱하여 계산한다. 이 경우 1건 기본운임이 최저기본운임에 미달할 경우에는 최저기본운임을 기본운임으로 한다.
⑤ 화물운임의 할증대상에는 귀중품, 위험물, 특대화물 등이 있다.

[해설] 화차 1량에 대한 최저운임은 사용화차의 화차표기하중톤수의 100km에 해당하는 운임을 기본으로 한다. 예컨대 화차 1량을 60km 운송하더라도 최저운임은 100km를 적용한다.

60 철도운송 서비스 형태에 관한 설명으로 옳지 않은 것은?

① Shuttle Train : 철도역 또는 터미널에서 화차조성비용을 줄이기 위해 화차의 수와 타입이 고정되며 출발지 → 목적지 → 출발지를 연결하는 루프형 서비스를 제공하는 열차형태
② Block Train : 스위칭야드(Switching Yard)를 이용하지 않고 철도화물역 또는 터미널 간을 직행 운행하는 전용열차의 한 형태로 화차의 수와 타입이 고정되어 있음
③ Y-Shuttle Train : 한 개의 중간터미널을 거치는 것을 제외하고는 Shuttle Train과 같은 형태의 서비스를 제공하는 방식임
④ Single-Wagon Train : 복수의 중간역 또는 터미널을 거치면서 운행하는 방식으로 목적지까지 열차운행을 위한 충분한 물량이 확보된 경우에만 운행
⑤ Liner Train : 장거리구간에서 여러 개의 소규모터미널이 존재하는 경우 마치 여객열차와 같이 각 기차터미널에서 화차를 Pick up & Deliver하는 서비스 형태

[해설] 블록 트레인(Block Train) : 스위칭 야드(중간역)를 거치지 않고 출발역에서 도착역까지 직송서비스를 제공하며, 화차의 수와 형태가 고정되어 있지 않다.

정답 **58** ⑤ **59** ③ **60** ②

61 해상운송의 기능 및 특성에 관한 설명으로 옳지 않은 것은?

① 해상운송은 떠다니는 영토로 불릴만큼 높은 국제성을 지니므로 제2편의치적과 같은 전략적 지원이 강조된다.

② 장거리, 대량운송에 따른 낮은 운임부담력으로 인해 국제물류의 중심 역할을 담당한다.

③ 직간접적인 관련 산업 발전 및 지역경제 활성화와 국제수지 개선에도 기여한다.

④ 해상운송은 물품의 파손, 분실, 사고발생의 위험이 적고, 타 운송수단에 비해 안전성이 높다.

⑤ 선박대형화에 따라 기존 운하경로의 제약이 있지만 북극항로와 같은 새로운 대체경로의 개발도 활발하다.

> **해설** 해상운송은 타 운송수단과 비교해 물품의 파손, 분실, 사고발생의 위험이 많고, 위험성이 높은 편으로 보험료가 상대적으로 높다.

62 해상운임 중 Berth Term(Liner Term)에 관한 설명으로 옳은 것은?

① 선사(선주)가 선적항 선측에서 양하항 선측까지 발생하는 제반 비용과 위험을 모두 부담한다.

② 화물을 선측에서 선내까지 싣는 과정의 비용 및 위험부담은 화주의 책임이며, 양하항에 도착 후 본선에서 부두로 양하할 때의 비용과 위험은 선사가 부담한다.

③ 화물을 본선으로부터 양하하는 위험부담은 화주의 책임이며, 반대로 선사는 적하비용을 부담한다.

④ 화물의 본선 적하 및 양하와 관련된 모든 비용과 위험부담은 화주가 지며, 선사는 아무런 책임을 지지 않는다.

⑤ 품목에 관계없이 동일하게 적용되는 운임을 말한다.

> **해설** Berth term은 정기선 운항에서 적용하는 하역비 부담조건으로, 운송인이 화물 적재항의 선측으로부터 양하항의 선측 간 발생하는 제반 비용과 위험부담을 책임지는 하역조건을 뜻한다.
> ⑤는 품목별 무차별운임(FAK)을 의미한다.

63 해운동맹에 관한 설명으로 옳은 것은?

① 두 개 이상의 정기선 운항업자가 경쟁을 활성화하기 위해 운임, 적취량, 배선 등의 조건에 합의한 국제카르텔을 말한다.

② 미국을 포함한 대부분의 국가는 해상운송의 안전성을 위해 해운동맹을 적극적으로 받아들이고 있으며, 가입과 탈퇴에 따른 개방동맹과 폐쇄동맹에 대한 차이는 없다.

③ 해운동맹은 정기선의 운임을 높게 유지함으로써 동맹탈퇴의 잠재이익이 크게 작용하고 있어 동맹유지가 어렵고 이탈이 심한 편이다.

④ 맹외선과의 대응전략으로 동맹사들은 경쟁억압선의 투입이나 이중운임제, 연체료와 같은 할인할증제 등을 운영한다.

⑤ 동맹회원 간에는 일반적으로 운임표가 의무적으로 부과되지만 특정화물에 대해서는 자유로운 open rate이 가능하다.

> **해설** ① 해운동맹은 정기선 운항에 있어서의 국제적인 카르텔로, 동일한 항로에 배선하고 있는 2개 이상의 정기선들이 상호 간의 불필요한 경쟁을 규제하여 이익을 도모한다.
> ② 해운동맹은 가입과 탈퇴의 자유에 따라 개방동맹과 폐쇄동맹으로 구분되는데, 미국은 독점금지적인 해상운송법을 운용함에 있어, 가입을 희망하는 선사는 모두 함께 가입이 가능한 개방동맹 형태를 받아들이고 있다.
> ③ 해운동맹은 대내적으로 동맹원 간 경쟁, 낭비를 조절하고 배선의 합리화를 통해 수송원가 절감이 가능하고 신규 진입장벽 등으로 기업 운영의 안정성이 있어 동맹탈퇴 등은 심하지 않다.
> ④ 동맹에 가입하지 않고 해당 항로에 배선하고 있는 맹외선(비가맹선주)에 대항하기 위해 경쟁대항선 투입, 이중운임제, 운임환급제 등을 실시하며, 연체료는 해당하지 않는다.

64 부정기선 용선계약의 특징에 관한 설명으로 옳지 않은 것은?

① 항해용선(Voyage Charter)계약은 선주가 선장을 임명하고 지휘·감독한다.

② 항해용선계약의 특성상 용선자는 본선운항에 따른 모든 책임과 비용을 부담하여야 한다.

③ 정기용선(Time Charter)계약은 선주가 선장을 임명하고 지휘·감독한다.

④ 정기용선계약에서 용선자는 영업상 사정으로 본선이 운항하지 못한 경우에도 용선료를 지급하여야 한다.

⑤ 정기용선계약에서 용선료는 원칙적으로 기간에 따라 결정된다.

> **해설** 항해용선계약(voyage charter)은 한 항구에서 다른 항구까지의 항해(왕복항해 아님)에 한해서 체결되는 운송계약으로, 선주가 모든 장비와 선원을 갖춘 선박을 대여하고 운항에 필요한 모든 비용을 부담한다.

65 수입화물의 항공운송 취급 절차를 순서대로 옳게 나열한 것은?

ㄱ. 전문접수 및 항공기 도착　　ㄴ. 창고분류 및 배정
ㄷ. 서류 분류 및 검토　　　　　ㄹ. 도착 통지
ㅁ. 보세운송　　　　　　　　　ㅂ. 화물분류 작업
ㅅ. 운송장 인도

① ㄱ - ㄷ - ㄴ - ㅂ - ㄹ - ㅅ - ㅁ
② ㄱ - ㄷ - ㅅ - ㄹ - ㅁ - ㅂ - ㄴ
③ ㄱ - ㄹ - ㄴ - ㄷ - ㅁ - ㅂ - ㅅ
④ ㄹ - ㄱ - ㄷ - ㄴ - ㅂ - ㅁ - ㅅ
⑤ ㄹ - ㄴ - ㄷ - ㄱ - ㅂ - ㅅ - ㅁ

해설 전문접수 및 항공기 도착 → 서류 분류 및 검토 → 창고분류 및 배정 → 화물분류 작업 → 도착 통지 (Arrival Notice) → 운송장 인도 → 보세운송

66 항공운송의 운임에 관한 설명으로 옳지 않은 것은?

① 일반화물요율(GCR : General Cargo Rate)은 모든 항공화물 요금산정 시 기본이 된다.
② 일반화물요율의 최저운임은 "M"으로 표시한다.
③ 특정품목할인요율(SCR : Specific Commodity Rate)은 특정 대형화물에 대하여 운송 구간 및 최저중량을 지정하여 적용되는 할인운임이다.
④ 품목별분류요율(CCR : Commodity Classification Rate)은 특정 품목에 대하여 적용하는 할인 또는 할증운임률이다.
⑤ 일반화물요율은 특정품목할인요율이나 품목별분류요율보다 우선하여 적용된다.

해설 일반화물요율(GCR)은 품목분류요율과 특정품목할인요율의 적용을 받지 않는 모든 항공화물운송에 적용된다.

67 운송주선인(Freight Forwarder)의 역할에 관한 설명으로 옳지 않은 것은?

① 운송계약의 주체가 되어 자신의 명의로 운송서류를 발행한다.

② 화물포장 및 보관 업무를 수행한다.

③ 수출화물을 본선에 인도하고 수입화물은 본선으로부터 인수한다.

④ 화물인도지시서(D/O)를 작성하여 선사에게 제출한다.

⑤ 화물의 집화, 분배, 통관업무 등을 수행한다.

> [해설] 화물인도지시서(Delivery Order ; D/O)는 화물도착통지(Arrival Notice)를 받은 수화인이 선화증권(B/L) 또는 보증장(L/G)을 제시하고 선사 등이 이를 대조 후에 본선이나 터미널에 화물인도를 지시하는 서류로 운송주선인의 역할과는 관련이 없다.

68 수요지와 공급지 사이의 수송표가 아래와 같을 때 보겔추정법(Vogel's Approximation Method)을 적용하여 산출된 총 운송비용과 공급지 B에서 수요지 X까지의 운송량은? (단, 공급지에서 수요지까지의 톤당 운송비는 각 셀의 우측 하단에 표시되어 있음)

(단위 : 천원)

공급지 \ 수요지	X	Y	Z	공급량 (톤)
A	10	12	16	200
B	5	8	20	400
C	14	11	7	200
수요량(톤)	500	200	100	800

① 6,000,000원, 300톤 ② 6,000,000원, 400톤

③ 6,100,000원, 200톤 ④ 6,100,000원, 300톤

⑤ 6,200,000원, 400톤

> [해설] 모든 행렬의 기회비용을 구하여 가장 기회비용이 큰 구간부터 할당이 이루어진다.
> 할당순서는 CZ → BX → AX → 나머지 AY, CY 순으로 이루어진다.
> **총비용** : 7,000×100 + 5,000 × 400 + 10,000 × 100 + (12,000 + 11,000) × 100 = 6,000,000원
> BX : 공급량은 400톤이고 수요량은 500톤이므로 400톤만큼 할당이 가능하다.

69 다수의 수요지와 공급지를 지닌 수송문제에서 수송표를 작성하여 수송계획을 세우고자 한다. 수송계획법에 관한 설명으로 옳은 것을 모두 고른 것은?

ㄱ. 북서코너법(North-West Corner Method)은 수송표 좌측상단부터 우측하단방향으로 차례대로 수요량과 공급량을 고려하여 수송량을 할당해 나가는 방법이다.
ㄴ. 보겔추정법(Vogel's Approximation Method)은 최선의 수송경로를 선택하지 못했을 때 추가 발생되는 기회비용을 고려한 방법이다.
ㄷ. 최소비용법(Least-Cost Method)은 단위당 수송비용이 가장 낮은 칸에 우선적으로 할당하는 방법이다.
ㄹ. 북서코너법은 신속하게 최초실행가능 기저해를 구할 수 있다는 장점이 있으나 수송비용을 고려하지 못한다는 단점을 가지고 있다.

① ㄱ, ㄹ
② ㄱ, ㄴ, ㄷ
③ ㄱ, ㄷ, ㄹ
④ ㄴ, ㄷ, ㄹ
⑤ ㄱ, ㄴ, ㄷ, ㄹ

[해설] 수·배송의 해법과 관련된 문제로 북서코너법, 보겔의 추정법, 최소비용법에 대한 개념과 특징을 설명하고 있다. 이중 북서코너법은 위치만을 고려하여 최초 실행가능 기저해를 구하는 가장 단순한 기법이므로, 수송비용을 고려하지 않아 총수송 비용이 많게 될 수 있는 단점이 지적된다.

70 운송주선인(Freight Forwarder)의 혼재운송에 관한 설명으로 옳지 않은 것은?
① 혼재운송은 소량 컨테이너화물을 컨테이너단위 화물로 만들어 운송하는 것을 말한다.
② 혼재운송은 소량화물의 선적용이, 비용절감, 물량의 단위화로 취급상 용이하다.
③ Forwarder's consolidation은 단일 송화인의 화물을 다수의 수화인에게 운송하는 형태이다.
④ Buyer's consolidation은 다수의 송화인의 화물을 혼재하여 단일 수화인에게 운송하는 형태이다.
⑤ 혼재운송에서 운송주선인은 선박회사가 제공하지 않는 문전운송 서비스를 제공한다.

[해설] Forwarder's consolidation은 포워더가 다수의 송화인(수출업자)으로부터 화물을 집하 혼재하여 화물 수입국의 파트너 포워더를 통해 다수의 수입업자에게 수송하는 형태를 뜻한다.

71 수송모형에 관한 설명으로 옳지 않은 것은?

① 회귀모형 : 화물의 수송량에 영향을 주는 다양한 변수 간의 상관관계에 대한 회귀식을 도출하여 장래 화물량을 예측하는 모형이다.

② 중력모형 : 지역 간의 운송량이 경제규모에 비례하고 거리에 반비례한다는 가정에 의한 화물분포모형으로 단일제약모형, 이중제약모형 등이 있다.

③ 통행교차모형 : 교통량을 교통수단과 교통망에 따라 시간, 비용 등을 고려하여 효율적으로 배분하는 화물분포모형으로 로짓모형, 카테고리 분석모형 등이 있다.

④ 성장인자모형 : 물동량 배분패턴이 장래에도 일정하게 유지된다는 가정 하에 지역 간의 물동량을 예측하는 화물분포모형이다.

⑤ 엔트로피 극대화모형 : 제약조건 하에서 지역 간 물동량의 공간적 분산 정도가 극대화 된다는 가정에 기초한 화물분포모형이다.

> **해설** 통행교차모형은 수송분담단계에서 활용하는 모형으로 조사된 물동량 O/D에 의해 교통량을 수단과 교통망에 따라 시간, 비용 등을 고려하여 효율적으로 배분하는 모형이다. 전환곡선법, 로짓모형, 프로빗모형 등이 있다. 한편 카테고리 분석모형은 수송수요의 분석모형 중 화물발생단계에서 장래 화물의 발생량과 도착량을 산정할 경우 활용된다.

72 허브 앤 스포크(Hub & Spoke) 시스템에 관한 설명으로 옳지 않은 것은?

① 셔틀노선의 증편이 용이하여 영업소 확대에 유리하다.

② 집배센터에 배달물량이 집중될 경우 충분한 상하차 여건을 갖추지 않으면 배송지연이 발생할 수 있다.

③ 모든 노선이 허브를 중심으로 구축된다.

④ 대규모 분류능력을 갖춘 허브터미널이 필요하다.

⑤ 운송노선이 단순한 편이어서 효율성이 높아진다.

> **해설** 허브 앤 스포크 시스템은 단거리 운송인 셔틀(shuttle)노선이 원칙적으로 없다.

정답 **71** ③ **72** ①

73 다음 수송문제의 모형에서 공급지 1, 2, 3의 공급량은 각각 250, 300, 150이고, 수요지 1, 2, 3, 4의 수요량은 각각 120, 200, 300, 80이다. 공급지에서 수요지 간의 1단위 수송비용이 그림과 같을 때 제약 조건식으로 옳지 않은 것은? (단, X_{ij}에서 X는 물량, i는 공급지, j는 수요지를 나타냄)

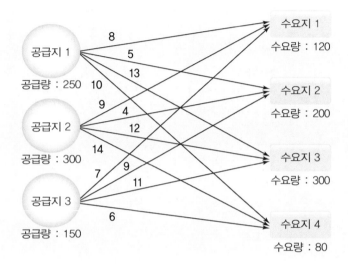

① $X_{11} + X_{21} + X_{31} = 120$

② $X_{13} + X_{23} + X_{33} = 300$

③ $X_{14} + X_{24} + X_{34} = 200$

④ $X_{11} + X_{12} + X_{13} + X_{14} = 250$

⑤ $X_{31} + X_{32} + X_{33} + X_{34} = 150$

해설 $X_{14} + X_{24} + X_{34} = 80$

74 출발지에서 도착지까지 파이프라인을 통해 가스를 보낼 경우 보낼 수 있는 최대 가스량(톤)은? (단, 구간별 숫자는 파이프라인의 용량(톤)이며, 링크의 화살표 방향으로만 가스를 보낼 수 있음)

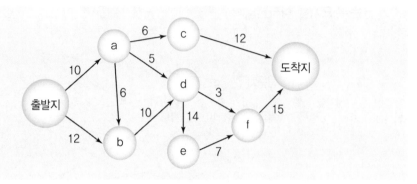

① 12

② 13

③ 15

④ 16

⑤ 18

해설 최대수송량계획 문제로,
- 출발지→a→c→도착지 : 6
- 출발지→a→d→f→도착지 : 3
- 출발지→a→d→e→f→도착지 : 1
- 출발지→b→d→e→f→도착지 : 6
∴ 최대 가스수송량 = 6 + 3 + 1 + 6 = 16톤

75 수배송 계획에서 활용되는 세이빙(Saving)기법에 관한 설명으로 옳지 않은 것은?

① 모든 방문처를 경유해야 하는 차량수를 최소로 하면서 동시에 차량의 총 수송거리를 최소화하는데 유용하다.

② 단축된 거리가 큰 순위부터 차량 운행경로를 편성한다.

③ 경로 편성 시 차량의 적재용량 등의 제약사항을 고려한다.

④ 배차되는 각 트럭의 용량의 합은 총수요 이상이고 특정 고객의 수요보다는 작아야 한다.

⑤ 배송센터에서 두 수요지까지의 거리를 각각 a, b라 하고 두 수요지 간의 거리를 c라고 할 때 단축 가능한 거리는 (a + b − c)가 된다.

해설 세이빙기법을 적용하기 위해서는 배차되는 각 트럭의 용량의 합은 총수요 이상이어야 하고 특정 고객의 수요보다는 커야 한다.

76 **택배 영업장에 관한 설명으로 옳은 것은?**

① 터미널은 회사가 점포를 개설하여 직접 운영하는 영업장을 말한다.

② 특약점은 일정한 지역의 영업거점으로 집배차량 통제 및 집배구역을 관리하고 주로 집배·배송업무를 수행하는 영업장을 말한다.

③ 대리점은 수탁자가 점포, 차량을 준비하여 화물집화만을 수행하는 영업장을 말한다.

④ 취급점은 화물의 분류, 차량의 간선운행 기능을 갖는 영업장을 말한다.

⑤ 위탁 영업소는 회사가 점포와 집배·배송 차량을 제공하고 수탁자가 이를 운영하는 영업장을 말한다.

> [해설] ① 터미널은 영업소 및 집배센터에 집화된 화물을 배달지역으로 분류하고 중계하기 위하여 대단위 조직으로 화물의 분류, 차량의 간선운행 기능을 갖는 영업장을 말한다.
> ② 일정한 지역의 영업거점으로 집배차량 통제 및 집배구역을 관리하고 주로 집배·배송업무를 수행하는 영업장은 배송센터에 해당한다.
> ③ 영업소는 수탁자(회사)가 점포를 개설하여 직접 운영하는 영업장으로 일선에서 화물을 직접 집화하고 배달하는 기능을 담당한다.
> ④ 취급점은 택배사를 대신하여 슈퍼마켓, 편의점 등이 개인들이 의뢰하는 화물들을 접수해주는 일종의 화물접수창구로, 수하물을 수탁하고 일정한 수수료를 받는 영업장을 말한다.

77 **수배송 합리화를 위한 계획 수립 시 고려사항으로 옳지 않은 것은?**

① 최단 운송루트를 개발하고 최적 운송수단을 선택한다.

② 운송수단의 적재율 향상을 위한 방안을 마련한다.

③ 운송의 효율성을 높이기 위해 관련 정보시스템을 활용한다.

④ 배송경로는 상호 교차되도록 하여 운송루트에 다양성을 확보한다.

⑤ 운송수단의 회전율을 높일 수 있도록 계획한다.

> [해설] 수·배송 합리화를 위해 경로 계획 시 배송경로는 상호 교차되지 않도록 하여 운송루트에 다양성을 확보할 수 있도록 설계한다.

78 택배표준약관(공정거래위원회 표준약관 제10026호)에 따른 용어의 정의로 옳지 않은 것은?

① '택배'라 함은 고객의 요청에 따라 운송물을 고객(송화인)의 주택, 사무실 또는 기타의 장소에서 수탁하여 고객(수화인)의 주택, 사무실 또는 기타의 장소까지 운송하여 인도하는 것을 말한다.

② '택배사업자'라 함은 택배를 영업으로 하며, 상호가 운송장에 기재된 운송사업자를 말한다.

③ '인도'라 함은 사업자가 고객(수화인)에게 운송장에 기재된 운송물을 넘겨주는 것을 말한다.

④ '운송장'이라 함은 사업자와 고객(송화인) 간의 택배계약의 성립과 내용을 증명하기 위하여 사업자의 청구에 의하여 고객(송화인)이 발행한 문서를 말한다.

⑤ '수탁'이라 함은 사업자가 택배를 수행하기 위하여 고객(수화인)으로부터 운송물을 수령하는 것을 말한다.

> [해설] '수탁'이라 함은 사업자가 택배를 위하여 고객(송화인)으로부터 운송물을 수령하는 것을 말한다(택배표준약관 제2조).

79 택배표준약관(공정거래위원회 표준약관 제10026호)에서 사업자가 고객(송화인)과 계약을 체결하는 때에 운송장에 기재하는 내용으로 옳은 것을 모두 고른 것은?

> ㄱ. 손해배상한도액
> ㄴ. 운송물의 종류(품명), 수량 및 가액
> ㄷ. 운임 기타 운송에 관한 비용 및 지급방법
> ㄹ. 운송물의 중량 및 용적 구분
> ㅁ. 운송상의 특별한 주의사항(훼손, 변질, 부패 등 운송물의 특성구분과 기타 필요한 사항을 기재함)
> ㅂ. 운송장의 작성연월일

① ㄱ, ㄴ, ㄷ   ② ㄱ, ㄷ, ㄹ
③ ㄱ, ㄹ, ㅂ   ④ ㄴ, ㄷ, ㄹ
⑤ ㄴ, ㅁ, ㅂ

> [해설] **계약 체결 시 사업자의 운송장 기재사항**(택배표준약관 제7조)
> 1. 사업자의 상호, 대표자명, 주소 및 전화번호, 담당자(집화자) 이름, 운송장번호
> 2. 운송물을 수탁한 해당 사업소(사업자의 본·지점 등)의 상호, 주소 및 전화번호
> 3. 운송물의 중량 및 용적 구분
> 4. 운임 기타 운송에 관한 비용 및 지급방법
> 5. 손해배상한도액
> 6. 문의처 전화번호
> 7. 운송물의 인도예정 장소 및 인도예정일
> 8. 기타 운송에 관하여 필요한 사항

정답 **78** ⑤ **79** ②

80 다음 설명에 해당하는 택배물류의 형태는?

- 구매한 제품의 A/S를 위한 화물, 구매취소 등의 반품이 주를 이룸
- 판매자의 폐기물 회수
- 전자상거래 증가에 따라 지속적으로 증가할 것으로 예상함

① C2G 택배　　　　　　　　　　② B2C 택배
③ B2G 택배　　　　　　　　　　④ C2B 택배
⑤ C2C 택배

해설 C2B 택배란 B2C택배의 역순으로 화물이 흘러가는 형태의 택배로, B2C 택배의 결과로 발생한다. 즉, 개인들이 구매했던 상품을 반품하거나 A/S를 위하여 판매했던 기업으로 되돌려 보내는 형태의 택배를 말한다.

정답 **80** ④

제**3**과목 국제물류론(81~120)

81 국제물류의 기능에 관한 설명으로 옳지 않은 것은?

① 정보의 비대칭성을 강화하여 생산자의 경쟁력을 제고하는 기능을 한다.

② 생산자와 소비자의 수급 불일치를 해소하는 기능을 한다.

③ 생산물품과 소비물품의 품질을 동일하게 유지하는 기능을 한다.

④ 재화의 생산시점과 소비시점의 불일치를 조정하는 기능을 한다.

⑤ 생산지와 소비지의 장소적, 거리적 격차를 단축시키는 기능을 한다.

> **해설** ① 정보의 비대칭성을 감소시켜 생산자의 경쟁력을 제고하는 기능을 한다. 생산자와 소비자 간 정보의 비대칭성, 즉 거래자 간 정보에 차이가 심할 때 수급상황, 품질, 시점 차이 등으로 인해 생산자가 경쟁력을 갖기 힘들어지고, 소비자 역시 합리적인 소비를 하는 것이 힘들어지게 된다.

82 국제물류의 동향에 관한 설명으로 옳지 않은 것은?

① 운송거점으로서의 허브항만이 지역경제 협력의 거점으로 다각화되고 있다.

② 전자상거래의 발전으로 온라인 정보망과 오프라인 물류망간 동조화가 강화되고 있다.

③ 재화의 소비 이후 재사용 및 폐기까지 환경유해요소를 최소화하는 환경물류의 중요성이 증대되고 있다.

④ 국제물류의 기능변화에 따라 공급사슬 전체를 관리하는 제3자 물류(3PL)업체들의 역할이 강화되고 있다.

⑤ 국제물류기업은 항만이나 공항의 공용터미널을 지속적으로 활용하여 체선·체화를 감소시키고 있다.

> **해설** ⑤ 국제물류기업은 항만이나 공항의 전용터미널을 지속적으로 활용하여 체선·체화를 감소시키고 있다. 공용터미널 등 공용시설을 사용함으로써 화물이 처리되는 시간이 지체됨에 따라 어떤 기업들은 전용터미널을 사용하여 처리시간을 줄이고자 노력하고 있다.

정답 **81** ① **82** ⑤

83 국제민간항공기구(ICAO)에 관한 설명으로 옳지 않은 것은?

① 1944년에 결의된 Chicago Conference를 기초로 하고 있다.

② 회원국의 항공사 대표들이 참석하는 국제연합(UN) 산하의 전문기관이다.

③ 국제항공법회의에서 초안한 국제항공법을 의결한다.

④ 국제민간항공의 안전 확보와 항공 시설 및 기술발전 등을 목적으로 하고 있다.

⑤ 항공기 사고 조사 및 방지, 국제항공운송의 간편화 등의 업무를 하고 있다.

> [해설] ② 정부 대표들이 참석하는 국제연합(UN) 산하의 전문기관이다. ICAO는 정부 차원의 국제기구이지 항공사 차원의 국제기구가 아니다.

84 항공화물운송의 특성에 관한 설명으로 옳지 않은 것은?

① 대부분 야간에 운송이 집중된다.

② 신속성을 바탕으로 정시 서비스가 가능하다.

③ 여객에 비해 계절에 따른 운송수요의 탄력성이 크다.

④ 화물추적, 특수화물의 안정성, 보험이나 클레임에 대한 서비스가 우수하다.

⑤ 적하를 위하여 숙련된 지상작업이 필요하다.

> [해설] ③ 항공화물은 여객에 비해 계절에 따른 운송수요의 탄력성이 작다. 여객은 계절, 특히 휴가철, 연말 등 성수기와 비수기 차이가 큰 반면, 항공화물은 그 차이가 여객처럼 크지 않다.

85 항공운송관련 국제협정을 통합하기 위해 1999년 ICAO 국제항공법회의에서 채택되어 2003년에 발효된 국제조약은?

① Hague Protocol　　　　② Guadalajara Convention

③ Guatemala Protocol　　④ Montreal Convention

⑤ Montreal Agreement

> [해설] ④ 몬트리올 협약(Montreal Convention) : 바르샤바 조약, 헤이그 의정서, 과달라하라 협약, 과테말라 의정서, 몬트리올 추가 의정서 등 관련 협약을 통틀어 바르샤바 체제라고 하는데, 이들을 현대화, 통합화하기 위해 ICAO(이카오, 국제민간항공기구)가 1999년 몬트리올에서 채택하고 2003년 발효된 협약이다.

정답　83 ② 　84 ③ 　85 ④

86 국제복합운송인에 관한 설명이다. (   )에 들어갈 용어를 올바르게 나열한 것은?

- (ㄱ)는 자신이 직접 운송수단을 보유하고 복합운송인으로서 역할을 수행하는 운송인
- (ㄴ)는 해상운송에서 선박을 직접 소유하지 않으면서 해상운송인에 대하여 화주의 입장, 화주에게는 운송인의 입장에서 운송을 수행하는 자

① ㄱ : Actual carrier, ㄴ : NVOCC

② ㄱ : Contracting carrier, ㄴ : NVOCC

③ ㄱ : NVOCC, ㄴ : Ocean freight forwarder

④ ㄱ : Actual carrier, ㄴ : VOCC

⑤ ㄱ : Contracting carrier, ㄴ : VOCC

> [해설] ㄱ. 실제운송인(Actual carrier) : 자신이 직접 운송수단(선박, 트럭, 항공기 등)을 보유하면서 복합운송인의 역할을 수행하는 운송인을 말한다.
> ㄴ. 무선박운송인(NVOCC, Non-Vessel Operating Common Carrier) : 계약운송인형 복합운송인으로 해상운송에 있어서 자기 스스로 선박을 직접 운항하지 않으면서 해상운송인에 대해서는 화주의 입장이 되는 것이라고 미국 해운법에 정의

87 항공화물운송에서 단위탑재용기 요금(BUC)의 사용제한품목이 아닌 것은?

① 유해   ② 귀중화물

③ 위험물품   ④ 중량화물

⑤ 살아있는 동물

> [해설] • 단위적재용기 요금(BUC, Bulk Unitization Charge) : 항공사가 송하인이나 대리점에게 컨테이너나 파렛트 단위로 스페이스 판매시 적용되는 요금
> • BUC 적용불가품목 : 위험물규정집(D.G.R)의 제한품목, 생동물, 귀중화물, 유해

정답 **86** ① **87** ④

88 복합운송인의 책임 및 책임체계에 관한 설명으로 옳지 않은 것은?

① 단일책임체계(uniform liability system)는 복합운송인이 운송물의 손해에 대하여 사고발생 구간에 관계없이 동일한 기준으로 책임을 지는 체계이다.

② 무과실책임(liability without negligence)은 복합운송인의 과실여부와 면책사유를 불문하고 운송기간에 발생한 모든 손해의 결과를 책임지는 원칙이다.

③ 이종책임체계(network liability system)는 손해발생구간이 확인된 경우 해당 구간의 국내법 및 국제조약이 적용되는 체계이다.

④ 과실책임(liability for negligence)은 복합운송인이 선량한 관리자로서 적절한 주의의무를 다하지 못한 손해에 대하여 책임을 지는 원칙이다.

⑤ 절충식책임체계(modified uniform liability system)는 단일책임체계와 이종책임체계를 절충하는 방식으로 UN국제복합운송조약이 채택한 책임체계이다.

해설 ② 무과실책임(liability without negligence)은 복합운송인의 과실여부와 면책사유를 불문하고 모든 손해 결과를 책임지는 것은 아니고 불가항력처럼 면책사유로 인정되는 사항도 있다.

※ **무과실책임(Liability without negligence)** : 고의로 한 과실이 없어도 사고에 대한 책임을 지는 원칙. 운송인이 막대한 이윤을 취하는 반면, 그로 인하여 피해자가 있어도 과실책임주의로는 그 손해배상을 청구할 수 없는 사회적 불공평이 생기게 됨에 따라 무과실책임이 생겨났으며 불가항력 등 일부는 면책사유로 인정됨.

89 다음에서 설명하는 복합운송경로는?

극동에서 선적된 화물을 파나마 운하를 경유하여 북미 동안 또는 US걸프만 항구까지 해상운송을 한 후 내륙지역까지 철도나 트럭으로 운송하는 복합운송방식

① Micro Land Bridge
② Overland Common Point
③ Mini Land Bridge
④ Canada Land Bridge
⑤ Reverse Interior Point Intermodal

해설 • Reverse MLB(Reversed micro land bridge)로도 불림.
• PI서비스에 대응하여 개발된 루트로서 극동에서 파나마 운하를 경유하여 미국 동부 해안으로 해상운송 후, 철도나 트럭으로 내륙지역으로 육상운송하는 방식

정답 **88** ② **89** ⑤

90 국제복합운송에 관한 설명으로 옳지 않은 것은?

① 컨테이너의 등장으로 인해 비약적으로 발전하였다.

② 단일 운송계약과 단일 책임주체라는 특징을 가지고 있다.

③ 두 가지 이상의 상이한 운송수단이 결합하여 운송되는 것을 말한다.

④ UN국제복합운송조약은 복합운송증권의 발행 여부를 송화인의 선택에 따르도록 하고 있다.

⑤ 복합운송증권의 발행방식은 유통식과 비유통식 중에서 선택할 수 있다.

> **[해설]** ④ UN국제복합운송조약은 화물을 자기의 보관으로 인수한 때에는 송하인의 선택에 따라서 <u>유통성 증권 형태 혹은 비유통성증권 형태</u>의 복합운송증권을 발급하여야 한다고 하고 있다.(UN국제복합운송조약 중 5조 복합운송증권의 발급) 즉, 복합운송증권의 발행여부를 송하인이 결정하는 것이 아니라, 복합운송장은 발급은 하되 운송장이 <u>유통성 증권 형태 혹은 비유통성증권 형태</u>인지를 송화인의 선택에 따르도록 하고 있다.

91 다음 중 해상운송과 관련된 국제조약을 모두 고른 것은?

ㄱ. Hague Rules (1924)	ㄴ. Warsaw Convention (1929)
ㄷ. CMR Convention (1956)	ㄹ. CIM Convention (1970)
ㅁ. Hamburg Rules (1978)	ㅂ. Rotterdam Rules (2008)

① ㄱ, ㄴ, ㄷ

② ㄱ, ㅁ, ㅂ

③ ㄴ, ㄷ, ㄹ

④ ㄷ, ㄹ, ㅁ

⑤ ㄷ, ㄹ, ㅂ

> **[해설]** ㄱ. Hague Rules (1924) : 해상운송 관련
> ㄴ. Warsaw Convention (1929) : 항공운송 관련
> ㄷ. CMR Convention (1956) : 도로운송 관련
> ㄹ. CIM Convention (1970) : 철도운송 관련
> ㅁ. Hamburg Rules (1978) : 해상운송 관련
> ㅂ. Rotterdam Rules (2008) : 해상운송 관련

정답 90 ④ **91** ②

92 정기선 해상운송의 특징에 관한 내용으로 올바르게 연결되지 않은 것은?

① 운항형태 – Regular sailing
② 운송화물 – Heterogeneous cargo
③ 운송계약 – Charter party
④ 운송인 성격 – Common carrier
⑤ 운임결정 – Tariff

해설 ③ 운송계약 – <u>Bill of Lading</u>. Charter party는 부정기선 해상운송에서 발급되는 용선계약서이다.

93 해상운송과 관련된 용어의 설명으로 옳지 않은 것은?

① 선박은 선박의 외형과 이를 지탱하기 위한 선체와 선박에 추진력을 부여하는 용골로 구분된다.
② 총톤수는 관세, 등록세, 도선료의 부과기준이 된다.
③ 재화중량톤수는 선박이 적재할 수 있는 화물의 최대중량을 표시하는 단위이다.
④ 선교란 선박의 갑판 위에 설치된 구조물로 선장이 지휘하는 장소를 말한다.
⑤ 발라스트는 공선 항해 시 선박의 감항성을 유지하기 위해 싣는 짐으로 주로 바닷물을 사용한다.

해설 ① 선박은 선박의 외형과 이를 지탱하기 위한 선체와 용골로 구분된다. 용골은 선박 중심축으로서 사람으로 치면 척추이다. 추진력을 일으키는 것은 주로 스크류 프로펠러(screw propeller)가 쓰인다.

94 개품운송계약에 관한 설명으로 옳지 않은 것은?

① 불특정 다수의 화주로부터 개별적으로 운송요청을 받아 이들 화물을 혼재하여 운송하는 방식이다.
② 주로 단위화된 화물을 운송할 때 사용되는 방식이다.
③ 법적으로 요식계약(formal contract)의 성격을 가지고 있기 때문에 개별 화주와 운송계약서를 별도로 작성하여야 한다.
④ 해상운임은 운임율표에 의거하여 부과된다.
⑤ 일반적으로 정기선해운에서 사용되는 운송계약 형태이다.

해설 ③ 법적으로 불요식계약(informal contract)의 성격을 가지고 있기 때문에 개별 화주와 반드시 운송계약서를 별도로 작성할 필요는 없다.

정답 92 ③ 93 ① 94 ③

95 컨테이너화물의 하역절차에 필요한 서류를 모두 고른 것은?

> ㄱ. Shipping Request ㄴ. Booking Note
> ㄷ. Shipping Order ㄹ. Arrival Notice
> ㅁ. Delivery Order ㅂ. Mate's Receipt

① ㄱ, ㄴ ② ㄱ, ㄷ
③ ㄷ, ㄹ ④ ㄹ, ㅁ
⑤ ㅁ, ㅂ

해설 하역 정의를 잘못 사용한 출제오류로 판단된다.
하역(荷役) : 운송·보관·포장활동의 전후에 수행되는 화물 취급 활동으로서 운반용구에 싣고 내리는 것을 말함. 그러나 unloading의 의미로 출제한 것으로 보임.
컨테이너 화물의 하역을 위해 필요한 서류는 아니지만, 도착지에서 사용되는 서류들을 고른다면 보기 중 Arrival Notice, Delivery Order를 선택할 수 있다. 다른 서류들은 출발지에서 사용되는 서류이다. 그러므로 올바른 하역 정의를 토대로 보면 모두 정답이다.

96 다음 설명에 해당하는 정기선 할증운임은?

> 해상운송 계약 시 화물의 최종 양륙항을 확정하지 않고 기항 순서에 따라 몇 개의 항구를 기재한 후, 화주가 화물 도착 전에 양륙항을 선택할 수 있도록 할 때 부과하는 할증료

① Port congestion surcharge
② Transhipment additional surcharge
③ Optional surcharge
④ Bunker adjustment surcharge
⑤ Currency adjustment surcharge

해설 Optional surcharge(선택항 추가운임) : 출항시 양륙항을 둘 이상 정하여 확정하지 않고 출항 후에 화주가 양륙항을 선택할 때 적부상의 문제점 때문에 부과함. surcharge 대신 charge 단어로도 사용한다.

97 다음 설명에 해당하는 용선은?

> 용선자가 일정기간 선박 자체만을 임차하여 자신이 고용한 선장과 선원을 승선시켜 선박을
> 직접 점유하는 한편, 선박 운항에 필요한 선비 및 운항비 일체를 용선자가 부담하는 방식

① Bareboat charter ② Partial charter

③ Voyage charter ④ Time charter

⑤ Lumpsum charter

해설 Bareboat charter(나용선계약, Demise charter) : 선주가 감항성(seaworthiness)을 가진 나선박(bare boat)을 용선해 주는 것. 선박을 운항하는 데 필요한 준비가 안 된 상태로 선박만을 빌려주고 운송서비스는 제공하지 않음.

98 다음 설명에 해당하는 국제물류시스템 유형은?

> • 세계 여러 나라에 자회사를 가지고 있는 글로벌기업이 지역물류거점을 설치하여 동일 경제
>   권 내 각국 자회사 창고 혹은 고객에게 상품을 분배하는 형태
> • 유럽의 로테르담이나 동남아시아의 싱가포르 등 국제교통의 중심지에서 인접국가로 수배송
>   서비스를 제공하는 형태

① Classical system ② Transit system

③ Direct system ④ Just In Time system

⑤ Multi-country warehouse system

해설 기업이 세계 어느 지역의 몇 개국에 자회사를 가진 경우 해당 지역의 한 국가에 중앙창고를 두어서 생산국에서 출하된 상품을 중앙창고에 보관시키고, 국가별 수요에 따라 각국의 자회사 창고나 유통채널에게 분배하는 형태

99 최근 국제물류 환경변화에 관한 설명으로 옳지 않은 것은?

① 국제물류시장의 치열한 경쟁으로 물류기업간 수평적 통합과 수직적 통합이 가속화되고 있다.

② 온실가스 감축을 위해 메탄올 연료를 사용하는 선박 건조가 증가하고 있다.

③ 4차 산업혁명 시대를 맞아 디지털 기술들을 활용하여 운영효율성과 고객만족을 제고하려는 물류기업들이 늘어나고 있다.

④ 기업경영의 글로벌화가 보편화되면서 글로벌 공급사슬에 대한 중요성이 증대되고 있다.

⑤ 코로나 팬데믹의 영향으로 전자상거래 비중이 감소하는 추세이다.

해설 ⑤ 코로나 팬데믹의 영향으로 전자상거래 비중이 증가하는 추세이다.

100 다음 설명에 해당하는 부정기선 운임은?

> ㄱ. 원유, 철광석 등 대량화물의 운송수요를 가진 대기업과 선사간에 장기간 반복되는 항해에 대하여 적용되는 운임
>
> ㄴ. 화물의 개수, 중량, 용적과 관계없이 항해 또는 선복을 기준으로 일괄 부과되는 운임

① ㄱ : Long Term Contract Freight

　ㄴ : Lumpsum Freight

② ㄱ : Long Term Contract Freight

　ㄴ : Dead Freight

③ ㄱ : Pro Rate Freight

　ㄴ : Lumpsum Freight

④ ㄱ : Pro Rate Freight

　ㄴ : Dead Freight

⑤ ㄱ : Consecutive Voyage Freight

　ㄴ : Freight All Kinds Rate

해설 ㄱ. Long Term Contract Freight : 원료 및 제품을 장기적·반복적으로 수송하기 위해 대형 화주 측과 장기운송계약을 체결하는 것에 대한 운임. COA (Contract Of Affreightment)라고도 함.

ㄴ. Lumpsum Freight : 실화물 적재량에 관계없이 빌리기로 한 선복을 총괄해서 용선료가 결정되는 계약. 물품개수, 중량, 용적에 상관없이 '한 항해 당 얼마'로 계약한 운임을 지불해야 함.

정답 **99** ⑤ **100** ①

101 국제물류와 국내물류의 비교로 옳지 않은 것을 모두 고른 것은?

구분		국제물류	국내물류
ㄱ	운송 방법	주로 복합운송이 이용된다.	주로 공로운송이 이용된다.
ㄴ	재고 수준	짧은 리드타임으로 재고 수준이 상대적으로 낮다.	주문시간이 길고, 운송 등의 불확실성으로 재고 수준이 높다.
ㄷ	화물 위험	단기운송으로 위험이 낮다.	장기운송과 환적 등으로 위험이 높다.
ㄹ	서류 작업	구매주문서와 송장 정도로 서류 작업이 간단하다.	각종 무역운송서류가 필요하여 서류 작업이 복잡하다.
ㅁ	재무적 위험	환리스크로 인하여 재무적 위험이 높다.	환리스크가 없어 재무적 위험이 낮다.

① ㄱ, ㄴ, ㄷ
② ㄱ, ㄷ, ㅁ
③ ㄱ, ㄹ, ㅁ
④ ㄴ, ㄷ, ㄹ
⑤ ㄴ, ㄹ, ㅁ

해설 ㄴ, ㄷ, ㄹ의 국제물류와 국내물류 내용이 서로 바뀌었으므로 틀린 답이다.

102 다음 설명에 해당하는 컨테이너는?

> 기계류, 철강제품, 판유리 등의 중량화물이나 장척화물을 크레인을 사용하여 컨테이너의 위쪽으로부터 적재 및 하역할 수 있는 컨테이너로, 천장은 캔버스 재질의 덮개를 사용하여 방수 기능이 있음

① Dry container
② Open top container
③ Flat rack container
④ Solid bulk container
⑤ Hanger container

해설 Open top container에 대한 설명이다.
open top은 화물운송론 과목을 참고하시기 바람.

103 다음 설명에 해당하는 컨테이너 화물운송과 관련된 국제협약은?

> 컨테이너의 구조상 안전요건을 국제적으로 통일하기 위하여 1972년에 UN(국제연합)과
> IMO(국제해사기구)가 공동으로 채택한 국제협약

① ITI(Customs Convention on the International Transit of Goods, 1971)

② CCC(Customs Convention on Container, 1956)

③ CSC(International Convention for Safe Container, 1972)

④ TIR(Transport International Routiere, 1959)

⑤ MIA(Marine Insurance Act, 1906)

> [해설] CSC(컨테이너 안전협약) : 컨테이너 구조상의 안전요건을 국제적으로 공통화하는 목적을 둔 협약으로
> 서 UN 및 IMO에 의해 채택된 협약. 컨테이너의 구조요건, 시험, 정비점검 등의 내용을 제정하여 조건에
> 합격한 컨테이너에 안전 승인판을 부착함.

104 컨테이너 화물운송에 관한 설명으로 옳지 않은 것은?

① 편리한 화물취급, 신속한 운송 등의 이점이 있다.

② 하역의 기계화로 하역비를 절감할 수 있다.

③ CY(Container Yard)는 컨테이너를 인수, 인도 및 보관하는 장소로 Apron, CFS 등을
포함한다.

④ CY/CY는 컨테이너의 장점을 최대로 살릴 수 있는 운송 형태로 door to door 서비스가
가능하다.

⑤ CY/CFS는 선적지에서 수출업자가 LCL화물로 선적하여 목적지 항만의 CFS에서 화물을
분류하여 수입업자에게 인도한다.

> [해설] ⑤ CY/CFS는 선적지에서 수출업자가 FCL화물로 선적하여 목적지 항만의 CFS에서 화물을 분류하여
> 수입업자에게 인도한다.

정답 **103** ③ **104** ⑤

105 국제물류 정보기술에 관한 설명으로 옳지 않은 것은?

① ITS(Intelligent Transport System): 기본 교통체계의 구성요소에 전자, 제어, 통신 등의 첨단기술을 접목시켜 상호 유기적으로 작동하도록 하는 차세대 교통 시스템

② CVO(Commercial Vehicle Operation): 조직 간 표준화된 전자문서로 데이터를 교환하고, 업무를 처리하는 시스템

③ WMS(Warehouse Management System): 제품의 입고, 집하, 적재, 출하의 작업 과정과 관련 데이터의 자동처리 시스템

④ DPS(Digital Picking System): 랙이나 보관구역에 신호장치가 설치되어 있어, 출고 화물의 위치와 수량을 알려주는 시스템

⑤ GPS(Global Positioning System): 화물 또는 차량의 자동식별과 위치추적의 신속 · 정확한 파악이 가능한 시스템

> **해설** ② EDI(Electronic data interchange) : 조직 간 표준화된 전자문서로 데이터를 교환하고, 업무를 처리하는 시스템
> CVO : 차량에 부착된 단말기를 이용한 실시간 차량 · 화물 위치추적으로 차량 및 화물을 관리하는 시스템

106 신용장통일규칙(UCP 600) 제23조에 규정된 항공운송서류의 수리요건이 아닌 것은?

① 운송인의 명칭이 표시되고, 운송인 또는 그 대리인에 의하여 서명되어야 한다.

② 물품이 운송을 위하여 인수되었음이 표시되어야 한다.

③ 신용장에 명기된 출발 공항과 목적 공항이 표시되어야 한다.

④ 항공운송서류는 항공화물운송장(AWB)의 명칭과 발행일이 표시되어야 한다.

⑤ 신용장에서 원본 전통이 요구되더라도, 송화인용 원본이 제시되어야 한다.

> **해설** ④ 항공운송서류는 운송서류 이름이 꼭 항공운송서류일 필요는 없음.

107 다음은 신용장통일규칙(UCP 600) 제22조 용선계약 선하증권 내용의 일부이다. (   )에 들어갈 내용을 올바르게 나열한 것은?

> A bill of lading, however named, containing an indication that it is subject to a charter party(charter party bill of lading), must appear to :
> be signed by :
> • the (ㄱ) or a named (ㄴ) for or on behalf of the (ㄱ), or
> • the (ㄷ) or a named (ㄴ) for or on behalf of the (ㄷ), or

① ㄱ : master, ㄴ : charterer, ㄷ : agent

② ㄱ : master, ㄴ : agent,   ㄷ : consignee

③ ㄱ : master, ㄴ : agent,   ㄷ : owner

④ ㄱ : owner, ㄴ : agent,   ㄷ : consignee

⑤ ㄱ : owner, ㄴ : charterer, ㄷ : agent

해설 A bill of lading, however named, containing an indication that it is subject to a charter party(charter party bill of lading), must appear to :
ⅰ. be signed by :
• the master or a named agent for or on behalf of the master, or
• the owner or a named agent for or on behalf of the owner, or
• the charterer or a named agent for or on behalf of the charterer.

용선계약에 따른다는 표시를 포함하고 있는 선하증권(용선계약선하증권)은 그 명칭에 관계없이 다음과 같이 보여야 한다.
ⅰ. 다음의 자에 의하여 서명되어 있는 것 :
• 선장(master) 또는 선장(master)을 대리하는 지정대리인(agent), 또는
• 선주 또는 선주를 대리하는 지정대리인, 또는
• 용선자 또는 용선자를 대리하는 지정대리인

정답 **107** ③

108 항만의 시설과 장비에 관한 설명으로 옳지 않은 것은?

① Quay는 해안에 평행하게 축조된, 선박 접안을 위하여 수직으로 만들어진 옹벽을 말한다.

② Marshalling Yard는 선적할 컨테이너나 양륙완료된 컨테이너를 적재 및 보관하는 장소이다.

③ Yard Tractor는 Apron과 CY 간 컨테이너의 이동을 위한 장비로 야드 샤시(chassis)와 결합하여 사용한다.

④ Straddle Carrier는 컨테이너 터미널에서 양다리 사이에 컨테이너를 끼우고 운반하는 차량이다.

⑤ Gantry Crane은 CY에서 컨테이너를 트레일러에 싣고 내리는 작업을 수행하는 장비이다.

> **해설** ⑤ Gantry Crane은 선박에서 컨테이너를 하역하거나 선박에 선적하기 위한 대형 크레인임.

109 해상화물운송장을 위한 CMI통일규칙(1990) 내용의 일부이다. ( )에 들어갈 내용을 올바르게 나열한 것은? (단, 대/소문자는 고려하지 않는다.)

> These Rules may be known as the CMI Uniform Rules for Sea Waybills.
> In these Rules :
> • (ㄱ) and (ㄴ) shall mean the parties so named or identified in the contract of carriage.
> • (ㄷ) shall mean the party so named or identified in the contract of carriage, or any persons substituted as (ㄷ) in accordance with Rule 6.

① ㄱ : carrier, ㄴ : shipper, ㄷ : consignee

② ㄱ : carrier, ㄴ : consignee, ㄷ : master

③ ㄱ : shipper, ㄴ : carrier, ㄷ : master

④ ㄱ : shipper, ㄴ : consignee, ㄷ : carrier

⑤ ㄱ : shipper, ㄴ : master, ㄷ : carrier

> **해설** 해상화물운송장(Sea Waybill)을 위한 CMI통일규칙은 기존 선하증권의 사용상 불편함을 보완하기 위해 Sea Waybill을 활용함에 있어 필요한 내용을 규칙으로 제정한 것이다. 총 8가지 조항을 구성하는데 규칙의 적용범위(Scope of Application), 정의(Definitions), 대리인(Agency), 권리와 책임(Rights and Responsibilities), 물품설명(Description of the Goods), 통제권 (Right of Control), 인도(Delivery), 유효성(Validity)을 다루고 있다.

정답 **108** ⑤ **109** ①

※ '운송사' 및 '송하인'은 운송 계약에 명시되어 있거나 운송 계약에서 식별할 수 있는 당사자를 의미합니다. '수하인'은 운송 계약서에 명시되어 있거나 식별 가능한 당사자 또는 규정 6(i)에 따라 수하인으로 대체된 자를 의미합니다.

110 다음 설명에 해당하는 국제물류 보안 제도는?

- 해상운송인과 NVOCC(Non-Vessel Operating Common Carrier)로 하여금 미국으로 향하는 컨테이너가 선박에 적재되기 전에 화물에 대한 세부정보를 미국 관세청에 제출하게 함으로써 화물 정보를 분석하여 잠재적 테러 위험을 확인할 수 있음
- CSI(Container Security Initiative) 후속조치의 일환으로 시행됨

① C-TPAT(Customs-Trade Partnership Against Terrorism)
② ISO 28000
③ 10 + 2 Rule
④ 24 - Hour Rule
⑤ Trade Act of 2002 Final Rule

[해설] **24시간 전 적하목록 제출제도**(24-hour Advance Manifest Rule) : 효과적인 CSI 수행을 위한 후속조치로서 운송인이 선적항에서 선적 24시간 전에 화물적하목록을 미국 세관에 제출하도록 규정한 미국 관세청 규칙

111 내륙컨테이너기지(ICD)에 관한 설명으로 옳지 않은 것은?

① 항만 또는 공항이 아닌 내륙에 설치된 컨테이너 운송관련 시설로서 고정설비를 갖추고 있다.
② 세관통제하에 통관된 수출입화물만을 대상으로 일시저장과 취급에 대한 서비스를 제공한다.
③ 수출입 화주의 유통센터 또는 창고 기능을 한다.
④ 소량화물의 혼재와 분류작업을 수행하는 공간이다.
⑤ 철도와 도로가 연결되는 복합운송거점의 기능을 한다.

[해설] ② 통관 전, 후의 수출입화물을 대상으로 일시저장과 취급에 대한 서비스를 제공한다.

정답 110 ④ 111 ②

112 Incoterms® 2020의 개정 내용에 관한 설명으로 옳지 않은 것은?

① FCA에서 본선적재 선하증권에 관한 옵션 규정을 신설하였다.

② FCA, DAP, DPU 및 DDP에서 매도인 또는 매수인 자신의 운송수단에 의한 운송을 허용하고 있다.

③ CIF규칙은 최대담보조건, CIP규칙은 최소담보조건으로 보험에 부보하도록 개정하였다.

④ 인코텀즈 규칙에 대한 사용지침(Guidance Note)을 설명문(Explanatory Note)으로 변경하여 구체화하였다.

⑤ 운송의무 및 보험비용 조항에 보안관련 요건을 삽입하였다.

해설 ③ CIF규칙은 최소담보조건, CIP규칙은 최대담보조건으로 보험에 부보하도록 개정하였다.

113 다음에서 Incoterms® 2020 규칙이 다루고 있는 것을 모두 고른 것은?

ㄱ. 관세의 부과
ㄴ. 매도인과 매수인의 비용
ㄷ. 매도인과 매수인의 위험
ㄹ. 대금지급의 시기, 장소 및 방법
ㅁ. 분쟁해결의 방법, 장소 또는 준거법

① ㄱ, ㄴ　　　　　　② ㄴ, ㄷ
③ ㄱ, ㄴ, ㄷ　　　　④ ㄱ, ㄹ, ㅁ
⑤ ㄴ, ㄷ, ㄹ, ㅁ

해설 Incoterms는 매도인과 매수인의 의무, 위험, 비용 관계를 정하고 있는 정형화된 거래조건

114 Incoterms® 2020 소개문의 일부이다. ( )에 들어갈 용어로 올바르게 나열된 것은?

ICC decided to make two changes to (ㄱ) and (ㄴ). First, the order in which the two Incoterms® 2020 rules are presented has been inverted, and (ㄴ), where delivery happens before unloading, now appears before (ㄱ).

Secondly, the name of the rule (ㄱ) has been changed to (ㄷ), emphasising the reality that the place of destination could be any place and not only a "terminal".

① ㄱ : DAP, ㄴ : DAT, ㄷ : DDP

② ㄱ : DAP, ㄴ : DAT, ㄷ : DPU

③ ㄱ : DAT, ㄴ : DDP, ㄷ : DPU

④ ㄱ : DAT, ㄴ : DAP, ㄷ : DPU

⑤ ㄱ : DAT, ㄴ : DAP, ㄷ : DDP

> **해설** ICC는 (DAT)와 (DAP)에 대해 두 가지 변경을 결정했습니다.
> 첫째, 두 개의 인코텀즈® 2020 규칙이 제시되는 순서가 서로 바뀌어 표시되고, 하역 전에 인도가 이루어지는 (DAP)가 이제 (DAT) 앞에 나옴.
> 둘째, (DAT)의 명칭이 (DPU)로 변경되었음. 이는 도착지가 '터미널'뿐만 아니라 모든 장소가 될 수 있다는 점을 강조함.

115 해상보험계약의 용어 설명으로 옳지 않은 것은?

① Warranty란 보험계약자(피보험자)가 반드시 지켜야 할 약속을 말한다.

② Duty of disclosure란 피보험자 등이 보험자에게 보험계약 체결에 영향을 줄 수 있는 모든 중요한 사실을 알려 주어야 할 의무를 말한다.

③ Insurable interest란 피보험자가 보험의 목적물에 대하여 가지는 권리 또는 이익으로 피보험자와 보험의 목적과의 경제적 이해관계를 말한다.

④ Duration of insurance란 보험자의 위험부담책임이 시작되는 때로부터 종료될 때까지의 기간을 말한다.

⑤ Insured amount란 피보험위험으로 인하여 발생한 손해를 보험자로부터 보상받는 대가로 보험계약자가 보험자에게 지급하는 수수료를 말한다.

> **해설** ⑤ premium(보험료)은 피보험위험으로 인하여 발생한 손해를 보험자로부터 보상받는 대가로 보험계약자가 보험자에게 지급하는 수수료를 말한다.
> Insured amount란 보험금액으로서 보험자의 최고 보상한도액이다.

116 수출입통관과 관련하여 관세법상 내국물품이 아닌 것은?

① 보세공장에서 내국물품과 외국물품을 원재료로 하여 만든 물품

② 우리나라의 선박 등에 의하여 공해에서 채집 또는 포획된 수산물

③ 입항전수입신고가 수리된 물품

④ 수입신고수리 전 반출승인을 얻어 반출된 물품

⑤ 수입신고 전 즉시반출신고를 하고 반출된 물품

해설 ① 보세공장에서 내국물품과 외국물품을 원재료로 하여 만든 물품 ➡ 관세법상 내국물품에 포함되는 물품이 아님.

＊ 관세법상 내국물품의 정의
① 우리나라에 있는 물품으로서 외국물품이 아닌 것
② 우리나라의 선박 등이 공해에서 채집하거나 포획한 수산물 등
③ 입항전수입신고가 수리된 물품
④ 수입신고 수리 전 반출승인을 받아 반출된 물품
⑤ 수입신고 전 즉시반출신고를 하고 반출된 물품

117 해상손해의 종류 중 물적손해에 해당하지 않는 것은?

① 보험목적물의 완전한 파손 또는 멸실

② 보험목적물의 일부에 발생하는 손해로서 피보험자 단독으로 입은 손해

③ 보험목적물에 해상위험이 발생한 경우 손해방지의무를 이행하기 위해 지출되는 비용

④ 보험목적물이 공동의 안전을 위하여 희생되었을 때 이해관계자들이 공동으로 분담하는 손해

⑤ 선박의 수리비가 수리후의 선박가액을 초과하는 경우

해설 손해는 물적손해와 비용손해로 구분되며, 물적손해에는 전손(현실전손, 추정전손), 분손(단독해손, 공동해손)이 포함된다. 비용손해에는 손해방지비, 구조비, 특별비가 포함된다.
③은 손해방지비용(Sue & labor charges)으로 비용손해에 포함되어 물적손해에 포함될 수 없다.

118 무역계약 조건 중 물품과 수량단위의 연결이 옳지 않은 것은?

① 양곡, 철강 – 중량 – ton, pound, kilogram

② 유리, 합판, 타일 – 용적 – CBM, barrel, bushel

③ 섬유류, 전선 – 길이 – meter, yard, inch

④ 잡화, 기계류 – 개수 – piece, set, dozen

⑤ 비료, 밀가루 – 포장 – bale, drum, case

[해설] ② 유리, 합판, 타일은 면적을 조건으로 거래한다.

119 관세법상 수출입통관에 관한 설명으로 옳지 않은 것은?

① 물품을 수출입 또는 반송하고자 할 때에는 당해 물품의 품명·규격·수량 및 가격 등 기타 대통령령이 정하는 사항을 세관장에게 신고하여야 한다.

② 당해 물품을 적재한 선박 또는 항공기가 입항하기 전에 수입신고를 할 수 있다.

③ 세관장은 수출입 또는 반송에 관한 신고서의 기재사항이 갖추어지지 아니한 경우에는 이를 보완하게 할 수 있다.

④ 관세청장은 수입하려는 물품에 대하여 검사대상, 검사범위, 검사방법 등에 관하여 필요한 기준을 정할 수 있다.

⑤ 수입신고와 반송신고는 물품의 화주 또는 완제품공급자나 이들을 대리한 관세사 등의 명의로 해야 한다.

[해설] ⑤ 관세법 242조(수출·수입·반송 등의 신고인) 수출·수입 또는 반송의 신고, 입항전수입신고 또는 수입신고 전의 물품 반출에 따른 신고는 화주 또는 관세사 등의 명의로 하여야 한다. 다만, 수출신고의 경우에는 화주에게 해당 수출물품을 제조하여 공급한 자의 명의로 할 수 있다.

120 무역분쟁해결 방법에 관한 설명으로 옳지 않은 것은?

① ADR(Alternative Dispute Resolution)에는 타협, 조정, 중재가 있다.

② 중재판정은 당사자간에 있어서 법원의 확정판결과 동일한 효력을 가진다.

③ 소송은 국가기관인 법원의 판결에 의하여 분쟁을 강제적으로 해결하는 방법이다.

④ 뉴욕협약(1958)에 가입한 국가간에는 중재판정의 승인 및 집행이 보장된다.

⑤ 상사중재의 심리절차는 비공개로 진행되므로, 기업의 영업상 비밀이 누설되지 않는다.

해설 ① ADR(Alternative Dispute Resolution)에는 협상, 화해, 조정, 중재가 있다.
　※ **ADR**(Alternative Dispute Resolution, 대체적 분쟁 해결) : 법원의 소송 이외의 방식으로 이루어지는 분쟁 해결방식. 법원의 판결 형태가 아니라 협상, 화해, 조정, 중재와 같이 제3자의 관여나 직접 당사자 간에 교섭과 타협으로 이루어지는 분쟁 해결 방식
　타협은 협상이나 화해로도 볼 수 있으므로 무조건 ①이 틀렸다고 혹은 맞았다고 보기가 어려운 점을 고려하여 최종 답안에서는 모두 정답 처리되었다.

정답 **120** 모두 정답

제2교시 2023년 물류관리사	형별	**A형**	제한시간	80분	수험번호	성 명

제1과목 보관하역론(01~40)

01 보관의 기능으로 옳지 않은 것은?

① 물품의 거리적 · 장소적 효용 창출 기능
② 물품의 분류와 혼재 기능
③ 물품의 보존과 관리 기능
④ 수송과 배송의 연계 기능
⑤ 고객서비스 신속 대응 기능

[해설] 물품의 거리적 · 장소적 효용 창출은 운송의 기능이다.

02 공동집배송단지의 도입 효과에 관한 설명으로 옳은 것을 모두 고른 것은?

ㄱ. 배송물량을 통합하여 계획 배송함으로써 차량의 적재 효율을 높일 수 있다.
ㄴ. 혼합배송이 가능하여 차량의 공차율이 증가한다.
ㄷ. 공동집배송단지를 사용하는 업체들의 공동 참여를 통해 대량 구매 및 계획 매입이 가능하다.
ㄹ. 보관 수요를 통합 관리함으로써 업체별 보관 공간 및 관리 비용이 증가한다.
ㅁ. 물류 작업의 공동화를 통해 물류비 절감 효과가 있다.

① ㄱ, ㄴ, ㄹ   ② ㄱ, ㄴ, ㅁ
③ ㄱ, ㄷ, ㅁ   ④ ㄴ, ㄷ, ㄹ
⑤ ㄷ, ㄹ, ㅁ

[해설] ㄴ. 공동집배송단지를 통해 혼합배송이 가능하여 차량의 공차율은 감소한다. = 영차율 증가
ㄹ. 보관 수요를 공동집배송단지를 통해 통합 관리함으로써 업체별 보관 공간 및 관리 비용이 감소하게 된다. = 성 · 비수기 막대한 물동량 증감격차에 안정적으로 보관 공간을 확보하기 위한 막대한 고정 비용을 줄일 수 있다.

정답 **01** ①   **02** ③

03 다음에서 설명하는 물류시설은?

ㄱ. LCL(Less than Container Load) 화물을 특정 장소에 집적하였다가 목적지별로 선별하여 하나의 컨테이너에 적입하는 장소

ㄴ. 복수의 운송수단 간 연계를 할 수 있는 규모 및 시설을 갖춘 장소

ㄷ. 재고품의 임시보관거점으로 상품의 배송거점인 동시에 예상 수요에 대한 보관 장소

① ㄱ : CY(Container Yard)　　　　② ㄱ : CY(Container Yard)
　ㄴ : 복합물류터미널　　　　　　　　ㄴ : 복합물류터미널
　ㄷ : 스톡 포인트(Stock Point)　　　ㄷ : 데포(Depot)

③ ㄱ : CFS(Container Freight Station)　④ ㄱ : CFS(Container Freight Station)
　ㄴ : 복합물류터미널　　　　　　　　ㄴ : 공동집배송단지
　ㄷ : 스톡 포인트(Stock Point)　　　ㄷ : 스톡 포인트(Stock Point)

⑤ ㄱ : CFS(Container Freight Station)
　ㄴ : 공동집배송단지
　ㄷ : 데포(Depot)

해설 ㄱ. **CFS(Container Freight Station)** : FCL(Full Container Load)을 만들지 못하는 소형 화주들의 소규모 화물, LCL(Less Than Container Load) 화물들을 혼재하여 FCL을 만드는 소규모 작업장, 창고이다.
ㄴ. **복합물류터미널** : 화물의 집화, 하역 및 이와 관련된 분류, 포장, 보관, 가공, 조립 또는 통관 등에 필요한 기능을 갖춘 시설물(ICD, 복합물류터미널 포함)로써 복수의 운송수단 간 연계를 할 수 있는 규모 및 시설을 갖춘 장소이다.
ㄷ. **스톡 포인트(Stock Point)** : 대도시, 지방중소도시에 합리적인 배송을 실시할 목적으로 운영되는 유통의 중계기지 또는 일종의 하치장으로 제조업체들은 원료, 완성품, 폐기물들을 쌓아두는 경우가 많다.

04 다음에서 설명하는 보관의 원칙은?

• 물품의 입·출고 빈도에 따라 보관장소를 결정한다.
• 출입구가 동일한 창고의 경우 입·출고 빈도가 높은 물품을 출입구 근처에 보관하며, 낮은 물품은 출입구로부터 먼 장소에 보관한다.

① 회전대응의 원칙　　　　　② 선입선출의 원칙
③ 통로 대면의 원칙　　　　　④ 보관 위치 명확화의 원칙
⑤ 유사자재 관리의 원칙

해설 회전대응의 원칙상 출입구가 별도인 창고의 경우 입출고 빈도가 높은 물품을 출구 쪽에 보관하고, 낮은 물품은 출구에서 먼 장소에 보관한다.

정답 03 ③ 04 ①

05 물류센터 구조와 설비 결정 요소에 관한 설명으로 옳지 않은 것은?

① 운영특성은 입고, 보관, 피킹, 배송방법을 반영한다.
② 물품특성은 제품의 크기, 무게, 가격을 반영한다.
③ 주문특성은 재고정책, 고객서비스 목표, 투자 및 운영 비용을 반영한다.
④ 환경특성은 지리적 위치, 입지 제약, 환경 제약을 반영한다.
⑤ 설비특성은 설비종류, 자동화 수준을 반영한다.

> 해설 주문특성은 주문건수 및 빈도, 주문량, 처리 속도 등이 해당된다. ③의 설명은 관리특성에 해당한다.

06 다음에서 설명하는 공공 물류시설의 민간투자사업 방식은?

> ㄱ. 민간 사업자가 건설 후, 소유권을 국가 또는 지방자치단체에 양도하고 일정기간 그 시설물을 운영한 수익으로 투자비를 회수하는 방식
> ㄴ. 민간 사업자가 건설 후, 투자비용을 회수할 때까지 관리·운영한 후 계약기간 종료 시 국가에 양도하는 방식
> ㄷ. 민간 사업자가 건설 후, 일정기간 동안 국가 또는 지방자치단체에 임대하여 투자비를 회수하고 임대기간 종료 후에 소유권을 국가 또는 지방자치단체에 양도하는 방식

① ㄱ : BTO(Build Transfer Operate)
　ㄴ : BOO(Build Own Operate)
　ㄷ : BLT(Build Lease Transfer)

② ㄱ : BTO(Build Transfer Operate)
　ㄴ : BOT(Build Operate Transfer)
　ㄷ : BLT(Build Lease Transfer)

③ ㄱ : BOT(Build Operate Transfer)
　ㄴ : BTO(Build Transfer Operate)
　ㄷ : BLT(Build Lease Transfer)

④ ㄱ : BOT(Build Operate Transfer)
　ㄴ : BOO(Build Own Operate)
　ㄷ : BTO(Build Transfer Operate)

⑤ ㄱ : BOO(Build Own Operate)
　ㄴ : BOT(Build Operate Transfer)
　ㄷ : BTO(Build Transfer Operate)

> 해설 ㄱ. BTO(Build Transfer Operate)
> [준공과 동시], [국가 또는 지자체에 소유권이 귀속], [사업시행자는 일정기간 동안 관리 및 운영]
> ㄴ. BOT(Build Own Transfer)
> [준공 후], [일정기간 동안 사업시행자 소유권 인정], [기간 만료 후 국가 또는 지자체에 소유권 귀속]
> ㄷ. BLT(Build Lease Transfer)
> [준공 후], [일정기간 동안 정부 또는 제3자에게 시설을 임대해 관리운영], [기간 만료 후 국가 또는 지자체에 소유권 귀속]

정답 **05** ③ **06** ②

07 물류단지시설에 관한 설명으로 옳지 않은 것은?

① 물류터미널은 화물의 집하, 하역, 분류, 포장, 보관, 가공, 조립 등의 기능을 갖춘 시설이다.

② 공동집배송센터는 참여업체들이 공동으로 사용할 수 있도록 집배송 시설 및 부대업무 시설이 설치되어 있다.

③ 지정보세구역은 지정장치장 및 세관검사장이 있다.

④ 특허보세구역은 보세창고, 보세공장, 보세건설장, 보세판매장, 보세전시장이 있다.

⑤ 배송센터는 장치보관, 수출입 통관, 선박의 적하 및 양하기능을 수행하는 육상운송 수단과의 연계 지원시설이다.

> **해설** 선박의 적하 및 양하는 항만에서 이루어지는 작업으로 내륙의 배송센터와 관련이 없으며, 육상운송 수단과 연계되는 ICD나 복합물류터미널과도 관련이 없다.

08 물류단지의 단일설비입지 결정 방법에 관한 설명으로 옳지 않은 것은?

① 입지요인으로 수송비를 고려한다.

② 시장경쟁력, 재고통합효과, 설비를 고려하는 동적 입지모형이다.

③ 총 운송비용을 최소화하기 위한 입지 결정 방법이다.

④ 총 운송비용은 거리에 비례해서 증가하는 것으로 가정한다.

⑤ 공급지와 수요지의 위치와 반입, 반출 물량이 주어진다.

> **해설** 단일설비입지 결정 방법에는 총비용비교법, 가중점수법, 손익분기점 분석, 부하 · 거리법 등으로 시장경쟁력, 재고통합효과, 설비 등은 계산과정에서 고려되지 않는 요인이다.

09 다음에서 설명한 물류단지의 입지결정 방법은?

- 일정한 물동량(입고량 또는 출고량)의 고정비와 변동비를 산출한다.
- 물동량에 따른 총비용을 비교하여 대안을 선택하는 방법이다.

① 체크리스트법　　　　　　　　② 톤 – 킬로법
③ 무게 중심법　　　　　　　　　④ 손익분기 도표법
⑤ 브라운 & 깁슨법

> **해설** 손익분기 도표법은 연간 예상물동량에 대한 최소비용을 발생시킬 것으로 기대되는 대안입지를 손익분기점을 기준으로 선택하는 방식으로, 입고량 혹은 출고량을 기준으로 고정비와 변동비의 합을 비교하여 총비용이 최소가 되는 대안을 선택하게 된다.

정답　**07** ⑤　**08** ②　**09** ④

10 모빌 랙(Mobile Rack)에 관한 설명으로 옳지 않은 것은?

① 파렛트가 랙 내에서 경사면을 이용하여 이동하는 방식으로 선입선출이 요구되는 제품에 적합하다.
② 필요한 통로만을 열어 사용하고 불필요한 통로를 최대한 제거하기 때문에 면적 효율이 높다.
③ 바닥면의 효과적인 사용과 용적 효율이 높다.
④ 공간 효율이 높기 때문에 작업공간이 넓어지고 물품보관이 용이하다.
⑤ 동시작업을 위한 복수통로의 설정이 가능하여 작업효율이 증대된다.

> **해설** 파렛트가 랙 내에서 경사면을 이용하여 이동하는 방식으로 선입선출이 요구되는 제품에 적합한 랙은 중력식 랙(Gravity Rack)이다(흐름 랙, 플로우 랙, 유동 랙, 슬라이딩 랙).

11 물류센터의 규모 결정에 영향을 미치는 요인을 모두 고른 것은?

ㄱ. 자재취급시스템의 형태   ㄴ. 통로요구조건
ㄷ. 재고배치   ㄹ. 현재 및 미래의 제품 출하량
ㅁ. 사무실 공간

① ㄱ, ㄹ   ② ㄷ, ㄹ, ㅁ
③ ㄱ, ㄴ, ㄷ, ㄹ   ④ ㄱ, ㄴ, ㄷ, ㅁ
⑤ ㄱ, ㄴ, ㄷ, ㄹ, ㅁ

> **해설** 물류센터 규모 결정에 영향을 미치는 요인은 현재 및 미래의 제품 출하량을 기초로 문항에서 표기한 모든 사항이 고려 요인이 된다. 여기서 자재취급시스템의 형태는 고정된 설비와 이동되는 장비를 포함한다.

12 창고의 기능에 관한 설명으로 옳지 않은 것은?

① 물품을 안전하게 보관하거나 현상을 유지하는 역할을 수행한다.
② 물품의 생산과 소비의 시간적 간격을 조절하여 시간가치를 창출한다.
③ 물품의 수요와 공급을 조정하여 가격안정을 도모하는 역할을 수행한다.
④ 물품을 한 장소에서 다른 장소로 이동시키는 물리적 행위를 통해 장소적 효용을 창출한다.
⑤ 창고에 물품을 보관하여 안전재고를 확보함으로써 품절을 방지하여 기업 신용을 증대시킨다.

> **해설** 장소적 효용을 창출하는 기능은 운송기능이다.

정답 **10** ① **11** ⑤ **12** ④

13 창고 유형과 특징에 관한 설명으로 옳지 않은 것은?

① 자가창고는 창고의 입지, 시설, 장비를 자사의 물류시스템에 적합하도록 설계, 운영할 수 있다.

② 영업창고 이용자는 초기에 창고건설 및 설비투자와 관련하여 고정비용이 발생한다.

③ 임대창고는 시장환경의 변화에 따라 보관장소를 탄력적으로 운영하기 어렵다.

④ 유통창고는 생산된 제품의 집하 및 배송 기능을 갖춘 창고로 화물의 보관, 가공, 재포장 등의 활동을 수행한다.

⑤ 보세창고는 관세법에 근거하여 세관장의 허가를 얻어 수출입화물을 취급하는 창고를 의미한다.

> 해설 영업창고 이용자(화주)는 자가창고가 아니기 때문에 초기에 창고건설 및 설비투자와 관련하여 고정비용이 필요치 않다.

14 창고관리시스템(WMS : Warehouse Management System)의 특성에 관한 설명으로 옳지 않은 것은?

① 창고 내의 랙(Rack)과 셀(Cell)별 재고를 실시간으로 관리할 수 있다.

② 정확한 위치정보를 기반으로 창고 내 피킹, 포장작업 등을 지원하여 효율적인 물류작업이 가능하다.

③ 입고 후 창고에 재고를 보관할 때, 보관의 원칙에 따라 최적의 장소를 선정하여 저장할 수 있다.

④ 창고 내 물동량의 증감에 따라 작업자의 인력계획을 수립하며 모니터링 기능도 지원한다.

⑤ 고객주문내역 상의 운송수단을 고려한 최적의 경로를 설정하여 비용과 시간을 절감하도록 지원한다.

> 해설 고객주문내역 상의 운송수단을 고려한 최적의 경로를 설정하여 비용과 시간을 절감하도록 지원하는 시스템은 운송관리시스템(TMS)이다.

15 DPS(Digital Picking System)와 DAS(Digital Assorting System)의 특성에 관한 설명으로 옳지 않은 것은?

① DPS는 피킹 대상품목 수를 디지털 기기로 표시하여 피킹하도록 지원하는 시스템이다.

② DAS는 분배된 물품의 순서에 따라 작업자에게 분류정보를 제공하여 신속한 분배를 지원하는 시스템이다.

③ DPS는 작동방식에 따라 대차식, 구동 컨베이어식, 무구동 컨베이어식으로 구분할 수 있다.

④ 멀티 릴레이 DAS는 주문 단위로 출하박스를 투입하여 피킹하는 방식으로 작업자의 이동이 최소화된다.

⑤ 멀티 다품종 DAS는 많은 고객에게 배송하기 위한 분배 과정을 지원하는 방식으로 합포장을 할 때 적합하다.

> [해설] 멀티 + 릴레이 분배방식 DAS
> • 냉장 및 신선식품의 통과형 또는 생산형 물류센터의 입고수량을 1차 통로별 중분류와 2차 점포별로 분배하는 방식이다.
> • 짧은 시간 내에 많은 아이템을 분배하므로 동시에 여러 종류 이상의 아이템을 분배할 수 있도록 하여 단품 분배보다 생산성을 30~40% 이상 향상시킬 수 있어 냉장, 신선식품의 통과형 물류단지 또는 도시락, 가공생산하는 물류센터에 적합하다.

16 자동화 창고의 구성요소에 관한 설명으로 옳지 않은 것은?

① 랙은 자동화 창고에서 화물 보관을 위한 구조물로 빌딩 랙(Building Rack)과 유닛 랙(Unit Rack) 등이 있다.

② 스태커 크레인(Stacker Crane)은 랙과 랙 사이를 왕복하며 보관품을 입출고시키는 기기이다.

③ 트래버서(Traverser)는 보관품의 입출고 시 작업장부터 랙까지 연결시켜주는 반송장치이다.

④ 무인반송차(AGV : Automative Guided Vehicle)는 무인으로 물품을 운반 및 이동하는 장비이다.

⑤ 보관단위(Unit)는 파렛트형, 버킷형, 레인형, 셀형 등이 있다.

> [해설] 트래버서(Traverser)는 스태커 크레인의 수평이동 장치이다.

17 K기업이 수요지에 제품 공급을 원활하게 하기 위한 신규 물류창고를 운영하고자 한다. 수요량은 수요지 A가 50ton/월, 수요지 B가 40ton/월, 수요지 C가 100ton/월 이라고 할 때, 무게중심법을 이용한 최적입지 좌표(X, Y)는? (단, 소수점 둘째 자리에서 반올림한다.)

구분	X좌표	Y좌표
수요지 A	10	20
수요지 B	20	30
수요지 C	30	40
공장	50	50

① X = 21.5, Y = 32.1
② X = 25.3, Y = 39.1
③ X = 36.3, Y = 41.3
④ X = 39.7, Y = 53.3
⑤ X = 43.2, Y = 61.5

해설

구분	X좌표	Y좌표	수요량	상대적 가중치
수요지 A	10	20	50	$\dfrac{50}{380}$
수요지 B	20	30	40	$\dfrac{40}{380}$
수요지 C	30	40	100	$\dfrac{100}{380}$
공장	50	50	190	$\dfrac{190}{380}$
			(모든 수요지의 물동량은 공장에서 생성 50+40+100)	

$$X = (10 \times \frac{50}{380}) + (20 \times \frac{40}{380}) + (30 \times \frac{100}{380}) + (50 \times \frac{190}{380})$$

$$= \frac{(10 \times 50) + (20 \times 40) + (30 \times 100) + (50 \times 190)}{380}$$

$$= 36.315$$

$$Y = \frac{(20 \times 50) + (30 \times 40) + (40 \times 100) + (50 \times 190)}{380}$$

$$= 41.315$$

$$\therefore X = 36.3, \ Y = 41.3$$

18 재고관리 지표에 관한 설명으로 옳지 않은 것은?

① 서비스율은 전체 수주량에 대한 납기 내 납품량의 비율을 나타낸다.

② 백오더율은 전체 수주량에 대한 납기 내 결품량의 비율을 나타낸다.

③ 재고회전율은 연간 매출액을 평균재고액으로 나눈 비율을 나타낸다.

④ 재고회전기간은 수요대상 기간을 재고회전율로 나눈값이다.

⑤ 평균재고액은 기말재고액에서 기초재고액을 뺀 값이다.

[해설] 평균재고량(금액) $= \dfrac{\text{기초재고(금액)} + \text{기말재고(금액)}}{2}$

19 K기업의 A제품 생산을 위해 소모되는 B부품의 연간 수요량이 20,000개이고 주문비용이 80,000원, 단위당 단가가 4,000원, 재고유지비율이 20%라고 할 때, 경제적 주문량(EOQ)은?

① 2,000개

② 4,000개

③ 6,000개

④ 8,000개

⑤ 10,000개

[해설] • 연간수요(D) = 20,000개
• 1회주문비용(CO) = 80,000원
• 연간단위당재고유지비용(CH) = 가격(P) × 재고유지비율(I) = 4,000원 × 0.2 = 800원
• 경제적 주문량(EOQ) = $\sqrt{\dfrac{2 \cdot CO \cdot D}{CH}} = \sqrt{\dfrac{2 \cdot 80,000 \cdot 20,000}{800}} = 2,000$개

20 다음 자재소요량 계획(MRP : Material Requir- ement Planning)에서 부품 X, Y의 순소요량은?

- 제품 K의 총소요량 : 50개
- 제품 K는 2개의 X부품과 3개의 Y부품으로 구성
- X부품 예정 입고량 : 10개, 가용재고 : 5개
- Y부품 예정 입고량 : 20개, 가용재고 : 없음

① X = 50개, Y = 50개

② X = 60개, Y = 80개

③ X = 85개, Y = 130개

④ X = 100개, Y = 150개

⑤ X = 115개, Y = 170개

해설
• 변수정의
  – 완제품 K의 소요량(x) = 50
    (부품 X, Y는 완제품 K의 종속수요)
  – 부품 X = 2x = 100개
  – 부품 Y = 3x = 150개
• 순소요량 = 총소요량 − 예정입고량(입고 되기로 사전계획) = 가용재고(전 기간에 쓰고 남은)
• 부품 X = 100 − 10 − 5 = 85개
• 부품 Y = 150 − 20 − 0 = 130개

21 재고 보유의 역할이 아닌 것은?

① 원재료 부족으로 인한 생산중단을 피하기 위해 일정량의 재고를 보유한다.
② 작업준비 시간이나 비용이 많이 드는 경우 생산 일정 계획을 유연성 있게 수립하기 위하여 재고를 보유한다.
③ 미래에 발생할 수 있는 위험회피를 위해 재고를 보유한다.
④ 계절적으로 집중 출하되는 제품은 미리 확보하여 판매기회를 놓치지 않기 위해 재고를 보유한다.
⑤ 기술력 향상 및 생산공정의 자동화 도입 촉진을 위해 재고를 보유한다.

해설 기업이 재고 보유를 통해 기술력 향상이나 생산공정의 자동화 도입이 촉진되지는 않는다.

22 A상품의 연간 평균재고는 10,000개, 구매단가는 5,000원, 단위당 재고유지비는 구매단가의 5%를 차지한다고 할 때, A상품의 연간 재고유지비는? (단, 수요는 일정하고, 재고 보충은 없음)

① 12,500원 ② 25,000원
③ 1,000,000원 ④ 2,500,000원
⑤ 10,000,000원

해설 • 연간 재고유지비용 = 평균재고량 × 연간 단위당 재고유지비용
  • 평균재고량 = 10,000개
  • 연간 단위당 재고유지비용 = 5,000원 × 0.05 = 250원
  • 연간 재고유지비용 = 10,000개 × 250원 = 2,500,000원

정답 **21** ⑤ **22** ④

23 재주문점의 주문관리 기법이 아닌 것은?

① 정량발주법
② 델파이법
③ Two - Bin법
④ 기준재고법
⑤ 정기발주법

> **해설** 델파이기법은 패널을 통해 미래사항에 대한 의견을 질문서에 기재 후 분석하고 설문하기를 5~6회 반복하는 정성적 수요예측기법의 하나로, 기간이나 수량을 기반으로 하는 재주문점 주문관리 기법이 아니다.

24 수요예측방법에 관한 설명으로 옳지 않은 것은?

① 정성적 수요예측방법은 시장조사법, 역사적 유추법 등이 있다.
② 정량적 수요예측방법은 단순이동평균법, 가중이동평균법, 지수평활법 등이 있다.
③ 가중이동평균법은 예측기간이 먼 과거일수록 낮은 가중치를 부여하고, 가까울수록 더 큰 가중치를 주어 예측하는 방법이다.
④ 시장조사법은 신제품 및 현재 시판중인 제품이 새로운 시장에 소개 될 때 많이 활용된다.
⑤ 지수평활법은 예측하고자 하는 기간의 직전 일정 기간의 시계열 평균값을 활용하여 산출하는 방법이다.

> **해설** 지수평활법은 최근의 자료에 더 큰 가중치를 주고 현 시점에서 멀수록 작은 가중치를 주어 지수적으로 과거의 비중을 줄여 미래값을 예측하는 방법으로, 가중이동평균법에서 가중치를 나누어주는 난해함을 개선한 모델이다. ⑤의 설명은 전기예측법에 대한 설명이다.

25 하역에 관한 설명으로 옳지 않은 것은?

① 운송 및 보관에 수반하여 발생한다.
② 적하, 운반, 적재, 반출, 분류 및 정돈으로 구성된다.
③ 시간, 장소 및 형태 효용을 창출한다.
④ 생산에서 소비에 이르는 전 유통과정에서 행해진다.
⑤ 무인화와 자동화가 빠르게 진행되고 있다.

> **해설** 하역은 보관과 수송 간의 화물을 싣고 내리는 취급활동(Load and Unload)이다. 시간, 장소 및 형태 효용은 물류의 보관, 운송, 유통가공 기능으로 발생한다.

정답 **23** ② **24** ⑤ **25** ③

26 하역합리화의 기본 원칙에 관한 설명으로 옳지 않은 것은?

① 하역작업의 이동거리를 최소화한다.

② 불필요한 하역작업을 줄인다.

③ 운반활성지수를 최소화한다.

④ 화물을 중량 또는 용적으로 단위화한다.

⑤ 파손과 오손, 분실을 최소화한다.

> [해설] 운반활성지수는 0부터 4까지 운반하기 원활한 상태를 표현하는 것으로, 하역합리화의 기본 원칙에서는 활성화의 원칙으로 표현하여 운반활성지수를 4에 가깝게 최대화하는 것을 권장한다.

27 하역작업과 관련된 용어에 관한 설명으로 옳지 않은 것은?

① 디배닝(Devanning) : 컨테이너에서 화물을 내리는 작업

② 래싱(Lashing) : 운송수단에 실린 화물이 움직이지 않도록 화물을 고정시키는 작업

③ 피킹(Picking) : 보관 장소에서 화물을 꺼내는 작업

④ 소팅(Sorting) : 화물을 품종별, 발송지별, 고객별로 분류하는 작업

⑤ 스태킹(Stacking) : 화물이 손상, 파손되지 않도록 화물의 밑바닥이나 틈 사이에 물건을 깔거나 끼우는 작업

> [해설] ⑤는 Dunnage에 대한 설명이다. 스태킹은 화물을 정돈해 쌓는 것을 의미한다.

28 하역시스템에 관한 설명으로 옳지 않은 것은?

① 물품을 자동차에 상하차하고 창고에서 상하좌우로 운반하거나 입고 또는 반출하는 시스템이다.

② 필요한 원재료·반제품·제품 등의 최적 보유량을 계획하고 조직하고 통제하는 기능을 한다.

③ 하역작업 장소에 따라 사내하역, 항만하역, 항공하역시스템 등으로 구분할 수 있다.

④ 하역시스템의 기계화 및 자동화는 하역작업환경을 개선하는 데 기여할 수 있다.

⑤ 효율적인 하역시스템 설계 및 구축을 통해 에너지 및 자원을 절약할 수 있다.

> [해설] 필요한 원재료·반제품·제품 등의 최적 보유량을 계획하고 조직하고 통제하는 기능은 하역시스템이 아니라 재고관리시스템이다.

정답 **26** ③ **27** ⑤ **28** ②

29 하역기기에 관한 설명으로 옳은 것은?

① 탑 핸들러(Top Handler) : 본선과 터미널 간 액체화물 이송 작업 시 연결되는 육상터미널 측 이송장비

② 로딩 암(Loading Arm) : 부두에서 본선으로 석탄, 광석의 벌크화물을 선적하는 데 사용하는 장비

③ 돌리(Dolly) : 해상 컨테이너를 적재하거나 다른 장소로 이송, 반출하는 데 사용하는 장비

④ 호퍼(Hopper) : 원료나 연료, 화물을 컨베이어나 기계로 이송하는 깔때기 모양의 장비

⑤ 스트래들 캐리어(Straddle Carrier) : 부두의 안벽에 설치되어 선박에 컨테이너를 선적하거나 하역하는 데 사용하는 장비

> 해설 ① 로딩 암(Loading Arm)
> ② 호퍼(Hopper), 컨베이어
> ③ 탑 핸들러(Top Handler), 스트래들 캐리어(Straddle Carrier), 리치 스태커(Reach Stacker)
> ⑤ 컨테이너크레인(Container Crane)

30 하역의 표준화에 관한 설명으로 옳지 않은 것은?

① 생산의 마지막 단계로 치수, 강도, 재질, 기법 등의 표준화로 구성된다.

② 운송, 보관, 포장, 정보 등 물류활동 간의 상호 호환성과 연계성을 고려하여 추진되어야 한다.

③ 환경과 안전을 고려하여야 한다.

④ 유닛로드 시스템에 적합한 하역·운반 장비의 표준화가 필요하다.

⑤ 표준규격을 만들고 일관성 있게 추진되어야 한다.

> 해설 ① 포장은 생산의 마지막 단계이며, 물류의 시작단계에 해당한다.

31 다음에서 설명하는 항만하역 작업방식은?

> 선측이나 선미의 경사판을 거쳐 견인차를 이용하여 수평으로 적재, 양륙하는 방식으로 페리(Ferry) 선박에서 전통적으로 사용해 온 방식이다.

① LO – LO(Lift on – Lift off) 방식

② RO – RO(Roll on – Roll off) 방식

③ FO – FO(Float on – Float off) 방식

④ FI – FO(Free in – Free out) 방식

⑤ LASH(Lighter Aboard Ship) 방식

정답 **29** ④ **30** ① **31** ②

해설 RO-RO(Roll on - Roll off) : 자동차나 철도화차가 직접 선측이나 선미의 경사판을 통해 견인차로 수평으로 적재, 양륙 방식으로 페리 선박에서 전통적으로 사용해 온 방식이다.

32 철도하역 방식에 관한 설명으로 옳지 않은 것은?

① TOFC(Trailer on Flat Car) 방식 : 컨테이너가 적재된 트레일러를 철도화차 위에 적재하여 운송하는 방식
② COFC(Container on Flat Car) 방식 : 철도화차 위에 컨테이너만을 적재하여 운송하는 방식
③ Piggy Back 방식 : 화물열차의 대차 위에 트레일러나 트럭을 컨테이너 등의 화물과 함께 실어 운송하는 방식
④ Kangaroo 방식 : 철도화차에 트레일러 차량의 바퀴가 들어갈 수 있는 홈이 있어 적재 높이를 낮게 하여 운송할 수 있는 방식
⑤ Freight Liner 방식 : 트럭이 화물열차에 대해 직각으로 후진하여 무개화차에 컨테이너를 바로 실어 운송하는 방식

해설 ⑤ COFC 하역방식 중 하나인 플렉시 밴에 대한 설명이다.

33 포장에 관한 설명으로 옳지 않은 것은?

① 소비자들의 관심을 유발시키는 판매물류의 시작이다.
② 물품의 가치를 높이거나 보호한다.
③ 공업포장은 물품 개개의 단위포장으로 판매촉진이 주목적이다.
④ 겉포장은 화물 외부의 포장을 말한다.
⑤ 기능에 따라 공업포장과 상업포장으로 분류한다.

해설 ③ 상업포장에 대한 설명이다.

정답 32 ⑤ 33 ③

34 화인(Shipping Mark)의 표시방법에 관한 설명으로 옳은 것을 모두 고른 것은?

> ㄱ. 스티커(Sticker)는 주물을 주입할 때 미리 화인을 해두는 방법으로 금속제품, 기계류 등에 사용된다.
> ㄴ. 스텐실(Stencil)은 화인할 부분을 고무인이나 프레스기 등을 사용하여 찍는 방법이다.
> ㄷ. 태그(Tag)는 종이나 플라스틱판 등에 일정한 표시 내용을 기재한 다음 철사나 끈으로 매는 방법으로 의류, 잡화류 등에 사용된다.
> ㄹ. 라벨링(Labeling)은 종이나 직포에 미리 인쇄해 두었다가 일정한 위치에 붙이는 방법이다.

① ㄱ, ㄴ   ② ㄱ, ㄷ   ③ ㄴ, ㄷ
④ ㄴ, ㄹ   ⑤ ㄷ, ㄹ

[해설] ㄱ. 카빙(Carving) ㄴ. 스탬핑(Stamping)

35 화인(Shipping Mark)에 관한 설명으로 옳지 않은 것은?

① 기본화인, 정보화인, 취급주의 화인으로 구성되며, 포장화물의 외장에 표시한다.
② 주화인 표시(Main Mark)는 타상품과 식별을 용이하게 하는 기호이다.
③ 부화인 표시(Counter Mark)는 유통업자나 수입 대행사의 약호를 표시하는 기호이다.
④ 품질 표시(Quality Mark)는 내용물품의 품질이나 등급을 표시하는 기호이다.
⑤ 취급주의 표시(Care Mark)는 내용물품의 취급, 운송, 적재요령을 나타내는 기호이다.

[해설] 부화인 표시는 내용물품의 제조사 혹은 수출대행사 등을 표시하는 기호이다.

36 파렛트의 화물적재방법에 관한 설명으로 옳은 것은?

① 블록쌓기는 맨 아래에서 상단까지 일렬로 쌓는 방법으로 작업효율성이 높고 무너질 염려가 없어 안정성이 높다.
② 교호열쌓기는 짝수층과 홀수층을 180도 회전시켜 쌓는 방식으로 화물의 규격이 일정하지 않아도 적용이 가능한 방식이다.
③ 벽돌쌓기는 벽돌을 쌓듯이 가로와 세로를 조합하여 1단을 쌓고 홀수층과 짝수층을 180도 회전시켜 쌓는 방식이다.
④ 핀휠(Pinwheel)쌓기는 비규격화물이나 정방형 파렛트가 아닌 경우에 이용하는 방식으로 다양한 화물의 적재에 이용된다.
⑤ 스플릿(Split)쌓기는 중앙에 공간을 두고 풍차형으로 쌓는 방식으로 적재효율이 높고 안정적인 적재방식이다.

[정답] **34** ⑤ **35** ③ **36** ③

해설 벽돌쌓기는 홀수층과 짝수층을 90도 회전시켜 쌓는 방식이다.

37 파렛트 풀 시스템(Pallet Pool System)의 운영형태에 관한 설명으로 옳은 것을 모두 고른 것은?

　ㄱ. 교환방식은 동일한 규격의 예비 파렛트 확보를 위하여 추가비용이 발생한다.
　ㄴ. 리스·렌탈방식은 개별 기업이 파렛트를 임대하여 사용하는 방식으로 파렛트의 품질 유지나 보수가 용이하다.
　ㄷ. 대차결제방식은 운송업체가 파렛트로 화물을 인도하는 시점에 동일한 수의 파렛트를 즉시 인수하는 방식이다.
　ㄹ. 교환·리스병용방식은 대차결제방식의 단점을 보완하기 위하여 개발된 방식이다.

① ㄱ, ㄴ　　　　　　　　　　② ㄱ, ㄷ
③ ㄴ, ㄷ　　　　　　　　　　④ ㄴ, ㄹ
⑤ ㄷ, ㄹ

해설 ㄷ. 즉시교환방식
　　　ㄹ. 대차결제방식은 즉시교환방식의 단점을 보완하기 위하여 개발된 방식이다.

38 자동분류장치의 종류에 관한 설명으로 옳지 않은 것은?
① 팝업 방식(Pop - Up Type)은 컨베이어의 아래에서 분기장치가 튀어나와 물품을 분류한다.
② 푸시 오프 방식(Push - Off Type)은 화물의 분류지점에 직각방향으로 암(Arm)을 설치하여 밀어내는 방식이다.
③ 슬라이딩 슈 방식(Sliding - Shoe Type)은 반송면의 아래 부분에 슈(Shoe)가 장착되어 단위화물과 함께 이동하면서 압출하는 분류방식이다.
④ 크로스 벨트 방식(Cross Belt Type)은 레일을 주행하는 연속된 캐리어에 장착된 소형 컨베이어를 구동시켜 물품을 분류한다.
⑤ 틸팅 방식(Tilting Type)은 벨트, 트레이, 슬라이드 등의 바닥면을 개방하여 물품을 분류한다.

해설 ⑤ 저개식은 분류지점에서 바닥면을 열어서, 이동하던 상품을 떨어뜨려 분류하는 방식이다. 틸팅 방식은 슬레이트 위의 상품을 분류지점에서 좌우로 기울여 분류하는 방식이다.

정답 **37** ① **38** ⑤

39 유닛로드시스템(Unit Load System)의 장점에 관한 설명으로 옳지 않은 것은?

① 상·하역 또는 보관 시에 기계화된 물류작업으로 인건비를 절감할 수 있다.

② 운송차량의 적재함과 창고 랙을 표준화된 단위규격을 사용하여 적재공간의 효율성을 향상시킨다.

③ 운송과정 중 수작업을 최소화하여 파손 및 분실을 방지할 수 있다.

④ 하역기기 등에 관한 고정투자비용이 발생하지 않기 때문에 대규모 자본투자가 필요 없다.

⑤ 단위 포장용기의 사용으로 포장업무가 단순해지고 포장비가 절감된다.

[해설] 유닛로드시스템은 파렛트나 컨테이너와 같은 ULD 하역을 위한 설비나 하역기기 등에 관한 고정투자비용이 발생하기 때문에 대규모 자본투자가 필요할 수 있다.

40 파렛트(Pallet)의 종류에 관한 설명으로 옳은 것은?

① 롤 파렛트(Roll Pallet)는 파렛트 바닥면에 바퀴가 달려 있어 자체적으로 밀어서 움직일 수 있다.

② 시트 파렛트(Sheet Pallet)는 핸드리프트 등으로 움직일 수 있도록 만들어진 상자형 파렛트이다.

③ 스키드 파렛트(Skid Pallet)는 상부구조물이 적어도 3면의 수직측판을 가진 상자형 파렛트이다.

④ 사일로 파렛트(Silo Pallet)는 파렛트 상단에 기둥이 설치된 형태로 기둥을 접거나 연결하는 방식으로 사용한다.

⑤ 탱크 파렛트는(Tank Pallet)는 주로 분말체의 보관과 운송에 이용하는 1회용 파렛트이다.

[해설] ② 시트 파렛트(Sheet pallet) : 파렛트를 사용하지 않고 화물을 규격화시키는 기법의 하나로 골판지, 플라스틱 시트를 사용하여 네 방향 또는 두 방향으로 플랩을 설치하는 것을 슬립시트라 한다. 이 시트에 화물을 적재하여 전용의 밀고 당김 장치를 부착한 포크리프트를 사용하여 하역한다.

※ 시트 파렛트 종류

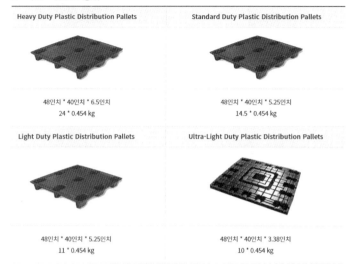

Heavy Duty Plastic Distribution Pallets	Standard Duty Plastic Distribution Pallets
48인치 * 40인치 * 6.5인치 24 * 0.454 kg	48인치 * 40인치 * 5.25인치 14.5 * 0.454 kg
Light Duty Plastic Distribution Pallets	Ultra-Light Duty Plastic Distribution Pallets
48인치 * 40인치 * 5.25인치 11 * 0.454 kg	48인치 * 40인치 * 3.38인치 10 * 0.454 kg

③ **스키드 파렛트**(Skid Pallet) : 파렛트의 경우에는 상단 및 하단 데크(deck)가 있으나, 스키드의 경우에는 바닥 데크가 없다. 그로 인해서 스키드는 마찰이 적어 화물을 적재 후 끌기에 적절하다. 따라서 파렛트에 비해 이동이 용이한 만큼 중장비에 주로 활용된다. 또한 바닥 데크가 없는 만큼 중첩 시 공간을 보다 더 활용할 수 있으며, 파렛트의 경우에는 이와 반대로 상단 및 하단에 데크가 있기 때문에 끌기에는 용이하지 않으나 보다 안정적인 포장형태이다.

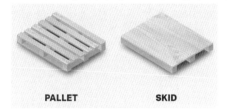

PALLET　　　　**SKID**

④ **사일로 파렛트**(Silo Pallet) : 파렛트에 주로 분립체를 담을 수 있는 사일로가 장착된 형태이다.

⑤ **탱크 파렛트는**(Tank Pallet) : 파렛트에 수로 액제를 담을 수 있는 탱크가 장착된 형태이다.

제2과목 물류관련법규(41~80)

41 물류정책기본법상 물류현황조사에 관한 설명으로 옳지 않은 것은?

① 국토교통부장관은 물류에 관한 정책의 수립을 위하여 필요하다고 판단될 때에는 관계 행정기관의 장과 미리 협의한 후 물동량의 발생현황과 이동경로 등에 관하여 조사할 수 있다.

② 국토교통부장관은 물류현황조사를 위한 조사지침을 작성하려는 경우에는 미리 시 · 도 지사와 협의하여야 한다.

③ 도지사는 지역물류에 관한 정책의 수립을 위하여 필요한 경우에는 해당 행정구역의 물동량 현황과 이동경로, 물류시설 · 장비의 현황과 이용실태 등에 관하여 조사할 수 있다.

④ 해양수산부장관은 물류현황조사를 효율적으로 수행하기 위하여 필요한 경우에는 물류 현황조사의 전부 또는 일부를 전문기관으로 하여금 수행하게 할 수 있다.

⑤ 도지사는 관할 군의 군수에게 지역물류현황조사를 요청하는 경우에는 효율적인 지역물 류현황조사를 위하여 조사의 시기, 종류 및 방법 등에 관하여 해당 도의 조례로 정하는 바에 따라 조사지침을 작성하여 통보할 수 있다.

> **해설** 국토교통부장관은 물류현황조사를 위한 지침을 작성하려는 경우에는 미리 관계 중앙행정기관의 장과 협의하여야 한다(법 제8조 제2항).

42 물류정책기본법상 물류계획의 수립에 관한 설명으로 옳지 않은 것은?

① 국토교통부장관 및 해양수산부장관은 국가물류정책의 기본방향을 설정하는 10년 단위 의 국가물류기본계획을 5년마다 공동으로 수립하여야 한다.

② 국가물류기본계획에는 국가물류정보화사업에 관한 사항이 포함되어야 한다.

③ 국토교통부장관은 국가물류기본계획을 수립하거나 변경한 때에는 이를 관보에 고시하 고, 관계 중앙행정기관의 장 및 시 · 도지사에게 통보하여야 한다.

④ 특별시장 및 광역시장은 지역물류정책의 기본방향을 설정하는 5년 단위의 지역물류기 본계획을 3년마다 수립하여야 한다.

⑤ 지역물류기본계획은 국가물류기본계획에 배치되지 아니하여야 한다.

> **해설** 특별시장 및 광역시장은 지역물류정책의 기본방향을 설정하는 10년 단위의 지역물류기본계획을 5년마 다 수립하여야 한다(법 제14조 제1항).

정답 41 ② 42 ④

43 물류정책기본법령상 물류회계의 표준화를 위한 기업물류비 산정지침에 포함되어야 하는 사항으로 명시되지 않은 것은?

① 물류비 관련 용어 및 개념에 대한 정의
② 우수물류기업 선정을 위한 프로그램 개발비의 상한
③ 영역별·기능별 및 자가·위탁별 물류비의 분류
④ 물류비의 계산 기준 및 계산 방법
⑤ 물류비 계산서의 표준 서식

해설 시행령 제18조(기업물류비 산정지침) 기업물류비 산정지침에는 다음 각 호의 사항이 포함되어야 한다.

> 1. 물류비 관련 용어 및 개념에 대한 정의
> 2. 영역별·기능별 및 자가·위탁별 물류비의 분류
> 3. 물류비의 계산 기준 및 계산 방법
> 4. 물류비 계산서의 표준 서식

44 물류정책기본법령상 도로운송 시 위험물질운송안전관리센터의 감시가 필요한 위험물질을 운송하는 차량의 최대 적재량 기준에 관한 설명이다. (   )에 들어갈 내용은?

• 「위험물안전관리법」 제2조 제1항 제1호에 따른 위험물을 운송하는 차량 : (ㄱ)리터 이상
• 「화학물질관리법」 제2조 제7호에 따른 유해화학물질을 운송하는 차량 : (ㄴ)킬로그램 이상

① ㄱ : 5,000   ㄴ : 5,000
② ㄱ : 5,000   ㄴ : 10,000
③ ㄱ : 10,000   ㄴ : 5,000
④ ㄱ : 10,000   ㄴ : 10,000
⑤ ㄱ : 10,000   ㄴ : 20,000

해설 시행규칙 제2조의2 위험물질운송안전관리센터의 감시가 필요한 위험물질의 종류 등에 따르면 「위험물안전관리법」 제2조 제1항 제1호에 따른 위험물을 운송하는 차량의 최대 적재량은 10,000리터 이상, 「화학물질관리법」 제2조 제7호에 따른 유해화학물질을 운송하는 차량의 최대 적재량은 5,000킬로그램 이상으로 규정되어 있다.

정답 **43** ②　**44** ③

45 물류정책기본법상 물류공동화 및 자동화 촉진에 관한 설명으로 옳은 것을 모두 고른 것은?

> ㄱ. 해양수산부장관은 물류공동화를 추진하는 물류기업에 대하여 예산의 범위에서 필요한 자금을 지원할 수 있다.
> ㄴ. 국토교통부장관은 화주기업이 물류공동화를 추진하는 경우에는 물류 기업이나 물류 관련 단체와 공동으로 추진하도록 권고할 수 있다.
> ㄷ. 자치구 구청장은 물류공동화를 확산하기 위하여 필요한 경우에는 시범지역을 지정하거나 시범사업을 선정하여 운영할 수 있다.
> ㄹ. 산업통상자원부장관은 물류기업이 물류자동화를 위하여 물류시설 및 장비를 확충하거나 교체하려는 경우에는 필요한 자금을 지원할 수 있다.

① ㄱ, ㄷ　　　　　　② ㄱ, ㄹ
③ ㄴ, ㄷ　　　　　　④ ㄱ, ㄴ, ㄹ
⑤ ㄴ, ㄷ, ㄹ

[해설] 국토교통부장관·해양수산부장관·산업통상자원부장관 또는 시·도지사는 물류공동화를 확산하기 위하여 필요한 경우에는 시범지역을 지정하거나 시범사업을 선정하여 운영할 수 있다(법 제23조 제4항). 자치구 구청장은 해당되지 않는다.

46 물류정책기본법령상 단위물류정보망 전담기관으로 지정될 수 없는 것은? (단, 고시는 고려하지 않음)

① 「한국자산관리공사 설립 등에 관한 법률」에 따른 한국자산관리공사
② 「인천국제공항공사법」에 따른 인천국제공항공사
③ 「한국공항공사법」에 따른 한국공항공사
④ 「한국도로공사법」에 따른 한국도로공사
⑤ 「항만공사법」에 따른 항만공사

[해설] 단위물류정보망 전담기관으로 지정될 수 있는 "대통령령으로 정하는 공공기관"이란 다음 각 호의 어느 하나에 해당하는 공공기관을 말한다(시행령 제20조 제5항).

> 1. 「인천국제공항공사법」에 따른 인천국제공항공사
> 2. 「한국공항공사법」에 따른 한국공항공사
> 3. 「한국도로공사법」에 따른 한국도로공사
> 4. 「한국철도공사법」에 따른 한국철도공사
> 5. 「한국토지주택공사법」에 따른 한국토지주택공사
> 6. 「항만공사법」에 따른 항만공사

정답 **45** ④　**46** ①

47 물류정책기본법령상 국가물류통합정보센터의 운영자로 지정될 수 없는 자는?

① 중앙행정기관

② 「한국토지주택공사법」에 따른 한국토지주택공사

③ 「과학기술분야 정부출연연구기관 등의 설립·운영 및 육성에 관한 법률」에 따른 정부출연연구기관

④ 자본금 1억원인 「상법」상 주식회사

⑤ 「물류정책기본법」에 따라 설립된 물류관련협회

> 해설 국토교통부장관은 다음 각 호의 어느 하나에 해당하는 자를 국가물류통합정보센터의 운영자로 지정할 수 있다(법 제30조의2 제2항).
>
> > 1. 중앙행정기관
> > 2. 대통령령으로 정하는 공공기관
> > 3. 정부출연연구기관
> > 3의2. 제55조 제1항에 따라 설립된 물류관련협회
> > 4. 자본금 2억원 이상, 대통령령으로 정하는 기준과 자격을 갖춘 「상법」상의 주식회사

48 물류정책기본법상 국토교통부장관 또는 해양수산부장관이 소관 인증 우수물류기업의 인증을 취소하여야 하는 경우는?

① 거짓이나 그 밖의 부정한 방법으로 인증을 받은 경우

② 물류사업으로 인하여 공정거래위원회로부터 과징금 부과 처분을 받은 경우

③ 인증요건의 유지여부 점검을 정당한 사유 없이 3회 이상 거부한 경우

④ 우수물류기업의 인증기준에 맞지 아니하게 된 경우

⑤ 다른 사람에게 자기의 성명 또는 상호를 사용하여 영업을 하게 하거나 인증서를 대여한 때

> 해설 국토교통부장관 또는 해양수산부장관은 소관 인증우수물류기업이 다음의 어느 하나에 해당하는 경우에는 그 인증을 취소할 수 있다. 다만, 제1호에 해당하는 때에는 인증을 취소하여야 한다(법 제39조 제1항).
>
> > 1. 거짓이나 그 밖의 부정한 방법으로 인증을 받은 경우
> > 2. 물류사업으로 인하여 공정거래위원회로부터 시정조치 또는 과징금 부과 처분을 받은 경우
> > 3. 인증요건 유지여부 관련 점검을 정당한 사유 없이 3회 이상 거부한 경우
> > 4. 우수물류기업 선정을 위한 인증기준에 맞지 아니하게 된 경우
> > 5. 다른 사람에게 자기의 성명 또는 상호를 사용하여 영업을 하게 하거나 인증서를 대여한 때

정답 **47** ④ **48** ①

49 물류시설의 개발 및 운영에 관한 법령상 복합물류터미널사업에 관한 설명으로 옳지 않은 것은?

① 복합물류터미널사업자가 그 사업을 양도한 때에는 그 양수인은 복합물류터미널 사업의 등록에 따른 권리·의무를 승계한다.

② 국토교통부장관은 복합물류터미널사업의 등록에 따른 권리·의무의 승계신고를 받은 날부터 10일 이내에 신고수리 여부를 신고인에게 통지하여야 한다.

③ 복합물류터미널사업자의 휴업기간은 3개월을 초과할 수 없다.

④ 복합물류터미널사업자인 법인의 합병 외의 사유에 따른 해산신고를 하려는 자는 해산신고서를 해산한 날부터 7일 이내에 국토교통부장관에게 제출하여야 한다.

⑤ 복합물류터미널사업자는 복합물류터미널사업의 전부 또는 일부를 휴업하거나 폐업하려는 때에는 미리 국토교통부장관에게 신고하여야 한다.

해설 복합물류터미널사업자의 휴업기간은 6개월을 초과할 수 없다(법 제15조 제3항).

50 물류시설의 개발 및 운영에 관한 법령상 물류단지 실수요 검증에 관한 설명으로 옳지 않은 것은?

① 물류단지 실수요 검증을 실시하기 위하여 국토교통부 또는 시·도에 각각 실수요검증위원회를 둔다.

② 도시첨단물류단지개발사업의 경우에는 실수요검증을 실수요검증위원회의 자문으로 갈음할 수 있다.

③ 실수요검증위원회의 위원장 및 부위원장은 공무원이 아닌 위원 중에서 각각 호선(互選)한다.

④ 실수요검증위원회의 심의결과는 심의·의결을 마친 날부터 14일 이내에 물류단지 지정 요청자등에게 서면으로 알려야 한다.

⑤ 실수요검증위원회의 회의는 분기별로 2회 이상 개최하여야 한다.

해설 실수요검증위원회의 회의는 분기별로 1회 이상 개최 하되, 국토교통부장관 또는 위원장이 필요하다고 인정되는 경우에는 국토교통부장관 또는 위원장이 수시로 소집할 수 있다(시행규칙 제16조의8 제1항).

정답 **49** ③ **50** ⑤

51 물류시설의 개발 및 운영에 관한 법령상 물류단지개발특별회계 조성의 재원을 모두 고른 것은? (단, 조례는 고려하지 않음)

ㄱ. 차입금
ㄴ. 정부의 보조금
ㄷ. 해당 지방자치단체의 일반회계로부터의 전입금
ㄹ. 「지방세법」에 따라 부과·징수되는 재산세의 징수액 중 15퍼센트의 금액

① ㄱ, ㄴ   ② ㄴ, ㄹ
③ ㄷ, ㄹ   ④ ㄱ, ㄴ, ㄷ
⑤ ㄱ, ㄴ, ㄷ, ㄹ

해설 특별회계는 다음 각 호의 재원으로 조성된다(법 제40조 제2항).

> 1. 해당 지방자치단체의 일반회계로부터의 전입금
> 2. 정부의 보조금
> 3. 제67조에 따라 부과·징수된 과태료
> 4. 「개발이익환수에 관한 법률」에 따라 지방자치단체에 귀속되는 개발부담금 중 해당 지방자치단체의 조례로 정하는 비율의 금액
> 5. 「국토의 계획 및 이용에 관한 법률」에 따른 수익금
> 6. 「지방세법」에 따라 부과·징수되는 재산세의 징수액 중 10퍼센트의 금액
> 7. 차입금
> 8. 해당 특별회계자금의 융자회수금·이자수입금 및 그 밖의 수익금

52 물류시설의 개발 및 운영에 관한 법령상 일반물류단지시설에 해당할 수 없는 것은?
① 물류터미널 및 창고
② 「수산식품산업의 육성 및 지원에 관한 법률」에 따른 수산물가공업시설(냉동·냉장업 시설은 제외한다)
③ 「유통산업발전법」에 따른 전문상가단지
④ 「농수산물유통 및 가격안정에 관한 법률」에 따른 농수산물도매시장
⑤ 「자동차관리법」에 따른 자동차경매장

해설 「수산식품산업의 육성 및 지원에 관한 법률」에 따른 수산물가공업시설(냉동·냉장업 시설은 제외한다)은 '지원시설'에 해당한다.

53 물류시설의 개발 및 운영에 관한 법령상 물류창고업의 등록에 관한 설명이다. ( )에 들어갈 내용은?

> 물류창고업의 등록을 한 자가 물류창고 면적의 (ㄱ) 이상을 증감하려는 경우에는 국토교통부와 해양수산부의 공동부령으로 정하는 바에 따라 변경 등록의 사유가 발생한 날부터 (ㄴ)일 이내에 변경등록을 하여야 한다.

① ㄱ : 100분의 5   ㄴ : 10
② ㄱ : 100분의 5   ㄴ : 30
③ ㄱ : 100분의 10   ㄴ : 10
④ ㄱ : 100분의 10   ㄴ : 30
⑤ ㄱ : 100분의 10   ㄴ : 60

[해설] 물류창고업의 등록을 한 자가 그 등록한 사항 중 대통령령으로 정하는 사항*을 변경하려는 경우에는 국토교통부와 해양수산부의 공동부령으로 정하는 바에 따라 변경등록의 사유가 발생한 날부터 30일 이내에 변경등록을 하여야 한다(법 제21조의2 제2항).
 ※ 대통령령으로 정하는 사항 : 물류창고업의 등록을 한 자의 성명(법인인 경우 그 대표자의 성명) 및 상호, 물류창고의 소재지, 물류창고 면적의 100분의 10 이상의 증감

54 물류시설의 개발 및 운영에 관한 법령상 복합물류터미널사업의 등록에 관한 설명으로 옳지 않은 것은?

① 「지방공기업법」에 따른 지방공사는 복합물류터미널사업의 등록을 할 수 있다.
② 복합물류터미널사업의 등록을 위해 갖추어야 할 부지 면적의 기준은 3만3천m² 이상 이다.
③ 복합물류터미널사업 등록이 취소된 후 1년이 지나면 등록결격사유가 소멸한다.
④ 국토교통부장관은 복합물류터미널사업의 변경등록신청을 받고 결격사유의 심사 후 신청내용이 적합하다고 인정할 때에는 지체없이 변경등록을 하여야 한다.
⑤ 복합물류터미널의 부지 및 설비의 배치를 표시한 축척 500분의 1 이상의 평면도는 복합물류터미널사업의 등록신청서에 첨부하여 국토교통부장관에게 제출하여야 할 서류 이다.

[해설] ③ 복합물류터미널사업 등록이 취소(제3호 가목에 해당하여 제17조 제1항 제4호에 따라 등록이 취소된 경우는 제외한다)된 후 2년이 지나지 아니한 자
 ④ 국토교통부장관은 복합물류터미널사업의 등록을 할 수 있는 자가 등록신청을 하는 경우에는 등록기준을 갖추지 못한 경우 또는 결격사유에 해당하는 경우를 제외하고는 등록을 해주어야 한다(법 제7조 5항). 따라서 '지체없이'라는 문구는 법규정에 없으므로 틀린 문장임.

[정답] **53** ④ **54** ③, ④

55 물류시설의 개발 및 운영에 관한 법령상 입주기업체협의회에 관한 설명으로 옳지 않은 것은?

① 입주기업체협의회는 그 구성 당시에 해당 물류단지 입주기업체의 75퍼센트 이상이 회원으로 가입되어 있어야 한다.

② 입주기업체협의회의 회의는 정관에 다른 규정이 있는 경우를 제외하고는 회원 과반수의 출석과 출석회원 과반수의 찬성으로 의결한다.

③ 입주기업체협의회의 일반회원은 입주기업체의 대표자로 한다.

④ 입주기업체협의회의 특별회원은 일반회원 외의 자 중에서 정하되 회원자격은 입주기업체협의회의 정관으로 정하는 바에 따른다.

⑤ 입주기업체협의회는 매 사업연도 개시일부터 3개월 이내에 정기총회를 개최하여야 한다.

[해설] 입주기업체협의회는 매 사업연도 개시일부터 2개월 이내에 정기총회를 개최하여야 하며, 필요한 경우에는 임시총회를 개최할 수 있다.

56 물류시설의 개발 및 운영에 관한 법령상 국가 또는 지방자치단체가 우선적으로 지원하여야 하는 기반시설로 명시된 것을 모두 고른 것은?

ㄱ. 하수도시설 및 폐기물처리시설　　ㄴ. 보건위생시설
ㄷ. 집단에너지공급시설　　　　　　　ㄹ. 물류단지 안의 공동구

① ㄱ　　　　　　　　　　　　　　② ㄴ, ㄹ
③ ㄱ, ㄴ, ㄷ　　　　　　　　　　④ ㄱ, ㄷ, ㄹ
⑤ ㄴ, ㄷ, ㄹ

[해설] 국가 또는 지방자치단체는 물류단지의 원활한 개발을 위하여 필요한 도로·철도·항만·용수시설 등 기반시설*의 설치를 우선적으로 지원하여야 한다.
　 ※ 기반시설(시행령 제29조) : 도로·철도 및 항만시설, 용수공급시설 및 통신시설, 하수도시설 및 폐기물처리시설, 물류단지 안의 공동구, 집단에너지공급시설, 유수지 및 광장

57 화물자동차 운수사업법령상 운송사업자의 직접운송의무에 관한 설명이다. (   )에 들어갈 내용은? (단, 사업기간은 1년 이상임)

- 일반화물자동차 운송사업자는 연간 운송계약 화물의 (ㄱ) 이상을 직접 운송하여야 한다.
- 운송사업자가 운송주선사업을 동시에 영위하는 경우에는 연간 운송계약 및 운송주선계약 화물의 (ㄴ) 이상을 직접 운송하여야 한다.

① ㄱ : 3분의 2   ㄴ : 3분의 1
② ㄱ : 100분의 30   ㄴ : 100분의 20
③ ㄱ : 100분의 30   ㄴ : 100분의 30
④ ㄱ : 100분의 50   ㄴ : 100분의 20
⑤ ㄱ : 100분의 50   ㄴ : 100분의 30

해설 **운송사업자의 직접운송의무**(시행규칙 제21조의5)
1. 일반화물자동차 운송사업자는 연간 운송계약 화물의 100분의 50 이상을 직접 운송하여야 한다.
2. 운송사업자가 운송주선사업을 동시에 영위하는 경우에는 연간 운송계약 및 운송주선계약 화물의 100분의 30 이상을 직접 운송하여야 한다.
3. 직접운송의 인정기준은 위탁운송 화물의 100분의 80에서 100분의 100의 범위에서 국토교통부장관이 정하여 고시하는 기준에 따른다.

58 화물자동차 운수사업법령상 경영의 위탁 및 위·수탁계약에 관한 설명으로 옳지 않은 것은?

① 운송사업자는 화물자동차 운송사업의 효율적인 수행을 위하여 필요하면 다른 운송사업자에게 차량과 그 경영의 일부를 위탁할 수 있다.
② 국토교통부장관이 경영의 위탁을 제한하려는 경우 화물자동차 운송사업의 허가에 조건을 붙이는 방식으로 할 수 있다.
③ 위·수탁계약의 기간은 2년 이상으로 하여야 한다.
④ 위·수탁계약을 체결하는 경우 계약의 당사자는 양도·양수에 관한 사항을 계약서에 명시하여야 한다.
⑤ 위·수탁차주가 계약기간 동안 화물운송 종사자격의 효력 정지 처분을 받았다면 운송사업자는 위·수탁차주의 위·수탁계약 갱신 요구를 거절할 수 있다.

해설 운송사업자는 화물자동차 운송사업의 효율적인 수행을 위하여 필요하면 다른 사람(운송사업자를 제외한 개인)에게 차량과 그 경영의 일부를 위탁하거나 차량을 현물출자한 사람에게 그 경영의 일부를 위탁할 수 있다(법 제40조 제1항).

정답 **57** ⑤ **58** ①

59 화물자동차 운수사업법상 화물자동차 운송가맹사업에 관한 설명으로 옳지 않은 것은?

① 다른 사람의 요구에 응하여 자기 화물자동차를 사용하여 유상으로 화물을 운송하는 사업은 화물자동차 운송가맹사업에 해당하지 않는다.

② 화물자동차 운송가맹사업의 허가를 받은 자는 화물자동차 운송주선사업의 허가를 받지 아니한다.

③ 화물자동차 운송가맹사업의 허가를 받은 자는 화물자동차 운송사업의 허가를 받지 아니한다.

④ 운송가맹사업자는 적재물배상책임보험 또는 공제에 가입하여야 한다.

⑤ 운송가맹사업자의 화물정보망은 운송사업자가 다른 운송사업자나 다른 운송사업자에게 소속된 위·수탁차주에게 화물운송을 위탁하는 경우에도 이용될 수 있다.

> **해설** "화물자동차 운송가맹사업"이란 <u>다른 사람의 요구에 응하여 자기 화물자동차를 사용하여 유상으로 화물을 운송하거나</u> 화물정보망을 통하여 소속 화물자동차 운송가맹점에 의뢰하여 화물을 운송하게 하는 사업을 말한다(법 제2조 제5호).

60 화물자동차 운수사업법령상 운수사업자(개인 운송사업자는 제외)가 관리하고 신고하여야 하는 사항을 모두 고른 것은?

ㄱ. 운수사업자가 직접 운송한 실적
ㄴ. 운수사업자가 화주와 계약한 실적
ㄷ. 운수사업자가 다른 운수사업자와 계약한 실적
ㄹ. 운송가맹사업자가 소속 운송가맹점과 계약한 실적

① ㄱ, ㄴ
② ㄷ, ㄹ
③ ㄱ, ㄴ, ㄷ
④ ㄱ, ㄴ, ㄹ
⑤ ㄱ, ㄴ, ㄷ, ㄹ

> **해설** 운수사업자는 국토교통부장관이 정하여 고시하는 기준과 절차에 따라 다음의 형태에 따른 실적을 관리하고 이를 화물운송실적관리시스템을 통해 국토교통부장관에게 신고하여야 한다(시행규칙 제44조의2 제1항).
>
> 1. 운수사업자가 화주와 계약한 실적
> 2. 운수사업자가 다른 운수사업자와 계약한 실적
> 3. 운수사업자가 다른 운송사업자 소속의 위·수탁차주와 계약한 실적
> 4. 운송가맹사업자가 소속 운송가맹점과 계약한 실적
> 5. 운수사업자가 직접 운송한 실적

61 화물자동차 운수사업법령상 공영차고지를 설치하여 직접 운영할 수 있는 자가 아닌 것은?

① 도지사
② 자치구의 구청장
③ 「지방공기업법」에 따른 지방공사
④ 「한국토지주택공사법」에 따른 한국토지주택공사
⑤ 「한국농수산식품유통공사법」에 따른 한국농수산식품유통공사

해설 "공영차고지"란 화물자동차 운수사업에 제공되는 차고지로서 다음 각 목의 어느 하나에 해당하는 자가 설치한 것을 말한다(법 제2조 제9호).

> 가. 시·도지사
> 나. 시장·군수·구청장(자치구의 구청장)
> 다. 「공공기관의 운영에 관한 법률」에 따른 공공기관 중 대통령령으로 정하는 공공기관(인천국제공항공사법에 따른 인천국제공항공사, 한국공항공사법에 따른 한국공항공사, 한국도로공사법에 따른 한국도로공사, 한국철도공사법에 따른 한국철도공사, 한국토지주택공사법에 따른 한국토지주택공사, 항만공사법에 따른 항만공사)
> 라. 「지방공기업법」에 따른 지방공사

62 화물자동차 운수사업법령상 사업자단체에 관한 설명으로 옳지 않은 것은? (단, 협회는 화물자동차 운수사업법 제48조의 협회로 함)

① 운수사업자의 협회 설립은 화물자동차 운송사업, 화물자동차 운송주선사업 및 화물자동차 운송가맹사업의 종류별 또는 시·도별로 할 수 있다.
② 협회는 개인화물자동차 운송사업자의 화물자동차를 운전하는 사람에 대한 경력증명서 발급에 필요한 사항을 기록·관리하고, 운송사업자로부터 경력증명서 발급을 요청받은 경우 경력증명서를 발급해야 한다.
③ 협회의 사업에는 국가나 지방자치단체로부터 위탁받은 업무가 포함된다.
④ 협회는 국토교통부장관의 허가를 받아 적재물배상 공제사업 등을 할 수 있다.
⑤ 화물자동차 휴게소 사업시행자는 화물자동차 휴게소의 운영을 협회에게 위탁할 수 있다.

해설 운수사업자가 설립한 협회의 연합회는 대통령령으로 정하는 바에 따라 국토교통부장관의 허가를 받아 운수사업자의 자동차 사고로 인한 손해배상 책임의 보장사업 및 적재물배상 공제사업 등을 할 수 있다.

정답 **61** ⑤ **62** ④

63 화물자동차 운수사업법상 국가가 그 소요자금의 일부를 보조하거나 융자할 수 있는 사업이 아닌 것은?

① 낡은 차량의 대체
② 화물자동차 휴게소의 건설
③ 공동차고지 및 공영차고지 건설
④ 운수사업자의 자동차 사고로 인한 손해배상 책임의 보장
⑤ 화물자동차 운수사업의 서비스 향상을 위한 시설·장비의 확충과 개선

> **해설** 국가는 지방자치단체, 「공공기관의 운영에 관한 법률」에 따른 공공기관 중 대통령령으로 정하는 공공기관, 「지방공기업법」에 따른 지방공사, 사업자단체 또는 운수사업자가 다음의 하나에 해당하는 사업을 수행하는 경우로서 재정적 지원이 필요하다고 인정되면 대통령령으로 정하는 바에 따라 소요자금의 일부를 보조하거나 융자할 수 있다(법 제43조 제1항).
> 1. 공동차고지 및 공영차고지 건설
> 2. 화물자동차 운수사업의 정보화
> 3. 낡은 차량의 대체
> 4. 연료비가 절감되거나 환경친화적인 화물자동차 등으로의 전환 및 이를 위한 시설·장비의 투자
> 5. 화물자동차 휴게소의 건설
> 6. 화물자동차 운수사업의 서비스 향상을 위한 시설·장비의 확충과 개선
> 7. 그 밖에 화물자동차 운수사업의 경영합리화를 위한 사항으로서 국토교통부령으로 정하는 사항

64 화물자동차 운수사업법상 화물자동차 운송주선사업에 관한 설명으로 옳은 것은?

① 운송주선사업자는 자기 명의로 다른 사람에게 화물자동차 운송주선사업을 경영하게 할 수 있다.
② 운송주선사업자는 화주로부터 중개 또는 대리를 의뢰받은 화물에 대하여 다른 운송주선사업자에게 수수료나 그 밖의 대가를 받고 중개 또는 대리를 의뢰할 수 있다.
③ 운송가맹사업자의 화물운송계약을 중개·대리하는 운송주선사업자는 화물자동차 운송가맹점이 될 수 있다.
④ 국토교통부장관은 운수종사자의 집단적 화물운송 거부로 국가경제에 매우 심각한 위기를 초래할 우려가 있다고 인정할 만한 상당한 이유가 있으면 운송주선사업자에게 업무개시를 명할 수 있다.
⑤ 운송주선사업자는 공영차고지를 임대받아 운영할 수 있다.

해설 ① 운송주선사업자는 자기 명의로 다른 사람에게 화물자동차 운송주선사업을 경영하게 할 수 없다(법 제25조).
② 운송주선사업자는 화주로부터 중개 또는 대리를 의뢰받은 화물에 대하여 다른 운송주선사업자에게 수수료나 그 밖의 대가를 받고 중개 또는 대리를 의뢰하여서는 아니 된다(법 제26조 제2항).
④ 국토교통부장관은 운송사업자 또는 운수종사자에게 업무개시를 명할 수 있다(법 제14조 제1항).
⑤ 사업자단체, 운송사업자, 운송가맹사업자, 운송사업자로 구성된 「협동조합 기본법」에 따른 협동조합만이 공영차고지를 임대받아 운영할 수 있다(법 제45조 제1항).

65 화물자동차 운수사업법상 화물의 멸실·훼손 또는 인도의 지연으로 발생한 운송사업자의 손해배상 책임에 관한 설명으로 옳지 않은 것은?

① 손해배상 책임에 관하여 「상법」을 준용할 때 화물이 인도기한이 지난 후 1개월 이내에 인도되지 아니하면 그 화물은 멸실된 것으로 본다.
② 국토교통부장관은 화주가 요청하면 운송사업자의 손해배상 책임에 관한 분쟁을 조정할 수 있다.
③ 국토교통부장관은 화주가 분쟁조정을 요청하면 지체 없이 그 사실을 확인하고 손해내용을 조사한 후 조정안을 작성하여야 한다.
④ 화주와 운송사업자 쌍방이 조정안을 수락하면 당사자 간에 조정안과 동일한 합의가 성립된 것으로 본다.
⑤ 국토교통부장관은 분쟁조정 업무를 「소비자기본법」에 따라 등록한 소비자단체에 위탁할 수 있다.

해설 손해배상 책임에 관하여 「상법」 제135조를 준용할 때 화물의 인도기한이 지난 후 3개월 이내에 인도되지 아니하면 그 화물은 멸실된 것으로 본다.

정답 **65** ①

66 화물자동차 운수사업법령상 사업 허가 또는 신고에 관한 설명으로 옳은 것은?

① 운송사업자는 관할 관청의 행정구역 내에서 주사무소를 이전하려면 국토교통부장관에 게 변경허가를 받아야 한다.

② 운송사업자는 허가받은 날부터 5년마다 허가기준에 관한 사항을 신고하여야 한다.

③ 국토교통부장관은 운송사업자가 사업정지처분을 받은 경우에도 주사무소를 이전하는 변경허가를 할 수 있다.

④ 운송주선사업자가 허가사항을 변경하려면 국토교통부장관의 변경허가를 받아야 한다.

⑤ 운송가맹사업자가 화물취급소를 설치하거나 폐지하려면 국토교통부장관의 변경허가를 받아야 한다.

> **해설** ① 주사무소의 관할 관청의 행정구역 내에서의 이전은 변경신고 대상이다.
> ③ 국토교통부장관은 운송사업자가 사업정지처분을 받은 경우에는 주사무소를 이전하는 변경허가를 하여서는 아니 된다.
> ④ 운송주선사업자가 허가사항을 변경하려면 국토교통부장관에게 신고하여야 한다.
> ⑤ 주사무소·영업소 및 화물취급소의 이전은 변경신고 대상에 해당한다.

67 항만운송사업법령상 항만용역업의 내용에 해당하지 않는 것은?

① 통선(通船)으로 본선(本船)과 육지 사이에서 사람이나 문서 등을 운송하는 행위를 하는 사업

② 본선을 경비(警備)하는 행위나 본선의 이안(離岸) 및 접안(接岸)을 보조하기 위하여 줄 잡이 역무(役務)를 제공하는 행위를 하는 사업

③ 선박의 청소[유창(油艙) 청소는 제외한다], 오물 제거, 소독, 폐기물의 수집·운반, 화 물 고정, 칠 등을 하는 행위를 하는 사업

④ 선박에 음료, 식품, 소모품, 밧줄, 수리용 예비부분품 및 부속품, 집기, 그 밖에 이와 유사한 선용품을 공급하는 행위를 하는 사업

⑤ 선박에서 사용하는 맑은 물을 공급하는 행위를 하는 사업

> **해설** 항만용역업(시행령 제2조 제1호)
> 다음의 행위를 하는 사업
>
> > 가. 통선으로 본선과 육지 사이에서 사람이나 문서 등을 운송하는 행위
> > 나. 본선을 경비하는 행위나 본선의 이안 및 접안을 보조하기 위하여 줄잡이 역무를 제공하는 행위
> > 다. 선박의 청소[유창청소는 제외], 오물 제거, 소독, 폐기물의 수집·운반, 화물 고정, 칠 등을 하 는 행위
> > 라. 선박에서 사용하는 맑은 물을 공급하는 행위

정답 **66** ② **67** ④

68 항만운송사업법령상 항만운송사업에 관한 설명으로 옳지 않은 것은?

① 항만하역사업의 등록신청서에 첨부하여야 하는 사업계획에는 사업에 제공될 수면목재 저장소의 수, 위치 및 면적이 포함되어야 한다.

② 항만운송사업의 등록을 신청하려는 자가 법인인 경우 등록신청서에 정관을 첨부하여야 한다.

③ 검수사의 자격이 취소된 날부터 2년이 지나지 아니한 사람은 검수사의 자격을 취득할 수 없다.

④ 「민사집행법」에 따른 경매에 따라 항만운송사업의 시설·장비 전부를 인수한 자는 종전의 항만운송사업자의 권리·의무를 승계한다.

⑤ 항만하역사업의 등록을 한 자는 컨테이너 전용 부두에서 취급하는 컨테이너 화물에 대하여 그 운임과 요금을 정하여 관리청의 인가를 받아야 한다.

> **해설** 컨테이너 전용 부두에서 취급하는 컨테이너 화물에 대해서는 그 운임과 요금을 정하여 관리청에 신고하여야 한다(법 제10조 제2항).

69 항만운송사업법령상 부두운영회사의 운영 등에 관한 설명으로 옳은 것은?

① 항만시설운영자등은 항만시설 등의 효율적인 사용 및 운영 등을 위하여 필요하다고 인정하는 경우에는 부두운영회사 선정계획의 공고 없이 부두운영계약을 체결할 수 있다.

② 부두운영회사의 금지행위 위반시 책임에 관한 사항은 부두운영계약에 포함되지 않아도 된다.

③ 부두운영회사가 부두운영 계약기간을 연장하려는 경우에는 그 계약기간이 만료되기 3개월 전까지 부두운영계약의 갱신을 신청하여야 한다.

④ 화물유치 또는 투자 계획을 이행하지 못한 부두운영회사에 대하여 부과하는 위약금은 분기별로 산정하여 합산한다.

⑤ 항만운송사업법에서 정한 것 외에 부두운영회사의 항만시설 사용에 대해서는 「국유재산법」 또는 「지방재정법」에 따른다.

> **해설** ② 부두운영회사의 금지행위 위반시 책임에 관한 사항은 부두운영계약에 포함되어야 한다(시행규칙 제29조 제2호).
> ③ 부두운영회사가 계약기간을 연장하려는 경우에는 그 계약기간이 만료되기 6개월 전까지 항만시설운영자등에게 부두운영계약의 갱신을 신청하여야 한다(시행규칙 제29조의3 제1항).
> ④ 부두운영계약 기간 동안의 총 화물유치 또는 투자 계획을 이행하지 못한 경우에 부과하는 위약금은 연도별로 산정하여 합산한다(시행규칙 제29조의4 제1항).
> ⑤ 이 법에서 정한 것 외에 부두운영회사의 항만시설 사용에 대해서는 「항만법」 또는 「항만공사법」에 따른다(법 제26조의10).

정답 **68** ⑤ **69** ①

70 유통산업발전법상 용어의 정의에 관한 설명으로 옳지 않은 것은?

① "임시시장"이란 다수의 수요자와 공급자가 일정한 기간 동안 상품을 매매하거나 용역을 제공하는 일정한 장소를 말한다.

② "상점가"란 같은 업종을 경영하는 여러 도매업자 또는 소매업자가 일정 지역에 점포 및 부대시설 등을 집단으로 설치하여 만든 상가단지를 말한다.

③ "무점포판매"란 상시 운영되는 매장을 가진 점포를 두지 아니하고 상품을 판매하는 것으로서 산업통상자원부령으로 정하는 것을 말한다.

④ "물류설비"란 화물의 수송·포장·하역·운반과 이를 관리하는 물류정보처리활동에 사용되는 물품·기계·장치 등의 설비를 말한다.

⑤ "공동집배송센터"란 여러 유통사업자 또는 제조업자가 공동으로 사용할 수 있도록 집배송시설 및 부대업무시설이 설치되어 있는 지역 및 시설물을 말한다.

> **해설** "상점가"란 일정 범위의 가로(街路) 또는 지하도에 대통령령으로 정하는 수 이상의 도매점포·소매점포 또는 용역점포가 밀집하여 있는 지구를 말하며, 같은 업종을 경영하는 여러 도매업자 또는 소매업자가 일정 지역에 점포 및 부대시설 등을 집단으로 설치하여 만든 상가단지는 전문상가단지에 해당한다.

71 유통산업발전법의 적용이 배제되는 시장·사업장 및 매장을 모두 고른 것은?

ㄱ. 「농수산물 유통 및 가격안정에 관한 법률」에 따른 농수산물공판장
ㄴ. 「농수산물 유통 및 가격안정에 관한 법률」에 따른 민영농수산물도매시장
ㄷ. 「농수산물 유통 및 가격안정에 관한 법률」에 따른 농수산물종합유통센터
ㄹ. 「축산법」에 따른 가축시장

① ㄹ   ② ㄱ, ㄷ
③ ㄴ, ㄹ   ④ ㄱ, ㄴ, ㄷ
⑤ ㄱ, ㄴ, ㄷ, ㄹ

> **해설** 다음 각 호의 시장·사업장 및 매장에 대하여는 유통산업발전법을 적용하지 아니한다(법 제4조).
>
> 1. 「농수산물 유통 및 가격안정에 관한 법률」에 따른 농수산물도매시장·농수산물공판장·민영농수산물도매시장 및 농수산물종합유통센터
> 2. 「축산법」 제34조에 따른 가축시장

72 유통산업발전법상 대규모점포등에 관한 설명으로 옳은 것은?

① 대규모점포를 개설하려는 자는 영업을 개시하기 30일 전까지 개설 지역 및 시기 등을 포함한 개설계획을 예고하여야 한다.

② 유통산업발전법을 위반하여 징역의 실형을 선고받고 그 집행이 면제된 날부터 6월이 지난 사람은 대규모점포등의 등록을 할 수 있다.

③ 대형마트의 영업시간을 제한하는 경우 조례로 달리 정하지 않는 한 오전 0시부터 오전 11시까지의 범위에서 영업시간을 제한할 수 있다.

④ 대규모점포등관리자는 대규모점포등의 관리 또는 사용에 관하여 입점상인의 3분의 2 이상의 동의를 얻어 관리규정을 제정하여야 한다.

⑤ 대규모점포등개설자가 대규모점포등을 폐업하려는 경우에는 특별자치시장·시장·군수·구청장의 허가를 받아야 한다.

> **해설** ① 대규모점포를 개설하려는 자는 영업을 개시하기 60일 전까지 개설 지역 및 시기 등을 포함한 개설계획을 예고하여야 한다(법 제8조의3).
> ② 유통산업발전법을 위반하여 징역의 실형을 선고받고 그 집행이 면제된 날부터 1년이 지난 사람은 대규모점포 등의 등록을 할 수 있다(법 제10조 제3호).
> ③ 대형마트의 영업시간을 제한하는 경우 조례로 달리 정하지 않는 한 오전 0시부터 오전 10시까지의 범위에서 영업시간을 제한할 수 있다(법 제12조의2).
> ⑤ 대규모점포등개설자가 대규모점포등을 폐업하려는 경우에는 특별자치시장·시장·군수·구청장의 신고하여야 한다(법 제13조의2).

73 유통산업발전법상 유통산업의 경쟁력 강화에 관한 설명으로 옳은 것은?

① 체인사업자는 체인점포의 경영을 개선하기 위하여 유통관리사의 고용 촉진을 추진하여야 한다.

② 지방자치단체의 장은 자신이 건립한 중소유통공동도매물류센터의 운영을 중소유통기업자단체에 위탁할 수 없다.

③ 상점가진흥조합은 협동조합으로 설립하여야 하고 사업조합의 형식으로는 설립할 수 없다.

④ 지방자치단체의 장은 상점가진흥조합이 조합원의 판매촉진을 위한 공동사업을 하는 경우에는 필요한 자금을 지원할 수 없다.

⑤ 상점가진흥조합의 구역은 다른 상점가진흥조합 구역의 5분의 1 이하의 범위에서 그 다른 상점가진흥조합의 구역과 중복되어 지정할 수 있다.

정답 **72** ④ **73** ①

해설 ② 지방자치단체의 장은 자신이 건립한 중소유통공동도매물류센터의 운영을 중소유통기업자단체에 위탁할 수 있다(법 제17조의2 제2항).
③ 상점가진흥조합은 협동조합 또는 사업조합으로 설립한다(법 제18조 제4항).
④ 지방자치단체의 장은 상점가진흥조합이 조합원의 판매촉진을 위한 공동사업을 하는 경우에는 예산의 범위에서 필요한 자금을 지원할 수 있다(법 제19조 제4호).
⑤ 상점가진흥조합의 구역은 다른 상점가진흥조합의 구역과 중복되어서는 아니 된다(법 제18조 제5항).

74 유통산업발전법령상 공동집배송센터에 관한 설명으로 옳지 않은 것은?

① 산업통상자원부장관은 공동집배송센터를 지정하거나 변경지정하려면 미리 관계중앙행정기관의 장과 협의하여야 한다.

② 공동집배송센터사업자가 신탁계약을 체결하여 공동집배송센터를 신탁개발하는 경우 신탁계약을 체결한 신탁업자는 공동집배송센터사업자의 지위를 승계한다.

③ 공업지역 내에서 부지면적이 2만제곱미터이고, 집배송시설면적이 1만제곱미터인 지역 및 시설물은 공동집배송센터로 지정할 수 없다.

④ 산업통상자원부장관은 공동집배송센터의 시공후 공사가 6월 이상 중단된 경우에는 공동집배송센터의 지정을 취소할 수 있다.

⑤ 공동집배송센터의 지정을 추천받고자 하는 자는 공동집배송센터지정신청서에 부지매입관련 서류를 첨부하여 시·도지사에게 제출하여야 한다.

해설 ③ 산업통상자원부장관은 물류공동화를 촉진하기 위하여 필요한 경우에는 시·도지사의 추천을 받아 부지면적이 3만제곱미터 이상(「국토의 계획 및 이용에 관한 법률」 제36조에 따른 상업지역 또는 공업지역의 경우에는 2만제곱미터 이상)이고, 집배송시설면적이 1만제곱미터 이상인 경우 해당하는 지역 및 시설물을 공동집배송센터로 지정할 수 있다(법 제29조 제1항, 시행규칙 제19조 제1호).

75 철도사업법령상 철도사업의 면허에 관한 설명으로 옳지 않은 것은?

① 철도사업을 경영하려는 자는 지정·고시된 사업용철도노선을 정하여 국토교통부장관의 면허를 받아야 한다.

② 국토교통부장관은 면허를 하는 경우 철도의 공공성과 안전을 강화하고 이용자 편의를 증진시키기 위하여 필요한 부담을 붙일 수 있다.

③ 법인이 아닌 자도 철도사업이 면허를 받을 수 있다.

④ 철도사업의 면허를 받기 위한 사업계획서에는 사용할 철도차량의 대수·형식 및 확보계획이 포함되어야 한다.

⑤ 신청자가 해당 사업을 수행할 수 있는 재정적 능력이 있어야 한다는 것은 면허기준에 포함된다.

정답 **74** ③ **75** ③

76 철도사업법령상 전용철도 등록사항의 경미한 변경에 해당하지 않는 것은?

① 운행시간을 단축한 경우
② 배차간격을 연장한 경우
③ 철도차량 대수를 10분의 2의 범위 안에서 변경한 경우
④ 전용철도를 운영하는 법인의 임원을 변경한 경우
⑤ 전용철도 건설기간을 6월의 범위안에서 조정한 경우

77 철도사업법상 여객 운임에 관한 설명으로 옳지 않은 것은?

① 철도사업자는 재해복구를 위한 긴급지원이 필요하다고 인정되는 경우에는 일정한 기간과 대상을 정하여 여객 운임·요금을 감면할 수 있다.
② 철도사업자는 여객 운임·요금을 감면하는 경우에는 그 시행 3일 이전에 감면사항을 인터넷 홈페이지 등 일반인이 잘 볼 수 있는 곳에 게시하여야 하며, 긴급한 경우에는 미리 게시하지 아니할 수 있다.
③ 철도사업자는 열차를 이용하는 여객이 정당한 운임·요금을 지급하지 아니하고 열차를 이용한 경우에는 승차 구간에 해당하는 운임 외에 그의 50배의 범위에서 부가 운임을 징수할 수 있다.
④ 철도사업자는 송하인(送荷人)이 운송장에 적은 화물의 품명·중량·용적 또는 개수에 따라 계산한 운임이 정당한 사유 없이 정상 운임보다 적은 경우에는 송하인에게 그 부족 운임 외에 그 부족 운임의 5배의 범위에서 부가 운임을 징수할 수 있다.
⑤ 철도사업자는 부가 운임을 징수하려는 경우에는 사전에 부가 운임의 징수 대상 행위, 열차의 종류 및 운행 구간 등에 따른 부가 운임 산정기준을 정하고 철도사업약관에 포함하여 국토교통부장관에게 신고하여야 한다.

> **해설** 철도사업자는 열차를 이용하는 여객이 정당한 운임·요금을 지급하지 아니하고 열차를 이용한 경우에는 승차 구간에 해당하는 운임 외에 그의 30배의 범위에서 부가 운임을 징수할 수 있다(법 제10조 제1항).

78 철도사업법령상 국유철도시설의 점용허가에 관한 설명으로 옳지 않은 것은?

① 국유철도시설의 점용허가는 철도사업자와 철도사업자가 출자·보조 또는 출연한 사업을 경영하는 자에게만 하여야 한다.
② 국유철도시설의 점용허가를 받은 자는 부득이한 사유가 없는 한 매년 1월 15일까지 당해연도의 점용료 해당분을 선납하여야 한다.
③ 국유철도시설의 점용허가로 인하여 발생한 권리와 의무를 이전하려는 경우에는 국토교통부장관의 인가를 받아야 한다.
④ 국토교통부장관은 점용허가를 받은 자가 「공공주택 특별법」에 따른 공공주택을 건설하기 위하여 점용허가를 받은 경우 점용료를 감면할 수 있다.
⑤ 국토교통부장관은 점용허가기간이 만료된 철도 재산의 원상회복의무를 면제하는 경우에 해당 철도 재산에 설치된 시설물 등의 무상 국가귀속을 조건으로 할 수 있다.

> **해설** 점용료는 매년 1월말까지 당해연도 해당분을 선납하여야 한다. 다만, 국토교통부장관은 부득이한 사유로 선납이 곤란하다고 인정하는 경우에는 그 납부기한을 따로 정할 수 있다(시행령 제14조 제4항).

79 농수산물 유통 및 가격안정에 관한 법률상 민영도매시장에 관한 설명으로 옳은 것은?

① 민간인등이 광역시 지역에 민영도매시장을 개설하려면 농림축산식품부장관의 허가를 받아야 한다.
② 민영도매시장 개설허가 신청에 대하여 시·도지사가 허가처리 지연 사유를 통보하는 경우에는 허가 처리기간을 10일 범위에서 한 번만 연장할 수 있다.
③ 시·도지사가 민영도매시장 개설 허가 처리기간에 허가 여부를 통보하지 아니하면 허가 처리기간의 마지막 날에 허가를 한 것으로 본다.
④ 민영도매시장의 개설자는 시장도매인을 두어 민영도매시장을 운영하게 할 수 없다.
⑤ 민영도매시장의 중도매인은 해당 민영도매시장을 관할하는 시·도지사가 지정한다.

> **해설** ① 민간인등이 특별시·광역시·특별자치시·특별자치도 또는 시 지역에 민영도매시장을 개설하려면 시·도지사의 허가를 받아야 한다(법 제47조 제1항).
> ③ 시·도지사가 민영도매시장 개설허가 처리기간에 허가 여부를 통보하지 아니하면 허가 처리기간의 마지막 날의 다음 날에 허가를 한 것으로 본다(법 제47조 제5항).
> ④ 민영도매시장의 개설자는 중도매인, 매매참가인, 산지유통인 및 경매사를 두어 직접 운영하거나 시장도매인을 두어 이를 운영하게 할 수 있다(법 제48조 제1항).
> ⑤ 민영도매시장의 중도매인은 민영도매시장의 개설자가 지정한다(법 제48조 제2항).

정답 78 ② **79** ②

80 농수산물 유통 및 가격안정에 관한 법령상 도매시장법인에 관한 설명이다. (   )에 들어갈 내용은?

- 도매시장 개설자는 도매시장에 그 시설규모·거래액 등을 고려하여 적정 수의 도매시장법인·시장도매인 또는 중도매인을 두어 이를 운영하게 하여야 한다. 다만, 중앙도매시장의 개설자는 (ㄱ)와 수산부류에 대하여는 도매시장법인을 두어야 한다.
- 도매시장법인은 도매시장 개설자가 부류별로 지정하되, 중앙도매시장에 두는 도매시장법인의 경우에는 농림축산식품부장관 또는 해양수산부장관과 협의하여 지정한다. 이 경우 (ㄴ) 이상 10년 이하의 범위에서 지정 유효기간을 설정할 수 있다.

① ㄱ : 청과부류, ㄴ : 3년
② ㄱ : 양곡부류, ㄴ : 3년
③ ㄱ : 청과부류, ㄴ : 5년
④ ㄱ : 양곡부류, ㄴ : 5년
⑤ ㄱ : 축산부류, ㄴ : 5년

해설
- 도매시장 개설자는 도매시장에 그 시설규모·거래액 등을 고려하여 적정 수의 도매시장법인·시장도매인 또는 중도매인을 두어 이를 운영하게 하여야 한다. 다만, 중앙도매시장의 개설자는 청과부류와 수산부류에 대하여는 도매시장법인을 두어야 한다(법 제22조).
- 도매시장법인은 도매시장 개설자가 부류별로 지정하되, 중앙도매시장에 두는 도매시장법인의 경우에는 농림축산식품부장관 또는 해양수산부장관과 협의하여 지정한다. 이 경우 5년 이상 10년 이하의 범위에서 지정 유효기간을 설정할 수 있다(법 제23조 제1항).

정답 **80** ③

물류관리사

26회 기출문제

물류관리사

제1교시 2022년 물류관리사	형별	**A형**	제한시간	120분	수험번호	성 명

제 **1** 과목　**물류관리론(01~40)**

01 물류시스템에 관한 설명으로 옳지 않은 것은?

① 생산과 소비를 연결하며 공간과 시간의 효용을 창출하는 시스템이다.

② 물류하부시스템은 수송, 보관, 포장, 하역, 물류정보, 유통가공 등으로 구성된다.

③ 물류서비스의 증대와 물류비용의 최소화가 목적이다.

④ 물류 합리화를 위해서 물류하부시스템의 개별적 비용절감이 전체시스템의 통합적 비용절감보다 중요하다.

⑤ 물류시스템의 자원은 인적, 물적, 재무적, 정보적 자원 등이 있다.

> **해설** ④ 최근 물류관리의 목표는 부분 최적화가 아닌 전체 최적화의 관점에서 물류비용을 절감하고 나아가 고객서비스를 향상시켜 새로운 부가가치를 창출하고 수익을 증가시키는 것이다.
> 공급사슬관리(SCM)에서도 개별 기업의 경계를 넘어 기업 간에 긴밀하게 협력함으로써 공급사슬 전체의 최적화를 추구하고 있다.

02 공동수 · 배송의 효과에 관한 설명으로 옳지 않은 것은?

① 차량 적재율과 공차율이 증가한다.

② 물류업무 인원을 감소시킬 수 있다.

③ 교통체증 및 환경오염을 줄일 수 있다.

④ 물류작업의 생산성이 향상될 수 있다.

⑤ 참여기업의 물류비를 절감할 수 있다.

> **해설** ① 공동수 · 배송을 실시하면 화물의 혼재가 이루어져 차량의 적재율은 향상되고 공차율은 감소한다. 공동수 · 배송을 도입하면 운송차량의 영차율은 증가하고, 공차율은 감소한다.
> 영차율은 전체 화물운송거리 중에서 화물을 적재하고 운행한 거리를 나타내는 지표로 적재거리를 총운행거리로 나누어 산출한다.

> 정답　**01** ④　**02** ①

03 다음 설명에 해당하는 공동수·배송 운영방식은?

> 물류센터에서의 배송뿐만 아니라 화물의 보관 및 집하업무까지 공동화하는 것으로 주문처리를 제외한 물류업무에 관해 협력하는 방식이다.

① 노선집하공동형 ② 납품대행형
③ 공동수주·공동배송형 ④ 배송공동형
⑤ 집배송공동형

[해설] ⑤ 물류센터에서의 배송뿐만 아니라 화물의 보관 및 집하업무까지 공동화하는 것은 집배송공동형이다.

04 공동수·배송시스템 관련 설명으로 옳지 않은 것은?

① 화물형태가 규격화된 품목은 공동화에 적합하다.
② 참여기업 간 공동수·배송에 대한 이해도가 높고 서로 목표하는 바가 유사해야 한다.
③ 자사의 정보시스템, 각종 규격 및 서비스에 대한 공유를 지양해야 한다.
④ 화물의 규격, 포장, 파렛트 규격 등의 물류표준화가 선행되어야 한다.
⑤ 배송처의 분포밀도가 높으면 배송차량의 적재율 증가로 배송비용을 절감할 수 있다.

[해설] ③ 다수의 화주기업과 물류기업이 참여하여 공동수·배송시스템을 구축하려면 참여기업들의 정보시스템, 각종 규격 및 서비스에 대한 공유가 이루어져야 한다. 정보시스템의 공유는 공동수·배송시스템의 전제조건이다.

05 물류조직에 관한 설명으로 옳지 않은 것은?

① 예산관점에서 비공식적, 준공식적, 공식적 조직으로 분류할 수 있다.
② 형태관점에서 사내조직, 독립자회사로 분류할 수 있다.
③ 관리관점에서 분산형, 집중형, 집중분산형으로 분류할 수 있다.
④ 기능관점에서 라인업무형, 스탭업무형, 라인스탭겸무형, 매트릭스형으로 분류할 수 있다.
⑤ 영역관점에서 개별형, 조달형, 마케팅형, 종합형, 로지스틱스형으로 분류할 수 있다.

[해설] ① 비공식적, 준공식적, 공식적 조직으로 분류하는 것은 공식화의 정도에 따른 것으로 예산과는 아무런 관련이 없다.
조직설계의 핵심요소 중 하나인 공식화(Formalization)는 조직의 직무를 어떻게 표준화할 것인가와 구성원의 행동을 어느 정도 규칙과 절차로 규정할 것인가를 말한다.

정답 **03** ⑤ **04** ③ **05** ①

06 물류표준화 관련 하드웨어 부문의 표준화에 해당하는 것을 모두 고른 것은?

ㄱ. 파렛트 표준화　　　　　　　　ㄴ. 포장치수 표준화
ㄷ. 내수용 컨테이너 표준화　　　　ㄹ. 물류시설 및 장비 표준화
ㅁ. 물류용어 표준화　　　　　　　ㅂ. 거래단위 표준화

① ㄱ, ㄴ　　　　　　　　　　　　② ㄱ, ㄷ, ㄹ
③ ㄴ, ㄷ, ㅁ　　　　　　　　　　④ ㄴ, ㄷ, ㄹ, ㅁ
⑤ ㄷ, ㄹ, ㅁ, ㅂ

해설 ② 물류시설 및 장비, 파렛트 및 컨테이너 등은 하드웨어에 해당한다. 반면, 물류용어, 거래단위 및 포장
치수 등은 소프트웨어에 해당한다.

07 James & William이 제시한 물류시스템 설계단계는 전략수준, 구조수준, 기능수준, 이행수준으로 구분한다. 기능수준에 해당하는 것을 모두 고른 것은?

ㄱ. 경로설계　　　　　　　　　　ㄴ. 고객 서비스
ㄷ. 물류네트워크 전략　　　　　　ㄹ. 창고설계 및 운영
ㅁ. 자재관리　　　　　　　　　　ㅂ. 수송관리

① ㄱ, ㄴ　　　　　　　　　　　　② ㄴ, ㄹ
③ ㄷ, ㄹ, ㅁ　　　　　　　　　　④ ㄷ, ㅁ, ㅂ
⑤ ㄹ, ㅁ, ㅂ

해설 ⑤ 기능수준은 현장에서의 작업시스템과 관련이 있는 단계이다. 창고설계 및 운영, 현장에서의 자재관
리 및 수송관리가 이 수준에 해당한다.
고객이 원하는 것이 무엇인지를 파악하고 회사이익 목표를 달성할 수 있는 최적의 서비스 수준을
정하는 것은 전략수준이다. 유통경로 및 물류네트워크를 설계하는 것은 구조수준이다.

08 물류표준화에 관한 설명으로 옳지 않은 것은?

① 단위화물체계의 보급, 물류기기체계 인터페이스, 자동화를 위한 규격 등을 고려한다.

② 운송, 보관, 하역, 포장 정보의 일관처리로 효율성을 제고하는 것이다.

③ 물류모듈은 물류시설 및 장비들의 규격이나 치수가 일정한 배수나 분할 관계로 조합되어 있는 집합체로 물류표준화를 위한 기준치수를 의미한다.

④ 대표적인 Unit Load 치수에는 NULS(Net Unit Load Size)와 PVS(Plan View Size)가 있다.

⑤ 배수치수 모듈은 1,140mm × 1,140mm Unit Load Size를 기준으로 하고, 최대 허용 공차 −80mm를 인정하고 있는 Plan View Unit Load Size를 기본단위로 하고 있다.

[해설] ⑤ 물류모듈화와 관련하여 T-11형 파렛트를 기준으로 배수계열치수는 Plan View Size(PVS) 1,140mm × 1,140mm를 기준으로 한 치수이다. 파렛트 단위 화물 적재 시 사용하는 치수이다. 최대 허용 공차는 −40mm이다.

09 다음 설명에 해당하는 포장화물의 파렛트 적재 형태는?

홀수단에서는 물품을 모두 같은 방향으로 나란히 정돈하여 쌓고, 짝수단에서는 방향을 90도 바꾸어 교대로 겹쳐 쌓은 방식이다.

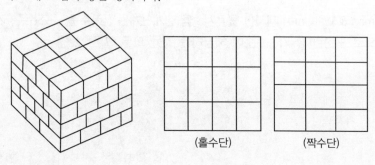

(홀수단)　　　(짝수단)

① 스플릿(Split) 적재
② 풍차형(Pinwheel) 적재
③ 벽돌(Brick) 적재
④ 교대배열(Row) 적재
⑤ 블록(Block) 적재

[해설] ④ 그림에서처럼 홀수단에서는 물품을 모두 같은 방향으로 나란히 정돈하여 쌓고, 짝수단에서는 방향을 90도 바꾸어 교대로 겹쳐 쌓은 방식은 교대배열(Row) 적재방식이다.

10 TOC(Theory of Constraints)에 관한 설명으로 옳은 것은?

① Drum, Buffer, Rope는 공정간 자재의 흐름 관리를 통해 재고를 최소화하고 제조기간을 단축하는 기법으로서 비제약공정을 중점적으로 관리한다.

② Thinking Process는 제약요인을 개선하여 목표를 달성하는 구체적 해결방안을 도출하는 기법으로서 부분 최적화를 추구한다.

③ Critical Chain Project Management는 프로젝트의 단계별 작업을 효과적으로 관리하여 기간을 단축하고 돌발 상황에서도 납기수준을 높일 수 있는 기법이다.

④ Throughput Account는 통계적 기법을 활용한 품질개선 도구이다.

⑤ Optimized Production Technology는 정의, 측정, 분석, 개선, 관리의 DMAIC 프로세스를 활용한다.

> 해설 ① DBR(Drum, Buffer, Rope)은 제약공정을 중점적으로 관리한다.
> ② Thinking Process는 전체 최적화를 추구한다.
> ④, ⑤ 통계적 사고로 문제를 해결하는 품질개선 도구는 DMAIC이다.
> ※ 제약이론(TOC)은 골드렛(Eliyahu M. Goldratt)이 제안한 개념으로, 기업의 여러 가지 활동 중 목표달성에 방해가 되는 제약요인(Constraints)을 찾아 집중적으로 개선하여 효율성을 제고함으로써 기업의 성과를 극대화할 수 있다는 이론이다.

11 RFID의 특징을 설명한 것으로 옳지 않은 것은?

① 태그에 접촉하지 않아도 인식이 가능하다.

② 바코드에 비해 가격이 비싸다.

③ 태그에 상품과 관련한 다양한 기록이 저장될 수 있으므로 개인정보의 노출 또는 사생활 침해 등의 위험성이 발생할 수 있다.

④ 읽기(Read)만 가능한 바코드와 달리 읽고 쓰기(Read and Write)가 가능하다.

⑤ 태그 데이터의 변경 및 추가는 자유롭지만 일시에 복수의 태그 판독은 불가능하다.

> 해설 ⑤ RFID는 무선주파수 인식으로 비접촉식이므로 일시에 복수의 태그 판독이 가능하다. 태그 데이터의 변경 및 추가는 바코드에 비해 자유롭다.

12 EAN-13(표준형 A) 바코드에 관한 설명으로 옳지 않은 것은?

① 국가식별 코드는 3자리로 구성되는데, 1982년 이전 EAN International에 가입한 국가의 식별 코드는 2자리 숫자로 부여받았다.

② 제조업체 코드는 상품의 제조업체를 나타내는 코드로서 4자리로 구성된다.

③ 체크 디지트는 판독오류 방지를 위한 코드로서 1자리로 구성된다.

④ 상품품목 코드는 3자리로 구성된다.

⑤ 취급하는 품목 수가 많은 기업들에게 활용된다.

[해설] ④ EAN-13(표준형 A) 바코드의 자릿수는 국가식별 코드 3자리, 제조업체 코드 4자리, 상품품목 코드 5자리, 체크 디지트 1자리이다.

13 다음 (   )에 들어갈 물류정보시스템 용어를 바르게 나열한 것은?

- 주파수공용통신 : (ㄱ)
- 지능형교통정보시스템 : (ㄴ)
- 첨단화물운송시스템 : (ㄷ)
- 철도화물정보망 : (ㄹ)
- 판매시점관리 : (ㅁ)

① ㄱ : CVO,   ㄴ : ITS,   ㄷ : POS,   ㄹ : KROIS, ㅁ : TRS

② ㄱ : CVO,   ㄴ : KROIS, ㄷ : TRS,   ㄹ : ITS,   ㅁ : POS

③ ㄱ : ITS,   ㄴ : POS,   ㄷ : CVO,   ㄹ : TRS,   ㅁ : KROIS

④ ㄱ : ITS,   ㄴ : TRS,   ㄷ : KROIS, ㄹ : CVO,   ㅁ : POS

⑤ ㄱ : TRS,   ㄴ : ITS,   ㄷ : CVO,   ㄹ : KROIS, ㅁ : POS

[해설] 주파수공용통신은 TRS(Trunked Radio System), 지능형교통정보시스템은 ITS, 첨단화물운송시스템은 CVO, 철도화물정보망은 KROIS, 판매시점관리는 POS이다.
- KROIS(Korea Railroad Operating Information System)는 철도운영정보시스템으로 차량열차, 화물운송, 승무원관리, 운송정보, 차량기계 등의 업무를 모듈화하여 각각의 분야별 업무를 처리하고, 필요한 운영정보를 산출할 수 있는 전산시스템을 말한다.
- 국토교통부의 국가물류통합정보시스템은 지능형교통시스템(ITS), 철도운영정보시스템(XROIS, KROIS), 항만운영정보시스템(Port-MIS), 항공물류정보시스템(AIRCIS)으로 구성되어 있다.

[정답] **12** ④ **13** ⑤

14 다음 설명에 해당하는 물류관리기법은?

- Bose사가 개발한 물류관리 기법
- 공급회사의 영업과 발주회사의 구매를 묶어 하나의 가상기업으로 간주
- 공급회사의 전문요원이 공급회사와 발주회사 간의 구매 및 납품업무 대행

① JIT   ② JIT-II
③ MRP   ④ ERP
⑤ ECR

해설 ② JIT-II 시스템은 원재료나 부품 등을 납품하는 회사의 직원이 발주회사에 근무하면서 필요한 자재와 부품 등을 적시에 공급하는 생산관리 시스템을 가리키는 말이다. 1986년 미국 오디오 부품업체 보스 (BOSE)사에 의해 처음 도입되었다.
JIT-II 시스템은 리드타임을 줄여 시장의 변화에 빠르게 대처할 수 있게 만들고, 품질향상과 원가절감 이라는 효과를 내게 한다. 납품회사와 발주회사는 신제품 개발을 동시에 수행하고, 자재 및 생산계획 을 함께 세우고, 품질개선을 위한 노력도 함께한다.

15 물류정보기술에 관한 설명으로 옳은 것은?

① ASP(Application Service Provider)는 정보시스템을 자체 개발하는 것에 비해 구축기 간이 오래 걸린다.
② CALS 개념은 Commerce At Light Speed로부터 Computer Aided Acquisition & Logistics Support로 발전되었다.
③ IoT(Internet of Things)는 인간의 학습능력과 지각능력, 추론능력, 자연언어의 이해능 력 등을 컴퓨터 프로그램으로 실현한 기술을 의미한다.
④ CIM(Computer Integrated Manufacturing)은 정보시스템을 활용하여 제조, 개발, 판 매, 물류 등 일련의 과정을 통합하여 관리하는 생산관리시스템을 말한다.
⑤ QR코드는 컬러 격자무늬 패턴으로 정보를 나타내는 3차원 바코드로서 기존의 바코드보 다 용량이 크기 때문에 숫자 외에 문자 등의 데이터를 저장할 수 있다.

해설 ① ASP(Application Service Provider)는 솔루션 임대사업자를 의미하는 것으로 이를 이용하면 정보시 스템을 자체 개발하는 것에 비해 구축기간이 크게 단축된다.
② CALS 개념은 Computer Aided Acquisition & Logistics Support로부터 Commerce At Light Speed 로 발전되었다.
③ 인간의 학습능력과 지각능력, 추론능력, 자연언어의 이해능력 등을 컴퓨터 프로그램으로 실현한 기 술은 인공지능(AI)이다.
⑤ QR코드는 격자무늬 패턴으로 정보를 나타내는 2차원 코드이다.

정답 **14** ② **15** ④

16 A기업의 연간 고정비는 10억 원, 단위당 판매가격은 10만 원, 단위당 변동비는 판매가격의 50%이다. 연간 손익분기점 판매량 및 손익분기 매출액은?

① 10,000개, 10억 원

② 15,000개, 20억 원

③ 20,000개, 20억 원

④ 25,000개, 25억 원

⑤ 30,000개, 25억 원

해설 손익분기점 판매량 $= \dfrac{\text{고정비}}{\text{개당 판매가격} - \text{단위당 변동비}} = \dfrac{10\text{억 원}}{10\text{만 원} - 5\text{만 원}} = 20{,}000$개이다.

손익분기점 매출액 $=$ 손익분기 판매량 $\times$ 가격 $= 20{,}000 \times 100{,}000 = 20$억 원이다.

17 국토교통부 기업물류비 산정지침에 관한 설명으로 옳지 않은 것은?

① 영역별 물류비는 조달물류비·사내물류비·판매물류비·역물류비로 구분된다.

② 일반기준에 의한 물류비 산정방법은 관리회계 방식에 의해 물류비를 계산한다.

③ 간이기준에 의한 물류비 산정방법은 기업의 재무제표를 중심으로 한 재무회계 방식에 의해 물류비를 계산한다.

④ 간이기준에 의한 물류비 산정방법은 정확한 물류비의 파악을 어렵게 한다.

⑤ 물류기업의 물류비 산정 정확성을 높이기 위해 개발되었으므로 화주기업은 적용대상이 될 수 없다.

해설 ⑤ 기업물류비 산정지침은 물류기업은 물론 화주기업도 적용대상이 된다.
　　이 지침은 물류정책기본법 및 시행령의 규정에 따라 물류기업 및 화주기업의 물류비 계산을 위한 절차와 방법에 대한 기준을 제공함으로써 개별기업의 물류회계표준화를 도모하고 물류비 산정의 정확성과 관리의 합리성을 제고하는 데 있다(기업물류비 산정지침 제1조).

18 활동기준원가계산(ABC)에 관한 설명으로 옳지 않은 것은?

① 기업이 수행하고 있는 활동을 기준으로 자원, 활동, 원가대상의 원가와 성과를 측정하는 원가계산방법을 말한다.

② 전통적 원가계산방법보다 제품이나 서비스의 실제 비용을 현실적으로 계산할 수 있다.

③ 활동별로 원가를 분석하므로 낭비요인이 있는 업무 영역을 파악할 수 있다.

④ 임의적인 직접원가 배부기준에 의해 발생하는 전통적 원가계산방법의 문제점을 극복하기 위해 활용된다.

⑤ 소품종 대량생산보다 다품종 소량생산 방식에서 유용성이 더욱 높다.

정답 **16** ③ **17** ⑤ **18** ④

[해설] ④ ABC는 원가를 정확하게 산출하기 위한 기법이며, 전통적인 원가계산시스템이 간접비용을 제품원가에 정확하게 반영시키지 못함으로써 야기될 수 있는 원가왜곡 등의 단점을 보완한 기법이다.

　＊ 활동기준원가계산(ABC)

　활동기준원가계산(ABC : Activity Based Costing)이란 기존의 재료비, 노무비, 제조간접비의 등의 원가귀속 방식에서 더 나아가 원가가 발생하게 된 원인(cause)을 찾아서 이를 기반으로 원가를 배분하고자 하는 방식이다. 활동기준원가계산의 구성요소는 자원(Resource)과 자원동인(Resource Driver), 활동(Activity)과 활동동인(Activity Driver)이다.

19 BSC(Balanced Score Card)에 관한 설명으로 옳지 않은 것은?

① 기업의 재무성과뿐만 아니라 전략실행에 필요한 비재무적 정보를 제공해준다.
② 기업의 전략과 관련된 측정지표의 집합이라고 볼 수 있다.
③ 무형자산을 기업의 차별화 전략이나 주주가치로 변환시킬 수 있는 효과적인 기법이다.
④ 기업의 성과를 비재무적 관점, 고객 관점, 내부 비즈니스 프로세스 관점, 학습 및 성장 관점에서 측정한다.
⑤ 단기적이고 재무적 성과에 집착하는 경영자의 근시안적 사고를 균형 있게 한다.

[해설] ④ 균형성과표(BSC)는 기업의 성과를 재무적 관점은 물론, 고객 관점, 내부 비즈니스 프로세스 관점, 학습 및 성장 관점에서 측정한다.

　카플런(R. Kaplan)과 노턴(D. Norton)의 균형성과표(BSC : Balanced Score Card)는 전 조직원이 전략을 공유하고 전략방향에 따라 행동하도록 유도함으로써 회사의 가치창출을 보다 효과적이고 지속적으로 이루기 위한 성과측정 방법이다.

20 물류의 기능에 관한 설명으로 옳지 않은 것은?

① 운송활동은 생산시기와 소비시기의 불일치를 해결하는 기능을 수행한다.
② 고객의 요구에 부합하기 위한 물류의 기능에는 유통가공활동도 포함된다.
③ 포장활동은 제품을 보호하고 취급을 용이하게 하며, 상품가치를 제고시키는 역할을 수행한다.
④ 운송과 보관을 위해서 화물을 싣거나 내리는 행위는 하역활동에 속한다.
⑤ 물류정보는 전자적 수단을 활용하여 운송, 보관, 하역, 포장, 유통가공 등의 활동을 효율화한다.

[해설] ① 생산시기와 소비시기의 불일치를 해결하여 시간적 효용을 창출하는 것은 보관활동이다. 운송활동은 장소적(공간적) 불일치를 해결하는 기능을 수행한다.

21 물류에 대한 설명으로 옳지 않은 것은?

① Physical Distribution은 판매영역 중심의 물자 흐름을 의미한다.

② Logistics는 재화가 공급자로부터 조달되고 생산되어 소비자에게 전달되고 폐기되는 과정을 포함한다.

③ 공급사슬관리가 등장하면서 기업 내·외부에 걸쳐 수요와 공급을 통합하여 물류를 최적화하는 개념으로 확장되었다.

④ 한국 물류정책기본법상 물류는 운송, 보관, 하역 등이 포함되며 가공, 조립, 포장 등은 포함되지 않는다.

⑤ 쇼(A.W. Shaw)는 경영활동 내 유통의 한 영역으로 Physical Distribution 개념을 정의하였다.

해설 ④ 가공, 조립, 포장도 물류의 기능에 포함된다. 물류정책기본법에서 "물류"란 재화가 공급자로부터 조달·생산되어 수요자에게 전달되거나 소비자로부터 회수되어 폐기될 때까지 이루어지는 운송·보관·하역 등과 이에 부가되어 가치를 창출하는 가공·조립·분류·수리·포장·상표부착·판매·정보통신 등을 말한다.

①, ②, ③ 물류개념은 1960~70년대의 물적 유통(Physical Distribution), 1980~90년대의 로지스틱스(Logistics)를 거쳐 2000년대 이후에는 공급사슬관리(SCM)로 전개되어 왔다. 로지스틱스는 물적 유통보다 첨단화·고도화된 개념으로 물류비용의 절감에 더하여 고객서비스의 개선이 물류관리의 목표로 추가되었다.

22 물류의 영역에 관한 설명으로 옳지 않은 것은?

① 사내물류 - 완제품의 판매로 출하되어 고객에게 인도될 때까지의 물류활동이다.

② 회수물류 - 판매물류를 지원하는 파렛트, 컨테이너 등의 회수에 따른 물류활동이다.

③ 조달물류 - 생산에 필요한 원료나 부품이 제조업자의 자재창고로 운송되어 생산공정에 투입 전까지의 물류활동이다.

④ 역물류 - 반품물류, 폐기물류, 회수물류를 포함하는 물류활동이다.

⑤ 생산물류 - 자재가 생산공정에 투입될 때부터 제품이 완성되기까지의 물류활동이다.

해설 ① 물류의 영역 중 완제품의 판매로 출하되어 고객에게 인도될 때까지의 물류활동은 판매물류이다. 사내물류는 생산공장 내에서 이루어지는 물류활동을 말한다.

정답 **21** ④ **22** ①

23 다음 설명에 해당하는 수요예측기법은?

- 단기 수요예측에 유용한 기법으로 최근수요에 많은 가중치를 부여한다.
- 오랜 기간의 실적을 필요로 하지 않으며 데이터 처리에 소요되는 시간이 적게 드는 장점이 있다.

① 시장조사법　　　　　　　　　② 회귀분석법
③ 역사적 유추법　　　　　　　　④ 델파이법
⑤ 지수평활법

> **해설** ⑤ 단기 수요예측에 유용한 기법으로 최근수요에 많은 가중치를 부여하는 기법은 지수평활법이다. 지수 평활법(Exponential Smoothing)은 가장 최근의 데이터에 가장 큰 가중치가 주어지고 시간이 지남에 따라 가중치가 <u>지수함수처럼</u> 감소하는 가중치 이동평균 예측기법의 하나이다.

24 물류환경 변화에 관한 설명으로 옳지 않은 것은?

① 노동력 부족, 공해 발생, 교통 문제, 지가 상승 등 사회적 환경변화로 인해 물류비 절감의 중요성이 증가하고 있다.
② 소품종 대량생산에서 다품종 소량생산으로 물류환경이 변화하고 있다.
③ 전자상거래의 확산으로 인해 라스트마일(Last Mile) 물류비가 감소하고 있다.
④ 녹색물류에 대한 관심이 높아짐에 따라 물류활동으로 인한 폐기물의 최소화가 요구된다.
⑤ 기업의 글로벌 전략으로 인해 국제물류의 중요성이 증가하고 있다.

> **해설** ③ 전자상거래의 확산으로 인해 다품종 소량주문, 다빈도 판매가 증가함에 따라 라스트마일(Last Mile) 물류비는 증가하고 있다.

25 4자 물류에 관한 설명으로 옳은 것을 모두 고른 것은?

ㄱ. 3자 물류업체, 물류컨설팅업체, IT업체 등이 결합한 형태
ㄴ. 공급사슬 전체의 효율적인 관리와 운영
ㄷ. 참여 업체 공통의 목표설정 및 이익분배
ㄹ. 사이클 타임과 운전자본의 증대

① ㄱ, ㄴ　　　　　　　　　　② ㄴ, ㄷ
③ ㄷ, ㄹ　　　　　　　　　　④ ㄱ, ㄴ, ㄷ
⑤ ㄴ, ㄷ, ㄹ

4자 물류가 활성화되면 사이클 타임과 운전자본은 감소한다. 4자 물류(4PL)는 3PL(Third Party Logistics), 물류컨설팅업체, IT업체 등이 네트워크를 통해 연계된 것으로 기능별 서비스와는 전략적 제휴를 맺고 협력하는 수평적 계약관계이다.

    ※ **4자 물류의 배경**
      1. 4자 물류(4PL, LLP)는 광범위한 공급체인관리(SCM) 체제를 구축하고 물류효율화를 위한 전략이 확대됨에 따라 등장한 개념이다.
      2. 3PL과 4PL의 기본적인 차이점은 3PL이 창고나 수송 분야를 기본으로 특화된 서비스를 제공하는 수준인 데 비하여 4PL은 3PL로서 SCM, 컨설팅, 전체적인 물류네트워크 개선 등 한 차원 높은 물류서비스를 제공함으로써 물류효율화를 달성하려는 것이다.

26 물류관리전략 수립에 관한 설명으로 옳지 않은 것은?

① 고객서비스 달성 목표를 높이기 위해서는 물류비용이 증가할 수 있다.

② 물류관리전략의 목표는 비용절감, 서비스 개선 등이 있다.

③ 물류관리의 중요성이 높아짐에 따라 물류전략은 기업전략과 독립적으로 수립되어야 한다.

④ 물류관리계획은 전략계획, 전술계획, 운영계획으로 나누어 단계적으로 수립한다.

⑤ 제품수명주기에 따라 물류관리전략을 차별화할 수 있다.

③ 물류전략은 기업전략의 하위전략이므로 물류전략은 기업전략의 범위 내에서 기업전략을 달성할 수 있도록 수립, 시행되어야 한다.

27 도매상의 유형 중에서 한정서비스 도매상(Limited Service Wholesaler)에 해당하지 않는 것은?

① 현금거래 도매상(Cash and Carry Wholesaler)

② 전문품 도매상(Specialty Wholesaler)

③ 트럭 도매상(Truck Jobber)

④ 직송 도매상(Drop Shipper)

⑤ 진열 도매상(Rack Jobber)

② 전문품 도매상(Specialty Wholesaler)은 상인 도매상 중 완전서비스 도매상에 포함된다.
한정서비스 도매상(Limited-Service Wholesaler)은 유통기능 중 소수의 기능에 전문화되어 있고, 소매상 고객에게 제한된 서비스만을 제공하는 도매상으로 현금거래 도매상, 트럭 도매상, 직송 도매상, 진열 도매상 등이 있다.

28 유통경로상에서는 경로파워가 발생할 수 있다. 다음 설명에 해당하는 경로파워는?

- 중간상이 제조업자를 존경하거나 동일시하려는 경우에 발생하는 힘이다.
- 상대방에 대하여 일체감을 갖기를 바라는 정도가 클수록 커진다.
- 유명상표의 제품일 경우 경로파워가 커진다.

① 보상적 파워
② 준거적 파워
③ 전문적 파워
④ 합법적 파워
⑤ 강압적 파워

해설 ② 중간상이 제조업자를 존경하거나 동일시하려는 경우에 발생하는 힘(파워)은 준거적 파워(Referent Power)이다.
※ 프렌치와 라벤(J. French and B. Raven)은 파워의 원천을 보상적 파워, 강압적 파워, 전문적 파워, 준거적 파워, 그리고 합법적 파워로 구분하였다.

29 다음 설명에 해당하는 소매업태는?

- 할인형 대규모 전문점을 의미한다.
- 토이저러스(Toys 'R' Us), 오피스디포(Office Depot) 등이 대표적이다.
- 기존 전문점과 상품구색은 유사하나 대량구매, 대량판매 및 낮은 운영비용을 통해 저렴한 가격의 상품을 제공한다.

① 팩토리 아웃렛(Factory Outlet)
② 백화점(Department Store)
③ 대중양판점(General Merchandising Store)
④ 하이퍼마켓(Hypermarket)
⑤ 카테고리 킬러(Category Killer)

해설 ⑤ 전문점과 할인점이 결합한 새로운 업태는 카테고리 킬러(Category Killer)이다. 카테고리 킬러는 기존 전문점과 상품구색은 유사하나 대량구매, 대량판매 및 낮은 운영비용을 통해 저렴한 가격의 상품을 제공한다.

30 다음 ( )에 들어갈 용어는?

공통모듈 A를 여러 제품모델에 적용하면 공통모듈 A의 수요는 이 모듈이 적용되는 개별
제품의 수요를 합한 것이 되므로, 개별 제품의 수요변동이 크더라도 공통모듈 A의 수요변
동이 적게 나타나는 ( ) 효과를 얻을 수 있다.

① Risk Pooling   ② Quick Response

③ Continuous Replenishment   ④ Rationing Game

⑤ Cross Docking

> **해설** ① 리스크 풀링(Risk Pooling)은 공급사슬에서 변동성을 다루는 가장 강력한 도구 중의 하나이다. 이는
> 여러 지역의 수요를 하나로 통합했을 때 수요의 변동성이 감소한다는 것으로, 지역별로 다른 수요를
> 합쳤을 때, 특정고객으로부터의 높은 수요를 낮은 수요의 다른 지역에서 상쇄할 수 있기 때문에 가능
> 하다. 리스크 풀링 효과로 인해 안전재고가 감소하고 따라서 평균재고도 감소하게 된다.

31 A기업은 최근 수송부문의 연비개선을 통해 이산화탄소 배출량(kg)을 감소시켰다. 총 주행
거리는 같다고 가정할 때, 연비개선 전 대비 연비개선 후 이산화탄소 배출감소량(kg)은?
(단, 이산화탄소 배출량(kg) = 연료사용량(L) × 이산화탄소 배출계수(kg/L))

- 총 주행 거리 = 100,000(km)
- 연비개선 전 평균연비 = 4(km/L)
- 연비개선 후 평균연비 = 5(km/L)
- 이산화탄소 배출계수 = 0.002(kg/L)

① 1   ② 5

③ 10   ④ 40

⑤ 50

> **해설** 연비개선 전 연료사용량 = 100,000km / 4(km/L) = 25,000L이다.
> 연비개선 후 연료사용량 = 100,000km / 5(km/L) = 20,000L로 5,000L가 감소하였다.
> 따라서 이산화탄소 배출감소량 = 5,000L × 0.002(kg/L) = 10kg이다.

정답 **30** ① **31** ③

32 고객이 제품을 주문해서 받을 때까지 걸리는 총 시간을 의미하는 것은?

① 주문주기시간(Order Cycle Time)

② 주문전달시간(Order Transmittal Time)

③ 주문처리시간(Order Processing Time)

④ 인도시간(Delivery Time)

⑤ 주문조립시간(Order Assembly Time)

> **해설** 고객이 제품을 주문해서 받을 때까지 걸리는 총 시간은 주문주기시간(Order Cycle Time)으로 리드타임 (Lead Time)과 같은 개념이지만 주문주기시간은 주로 공급자의 입장에서, 리드타임은 수요자의 입장에 서 사용한다.
> 주문주기시간(Order Cycle Time)은 고객주문이 완성되는 시간을 말하며, 주문전달시간(Order Transmittal Time) → 주문처리시간(Order Processing Time) → 주문조립시간(Order Assembly Time) → 재고가용성 (Stock Availability) → 인도시간(Delivery Time) 순서로 구성된다.

33 역물류에 관한 설명으로 옳은 것을 모두 고른 것은?

ㄱ. 수작업인 경우가 많아서 자동화가 어렵다.

ㄴ. 대상제품의 재고파악 및 가시성 확보가 용이하다.

ㄷ. 최종 소비단계에서 발생하는 불량품, 반품 및 폐기되는 제품을 회수하여 상태에 따라 분류한 후 재활용하는 과정에서 필요한 물류활동을 포함한다.

① ㄱ   ② ㄱ, ㄴ

③ ㄱ, ㄷ   ④ ㄴ, ㄷ

⑤ ㄱ, ㄴ, ㄷ

> **해설** 역물류(Reverse Logistics)는 조달물류·생산물류·판매물류와 반대 방향으로 이루어지는 물류활동으 로, 역물류에는 반품물류·회수물류 및 폐기물류가 포함된다. 따라서 대상제품의 재고파악 및 가시성 확보가 매우 어렵다.

정답 **32** ①   **33** ③

34 블록체인(Block Chain)에 관한 설명으로 옳은 것을 모두 고른 것은?

> ㄱ. 신용거래가 필요한 온라인 시장에서 해킹을 막기 위해 개발되었다.
> ㄴ. 퍼블릭(Public) 블록체인, 프라이빗(Private) 블록체인, 컨소시엄(Consortium) 블록체인으로 나눌 수 있다.
> ㄷ. 화물의 추적·관리 상황을 점검하여 운송 중 발생할 수 있는 문제에 실시간으로 대처할 수 있다.
> ㄹ. 네트워크상의 참여자가 거래기록을 분산 보관하여 거래의 투명성과 신뢰성을 확보하는 기술이다.

① ㄱ, ㄴ   ② ㄷ, ㄹ
③ ㄱ, ㄴ, ㄷ   ④ ㄱ, ㄷ, ㄹ
⑤ ㄱ, ㄴ, ㄷ, ㄹ

[해설] 제시된 내용 모두 블록체인(Block Chain)에 대해 옳은 설명이다. 블록체인은 분산원장 또는 공공거래장부라고 불리며, 암호화폐로 거래할 때 발생할 수 있는 해킹을 막는 기술에서 출발했다. 다수의 상대방과 거래를 할 때 데이터를 개인 사용자들의 디지털 장비에 저장하여 공동으로 관리하는 분산형 정보기술이다.

35 LaLonde & Zinszer가 제시한 물류서비스 요소 중 거래 시 요소(Transaction Element)에 해당하는 것을 모두 고른 것은?

> ㄱ. 보증수리
> ㄴ. 재고품절 수준
> ㄷ. 명시화된 회사 정책
> ㄹ. 주문 편리성

① ㄱ, ㄴ   ② ㄱ, ㄷ
③ ㄴ, ㄷ   ④ ㄴ, ㄹ
⑤ ㄷ, ㄹ

[해설] ④ 보증수리는 거래 후 요소, 명시화된 회사 정책은 거래 전 요소이다.

정답 **34** ⑤ **35** ④

※ 물류고객 서비스의 구성요소

거래 전 요소	거래 시 요소	거래 후 요소
• 명문화된 고객서비스 정책 • 고객에게 정책선언문 제공 • 고객의 접근 용이성 • 고객서비스의 조직구조 • 시스템의 유연성 • 경영관리 서비스 • 기술적 서비스	• 재고품절 수준(재고가용률) • 주문주기의 일관성(배송의 신뢰성) • 주문정보의 입수가능성 • 주문의 용이성(편리성) • 미납주문의 처리능력 • 정보시스템의 정확성 • 제품 교환선적 • 특별취급 선적 • 제품대체	• 설치, 보증, 수리, 서비스부품 • 고객불만의 처리 • 제품추적 및 보증 • 수리기간 동안의 제품대체

36 효율적(Efficient) 공급사슬 및 대응적(Responsive) 공급사슬에 관한 설명으로 옳은 것을 모두 고른 것은?

ㄱ. 효율적 공급사슬은 모듈화를 통한 제품 유연성 확보에 초점을 둔다.
ㄴ. 대응적 공급사슬은 불확실한 수요에 대해 빠르고 유연하게 대응하는 것을 목표로 한다.
ㄷ. 효율적 공급사슬의 생산운영 전략은 가동률 최대화에 초점을 둔다.
ㄹ. 대응적 공급사슬은 리드타임 단축보다 비용최소화에 초점을 둔다.

① ㄱ, ㄴ
② ㄱ, ㄹ
③ ㄴ, ㄷ
④ ㄷ, ㄹ
⑤ ㄱ, ㄴ, ㄷ

[해설] 모듈화를 통한 제품 유연성 확보에 초점을 두는 것은 대응적 공급사슬의 특징이다. 리드타임 단축보다 비용최소화에 초점을 두는 것은 효율적 공급사슬이다

※ 효율적 SC와 대응적 SC 비교

구분	효율적 SC	대응적 SC
주된 목적	최저가격으로 예측 가능한 수요를 효율적으로 공급	재고품절, 시즌 말 가격할인 등을 최소화하기 위해 예측불가능한 수요에 신속하게 대응
생산초점	높은 가동률의 유지	잉여 생산능력 보유
재고 전략	높은 재고회전율과 공급사슬 재고의 최소화	부품 및 완제품 완충(Buffer)재고 배치
리드타임 초점	비용이 증가하지 않는 한 리드타임 단축	리드타임 단축을 위한 공격적 투자
공급자 선택방식	비용과 품질을 고려	속도, 유연성 및 품질을 고려
제품디자인 전략	성과극대화, 비용최소화	제품차별화를 위한 지연(Postponement)을 달성하기 위해 모듈(Modular) 디자인 활용

권오경, 『공급사슬관리』, 박영사, 2013, p.66.

정답 **36** ③

37 A사는 프린터를 생산·판매하는 업체이다. A사 제품은 전 세계 고객의 다양한 전압과 전원 플러그 형태에 맞게 생산된다. A사는 고객 수요에 유연하게 대응하면서 재고를 최소화하기 위한 전략으로 공통모듈을 우선 생산한 후, 고객의 주문이 접수되면 전력공급장치와 전원 케이블을 맨 마지막에 조립하기로 하였다. A사가 적용한 공급사슬관리 전략은?

① Continuous Replenishment

② Postponement

③ Make-To-Stock

④ Outsourcing

⑤ Procurement

> **해설** 제시된 내용은 지연(Postponement)전략의 사례이다. 지연전략은 공장에서 제품을 완성하는 대신 시장 가까이로 제품의 완성을 지연시켜 소비자가 원하는 다양한 수요를 만족시키는 전략적 지연을 의미한다.

38 채찍효과(Bullwhip Effect)에 관한 설명으로 옳지 않은 것은?

① 최종소비자의 수요 정보가 공급자 방향으로 전달되는 과정에서 수요변동이 증폭되는 현상을 말한다.

② 구매자의 사전구매(Forward Buying)를 통해 채찍효과를 감소시킬 수 있다.

③ 공급사슬 참여기업 간 수요정보 공유를 통해 채찍효과를 감소시킬 수 있다.

④ 공급사슬 참여기업 간 정보 왜곡은 채찍효과의 주요 발생원인이다.

⑤ 공급사슬 참여기업 간 파트너십을 통해 채찍효과를 감소시킬 수 있다.

> **해설** ② 구매자의 사전구매(Forward Buying)는 채찍효과를 발생시키는 원인 중 하나이다.
> • 채찍효과(Bull Whip effect) : 공급사슬에서 최종 소비자로부터 멀어지면(즉, 상류로 갈수록) 정보가 지연되거나 왜곡되어 수요와 재고의 불안정이 확대되는 현상을 말한다.
> • 채찍효과의 주요 원인
>   ㉠ 여러 부문에서의 중복적인 수요예측
>   ㉡ 일괄주문에 의한 주문량의 변동폭 증가
>   ㉢ 결품에 대한 우려로 경쟁적인 주문증대에 의한 가수요
>   ㉣ 고가 또는 저가정책에 의한 선행 구입
>   ㉤ 긴 리드타임 등
> • 채찍효과를 줄이는 방법
>   ㉠ 공급사슬상의 수요 및 재고정보의 실시간 공유
>   ㉡ 실시간(real time) 주문처리
>   ㉢ 불확실성의 제거
>   ㉣ 주문량의 변동폭 감소
>   ㉤ 리드타임의 단축 등

39 창고에 입고되는 상품을 보관하지 않고 곧바로 소매 점포에 배송하는 유통업체 물류시스템은?

① Cross Docking

② Vendor Managed Inventory

③ Enterprise Resource Planning

④ Customer Relationship Management

⑤ Material Requirement Planning

[해설] ① 창고에 입고되는 상품을 보관하지 않고 곧바로 소매 점포에 배송하는 유통업체 물류시스템은 크로스
도킹(Cross Docking)이다.

40 다음 설명에 해당하는 물류관련 보안제도를 바르게 연결한 것은?

ㄱ. 국제표준화기구에 의해 국제적으로 보안상태가 유지되는 기업임을 인증하는 보안경영
인증제도

ㄴ. 세계관세기구의 기준에 따라 물류기업이 일정 수준 이상의 기준을 충족하면 세관 통관
절차 등을 간소화시켜주는 제도

ㄷ. 미국 세관이 제시하는 보안기준 충족 시 통관절차 간소화 등의 혜택이 주어지는 민관
협력 프로그램

① ㄱ : ISO 6780,　　ㄴ : AEO,　　　ㄷ : C-TPAT

② ㄱ : ISO 6780,　　ㄴ : C-TPAT,　　ㄷ : AEO

③ ㄱ : ISO 6780,　　ㄴ : AEO,　　　ㄷ : ISO 28000

④ ㄱ : ISO 28000,　ㄴ : AEO,　　　ㄷ : C-TPAT

⑤ ㄱ : ISO 28000,　ㄴ : C-TPAT,　　ㄷ : AEO

[해설] ㄱ. 국제표준화기구에 의해 국제적으로 보안상태가 유지되는 기업임을 인증하는 보안경영 인증제도는
ISO 280000이다.
ㄴ. 세계관세기구의 기준에 따라 물류기업이 일정 수준 이상의 기준을 충족하면 세관 통관절차 등을
간소화 시켜주는 제도는 AEO이다.
ㄷ. 미국 세관이 제시하는 보안기준 충족 시 통관절차 간소화 등의 혜택이 주어지는 민관협력 프로그램
은 C-TPAT이다.

정답　**39** ①　**40** ④

❋ AEO

1. 세계관세기구(WCO)가 무역의 안전 및 원활화를 조화시키는 표준협력제도로서 도입한 것은 AEO (Authorized Economic Operator)이다.

2. AEO(Authorized Economic Operator)는 세관이 정한 물류보안기준을 충족하면 통관 때 특혜를 주는 제도이다. AEO 인증을 받은 업체는 국가 간 상호 인증협정을 맺은 국가(미국, 캐나다, 싱가포르)에 수출할 때 다른 나라보다 신속한 통관절차를 밟을 수 있다.

3. 우리나라도 물류보안을 강화하기 위하여 2009년 3월부터 종합인증우수업체(AEO) 제도를 시행하고 있다.

제2과목 화물운송론(41~80)

41 화물운송의 3요소에 해당하는 것은?

ㄱ. Link   ㄴ. Load
ㄷ. Mode   ㄹ. Node
ㅁ. Rate

① ㄱ, ㄴ, ㄷ   ② ㄱ, ㄴ, ㄹ
③ ㄱ, ㄷ, ㄹ   ④ ㄴ, ㄷ, ㅁ
⑤ ㄴ, ㄹ, ㅁ

해설 ③ 화물운송의 3요소는 운송경로(Link), 운송수단(Mode), 운송거점(Node)이다.

42 운송에 관한 설명으로 옳지 않은 것은?

① 운송은 화물을 한 장소에서 다른 장소로 이동시키는 기능이 있다.
② 운송 중에 있는 화물을 일시적으로 보관하는 기능이 있다.
③ 운송 효율화 측면에서 운송비용을 절감하기 위해 다빈도 소량운송을 실시한다.
④ 운송은 장소적 효용과 시간적 효용을 창출한다.
⑤ 운송 효율화는 생산지와 소비지를 확대시켜 시장을 활성화한다.

해설 ③ 운송 효율화 측면에서 운송비용을 절감하기 위해서는 가능한 소빈도 대량운송을 실시해야 한다.

43 운송수단의 선택에 관한 설명으로 옳은 것을 모두 고른 것은?

> ㄱ. 화물유통에 대한 제반여건을 확인하고 운송수단별 평가항목의 내용을 검토한다.
> ㄴ. 운송수단의 특성에 따라 최적경로, 배송빈도를 고려하여 운송계획을 수립한다.
> ㄷ. 특화된 운송서비스를 제공하거나 틈새시장을 공략하기 위한 경우라도 일반적인 선택 기준을 적용하고 다른 기준을 적용하는 경우는 없다.
> ㄹ. 물류흐름을 최적화하여 물류비를 절감하고 고객만족서비스를 향상시키도록 하는 전략을 활용한다.
> ㅁ. 운송비 부담력은 고려하지 않는다.

① ㄱ, ㄴ
② ㄱ, ㄴ, ㄹ
③ ㄴ, ㄷ, ㄹ
④ ㄱ, ㄷ, ㄹ, ㅁ
⑤ ㄴ, ㄷ, ㄹ, ㅁ

[해설] ㄷ. 특화된 운송서비스를 제공하거나 틈새시장 공략을 위해서는 경우에 따라 일반기준이 아닌 다른 기준을 적용해야 한다.
ㅁ. 운송비 부담력을 고려하는 것이 일반적이다.

44 운송수단별 비용 비교에 관한 설명으로 옳지 않은 것은?

① 철도운송은 운송기간 중의 재고유지로 인하여 재고유지비용이 증가할 수 있다.
② 운송수단별 운송물량에 따라 운송비용에 차이가 있어 비교우위가 다르게 나타난다.
③ 항공운송은 타 운송수단에 비해 운송 소요시간이 짧아 재고유지비용이 감소한다.
④ 해상운송은 장거리 운송의 장점을 가지고 있지만, 대량화물을 운송할 때 단위비용이 낮아져 자동차운송보다 불리하다.
⑤ 수송비와 보관비는 상관관계가 있으므로 총비용 관점에서 운송수단을 선택한다.

[해설] ④ 해상운송은 대량화물을 운송할 때 단위비용이 낮아져 자동차운송보다 유리하다. 자동차운송은 해상운송 대비 소량화물 운송이다.

정답 **43** ② **44** ④

45 파이프라인 운송에 관한 설명으로 옳지 않은 것은?

① 초기시설 설치비가 많이 드나 유지비는 저렴한 편이다.

② 환경오염이 적은 친환경적인 운송이다.

③ 운송대상과 운송경로에 관한 제약이 적다.

④ 유류, 가스를 연속적이고 대량으로 운송한다.

⑤ 컴퓨터시스템을 이용하여 운영의 자동화가 가능하다.

[해설] ③ 파이프라인 운송은 운송대상과 운송경로에 관한 제약이 많다.

46 다음은 운송수단 선택 시 고려해야 할 사항이다. 이에 해당하는 요건은?

- 물류네트워크 연계점에서의 연결이 용이한가?
- 운송절차와 송장서류 작성이 간단한가?
- 필요시 운송서류를 이용할 수 있는가?

① 안전성   ② 신뢰성

③ 편리성   ④ 신속성

⑤ 경제성

[해설] ① **안전성** : 클레임 발생빈도가 많은가? 사고에 의한 화물손상의 정도가 적은가? 멸실, 손상 등에 대한
　　　보상이 정확히 이행되는가?
② **신뢰성** : 운송주체가 건실하고 안정성이 높은가? 장기거래 유지가 가능한가?
④ **신속성** : 발송에서 도착까지 운송시간이 단기간인가? 주행속도가 신속한가?
⑤ **경제성** : 절대평가에 의한 비용이 저렴한가? 상대평가에 의해 신속하고 저렴한가? 자사의 운송수단
　　　이용보다 저렴한가?

47 화물운송의 합리화 방안으로 옳지 않은 것은?

① 수송체계의 다변화

② 일관파렛트화(Palletization)를 위한 지원

③ 차량운행 경로의 최적화 추진

④ 물류정보시스템의 정비

⑤ 운송업체의 일반화 및 소형화 유도

[해설] ⑤ 운송업체의 전문화 및 규모화(대형화) 유도

정답 **45** ③ **46** ③ **47** ⑤

48 철도와 화물자동차 운송의 선택기준에 관한 설명으로 옳지 않은 것은?

① 장거리·대량화물은 철도가 유리하다.

② 근거리·소량화물은 화물자동차가 경제적이다.

③ 채트반(Chatban) 공식은 운송거리에 따른 화물자동차운송과 철도운송의 선택기준으로 활용된다.

④ 채트반 공식은 비용요소를 이용하여 화물자동차 경쟁가능거리의 한계(분기점)를 산정한다.

⑤ 채트반 공식으로 산출된 경계점 거리 이내에서는 화물자동차운송보다 철도운송이 유리하다.

해설 ⑤ 화물자동차운송이 철도운송보다 유리하다.

49 다음과 같은 특징을 가진 운임산정 기준은?

• 양모, 면화, 코르크, 목재, 자동차 등과 같이 중량에 비해 부피가 큰 화물에 적용된다.
• Drum, Barrel, Roll 등과 같이 화물 사이에 공간이 생기는 화물에 적용된다.
• 일정비율의 손실공간을 감안하여 운임을 부과한다.
• 이러한 화물은 통상 이들 손실공간을 포함시킨 적화계수를 적용한다.

① 중량기준   ② 용적기준
③ 종가기준   ④ 개수기준
⑤ 표정기준

해설 ② 중량에 비해 부피가 크거나 화물 사이에 공간이 생기거나 일정비율의 손실공간이 발생하는 경우에는 이를 고려하는 적화계수를 적용하여 용적을 기준으로 운임을 산정하는 것이 일반적이다.

50 화물자동차의 구조에 의한 분류상 전용특장차로 옳은 것을 모두 고른 것은?

ㄱ. 덤프트럭	ㄴ. 분립체 운송차
ㄷ. 적화·하역 합리화차	ㄹ. 측면 전개차
ㅁ. 액체 운송차	

① ㄱ, ㄴ   ② ㄴ, ㄷ
③ ㄱ, ㄴ, ㅁ   ④ ㄴ, ㄹ, ㅁ
⑤ ㄷ, ㄹ, ㅁ

정답 48 ⑤ 49 ② 50 ③

해설 ㄷ. 적화·하역 합리화차, ㄹ. 측면 전개차는 합리화 특장차이다. 전용특장차는 특정 화물만을 전문으로 운송하는 차량이며 합리화 특장차는 2가지 이상의 화물을 운송할 수 있다.

51 화물자동차의 운행제한 기준으로 옳은 것은?

① 축간 중량 5톤 초과
② 길이 13.7m 초과
③ 너비 2.0m 초과
④ 높이 3.5m 초과
⑤ 총중량 40톤 초과

해설 ① 축간 중량은 10톤 초과, ② 길이는 차량 길이 110% 초과, ③ 너비는 차량 너비 110% 초과, ④ 높이는 4m 초과이다.

52 폴트레일러 트럭(Pole-trailer truck)에 관한 설명으로 옳은 것은?

① 트렉터에 턴테이블을 설치하고 트레일러를 연결한 후, 대형파이프나 H형강, 교각, 대형 목재 등 장척물의 수송에 사용한다.
② 트렉터와 트레일러가 완전히 분리되어 있고, 트레일러 자체도 바디를 가지고 있으며 중소형이다.
③ 트레일러의 일부 하중을 트렉터가 부담하는 것으로 측면에 미닫이문이 부착되어 있다.
④ 컨테이너 트렉터는 트레일러 2량을 연결하여 사용한다.
⑤ 대형 중량화물을 운송하기 위하여 여러 대의 자동차를 연결하여 사용한다.

해설 폴트레일러 트럭(Pole-trailer Truck) : 1대의 폴트레일러용 트랙터와 1대의 폴트레일러로 이루어져 있다. 교각, 대형 목재, 대형 파이프, H형강 등 장척화물 운반용 트레일러가 부착된 트럭이다. 트랙터에 장치된 턴테이블에 폴트레일러를 연결하고, 하대와 턴테이블이 적재물을 고정시켜 운송한다.

53 화물자동차운송의 고정비 항목으로 옳은 것은?

① 유류비
② 수리비
③ 감가상각비
④ 윤활유비
⑤ 도로통행료

해설 고정비 항목으로는 감가상각비, 인건비 등이며, 유류비, 수리비, 윤활유비, 도로통행료는 변동비 항목이다.

정답 **51** ⑤ **52** ① **53** ③

54 컨테이너에 의한 위험물의 운송 시 위험물 수납에 관한 내용으로 옳지 않은 것은?

① 컨테이너는 위험물을 수납하기 전에 충분히 청소 및 건조되어야 한다.
② 위험물을 컨테이너에 수납할 경우에는 해당 위험물의 이동, 전도, 충격, 마찰, 압력손상 등으로 위험이 발생할 우려가 없도록 한다.
③ 위험물의 어느 부분도 외부로 돌출하지 않도록 수납한 후에 컨테이너의 문을 닫아야 한다.
④ 위험물을 컨테이너 일부에만 수납하는 경우에는 위험물을 컨테이너 문에서 먼 곳에 수납해야 한다.
⑤ 위험물이 수납된 컨테이너를 여닫는 문의 잠금장치 및 봉인은 비상시에 지체 없이 열 수 있는 구조이어야 한다.

[해설] ④ 컨테이너 일부에 위험물을 수납하는 경우에는 관리를 위해 문에서 가까운 곳에 수납하는 것이 원칙이다.

55 목재, 강재, 승용차, 기계류 등과 같은 중량화물을 운송하기 위하여 지붕과 벽을 제거하고, 4개의 모서리에 기둥과 버팀대만 두어 전후, 좌우 및 위쪽에서 적재·하역할 수 있는 컨테이너는?

① 건화물 컨테이너(Dry container)
② 오픈탑 컨테이너(Open top container)
③ 동물용 컨테이너(Live stock container)
④ 솔리드벌크 컨테이너(Solid bulk container)
⑤ 플랫래크 컨테이너(Flat rack container)

[해설] ⑤ 컨테이너 중 지붕과 벽 없이 모서리에 기둥과 버팀대만 있는 것은 Flat rack container이다.

56 다음에서 설명하고 있는 철도운송 서비스 형태는?

• 철도화물역 또는 터미널 간을 직송 운행하는 전용열차
• 화차의 수와 타입이 고정되어 있지 않음.
• 중간역을 거치지 않고 최초 출발역부터 최종 도착역까지 직송서비스 제공
• 철도-도로 복합운송에서 많이 사용되는 서비스

① Block Train
② Coupling & Sharing Train
③ Liner Train
④ Shuttle Train
⑤ Single Wagon Train

정답 **54** ④ **55** ⑤ **56** ①

해설 ② Coupling & Sharing Train : 중단거리수송이나 소규모 터미널에서 이용 가능한 소형열차(Modular Train) 형태이다.

③, ⑤ Single-Wagon Train(Liner Train) : 복수의 중간역이나 터미널을 경과하면서 운행한다. 철도화물 운송 서비스 부문에서 가장 높은 비중, 목적지까지 열차운행을 위한 충분한 물량이 확보된 경우에만 운행한다.

④ 셔틀 트레인(Shuttle Train) : 철도역이나 터미널에서 화차조성비용을 경감하기 위해 화차의 수와 형태가 고정되어 있다.

57 우리나라 철도화물의 운임체계에 관한 설명으로 옳지 않은 것은?

① 화차(차량)취급운임, 컨테이너 취급운임, 혼재운임으로 구성된다.
② 화차취급운임 중 특대화물, 위험화물, 귀중품의 운송은 할증이 적용된다.
③ 화차취급운임 중 정량화된 대량화물이나 파렛트 화물의 운송은 할인이 적용된다.
④ 냉동컨테이너의 운송은 할증이 적용된다.
⑤ 공컨테이너와 적컨테이너의 운송은 할증이 적용된다.

해설 ⑤ 적컨테이너는 종류별로 정해진 운임이 적용되며, 공컨테이너는 적컨테이너 운임의 74%를 적용한다.

58 다음에서 설명하고 있는 대륙횡단 철도서비스 형태는?

아시아 극동지역의 화물을 파나마 운하를 경유하여 북미 동부 연안의 항만까지 해상운송을 실시하고, 철도 및 트럭을 이용하여 내륙지역까지 운송한다.

① ALB(American Land Bridge)
② MLB(Mini Land Bridge)
③ IPI(Interior Point Intermodal)
④ RIPI(Reversed Interior Point Intermodal)
⑤ CLB(Canadian Land Bridge)

해설 ① 미국 대륙횡단철도망(American Land Bridge ; ALB) : 극동/미국서안 간의 태평양 항로와 미국 대륙 횡단철도망 및 미국 동안항/유럽 간의 대서양 항로를 연결하여 극동/유럽 간의 화물운송에 이용될 수 있는 해륙복합운송경로로 1972년 Sea Train사에 의해 개발되었다.

② Mini-Land Bridge(MLB)를 이용한 복합운송경로 : 극동/미국 대서양 연안, 걸프만의 항구 간과 유럽/미국 태평양 연안 간의 해상운송경로 중 미국 대서양 연안, 걸프만항/미국 태평양 연안항 간의 운송을 미국 대륙횡단철도망을 이용한 철도운송방식을 대체함으로써 운송시간을 단축시킨 경우이다.

③ Micro Bridge를 이용한 복합운송경로 : 극동 미국 내륙지역 또는 구주/미국 내륙지역 간 화물운송에 이용되는 경로로서 1977년 State Steamship Lines에 의해 개발되었으며, 일명 IPI(Interior Point Intermodal) 서비스로 불리기도 한다.

⑤ 캐나다 횡단철도망(Canadian Land Bridge ; CLB)을 이용한 복합운송경로 : ALB System에서 힌트를 얻은 일본의 Freight Forwarder들이 1979년부터 1981년까지 한시적으로 개발을 촉진하여 그 가능성만 확인했었던 국제복합운송경로이다.

59 철도운송의 특징으로 옳지 않은 것은?

① 장거리 대량화물의 운송에 유리하다.
② 타 운송수단과의 연계 없이 Door to Door 서비스가 가능하다.
③ 안전도가 높고 친환경적인 운송수단이다.
④ 전국적인 네트워크를 가지고 있다.
⑤ 계획적인 운송이 가능하다.

해설 ② 철도운송은 타 운송수단과의 연계로 door to door 서비스가 이루어지며, 원칙적으로 이루어지지 않는다.

60 다음에서 설명하는 해상운임 산정 기준으로 옳은 것은?

운임단위를 무게 기준인 중량톤과 부피 기준인 용적톤으로 산출하고 원칙적으로 운송인에게 유리한 운임단위를 적용하는 운임톤

① Gross Ton(G/T)　　　　　　　② Long Ton(L/T)
③ Metric Ton(M/T)　　　　　　　④ Revenue Ton(R/T)
⑤ Short Ton(S/T)

해설 ①, ② Long Ton(L/T) 또는 Gross Ton(G/T) : 영국계 국가에서 2,240lbs(1016kg)를 기준으로 운임산정
③ Metric Ton(M/T) : 유럽대륙에서 2,204lbs(1000kg)를 기준으로 운임산정
⑤ Short Ton(S/T) : 미국계 국가에서 2,000lbs(907.2kg)를 기준으로 운임산정

61 선박의 국적(선적)에 관한 설명으로 옳지 않은 것은?

① 전통적인 선박의 국적 취득 요건은 자국민 소유, 자국 건조, 자국민 승선이다.

② 편의치적제도를 활용하는 선사는 자국의 엄격한 선박운항기준과 안전기준에서 벗어날 수 있다.

③ 제2선적제도는 기존의 전통적 선적제도를 폐지하고, 역외등록제도와 국제선박등록제도를 신규로 도입한다.

④ 편의치적제도는 세제상의 혜택과 금융조달의 용이성으로 인해 세계적으로 확대되었다.

⑤ 우리나라는 제2선적제도를 시행하고 있다.

해설 ③ 제2선적제도는 기존의 선적제도를 운영하면서, 신규로 도입한 국제선박등록제도를 말한다. 이는 편의치적제도 또는 역외등록제도로 자국선의 이탈을 방지하기 위함이다.

※ 편의치적제도(Flag of Convenience)
　　㉠ 선주가 속한 국가의 엄격한 요구조건(선원의 고용 등)과 의무부과를 피하기 위하여 자국이 아닌 파나마, 온두라스 등과 같은 국가의 선박 국적을 취하는 제도를 말한다. 이는 세금, 인건비 등 절감 혜택이 있으나 해운의 불황 시 자국으로부터 지원을 받지 못하는 불리한 점이 있다.
　　㉡ 각국은 자국선의 편의치적 방지를 위해 자국의 일정지역을 치적으로 정하여 편의치적과 유사한 혜택을 부여하는 제도를 만들었는데, 이를 국제선박등록제도 또는 제2치적제도라고 하며, 우리나라는 제주도를 선박등록특구로 지정·운영하고 있다.

62 항해용선 계약과 나용선 계약을 구분한 것으로 옳지 않은 것은?

구분	항해용선 계약	나용선 계약
ㄱ. 선장고용책임	선주가 감독, 임명	용선주가 임명
ㄴ. 해원고용책임	선주가 감독, 임명	용선주가 임명
ㄷ. 책임한계	선주-운송행위	용선주-운송행위
ㄹ. 운임결정	용선기간	화물의 수량
ㅁ. 용선주 비용부담	없음	전부

① ㄱ 　　　　　　　　　　② ㄴ

③ ㄷ 　　　　　　　　　　④ ㄹ

⑤ ㅁ

해설 ④ 운임결정은 나용선 계약의 경우에는 용선기간으로, 항해용선 계약의 경우에는 화물의 수량을 기준으로 한다.
⑤ 항해용선 계약은 용선주 비용부담이 없으며, 나용선 계약은 직접선비나 운항비 및 용선계약의 경우 선박보험료 등을 부담하나 일부 전문가의 경우 비용전부부담으로 알고 있어서 출제상 오류로 보인다.

63 선하증권 운송약관상의 운송인 면책 약관에 관한 설명으로 옳지 않은 것은?

① 잠재하자약관 : 화물의 고유한 성질에 의하여 발생하는 손실에 대해 운송인은 면책이다.

② 이로약관 : 항해 중에 인명, 재산의 구조, 구조와 관련한 상당한 이유로 예정항로 이외의 지역으로 항해한 경우, 발생하는 손실에 대해 운송인은 면책이다.

③ 부지약관 : 컨테이너 내에 반입된 화물은 화주의 책임 하에 있으며 발생하는 손실에 대해 운송인은 면책이다.

④ 과실약관 : 과실은 항해과실과 상업과실로 구분하며 상업과실일 경우, 운송인은 면책을 주장하지 못한다.

⑤ 고가품약관 : 송화인이 화물의 운임을 종가율에 의하지 않고 선적하였을 경우, 운송인은 일정금액의 한도 내에서 배상책임이 있다.

> **[해설]** ① 운송인(선사)은 화물의 고유한 성질에 의하여 발생하는 화물 손실에 대해서는 면책된다(화물고유의 하자약관). 선박약관의 하나인 잠재하자약관(조항)에 의해 운송인은 선박의 잠재하자(Latent Defect)로 인한 화물손상에 대해 면책되어 보상받을 수 있다. 그러나 잠재하자로 인한 선박 자체 손해는 보상받지 못한다. 선박의 감항능력(Seaworthiness) 담보의무는 각국 법률이 운송인에게 상당한 책임을 부담지우고 있다. 그러나 복잡한 선체, 기관설비에는 기술적 결함이 잠재하여 출항 전에 충분한 주의를 하였음에도 불구하고 발견할 수 있는 것이 있으므로 이러한 잠재하자에 기인하는 손해에 대하여 운송인은 일반적으로 면책된다.

64 다음 설명에 해당하는 해상운송 관련서류는?

- 해상운송에서 운송인은 화물을 인수할 당시에 포장상태가 불완전하거나 수량이 부족한 사실이 발견되면 사고부 선하증권(Foul B/L)을 발행한다.
- 사고부 선하증권은 은행에서 매입을 하지 않으므로, 송화인은 운송인에게 일체의 클레임에 대해서 송화인이 책임진다는 서류를 제출하고 무사고 선하증권을 수령한다.

① Letter of Credit　　　　② Letter of Indemnity
③ Commercial Invoice　　④ Certificate of Origin
⑤ Packing List

> **[해설]** ② Letter of Indemnity(L/I) : 화주가 선사 또는 운송인에게 발행하는 화물손해보상장이며, 이 경우 운송인은 선적 시 화물에 이상이 있어 발행한 사고부 선하증권(Foul B/L)을 무사고 선하증권(Clean B/L)으로 발행해 준다. 보상장(L/I)은 사고 화물에 대해서 Remark란에 사고 문언이 없이 Clean B/L을 교부받기 위하여 화주가 선사에 제출하는 각서에 해당한다.
> ① Letter of Credit : 신용장
> ③ Commercial Invoice : 상업송장
> ④ Certificate of Origin : 원산지증명서
> ⑤ Packing List : 포장명세서

65 항공화물 운임의 결정 원칙으로 옳지 않은 것은?

① 운임은 출발지의 중량에 kg 또는 lb당 적용요율을 곱하여 결정한다.

② 별도 규정의 경우를 제외하고는 요율과 요금은 가장 낮은 것을 적용한다.

③ 운임 및 종가 요금은 선불이거나 도착지 지불이어야 한다.

④ 화물의 실제 운송 경로는 운임 산출시 근거 경로와 일치하여야만 한다.

⑤ 항공화물의 요율은 출발지국의 현지통화로 설정한다.

해설 ④ 항공화물 운임의 경우 운송 특성상 운임 산출은 화물의 실제 운송 경로와 일치하지 않아도 된다.

66 단위탑재용기(ULD : Unit Load Device)에 관한 설명으로 옳은 것을 모두 고른 것은?

ㄱ. 지상 조업시간이 단축된다.

ㄴ. 전기종 간의 ULD 호환성이 높다.

ㄷ. 냉장, 냉동화물 등 특수화물의 운송이 용이하다.

ㄹ. 사용된 ULD는 전량 회수하여 사용한다.

① ㄱ
② ㄱ, ㄷ
③ ㄴ, ㄷ
④ ㄴ, ㄹ
⑤ ㄱ, ㄷ, ㄹ

해설 ㄴ. 기종 간에 ULD의 호환성은 높지 않다.
ㄹ. 사용된 ULD가 전량 회수되는 것은 아니다.
※ ULD의 장단점
• 장점
- 지상조업시간, 하역시간의 단축으로 항공기의 가동률을 향상시킨다. 컨테이너의 경우 운송화물의 안전성을 제고한다.
- 운송화물의 단위화로 하역시간의 단축, 하역비용의 절감 등 하역합리화를 실현한다.
- 냉동 컨테이너 등 특수 컨테이너를 사용하여 냉동화물, 냉장화물, 생동물 등 특수화물을 운송한다.
• 단점
- ULD의 구입과 수리에 대한 자본이 소요된다.
- ULD의 자체 중량만큼 화물탑재량이 감소한다.
- 사용된 ULD의 회수 등 관리상의 애로가 있다.
- 기종별 규격의 비표준화로 ULD의 기종 간 호환성이 낮고 항공운송의 특수성으로 선박 등 다른 운송수단과의 호환성이 낮다.

정답 **65** ④ **66** ②

67 운송주선인의 역할로 옳지 않은 것은?

① 수출화물을 본선에 인도하고 수입화물을 본선으로부터 인수한다.

② 화물포장 및 목적지의 각종 규칙에 관해 조언한다.

③ 운송주체로서 화물의 집하, 혼재, 분류 및 인도 등을 수행한다.

④ 운송의 통제인 및 배송인 역할을 수행한다.

⑤ 운송수단을 보유하고, 계약운송인으로서 운송책임이 없다.

해설 ⑤ 운송주선인으로 운송수단을 보유하지는 않으며 실화주에 대한 계약운송인으로 운송책임을 진다.

68 항공화물운송주선업자에 관한 설명으로 옳지 않은 것은?

① 화주의 운송대리인이다.

② 전문혼재업자이다.

③ 송화인과 House Air Waybill을 이용하여 운송계약을 체결하는 업자이다.

④ 수출입 통관 및 보험에 관한 화주의 대리인이다.

⑤ CFS(Container Freight Station)업자이다.

해설 ⑤ CFS(Container Freight Station)는 해상운송에서 컨테이너 미만 화물(LCL cargo)을 풀컨테이너(FCL cargo)로 만드는 장소로 컨테이너화물작업장에 해당한다.

69 화물차량이 물류센터를 출발하여 배송지 1, 2, 3을 무순위로 모두 경유한 후, 물류센터로 되돌아가는 데 소요되는 최소시간은?

(단위 : 분)

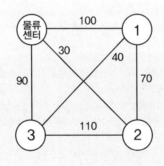

① 210분   ② 230분

③ 240분   ④ 260분

⑤ 280분

해설 ② 물류센터-3-1-2-물류센터(30 + 70 + 40 + 90) = 230

정답 **67** ⑤ **68** ⑤ **69** ②

70 수송문제에서 초기해에 대한 최적해 검사기법으로 옳은 것은?

① 디딤돌법(Stepping Stone Method)

② 도해법(Graphical Method)

③ 트리라벨링법(Tree Labelling Algorithm)

④ 의사결정수모형(Decision Tree Model)

⑤ 후방귀납법(Backward Induction)

해설 ① 최소비용법을 적용하여 수송문제의 최초의 실행가능해를 구한 후에는 디딤돌법(Stepping Stone Method) 을 적용하여 초기해를 개선할 여지가 있는지를 검토하여 최적해를 구한다. 디딤돌법이란 현재의 해 에서 할당량이 없는 빈칸(비기본변수) 하나하나에 대해 할당량이 있는 칸에서 한 단위를 옮겨 할당할 때 기회비용이 얼마인가, 즉 총비용에 미치는 효과가 어떤지를 평가하기 위하여 현재의 할당된 칸을 디딤돌로 이용하는 방법이다. 만일 비용을 감소시킬 수 있는 빈칸이 발견될 때에는 이 칸에 할당함으 로써 현재의 해를 향상시킬 수 있는 것이다.

71 8곳의 물류센터를 모두 연결하는 도로를 개설하려 한다. 필요한 도로의 최소길이는?

(단위 : km)

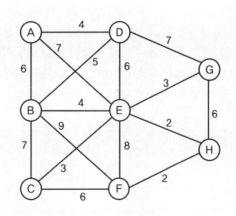

① 19km
② 21km
③ 23km
④ 25km
⑤ 27km

해설 A-D-B-E-C(4 + 5 + 4 + 3), E-G(3), E-H(2), H-F(2) = 23

72 물류센터에서 8곳 배송지까지 최단 경로 네트워크를 작성하였을 때, 그 네트워크의 총길이는?

(단위 : km)

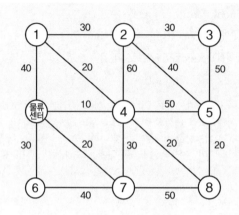

① 150km
② 160km
③ 170km
④ 180km
⑤ 190km

해설 물류센터-4 : 10, 물류센터-6 : 30, 물류센터-7 : 20, 1-4 : 20, 1-2 : 30, 2-3 : 30, 5-8 : 20, 4-8: 20
상기 경로를 모두 합치면 네트워크의 총길이는 180km가 된다.

73 공급지 1, 2에서 수요지 1, 2, 3까지의 수송문제를 최소비용법으로 해결하려 한다. 수요지 1, 수요지 2, 수요지 3의 미충족 수요량에 대한 톤당 패널티(penalty)는 각각 150,000원, 200,000원, 180,000원이다. 운송비용과 패널티의 합계는? (단, 공급지와 수요지 간 톤당 단위운송비용은 셀의 우측 상단에 있음.)

(단위 : 원)

수요지 공급지	수요지 1	수요지 2	수요지 3	공급량(톤)
공급지 1	25,000	30,000	27,000	150
공급지 2	35,000	23,000	32,000	120
수요량(톤)	100	130	70	

① 10,890,000원
② 11,550,000원
③ 11,720,000원
④ 12,210,000원
⑤ 12,630,000원

정답 **72** ④ **73** ④

해설 ④ 최소비용법 공급지 2와 수요지 2가 최소비용으로 공급지 2의 공급량 120톤을 수요지 2에 할당
23,000 × 120 = 2,760,000
수요지 2의 미충족 수요량 10톤. 패널티 200,000 × 10 = 2,000,000
공급지 1의 150톤 중 100톤을 수요지 1에 100톤, 수요지 3에 50톤 각각 할당
25,000 × 100 = 2,500,000, 27,000 × 50 = 1,350,000
수요지 3의 미충족 수요량 20톤. 패널티 180,000 × 20 = 3,600,000
운송비 합계 6,610,000, 패널티 합계 5,600,000, 전체 합계 12,210,000

	수요지 1	수요지 2	수요지 3	공급량(톤)
공급지 1	100 (25,000)	(30,000)	50톤 (27,000) (20톤 부족)	150
공급지 2	(35,000)	120톤 (23,000) (10톤 부족)	(32,000)	120
수요량(톤)	100	130	70	

74 공급지 A, B, C에서 수요지 W, X, Y, Z까지의 총운송비용 최소화 문제에 보겔추정법을 적용한다. 운송량이 전혀 할당되지 않는 셀(Cell)로만 구성된 것은? (단, 공급지와 수요지 간 톤당 단위운송비용은 셀의 우측 상단에 있음.)

(단위 : 천원)

수요지 공급지	W	X	Y	Z	공급량(톤)
A	30	25	47	36	100
B	17	52	28	42	120
C	22	19	35	55	130
수요량(톤)	80	100	90	80	350

① A-X, B-Z, C-W

② A-X, B-W, C-Z

③ A-Z, B-X, C-Y

④ A-Y, B-W, C-Z

⑤ A-Y, B-X, C-W

해설 ① 공급지와 수요지의 각 셀에서 할당량이 없는 경우는 A-W, A-X, B-X, B-Z, C-W, C-Z이다.
보겔추정법은 기회비용을 고려한 할당이다.
- 공급지 기회비용
  A : 30 − 25 = 5, B : 28 − 17 = 11, C : 22 − 19 = 3
- 수요지 기회비용
  W : 22 − 17 = 5, X : 25 − 19 = 6, Y : 35 − 28 = 7, Z : 42 − 36 = 6

	W	X	Y	Z	공급량(톤)	기회비용
A	(30)	(25)	(47)	(36)	100	5
B	(17)	(52)	(28)	(42)	120	11
C	(22)	(19)	(35)	(55)	130	3
수요량(톤)	80	100	90	80	350	
기회비용	5	6	7	6		

기회비용이 가장 큰 공급량 B의 120톤을 수요지의 단위당 수송비용이 가장 적은 W에 80톤을 할당하고 나머지 40톤은 수요지 Y에 할당

	W	X	Y	Z	공급량(톤)	기회비용
A	(30)	(25)	(47)	(36)	100	5
B	80 (17)	(52)	40 (28)	(42)	120	
C	(22)	(19)	(35)	(55)	130	3
수요량(톤)	80	100	90	80	350	
기회비용	8	6	12	6		

다음으로 기회비용이 큰 공급지 A의 100톤을 수요지 X에 할당해야 하지만 공급지 C의 130톤 중 100톤을 수요지 X에 할당하면 운송비용이 적으므로 공급지 A의 100톤은 수요지 Y에 20톤, 수요지 Z에 80톤을 각각 할당, 공급지 C의 30톤은 수요지 Y에 할당

	W	X	Y	Z	공급량(톤)
A	(30)	(25)	20 (47)	80 (36)	100
B	80 (17)	(52)	40 (28)	(42)	120
C	(22)	100 (19)	30 (35)	(55)	130
수요량(톤)	80	100	90	80	350

75 수송 수요분석에 사용하는 화물분포모형에 해당하는 것은?

① 성장인자법(Growth Factor Method)

② 회귀분석법(Regression Model)

③ 성장률법(Growth Rate Method)

④ 로짓모형(Logit Model)

⑤ 다이얼모형(Dial Model)

해설 ① 화물분포모형에는 성장인자법, 중력모형, 엔트로피 극대화모형 등이 있으며, 회귀분석법, 성장률법은 화물발생모형, 로짓모형은 비집계자료의 분석모형, 다이얼모형은 전자회로모형의 일종이다.

정답 **75** ①

76 이용자 측면에서의 택배서비스 특징에 관한 설명으로 옳지 않은 것은?

① 소형·소량화물을 위한 운송체계

② 공식적인 계약에 따른 개인 보증제도

③ 규격화된 포장서비스 제공

④ 단일운임·요금체계로 경제성 있는 서비스 제공

⑤ 운송업자가 책임을 부담하는 일관책임체계

해설 ② 공식적인 약관에 따른 보증제도이며 개인 보증제도는 아니다. 별도의 택배계약을 하지 않더라도 약관에 의하여 각종 손해에 대한 보증을 받을 수 있다. 택배운송장에는 약관의 중요 내용이 기록되어 있으며 영업장이나 택배사원은 약관을 소지해야 하며 고객이 요구하면 보여주어야 한다.

77 택배 취급이 금지되는 품목으로 옳지 않은 것은?

① 유리제품
② 상품권
③ 복권
④ 신용카드
⑤ 현금

해설 택배표준약관 제12조 규정상 운송물이 현금, 카드, 어음, 수표, 유가증권 등 현금화가 가능한 물건이나, 화약류나 마약류 등 위험한 물건인 경우, 밀수품이나 관계기관으로부터 허가받지 않는 군수품, 부정임산물 등인 경우는 택배 취급이 금지된다. 따라서 이에 규정되지 않은 유리제품은 택배 취급이 가능하다.

78 택배표준약관(공정거래위원회 표준약관 제10026호)의 포장에 관한 설명으로 옳은 것을 모두 고른 것은?

ㄱ. 고객(송화인)은 운송물을 성질, 중량, 용량에 따라 운송에 적합하도록 포장하여야 한다.

ㄴ. 사업자가 운반하는 도중에 운송물의 포장이 훼손되어 재포장하는 경우, 운송물을 인도한 후 고객(송화인)에게 그 사실을 알려야 한다.

ㄷ. 사업자는 운송물의 포장이 운송에 적합하지 아니한 때, 고객(송화인)의 승낙을 얻어 운송 중 발생될 수 있는 충격량을 고려하여 포장을 하여야 한다.

ㄹ. 사업자는 운송물을 수탁한 후 포장의 외부에 운송물의 종류와 수량, 인도예정일(시), 운송상의 특별한 주의사항을 표시한다.

ㅁ. 사업자는 운송물의 포장이 운송에 적합하지 아니한 때, 고객(송화인)의 승낙을 얻어 포장을 한 경우에 발생하는 추가 포장비용은 사업자가 부담한다.

① ㄱ, ㄴ
② ㄱ, ㄷ, ㄹ
③ ㄴ, ㄷ, ㄹ
④ ㄴ, ㄹ, ㅁ
⑤ ㄱ, ㄷ, ㄹ, ㅁ

정답 **76** ② **77** ① **78** ②

[해설] ㄴ. 사업자가 운송물을 운반하는 도중 운송물의 포장이 훼손되어 재포장을 한 경우에는 지체 없이 고객(송화인)에게 그 사실을 알려야 합니다(제9조 제4항).

ㅁ. 사업자는 운송물의 포장이 운송에 적합하지 아니한 때에는 고객(송화인)에게 필요한 포장을 하도록 청구하거나, 고객(송화인)의 승낙을 얻어 운송 중 발생될 수 있는 충격량을 고려하여 포장을 하여야 합니다. 다만, 이 과정에서 추가적인 포장비용이 발생할 경우에는 사업자는 고객(송화인)에게 추가요금을 청구할 수 있습니다(제9조 제2항).

79 택배표준약관(공정거래위원회 표준약관 제10026호)의 운송물 사고와 사업자책임에 관한 내용으로 옳은 것은?

① 사업자는 운송 중에 발생한 운송물의 멸실, 훼손 또는 연착에 대하여 고객(송화인)의 청구가 있으면 그 발생일로부터 6개월에 한하여 사고증명서를 발행한다.

② 사업자는 운송장에 운송물의 인도예정일의 기재가 없는 경우, 도서·산간지역은 운송물의 수탁일로부터 5일에 해당하는 날까지 인도한다.

③ 운송물의 일부 멸실 또는 훼손에 대한 사업자의 손해배상책임은 고객(수화인)이 운송물을 수령한 날로부터 10일 이내에 그 사실을 사업자에게 통지를 발송하지 아니하면 소멸한다.

④ 운송물의 일부 멸실, 훼손 또는 연착에 대한 사업자의 손해배상책임은 고객(수화인)이 운송물을 수령한 날로부터 6개월이 경과하면 소멸한다.

⑤ 사업자가 운송물의 일부 멸실 또는 훼손의 사실을 알면서 이를 숨기고 운송물을 인도한 경우, 사업자의 손해배상책임은 고객(수화인)이 운송물을 수령한 날로부터 5년간 존속한다.

[해설] ① 사업자는 운송 중에 발생한 운송물의 멸실, 훼손 또는 연착에 대하여 고객(송화인)의 청구가 있으면 그 발생한 날로부터 1년에 한하여 사고증명서를 발행합니다(제19조).

② 사업자는 다음 각 호의 인도예정일까지 운송물을 인도합니다(제14조 제1항).
1. 운송장에 인도예정일의 기재가 있는 경우에는 그 기재된 날
2. 운송장에 인도예정일의 기재가 없는 경우에는 운송장에 기재된 운송물의 수탁일로부터 인도예정장소에 따라 다음 일수에 해당하는 날
가. 일반 지역 : 수탁일로부터 2일
나. 도서, 산간벽지 : 수탁일로부터 3일

③ 운송물의 일부 멸실 또는 훼손에 대한 사업자의 손해배상책임은 고객(수하인)이 운송물을 수령한 날로부터 14일 이내에 그 일부 멸실 또는 훼손에 대한 사실을 고객(송화인)이 사업자에게 통지를 발송하지 아니하면 소멸합니다(제25조 제1항).

④ 운송물의 일부 멸실, 훼손 또는 연착에 대한 사업자의 손해배상책임은 고객(수하인)이 운송물을 수령한 날로부터 1년이 경과하면 소멸합니다. 다만, 운송물이 전부 멸실된 경우에는 그 인도예정일로부터 기산합니다(제25조 제2항).

정답 **79** ⑤

80 택배표준약관(공정거래위원회 표준약관 제10026호)의 손해배상에 관한 설명이다. (   )에 들어갈 내용으로 옳은 것은?

> 사업자가 고객(송화인)으로부터 배상요청을 받은 경우, 고객(송화인)이 손해입증서류를 제출한 날로부터 (   ) 이내에 사업자는 우선 배상한다(단, 손해입증서류가 허위인 경우에는 적용되지 아니한다).

① 7일   ② 10일
③ 21일   ④ 30일
⑤ 60일

해설 ④ 택배표준약관 제22조 [손해배상] 제5항

제3과목 국제물류론(81~120)

81 국제물류관리체계에 관한 설명으로 옳지 않은 것은?

① 현지물류체계는 본국 중심의 생산활동과 국제적으로 표준화된 판매활동이 이루어진다.

② 글로벌 SCM 네트워크 체계는 조달, 생산, 판매, 유통 등 기업 활동이 전(全) 세계를 대상으로 진행된다.

③ 거점물류체계는 기업 활동의 전부 또는 일부를 특정 경제권의 투자가치가 높은 지역에 배치하고 해당 지역거점을 중심으로 이루어지는 물류관리체계이다.

④ 현지물류체계는 국가별 현지 자회사를 중심으로 물류 및 생산활동을 수행하는 체계로 현지국에 생산거점을 둔다.

⑤ 글로벌 SCM 네트워크 체계는 정보자원, 물류인프라, 비즈니스 프로세스를 국경을 초월해 통합적으로 관리하고 조정한다.

> **해설** ① 현지물류체계는 지역별 혹은 국가별 중심의 생산활동을 하고 그 지역이나 국가별로 현지화된 판매활동이 이루어진다.

82 국제물류시스템 중 고전적 시스템에 관한 내용으로 옳은 것은?

① 기업은 해외 자회사 창고까지 저속·대량운송수단을 이용하여 운임을 절감할 수 있다.

② 수출국 창고에 재고를 집중시켜 운영할 수 있기 때문에 다른 어떤 시스템보다 보관비가 절감된다.

③ 수출기업으로부터 해외 자회사 창고로의 출하 빈도가 높기 때문에 해외 자회사 창고의 보관비가 상대적으로 절감된다.

④ 해외 자회사 창고는 집하·분류·배송기능에 중점을 둔다.

⑤ 상품이 생산국 창고에서 출하되어 한 지역의 중심국에 있는 중앙창고로 수송된 후 각 자회사 창고 혹은 고객에게 수송된다.

> **해설** 고전적(Classical) 시스템에 대한 올바른 설명은 ①뿐이다.
>
> ※ **고전적(Classical) 시스템** : 상품이 출하, 선적되어 각국의 해외 판매지 창고로 대량 운송된다. 해외 자회사는 창고의 기능을 하며, 다량의 재고를 유지하면서 현지 수요에 맞춰 배송하기 때문에 품절위험이 적으나 보관비가 증가할 수 있다.

정답 **81** ① **82** ①

83 선박에 관한 설명으로 옳지 않은 것은?

① 선급제도는 선박의 감항성에 관한 객관적이고 전문적인 판단을 위해 생긴 제도이다.

② 재화중량톤수(DWT)는 관세, 등록세, 소득세, 계선료, 도선료 등의 과세기준이 된다.

③ 건현은 수중에 잠기지 않는 수면 위의 선체 높이를 의미한다.

④ 만재흘수선은 선박의 항행구역 및 시기에 따라 해수와 담수, 동절기와 하절기, 열대 및 북태평양, 북대서양 등으로 구분하여 선박의 우현 측에 표시된다.

⑤ 선박은 해상에서 사람 또는 물품을 싣고 이를 운반하는 데 사용되는 구조물로 부양성, 적재성, 이동성을 갖춘 것이다.

해설 ② 총톤수(Gross Tonnage, G/T)는 관세, 등록세, 소득세, 계선료, 도선료 등의 과세기준이 된다.

84 해상운송계약에 관한 설명으로 옳지 않은 것은?

① 개품운송계약은 불특정 다수의 화주를 대상으로 하며 선박회사에서 일방적으로 결정한 정형화된 약관을 화주가 포괄적으로 승인하는 부합계약 형태를 취한다.

② 정기용선계약은 일정 기간을 정해 용선자에게 선박을 사용하도록 하는 계약으로 표준서식으로 Gencon 서식이 사용된다.

③ 항해용선에는 화물의 양에 따라 운임을 계산하는 물량용선(Freight Charter)과 화물의 양에 관계없이 본선의 선복을 기준으로 운임을 결정하는 총괄운임용선(Lump Sum Charter)이 있다.

④ 나용선계약은 선박 자체만을 용선하여 선장, 선원, 승무원 및 연료나 장비 등 인적·물적 요소나 운항에 필요한 모든 비용을 용선자가 부담하는 계약이다.

⑤ Gross Term Charter는 항해용선계약에서 선주가 적·양하항에서 발생하는 일체의 하역비 및 항비를 부담하는 조건이다.

해설 ② 정기용선계약은 일정 기간을 정해 용선자에게 선박을 사용하도록 하는 계약으로 표준서식으로 NYPE Form 서식이 사용된다. Gencon은 항해용선계약서의 서식이다.

85 정기선 운송의 특징에 관한 설명으로 옳지 않은 것은?

① 항로가 일정하지 않고 매 항차마다 항로가 달라진다.

② 정기선 운송은 공시된 스케줄에 따라 운송서비스를 제공한다.

③ 정기선 운임은 태리프(Tariff)를 공시하고 공시된 운임률에 따라 운임이 부과되므로 부정기선 운임에 비해 안정적이다.

④ 정기선 운송은 화물의 집화 및 운송을 위해 막대한 시설과 투자가 필요하다.

⑤ 정기선 운송서비스를 제공하는 운송인은 불특정 다수의 화주를 상대로 운송서비스를 제공하는 공중운송인(Public Carrier)이다.

해설 ①은 부정기선에 대한 설명이다.

86 양하 시 하역비를 화주가 부담하지 않는 운임조건을 모두 고른 것은?

ㄱ. Berth Term   ㄴ. FI Term

ㄷ. FO Term   ㄹ. FIO Term

ㅁ. FIOST Term

① ㄱ, ㄴ   ② ㄱ, ㄹ

③ ㄴ, ㄷ   ④ ㄷ, ㅁ

⑤ ㄷ, ㄹ, ㅁ

해설 화주는 곧 용선자를 말한다. 화주가 양하 시 하역비를 부담하지 않는다는 말은 그 비용을 선주가 부담한다는 것이다. 아래 표와 같이 양하 시 선주가 부담하는 조건은 Berth term, FI가 있다.

구분	In(출발항, 적하비)	Out(도착항, 양하비)
Berth term	선주부담	선주부담
FI	용선자부담	선주부담
FO	선주부담	용선자부담
FIO	용선자부담	용선자부담

87 1998년 미국 외항해운개혁법(OSRA)의 주요 내용으로 옳지 않은 것은?

① FMC에 선사의 태리프(Tariff) 신고의무를 폐지하였다.

② 우대운송계약(Service Contract)을 허용하되 서비스계약 운임률, 서비스 내용, 내륙운송구간, 손해배상 등 주요 내용을 대외비로 인정해주고 있다.

③ 비슷한 조건의 화주가 선사에게 동등한 조건을 요구할 수 있는 'me - too' 조항을 삭제하여 선사의 화주에 대한 차별대우를 인정해주었다.

④ NVOCC의 자격요건을 강화하여 해상화물운송주선인과 동일하게 FMC로부터 면허취득을 의무화하였다.

⑤ 컨소시엄, 전략적 제휴 등 공동행위 및 경쟁제한 행위를 금지시켰다.

> **해설** ⑤ 컨소시엄, 전략적 제휴 등 공동행위 및 경쟁제한 행위에 대한 독점금지법 적용면제를 유지시켰다. 미국 외항해운개혁법(OSRA)은 독점금지를 통한 자유롭고 공정한 경쟁체제를 확립하고자 하였다. 정기선사에 대하여 해운산업의 특성을 고려하여 일정한 범위 내에서 예외적으로 독점금지법 적용을 면제시켜 주는 대신에 정부기관이 불공정거래 행위를 엄격하게 규제하였다. 미국은 모든 정기선사에게 독점금지법의 적용을 면제시켰다.

88 다음 설명에 해당하는 정기선 운임은?

화폐, 보석, 유가증권, 미술품 등 고가품의 운송에 있어서 화물의 가격을 기초로 일정률을 징수하는 운임

① Special Rate ② Open Rate
③ Dual Rate ④ Ad Valorem Freight
⑤ Pro Rate Freight

> **해설** 고가품 등의 경우에는 그 화물가격을 기반으로 일정률을 적용하여 운송비를 적용하는데, 그 운임은 ④번 종가운임이다.

89 항해용선계약에 포함되지 않는 내용은?

① Laytime ② Off Hire
③ Demurrage ④ Cancelling Date
⑤ Despatch Money

> **해설** ② Off Hire(용선료발생정지)는 <u>정기용선계약</u>(Time Charter)에서 사용되는 조항이다.

90 최근 정기선 시장의 변화에 해당하지 않는 것은?

① 항로안정화협정 또는 협의협정체결 증가
② 선사 간 전략적 제휴 증가
③ 선박의 대형화
④ 글로벌 공급망 확대에 따른 서비스 범위의 축소
⑤ 해운관련 기업에서 블록체인 등 디지털 기술의 도입

해설 ④ 글로벌 공급망 확대에 따른 서비스 범위의 확대

91 Gencon Charter Party(1994)와 관련된 정박시간표(time sheet)의 기재사항으로 옳지 않은 것은?

① 도착일시 및 접안일시
② 하역준비완료일시 및 하역준비완료통지서 제출일시
③ 하역개시일시 및 하역실시기간
④ 용선계약서에 약정된 하역률 및 허용정박기간
⑤ 7일 하역량 및 누계

해설 loading 시작과 종료, discharging 시작과 종료, 항구 작업시간, 허용된 laytime, demurrage, dispatch 요율 등을 기재한다. 그러나 ⑤ 7일 하역량 및 누계는 기재하지 않는다.

92 다음 설명에 해당하는 부정기선 운임은?

선적하기로 약정했던 화물량보다 실제 선적량이 적으면 용선인이 그 부족분에 대해 지불해야 하는 운임

① Dead Freight
② Lump Sum Freight
③ Long Term Contract Freight
④ Freight All Kinds Rate
⑤ Congestion Surcharge

해설 ① 공적 운임(Dead Freight) : 화물이 예상보다 적어 공간을 다 못 채우더라도 못 채운 양에 대해서도 약속한 운임을 선주에게 지불해야 하는 운임

정답 90 ④ 91 ⑤ 92 ①

93 Hamburg Rules(1978)상 청구 및 소송에 관한 내용이 옳게 나열된 것은?

• No compensation shall be payable for loss resulting from delay in delivery unless a notice has been given in writing to the carrier within (ㄱ) consecutive days after the day when the goods were handed over to the (ㄴ).

• Any action relating to carriage of goods under this Convention is time-barred if judicial or arbitral proceedings have not been instituted within a period of (ㄷ) years.

① ㄱ : 30, ㄴ : consignee, ㄷ : two
② ㄱ : 30, ㄴ : consignor, ㄷ : three
③ ㄱ : 60, ㄴ : consignee, ㄷ : two
④ ㄱ : 60, ㄴ : consignor, ㄷ : three
⑤ ㄱ : 90, ㄴ : consignee, ㄷ : three

해설 Hamburg Rules(1978)상 제19조, 제20조
• 화물이 수하인에게 인도된 날로부터 연속되는 60일 이내에 운송인에게 문서로 통지를 하지 않은 때는 인도지연으로 생긴 손실에 대한 배상금은 지급하지 않는다.
• 법적절차 또는 중재절차가 2년의 기간 내에 개시되지 아니한 때는 이 조약에 의한 화물운송에 관한 어떠한 소송도 무효가 된다.

94 항공화물의 품목분류요율(CCR) 중 할증요금 적용품목으로 옳지 않은 것은?

① 금괴
② 화폐
③ 잡지
④ 생동물
⑤ 유가증권

해설 ③ 잡지는 할인 품목에 속한다.
※ 할증품목(S) : 화폐, 여행자수표, 유가증권, 채권, 금, 보석류 등 귀중화물, 생동물, 자동차, 시체 및 유골 등

95 항공화물 손상(damage) 사고로 생동물이 수송 중 폐사되는 경우를 뜻하는 용어는?

① Breakage
② Wet
③ Spoiling
④ Mortality
⑤ Shortlanded

해설 화물손상(Damage)에는 Breakage(깨짐), Spoiling(변질), Wet(젖음), Mortality(폐사) 등이 있다.

96 항공화물운송장에 관한 설명으로 옳지 않은 것은?

① 송화인은 항공화물운송장 원본 3통을 1조로 작성하여 화물과 함께 운송인에게 교부하여야 한다.

② 제1원본(녹색)에는 운송인용이라고 기재하고 송화인이 서명하여야 한다.

③ 제2원본(적색)에는 수화인용이라고 기재하고 송화인 및 운송인이 서명한 후 화물과 함께 도착지에 송부하여야 한다.

④ 제3원본(청색)에는 송화인용이라고 기재하고 운송인이 서명하여 화물을 인수한 후 송화인에게 교부하여야 한다.

⑤ 송화인은 항공화물운송장에 기재된 화물의 명세·신고가 정확하다는 것에 대해 그 항공화물운송장을 누가 작성했든 책임을 질 필요가 없다.

> **해설** ⑤ 송화인은 항공화물운송장에 기재된 화물의 명세·신고가 정확하다는 것에 대해 <u>책임을 져야 한다.</u>

97 복합운송증권(FIATA FBL) 이면 약관상 정의와 관련된 용어가 옳게 나열된 것은?

- (ㄱ) means the Multimodal Transport Operator who issues this FBL and is named on the face of it and assumes liability for the performance of the multimodal transport contract as a carrier.
- (ㄴ) means and includes the Shipper, the Consignor, the Holder of this FBL, the Receiver and the Owner of the Goods.

① ㄱ : Freight Forwarder, ㄴ : Merchant

② ㄱ : Freight Forwarder, ㄴ : Shipowner

③ ㄱ : NVOCC, ㄴ : Merchant

④ ㄱ : NVOCC, ㄴ : Shipowner

⑤ ㄱ : VOCC, ㄴ : Merchant

> **해설** • <u>(Freight Forwarder)</u>는 복합운송선하증권을 발행하고 그 표면에 이름이 기재되며, 운송인으로서 복합운송계약의 이행을 위하여 책임을 지는 사람을 말한다.
> • <u>(Merchant)</u>는 송하인, 수하인, 이 복합운송증권의 소지인, 물건의 수령인 및 그 소유자를 말한다.

98 **국제복합운송에 관한 설명으로 옳지 않은 것은?**

① 하나의 계약으로 운송의 시작부터 종료까지 전(全) 과정에 걸쳐, 운송물을 적어도 2가지 이상의 서로 다른 운송수단으로 운송하는 것을 말한다.

② 각 구간별로 분할된 운임이 아닌 전(全) 구간에 대한 일관운임(through rate)을 특징으로 한다.

③ 1인의 계약운송인이 누가 운송을 실행하느냐에 관계없이 운송 전체에 대해 단일운송인 책임(single carrier's liability)을 진다.

④ 하나의 운송수단에서 다른 운송수단으로 신속하게 환적할 수 있는 컨테이너 운송의 개시와 함께 비약적으로 발달하였다.

⑤ NVOCC는 자신이 직접 선박을 소유하고 화주와 운송계약을 체결하며 일관선하증권 (through B/L)을 발행한다.

> 해설 ⑤ VOCC로 바꿔야 한다. NVOCC는 Non－Vessel Operating Common Carrier의 약어로 해상운송에 있어서 자기 스스로 선박을 직접 운항하지 않으면서 해상운송인에 대해서는 화주의 입장이 되는 운송사를 말한다.

99 **다음 설명에 해당하는 복합운송인 책임체계는?**

- 손해발생구간을 판명·불명으로 나누어 각각 다른 책임체계를 적용하는 방식
- 손해발생구간을 아는 경우 운송인의 책임은 운송물의 멸실 또는 훼손이 생긴 운송구간에 적용될 국제조약 또는 강행적인 국내법에 따라 결정됨.
- 기존의 운송조약과 조화가 잘되어서 복합운송 규칙과 기존의 다른 운송방식에 적용되는 규칙 간의 충돌 방지가 가능함.

① strict liability
② uniform liability system
③ network liability system
④ liability for negligence
⑤ modified liability system

> 해설 Network liability system(이종책임체계) : 복합운송인의 책임체계 중 복합운송기간에 화물의 멸실 또는 훼손이 발생한 경우, 손해가 발생한 운송구간이 판명된 경우에는 손해가 발생된 운송구간을 규율하는 국내법 또는 국제규칙을 적용하여 책임을 부담하는 체계

100 국제운송조약 중 항공운송과 관련되는 조약을 모두 고른 것은?

> ㄱ. Hague Protocol(1955)
> ㄴ. CMR Convention(1956)
> ㄷ. CIM Convention(1970)
> ㄹ. CMI Uniform Rules for Electronic Bills of Lading(1990)
> ㅁ. Montreal Convention(1999)
> ㅂ. Rotterdam Rules(2008)

① ㄱ, ㄹ
② ㄱ, ㅁ
③ ㄱ, ㄴ, ㅁ
④ ㄴ, ㄷ, ㅂ
⑤ ㄴ, ㄷ, ㄹ, ㅂ

> 해설 ㄱ. Hague Protocol(1955) → 항공운송조약
> ㄴ. CMR Convention(1956) → 국제도로물품 운송조약
> ㄷ. CIM Convention(1970) → 국제철도물품 운송조약
> ㄹ. CMI Uniform Rules for Electronic Bills of Lading(1990) → 국제해사법위원회
> ㅁ. Montreal Convention(1999) → 항공운송조약
> ㅂ. Rotterdam Rules(2008) → 해상운송조약

101 공항터미널에서 사용되는 조업장비가 아닌 것은?

① High Loader
② Transporter
③ Tug Car
④ Dolly
⑤ Transfer Crane

> 해설 ⑤ Transfer Crane은 항만, CY 등에서 사용하는 컨테이너 이송용 장비이다.

102 다음 설명에 해당하는 컨테이너는?

> 위험물, 석유화학제품, 화공약품, 유류, 술 등의 액체화물을 운송하기 위하여 내부에 원통형의 탱크(Tank)를 위치시키고 외부에 철재 프레임으로 고정시킨 컨테이너

① Dry Container
② Flat Rack Container
③ Solid Bulk Container
④ Liquid Bulk Container
⑤ Open Top Container

정답 **100** ② **101** ⑤ **102** ④

해설 주어진 설명은 Tank Container를 말한다. Liquid Bulk Container는 액체류 컨테이너와 같은 개념이다.

103 컨테이너 분류에 관한 설명으로 옳지 않은 것은?

① 크기에 따라 ISO 규격 20feet, 40feet, 40feet High Cubic 등이 사용되고 있다.
② 재질에 따라 철재컨테이너, 알루미늄컨테이너, 강화플라스틱컨테이너 등으로 분류된다.
③ 용도에 따라 표준컨테이너, 온도조절컨테이너, 특수컨테이너 등으로 분류된다.
④ 알루미늄컨테이너는 무겁고 녹이 스는 단점이 있으나 제조원가가 저렴하여 많이 이용된다.
⑤ 냉동컨테이너는 과일, 야채, 생선, 육류 등의 보냉이 필요한 화물을 운송하기 위한 컨테이너이다.

해설 ④ 알루미늄컨테이너는 철재컨테이너에 비해 가볍고 녹이 슬지 않는다는 장점이 있다. 그러나 제조원가가 상대적으로 높아 많이 이용되지는 않는다.

104 다음에 해당하는 선화증권의 법적성질이 옳게 나열된 것은?

ㄱ. 상법이나 선화증권의 준거법에서 규정하고 있는 법정기재사항을 충족하여야 함.
ㄴ. 선화증권상에 권리자로 지정된 자가 배서의 방법으로 증권상의 권리를 양도할 수 있음.
ㄷ. 선화증권의 정당한 소지인이 이를 발급한 운송인에 대하여 물품의 인도를 청구할 수 있는 효력을 지님.

① ㄱ : 요식증권, ㄴ : 지시증권, ㄷ : 채권증권
② ㄱ : 요식증권, ㄴ : 유가증권, ㄷ : 채권증권
③ ㄱ : 요인증권, ㄴ : 지시증권, ㄷ : 처분증권
④ ㄱ : 요인증권, ㄴ : 제시증권, ㄷ : 인도증권
⑤ ㄱ : 문언증권, ㄴ : 제시증권, ㄷ : 인도증권

해설 ㄱ : 요식증권, ㄴ : 지시증권, ㄷ : 채권증권에 대한 설명이다.

105 해륙복합운송 경로에 관한 설명으로 옳지 않은 것은?

① SLB(Siberia Land Bridge)는 한국, 일본 등 극동지역의 화물을 해상운송한 후 시베리아 대륙횡단철도를 이용하여 유럽이나 중동까지 운송하는 방식이다.

② CLB(China Land Bridge)는 한국, 일본 등 극동지역의 화물을 해상운송한 후 중국대륙철도와 실크로드를 이용하여 유럽까지 운송하는 방식이다.

③ IPI(Interior Point Intermodal)는 한국, 일본 등 극동지역의 화물을 해상운송한 후 캐나다 대륙횡단철도를 이용하여 캐나다의 동해안 항만까지 운송하는 방식이다.

④ ALB(America Land Bridge)는 한국, 일본 등 극동지역의 화물을 해상운송한 후 미국대륙을 철도로 횡단하고 유럽지역까지 다시 해상운송하는 방식이다.

⑤ MLB(Mini Land Bridge)는 한국, 일본 등 극동지역의 화물을 해상운송한 후 철도와 트럭을 이용하여 미국 동해안이나 미국 멕시코만 지역의 항만까지 운송하는 방식이다.

> **[해설]** ③의 설명은 IPI가 아닌 CLB(Canada Land Bridge)에 대한 것이다.
> ※ IPI(Interior Point Intermodal) : 극동 – 미국 서부 해안까지 해상운송 후, 로키 산맥의 동부 내륙까지 철도운송하는 루트

106 다음에서 설명하는 물류보안 제도는?

> 미국 세관직원이 수출국 항구에 파견되어 수출국 세관직원과 합동으로 미국으로 향하는 컨테이너 화물 중 위험요소가 큰 컨테이너 화물을 선별하여 선적 전에 미리 화물 검사를 시행하게 하는 컨테이너 보안 협정

① 10 + 2 rule   ② CSI
③ ISPS Code   ④ AEO
⑤ ISO 28000

> **[해설]** ② CSI(Container Security Initiative, 컨테이너 보안 협정) : 대량살상무기 등이 자국(미국)으로 밀반입되는 것을 차단하고 자국영토를 보호하기 위해 반테러프로그램을 개발하여 그 일환으로 도입. 위험 컨테이너 화물에 대한 사전검색을 위해 양국 세관당국 간 정보교환 및 협력강화, 세관직원을 상호 파견함.

> **정답** 105 ③   106 ②

107 다음은 항공화물운송장과 선화증권을 비교한 표이다. (   )에 들어갈 내용을 순서대로 나열한 것은?

구분	항공화물운송장	선화증권
주요 기능	화물수취증	유가증권
유통 여부	(ㄱ)	유통성
발행 형식	(ㄴ)	지시식(무기명식)
작성 주체	송화인	(ㄷ)

① ㄱ : 유통성, ㄴ : 기명식, ㄷ : 송화인
② ㄱ : 유통성, ㄴ : 기명식, ㄷ : 운송인
③ ㄱ : 비유통성, ㄴ : 지시식, ㄷ : 송화인
④ ㄱ : 비유통성, ㄴ : 지시식, ㄷ : 운송인
⑤ ㄱ : 비유통성, ㄴ : 기명식, ㄷ : 운송인

해설 항공화물운송장은 (ㄱ) '유통성이 없는' 서류로, 물품을 받는 측의 이름이 기재되는 (ㄴ) '기명식'으로 발행된다. (ㄷ) 선화증권은 '운송인'이 발행한다.

108 컨테이너 운송에 관한 설명으로 옳지 않은 것은?

① 화물취급의 편리성과 운송의 신속성으로 인해 운송비를 절감할 수 있다.
② 하역작업의 기계화와 업무절차 간소화로 인하여 하역비와 인건비를 절감할 수 있다.
③ 해상운송과 육상운송을 원만하게 연결하고 환적시간을 단축시킴으로써 신속한 해륙일관운송을 가능하게 한다.
④ 송화인 문전에서 수화인 문전까지 효과적인 Door - to - Door 서비스를 구현할 수 있다.
⑤ CY/CFS(FCL/LCL)운송은 수출지 CY로부터 수입지 CFS까지 운송하는 방식으로 다수의 송화인과 다수의 수화인으로 구성되어져 있다.

해설 ⑤ CY/CFS(FCL/LCL)운송은 수출지 CY로부터 수입지 CFS까지 운송하는 방식으로 하나의 송화인과 다수의 수화인으로 구성되어 있다.

정답 **107** ⑤ **108** ⑤

109 복합운송증권 기능에 관한 설명으로 옳지 않은 것은?

① 복합운송증권은 물품수령증으로서의 기능을 가진다.

② 복합운송증권은 운송계약 증거로서의 기능을 가진다.

③ 지시식으로 발행된 복합운송증권은 배서·교부로 양도가 가능하다.

④ 복합운송증권은 수령지로부터 최종인도지까지 전(全) 운송구간을 운송인이 인수하였음을 증명한다.

⑤ UNCTAD/ICC규칙(1991)상 복합운송증권은 유통성으로만 발행하여야 한다.

[해설] ⑤ 복합운송증권은 유통성, 비유통성 중 어느 하나로 발행된다.

110 컨테이너 운송에 관한 국제협약이 아닌 것은?

① CCC(Customs Convention on Container, 1956)

② TIR(Transport International Routiere, 1959)

③ ITI(Customs Convention on the International Transit of Goods, 1971)

④ CSC(International Convention for Safe Container, 1972)

⑤ YAR(York - Antwerp Rules, 2004)

[해설] ⑤ YAR(York - Antwerp Rules, 2004)은 공동해손이 발생했을 때의 손해와 비용 처리에 관한 국제적 통일규칙이다.

111 ICC(A)(2009)의 면책위험에 해당하지 않는 것은?

① 보험목적물의 고유의 하자 또는 성질로 인하여 발생한 손상

② 포획, 나포, 강류, 억지 또는 억류(해적행위 제외) 및 이러한 행위의 결과로 발생한 손상

③ 피보험자가 피보험목적물을 적재할 때 알고 있는 선박 또는 부선의 불감항으로 생긴 손상

④ 동맹파업자, 직장폐쇄노동자 또는 노동쟁의, 소요 또는 폭동에 가담한 자에 의하여 발생한 손상

⑤ 피보험목적물 또는 그 일부에 대한 어떠한 자의 불법행위에 의한 고의적인 손상 또는 고의적인 파괴

[해설] ⑤ ICC(A)(2009) 조건에서 피보험목적물 또는 그 일부에 대한 어떠한 자의 불법행위에 의한 고의적인 손상 또는 고의적인 파괴는 보험자가 담보해주는 위험이다. 그러므로 보험자의 면책위험에 해당되지 않는다(= 보험자의 책임이 면제되지 않는다).

정답 **109** ⑤ **110** ⑤ **111** ⑤

112 Incoterms® 2020에서 물품의 인도에 관한 설명으로 옳은 것은?

① CPT 규칙에서 매도인은 지정선적항에서 매수인이 지정한 선박에 적재하여 인도한다.

② EXW 규칙에서 지정인도장소 내에 이용 가능한 복수의 지점이 있는 경우에 매도인은 그의 목적에 가장 적합한 지점을 선택할 수 있다.

③ DPU 규칙에서 매도인은 물품을 지정목적지에서 도착운송수단에 실어둔 채 양하준비된 상태로 매수인의 처분 하에 둔다.

④ FOB 규칙에서 매수인이 운송계약을 체결할 의무를 가지고, 매도인은 매수인이 지정한 선박의 선측에 물품을 인도한다.

⑤ FCA 규칙에서 지정된 물품 인도 장소가 매도인의 영업구내인 경우에는 물품을 수취용 차량에 적재하지 않은 채로 매수인의 처분 하에 둠으로써 인도한다.

[해설] ① CPT 규칙에서 매도인이 매도인과 계약을 체결한 <u>운송인에게</u> 물품을 교부함으로써 또는 그렇게 인도된 물품을 조달함으로써 매수인에게 물품을 인도한다.
③ DPU 규칙에서 매도인은 물품을 지정목적지에서 <u>도착운송수단으로부터 양하된 상태</u>로 매수인의 처분 하에 둔다.
④ FOB 규칙에서 매수인이 운송계약을 체결할 의무를 가지고, 매도인은 매수인이 지정한 <u>선박의 본선</u>에 물품을 인도한다.
⑤ FCA 규칙에서 지정된 물품 인도 장소가 매도인의 영업구내인 경우에는 물품이 매수인이 마련한 <u>운송수단에 적재된 때</u> 매수인의 처분 하에 둠으로써 인도한다.

113 Marine Insurance Act(1906)에서 비용손해에 관한 설명으로 옳은 것은?

① 특별비용은 공동해손과 손해방지비용을 모두 포함한 비용을 말한다.

② 제3자나 보험자가 손해방지행위를 했다면 그 비용은 손해방지비용으로 보상될 수 있다.

③ 특별비용은 보험조건에 상관없이 정당하게 지출된 경우 보험자로부터 보상받을 수 있다.

④ 보험자의 담보위험 여부에 상관없이 발생한 손해를 방지하기 위해 지출한 구조비는 보상받을 수 있다.

⑤ 보험목적물의 안전과 보존을 위하여 구조계약을 체결했을 경우 발생하는 비용은 특별비용으로 보상될 수 있다.

[해설] ① 특별비용은 공동해손과 구조비용이 아닌 비용을 말한다.
② 피보험자(사용인, 대리인 포함)가 손해방지행위를 했다면 그 비용은 손해방지비용으로 보상될 수 있다.
③ 특별비용은 보험목적물의 안전, 보존을 위해 피보험자가 지출한 경우에 보험자로부터 보상받을 수 있다. 구조비용은 정당하게 지출된 구조 종류의 비용은 그 지출 상황에 따라 단독비용 또는 공동해손손해로서 보험자로부터 보상받을 수 있다.
④ 구조비는 피보험위험으로 인하여 발생한 손해를 방지하기 위하여 지출한 구조비용은 피보험위험으로 인한 손해로서 보상될 수 있다.

114 상사중재에 관한 설명으로 옳지 않은 것은?

① 중재인은 해당분야 전문가인 민간인으로서 법원이 임명한다.

② 비공개로 진행되어 사업상의 비밀을 그대로 유지할 수 있다.

③ 중재합의는 분쟁발생 전후를 기준으로 사전합의방식과 사후합의방식이 있다.

④ 뉴욕협약(1958)에 가입된 국가 간에는 중재판정의 승인 및 집행이 보장된다.

⑤ 중재판정은 법원의 확정판결과 동일한 효력을 가지며 중재인은 자기가 내린 판결을 철회하거나 변경할 수 없다.

해설 ① 중재인은 해당분야 전문가인 민간인으로서 중재인 선정 방법에는 양측 당사자들이 합의하여 직접 중재인을 정하는 방법과 중재기관이 선정하는 방법이 있다.

115 다음 매도인의 의무를 모두 충족하는 Incoterms® 2020 규칙으로 옳은 것은?

- 목적지의 양하비용 중에서 오직 운송계약상 매도인이 부담하기로 된 비용을 부담
- 해당되는 경우에 수출국과 통과국(수입국 제외)에 의하여 부과되는 모든 통관절차를 수행하고 그에 관한 비용을 부담

① CFR

② CIF

③ FAS

④ DAP

⑤ DDP

해설 두 번째 단서인 매도인이 수출국과 통과국(수입국 제외)에 의하여 부과되는 모든 통관절차를 수행하고 그에 관한 비용을 부담하는 조건은 인코텀스 모든 조건 중 DAP조건뿐이다.

116 관세법상 특허보세구역에 관한 설명으로 옳은 것은?

① 보세전시장에서는 박람회 등의 운영을 위하여 외국물품을 장치·전시하거나 사용할 수 있다.

② 보세창고의 경우 장치기간이 지난 내국물품은 그 기간이 지난 후 30일 내에 반출하면 된다.

③ 보세공장에서는 내국물품은 사용할 수 없고, 외국물품만을 원료 또는 재료로 하여 제품을 제조·가공할 수 있다.

④ 보세건설장 운영인은 보세건설장에서 건설된 시설을 수입신고가 수리되기 전에 가동해도 된다.

⑤ 보세판매장에서 판매하는 물품의 반입, 반출, 인도, 관리에 관한 사항은 산업통상자원부령으로 정한다.

해설 ② 내국물품으로서 장치기간이 지난 물품은 그 기간이 지난 후 10일 내에 그 운영인의 책임으로 반출하여야 한다.

③ 보세공장에서는 외국물품을 원료 또는 재료로 하거나 외국물품과 내국물품을 원료 또는 재료로 하여 제조·가공하거나 그 밖에 이와 비슷한 작업을 할 수 있다.

④ 운영인은 보세건설장에서 건설된 시설을 수입신고가 수리되기 전에 가동하여서는 아니 된다.

⑤ 보세판매장에서 판매하는 물품의 반입, 반출, 인도, 관리에 필요한 사항은 대통령령으로 정한다.

117 Incoterms® 2020 규칙이 다루고 있지 않은 것을 모두 고른 것은?

ㄱ. 매도인과 매수인 각각의 의무
ㄴ. 매매물품의 소유권과 물권의 이전
ㄷ. 매매 당사자 간 물품 인도 장소와 시점
ㄹ. 매매계약 위반에 대하여 구할 수 있는 구제수단

① ㄱ, ㄴ   ② ㄱ, ㄷ
③ ㄴ, ㄷ   ④ ㄴ, ㄹ
⑤ ㄷ, ㄹ

해설 인코텀스 규칙이 다루지 않는 사항
• 매매물품의 소유권/물권의 이전
• 매매계약의 존부, 매매물품의 성상, 대금지급의 시기, 장소, 방법 또는 통화, 매매계약 위반에 대하여 구할 수 있는 구제수단, 계약상 의무이행의 지체 및 그 밖의 위반의 효과, 제재의 효력, 관세부과, 수출 또는 수입의 금지, 불가항력 또는 이행가혹, 지식재산권 또는 의무위반의 경우 분쟁해결의 방법, 장소 또는 준거법

118 관세법상 수입통관에 관한 설명으로 옳지 않은 것은?

① 여행자가 외국물품인 휴대품을 관세통로에서 소비하거나 사용하는 경우는 수입으로 본다.
② 우편물은 수입신고를 생략하거나 관세청장이 정하는 간소한 방법으로 신고할 수 있다.
③ 세관장은 수입에 관한 신고서의 기재사항에 보완이 필요한 경우 해당물품의 통관을 보류할 수 있다.
④ 관세청장은 수입하려는 물품에 대하여 검사대상, 검사범위, 검사방법 등에 관하여 필요한 기준을 정할 수 있다.
⑤ 수입하려는 물품의 신속한 통관이 필요한 때에는 해당물품을 적재한 선박이나 항공기가 입항하기 전에 수입신고할 수 있다.

정답 117 ④ 118 ①

247

해설 ① 여행자가 외국물품인 휴대품을 관세통로에서 소비하거나 사용하는 경우는 수입으로 보지 않는다.
   ※ **관세법 제239조 수입으로 보지 아니하는 소비 또는 사용**
     외국물품의 소비나 사용이 다음 각 호의 어느 하나에 해당하는 경우에는 이를 수입으로 보지 아니한다.
     1. 선박용품·항공기용품 또는 차량용품을 운송수단 안에서 그 용도에 따라 소비하거나 사용하는 경우
     2. 선박용품·항공기용품 또는 차량용품을 세관장이 정하는 지정보세구역에서 출국심사를 마치거나 우리나라에 입국하지 아니하고 우리나라를 경유하여 제3국으로 출발하려는 자에게 제공하여 그 용도에 따라 소비하거나 사용하는 경우
     3. 여행자가 휴대품을 운송수단 또는 관세통로에서 소비하거나 사용하는 경우
     4. 관세법에서 인정하는 바에 따라 소비하거나 사용하는 경우

119 ICD의 기능에 관한 설명으로 옳지 않은 것은?

① CY, CFS 시설 등을 통해 컨테이너의 장치·보관 기능을 수행한다.
② 항만에서 이루어지는 본선적재작업과 마셜링 기능을 수행한다.
③ 통관절차를 내륙으로 이동함으로써 내륙통관기지로서의 기능을 수행한다.
④ 화물의 일시적 저장과 취급에 대한 서비스를 제공한다.
⑤ 소량화물을 컨테이너 단위로 혼재작업을 행하는 기능을 수행한다.

해설 ② ICD는 내륙항만기지이므로 항만에서 이루어질 수 있는 본선적재작업과 마셜링 기능을 수행하지 못한다.

120 비엔나협약(CISG, 1980)에서 승낙의 효력에 관한 설명으로 옳은 것은?

① 분쟁해결에 관한 부가적 조건을 포함하고 있는 청약에 대한 회답은 승낙을 의도하고 있는 경우 승낙이 될 수 있다.
② 청약에 대한 동의를 표시하는 상대방의 진술뿐만 아니라 침묵 또는 부작위는 그 자체만으로 승낙이 된다.
③ 승낙을 위한 기간이 경과한 승낙은 당사자 간의 별도의 합의가 없더라도 원칙적으로 계약을 성립시킬 수 있다.
④ 서신에서 지정한 승낙기간은 서신에 표시되어 있는 일자 또는 서신에 일자가 표시되지 아니한 경우에는 봉투에 표시된 일자로부터 계산한다.
⑤ 승낙기간 중 기간의 말일이 승낙자 영업소 소재지의 공휴일 또는 비영업일에 해당하여 승낙의 통지가 기간의 말일에 청약자에게 도달할 수 없는 경우에도 공휴일 또는 비영업일은 승낙기간의 계산에 산입한다.

정답 **119** ②   **120** ④

해설 ① 분쟁해결에 관한 부가적 조건을 포함하고 있는 청약에 대한 회답은 승낙을 의도하고 있는 경우 승낙이 될 수 <u>없다</u>[승낙을 의도하였더라도 대금, 대금지급, 물품의 품질과 수량, 인도의 장소와 시기, 당사자 일방의 상대방에 대한 책임범위 또는 분쟁해결에 관한 부가적 조건 또는 상이한 조건에 대해 추가, 제한, 변경을 포함하는 회답은 <u>승낙이 될 수 없다</u>(CISG 제19조)].

② 침묵 또는 부작위는 그 자체만으로 <u>승낙이 될 수 없다</u>[청약에 대한 동의를 표시하는 상대방의 진술, 그 밖의 행위는 승낙이 된다. 침묵 또는 부작위는 그 자체만으로 승낙이 되지 아니한다(CISG 제18조)].

③ 승낙을 위한 기간이 경과한 승낙은 당사자 간의 별도의 합의가 없더라도 원칙적으로 계약을 성립시킬 수 <u>없다</u>.

⑤ 승낙기간 중의 공휴일 또는 비영업일은 기간의 계산에 산입한다. 다만, 기간의 말일이 청약자의 영업소 소재지의 공휴일 또는 비영업일에 해당하여 승낙의 통지가 기간의 말일에 청약자에게 도달될 수 없는 경우에는, 기간은 그 다음의 최초 영업일까지 연장된다(CISG 제20조).

제2교시 2022년 물류관리사	형별	**A형**	제한시간	80분	수험번호	성 명

제1과목　보관하역론(01~40)

01　보관의 원칙에 관한 설명으로 옳지 않은 것은?

① 선입선출의 원칙 : 먼저 입고하여 보관한 물품을 먼저 출고하는 원칙이다.

② 회전대응의 원칙 : 입출고 빈도에 따라 보관 위치를 달리하는 원칙으로 입출고 빈도가 높은 화물은 출입구 가까운 장소에 보관한다.

③ 유사성의 원칙 : 연대출고가 예상되는 관련 품목을 출하가 용이하도록 모아서 보관하는 원칙이다.

④ 위치표시의 원칙 : 보관된 물품의 장소와 선반번호의 위치를 표시하여 입출고 작업의 효율성을 높이는 원칙이다.

⑤ 중량특성의 원칙 : 중량에 따라 보관 장소의 높이를 결정하는 원칙으로 중량이 무거운 물품은 하층부에 보관한다.

[해설] ③ 네트워크보관의 원칙에 대한 설명이다.

02　보관의 기능에 해당하는 것을 모두 고른 것은?

　ㄱ. 제품의 시간적 효용 창출
　ㄴ. 제품의 공간적 효용 창출
　ㄷ. 생산과 판매와의 물량 조정 및 완충
　ㄹ. 재고를 보유하여 고객 수요 니즈에 대응
　ㅁ. 수송과 배송의 연계

① ㄱ, ㄴ, ㄹ　　　　　　　　　② ㄴ, ㄷ, ㅁ
③ ㄱ, ㄴ, ㄷ, ㄹ　　　　　　　④ ㄱ, ㄷ, ㄹ, ㅁ
⑤ ㄴ, ㄷ, ㄹ, ㅁ

[해설] 제품의 공간적·장소적·거리적 효용을 창출하는 기능은 운송의 기능이다.

[정답] **01** ③　**02** ④

03 물류센터의 종류에 관한 설명으로 옳지 않은 것은?

① 항만 입지형은 부두 창고, 임항 창고, 보세 창고 등이 있다.

② 단지 입지형은 유통업무 단지 등의 유통 거점에 집중적으로 입지를 정하고 있는 물류센터 및 창고로 공동창고, 집배송 단지 및 복합 물류터미널 등이 있다.

③ 임대 시설은 화차로 출하하기 위하여 일시 대기하는 화물의 보관을 위한 물류센터이다.

④ 자가 시설은 제조 및 유통 업체가 자기 책임 하에 운영하는 물류센터이다.

⑤ 도시 근교 입지형은 백화점, 슈퍼마켓, 대형 할인 매장 및 인터넷 쇼핑몰 등을 지원하는 창고이다.

[해설] 화차는 철도물류에서 이용되는 운송 적재 장비 모듈이므로 철도 입지형에 대한 설명이다.

04 ICD(Inland Container Depot)에 관한 설명으로 옳은 것을 모두 고른 것은?

ㄱ. 항만지역과 비교하여 창고 보관 시설용 토지 매입이 어렵다.
ㄴ. 화물의 소단위화로 운송의 비효율이 발생한다.
ㄷ. 다양한 교통수단의 높은 연계성이 입지조건의 하나이다.
ㄹ. 통관의 신속화로 통관비가 절감된다.
ㅁ. 통관검사 후 재포장이 필요한 경우 ICD 자체 보유 포장시설을 이용할 수 있다.

① ㄱ, ㄴ, ㄷ
② ㄱ, ㄷ, ㄹ
③ ㄴ, ㄷ, ㄹ
④ ㄴ, ㄹ, ㅁ
⑤ ㄷ, ㄹ, ㅁ

[해설] ㄱ. 내륙 시설이므로 항만지역과 비교하여 토지 매입이 용이하다.
ㄴ. ICD는 공동화를 지원하는 물류단지 시설의 하나이므로 화물의 중대 단위화로 운송의 효율이 발생한다.

05 복합 물류터미널에 관한 설명으로 옳지 않은 것은?

① 화물의 혼재기능을 수행한다.
② 환적기능을 구비하여 터미널 기능을 실현한다.
③ 장기보관 위주의 보관 기능을 강화한 시설이다.
④ 수요단위에 적합하게 재포장하는 기능을 수행한다.
⑤ 화물 정보센터의 기능을 강화하여 화물 운송 및 재고 정보 등을 제공한다.

[해설] 장기보관 위주의 보관 기능을 강화한 시설은 물류창고, 물류센터이다. 복합 물류터미널은 공동화 지원 시설 중 하나이므로 2기종 이상의 운송수단이 연결되고 수많은 화물과 혼재되거나 분류되어 단기보관 위주로 흘러 나가는 특징을 갖고 있다.

정답 **03** ③ **04** ⑤ **05** ③

06 시장 및 생산공장의 위치와 수요량이 아래 표와 같다. 무게중심법에 따라 산출된 유통센터의 입지 좌표(X, Y)는?

구분	위치 좌표(X, Y)(km)	수요량(톤/월)
시장 1	(50, 10)	100
시장 2	(20, 50)	200
시장 3	(10, 10)	200
생산공장	(100, 150)	

① X : 35, Y : 55
② X : 35, Y : 61
③ X : 61, Y : 88
④ X : 75, Y : 85
⑤ X : 75, Y : 88

해설 각 위치별 수요(시장 1 = 100, 시장 2 = 200, 시장 3 = 200, 생산공장 = 100 + 200 + 200 = 500)

각 위치별 상대적 가중치

(시장 1 = $\frac{100}{100+200+200+500}$, 시장 2 = $\frac{200}{1,000}$, 시장 3 = $\frac{200}{1,000}$, 생산공장 = $\frac{500}{1,000}$)

유통센터 입지 X좌표 = $(50 \times \frac{100}{1,000}) + (20 \times \frac{200}{1,000}) + (10 \times \frac{200}{1,000}) + (100 \times \frac{500}{1,000}) = 61$

유통센터 입지 Y좌표 = $(10 \times \frac{100}{1,000}) + (50 \times \frac{200}{1,000}) + (10 \times \frac{200}{1,000}) + (150 \times \frac{500}{1,000}) = 88$

최종 유통센터 입지좌표 (61, 88)

07 물류센터의 설계 시 고려사항에 관한 설명으로 옳지 않은 것은?

① 물류센터의 규모 산정 시 목표 재고량은 고려하나 서비스 수준은 고려 대상이 아니다.
② 제품의 크기, 무게, 가격 등을 고려한다.
③ 입고방법, 보관방법, 피킹방법, 배송방법 등 운영특성을 고려한다.
④ 설비종류, 운영방안, 자동화 수준 등을 고려한다.
⑤ 물류센터 입지의 결정 시 관련 비용의 최소화를 고려한다.

해설 목표 재고량, 적정 재고량은 목표 서비스 수준에 따라 안전계수가 결정되고 안전재고량이 산정되므로 목표 서비스 수준은 우선 고려사항이 된다.

정답 06 ③ 07 ①

08 물류센터의 일반적인 입지선정에 관한 설명으로 옳지 않은 것은?

① 수요와 공급을 효율적으로 연계할 수 있는 지역을 선정한다.

② 노동력 확보가 가능한 지역을 선정한다.

③ 경제적, 자연적, 지리적 요인 등을 고려해야 한다.

④ 운송수단의 연계가 용이한 지역에 입지한다.

⑤ 토지가격이 저렴한 지역을 최우선 선정조건으로 고려한다.

> [해설] 토지가격이 높으면 시장에서 가깝다는 의미이고 이런 경우에는 트레이드오프 현상으로 배송비용을 포함한 총 운송비용이 줄어들게 된다. 따라서 장기간을 고려한 입지선정에 있어 총비용적으로 유리할 수도 있다. 따라서 입지선정 과정에 토지가격이 분명 고려되지만 최우선하지는 않는다.

09 물류센터 투자 타당성을 분석할 때 편익의 현재가치 합계와 비용의 현재가치 합계가 동일하게 되는 수준의 할인율을 활용하는 기법은?

① 순현재가치법   ② 내부수익률법

③ 브라운깁슨법   ④ 손익분기점법

⑤ 자본회수기간법

> [해설] 내부수익률법(Internal Rate of Return : IRR)
> • 편익과 비용의 현재가치 합계가 동일하게 되는 수준의 할인율
> • 순현재가치(NPV)를 '0'으로 만드는 할인율(은행에 넣어두고 복리이자를 받는 것과 동일)을 의미하며 사회적 할인율(은행이자)보다 내부수익률(시설, 장비, 사업에 투자하여 얻는 이익률)이 높으면 경제성이 있는 투자로 판단한다.

10 보관 설비에 관한 설명으로 옳지 않은 것은?

① 캔틸레버 랙(Cantilever Rack) : 긴 철재나 목재의 보관에 효율적인 랙이다.

② 드라이브 인 랙(Drive in Rack) : 지게차가 한쪽 방향에서 2개 이상의 깊이로 된 랙으로 들어가 화물을 보관 및 반출할 수 있다.

③ 파렛트 랙(Pallet Rack) : 파렛트 화물을 한쪽 방향에서 넣으면 중력에 의해 미끄러져 인출할 때는 반대방향에서 화물을 반출할 수 있다.

④ 적층 랙(Mezzanine Rack) : 천장이 높은 창고에서 저장 공간을 복층구조로 설치하여 공간 활용도가 높다.

⑤ 캐러셀(Carousel) : 랙 자체를 회전시켜 저장 및 반출하는 장치이다.

> [해설] ③ 중력식 랙(Gravity Rack), 흐름 랙(Flow Rack)에 대한 설명이다.

정답 **08** ⑤ **09** ② **10** ③

11 물류센터의 작업 계획 수립 시 세부 고려사항으로 옳지 않은 것은?

① 출하 차량 동선 – 평치, 선반 및 특수 시설의 사용 여부
② 화물 형태 – 화물의 포장 여부, 포장 방법 및 소요 설비
③ 하역 방식 – 하역 자동화 수준, 하역 설비의 종류 및 규격
④ 검수 방식 – 검수 기준, 검수 작업 방법 및 소요 설비
⑤ 피킹 및 분류 – 피킹 기준, 피킹 방법 및 소팅 설비

해설 ① 입체이용 방식(여부)에 대한 설명이다.

12 물류센터 건설의 업무 절차를 물류거점 분석, 물류센터 설계 그리고 시공 및 운영 등 단계별로 시행하려고 한다. 물류거점 분석 단계에서 수행하는 활동이 아닌 것은?

① 지역 분석   ② 하역장비 설치
③ 수익성 분석   ④ 투자 효과 분석
⑤ 거시환경 분석

해설 하역장비 설치는 시공 및 운영단계에서 이루어지는 활동이다.

13 3개의 제품(A~C)을 취급하는 1개의 창고에서 기간별 사용공간이 다음 표와 같다. (ㄱ) 임의위치저장(Randomized Storage)방식과 (ㄴ) 지정위치저장(Dedicated Storage)방식으로 각각 산정된 창고의 저장소요공간(m^2)은?

기간	제품별 사용공간(m^2)		
	A	B	C
1주	14	17	20
2주	15	23	35
3주	34	25	17
4주	18	19	20
5주	15	17	21
6주	34	21	34

① ㄱ : 51, ㄴ : 51   ② ㄱ : 51, ㄴ : 67
③ ㄱ : 67, ㄴ : 89   ④ ㄱ : 89, ㄴ : 94
⑤ ㄱ : 94, ㄴ : 89

해설

기간	제품별 사용공간(m²)			총 사용공간	
	A	B	C		
1주	14	17	20	51	
2주	15	23	35	73	
3주	34	25	17	76	
4주	18	19	20	57	
5주	15	17	21	53	
6주	34	21	34	89	← (ㄱ)
제품별 최대 사용공간	34	25	35	94	← (ㄴ)

(ㄱ) 임의위치저장 방식의 저장소요공간 산출은 주별 총 사용공간을 비교하여 가장 큰 값을 이용
(ㄴ) 지정위치저장 방식의 저장소요공간 산출은 제품별 최대 사용공간을 모두 합한 값을 이용

14 오더피킹의 출고형태 중 파렛트 단위로 보관하다가 파렛트 단위로 출고되는 제1형태(P → P)의 적재방식에 활용되는 장비가 아닌 것은?

① 트랜스 로보 시스템(Trans Robo System)
② 암 랙(Arm Rack)
③ 파렛트 랙(Pallet Rack)
④ 드라이브 인 랙(Drive in Rack)
⑤ 고층 랙(High Rack)

해설 암 랙(Arm Rack)은 장척물 적재장비이므로 제1형태(P → P)에 적합하지 않다.

15 창고에 관한 설명으로 옳은 것은?

① 보세창고는 지방자치단체장의 허가를 받은 경우에는 통관되지 않은 내국물품도 장치할 수 있다.
② 영업창고는 임대료를 획득하기 위해 건립되므로 자가창고에 비해 화주 입장의 창고설계 최적화가 가능하다.
③ 자가창고는 영업창고에 비해 창고 확보와 운영에 소요되는 비용 및 인력문제와 화물량 변동에 탄력적으로 대응할 수 있다.
④ 임대창고는 특정 보관시설을 임대하거나 리스(Lease)하여 물품을 보관하는 창고형태이다.
⑤ 공공창고는 특정 보관시설을 임대하여 물품을 보관하는 창고형태로 민간이 설치 및 운영한다.

정답 **14** ② **15** ④

해설 ① 세관장의 허가를 받은 경우
② 임대창고는 임대료를 획득하기 위해 건립되므로
③ 영업창고는 자가창고에 비해
⑤ 임대창고는 특정 보관시설을 임대하여

16 다음이 설명하는 창고의 기능은?

ㄱ. 물품 생산과 소비의 시간적 간격을 조정하여 일정량의 화물이 체류하도록 한다.
ㄴ. 물품의 수급을 조정하여 가격안정을 도모한다.
ㄷ. 물류활동을 연결시키는 터미널로서의 기능을 수행한다.
ㄹ. 창고에 물품을 보관하여 재고를 확보함으로써 품절을 방지하여 신용을 증대시키는 역할을 수행한다.

	ㄱ	ㄴ	ㄷ	ㄹ
①	가격조정기능	수급조정기능	연결기능	매매기관적 기능
②	수급조정기능	가격조정기능	매매기관적 기능	신용기관적 기능
③	연결기능	가격조정기능	수급조정기능	판매전진기지적 기능
④	수급조정기능	가격조정기능	연결기능	신용기관적 기능
⑤	연결기능	판매전진기지적 기능	가격조정기능	수급조정기능

해설 창고의 기능
• 저장기능 : 물품을 안전하게 보관하거나 현상 유지하는 기능
• 수급조정기능 : 물품의 생산과 소비의 시간적 간격(time-gap)을 조정하여 스톡 포인트, 데포, 집배송센터 등에서 일정량의 흐름이 체류하는 기능
• 가격조정기능 : 물품의 수급을 조정함으로써 가격안정을 도모하는 기능
• 연결기능 : 물류의 각 요인을 연결시키는 터미널로서의 기능
• 매매기관적 기능 : 물품의 매매를 통해 금융을 원활화시키는 기능
• 신용기관적 기능
• 판매전진기지적 기능

정답 **16** ④

17 경제적 주문량(EOQ) 모형에 관한 설명으로 옳은 것은?

① 주문량이 커질수록 할인율이 높아지기 때문에 가능한 많은 주문량을 설정하는 것이 유리하다.

② 조달기간이 일정하며, 주문량은 전량 일시에 입고된다.

③ 재고유지비용은 평균재고량에 반비례한다.

④ 재고부족에 대응하기 위한 안전재고가 필요하다.

⑤ 수요가 불확실하기 때문에 주문량과 주문간격이 달라진다.

해설 ① EOQ의 수량할인은 가정하지 않는다.
③ 연간 재고유지비용 = 연간단위당 재고유지비용 × 평균재고량이므로 재고유지비용은 평균재고량에 비례한다.
④ EOQ의 안전재고량은 감안하지 않는다.
⑤ EOQ의 단위 기간당 수요는 일정하다고 가정하기 때문에 주문량과 주문간격은 고정된다.

18 분산구매방식과 비교한 집중구매방식(Centralized Purchasing Method)에 관한 설명으로 옳은 것은?

① 일반적으로 대량 구매가 이루어지기 때문에 수요량이 많은 품목에 적합하다.

② 사업장별 다양한 요구를 반영하여 구매하기에 용이하다.

③ 사업장별 독립적 구매에 유리하나 수량할인이 있는 품목에는 불리하다.

④ 전사적으로 집중구매하기 때문에 가격 및 거래조건이 불리하다.

⑤ 구매절차의 표준화가 가능하여 긴급조달이 필요한 자재의 구매에 유리하다.

해설 ② 사업장별 다양한 요구를 반영하여 구매하기에 어렵다.
③ 사업장별 독립적 구매에 불리하나 수량할인이 있는 품목에는 유리하다.
④ 전사적으로 집중구매하기 때문에 가격 및 거래조건이 유리하다.
⑤ 구매절차의 표준화가 가능하나 긴급조달이 필요한 자재의 구매에 불리하다.

정답 **17** ② **18** ①

19 A상품의 2022년도 6월의 실제 판매량과 예측 판매량, 7월의 실제 판매량 자료가 아래 표와 같을 때 지수평활법을 활용한 8월의 예측 판매량(개)은? (단, 평활상수(α)는 0.4를 적용한다.)

구분	2022년 6월	2022년 7월
실제 판매량	48,000(개)	52,000(개)
예측 판매량	50,000(개)	−

① 48,320
② 49,200
③ 50,320
④ 50,720
⑤ 50,880

[해설] $F_{7월} = F_{6월} + \alpha(Y_{6월} - F_{6월}) = 50,000 + 0.4(48,000 - 50,000) = 49,200$(개)

$F_{8월} = F_{7월} + \alpha(Y_{7월} - F_{7월}) = 49,200 + 0.4(52,000 - 49,200) = 50,320$(개)

20 제품 B를 취급하는 K물류센터는 경제적 주문량(EOQ)에 따라 재고를 관리하고 있다. 재고관리에 관한 자료가 아래와 같을 때 (ㄱ) 연간 총 재고비용과 (ㄴ) 연간 발주횟수는 각각 얼마인가? (단, 총 재고비용은 재고유지비용과 주문비용만을 고려한다.)

- 연간 수요량 : 90,000개
- 제품 단가 : 80,000원
- 제품당 연간 재고유지비용 : 제품 단가의 25%
- 1회 주문비용 : 160,000원

① ㄱ : 12,000,000원, ㄴ : 75회
② ㄱ : 12,000,000원, ㄴ : 90회
③ ㄱ : 18,000,000원, ㄴ : 75회
④ ㄱ : 18,000,000원, ㄴ : 90회
⑤ ㄱ : 24,000,000원, ㄴ : 75회

[해설] $EOQ = \sqrt{\dfrac{2 \cdot CO \cdot D}{CH}} = \sqrt{\dfrac{2 \cdot 160,000 \cdot 90,000}{80,000 \cdot 0.25}} = \sqrt{\dfrac{28,800,000,000}{20,000}} = 1,200$개

(ㄴ) 연간 발주횟수 $= \dfrac{연간수요}{EOQ} = \dfrac{90,000개}{1,200개} = 75$회

(ㄱ) 연간 총 재고비용 = 연간 재고유지비용 + 연간 주문비용
- 연간 주문비용 = 연간 주문횟수 × 1회 주문비용
  = 75회 × 160,000원 = 12,000,000원

- 연간 재고유지비용 = 평균재고량 × 연간단위당 재고유지비용

$$= \frac{EOQ}{2} \text{개} \times 160,000원 = \frac{1,200개}{2} \times 20,000원$$

$$= 12,000,000원$$

→ 연간 총 재고비용 = 12,000,000원 + 12,000,000원 = 24,000,000원

* EOQ 가정 내에서는 연간 재고유지비용과 연간 주문비용은 같으므로 빠르게 구할 수 있는 값을 구하여 2배 한다(본 문제에서는 연간 주문비용 × 2).

21 수요예측방법에 관한 설명으로 옳지 않은 것은?

① 정성적 수요예측방법에는 경영자판단법, 판매원이용법 등이 있다.

② 정량적 수요예측방법에는 이동평균법, 지수평활법 등이 있다.

③ 델파이법(Delphi Method)은 원인과 결과관계를 가지는 두 요소의 과거 변화량에 대한 인과관계를 분석한 방법으로 정량적 수요예측방법에 해당한다.

④ 가중이동평균법은 예측 기간별 가중치를 부여한 예측방법으로 일반적으로 예측대상 기간에 가까울수록 더 큰 가중치를 주어 예측하는 방법이다.

⑤ 라이프사이클(Life-cycle) 유추법은 상품의 수명주기 기간별 과거 매출 증감 폭을 기준으로 수요량을 유추하여 예측하는 방법이다.

해설 해당 설명은 정량적 수요예측기법의 하나인 인과형 모델(회귀예측법)에 대한 설명이다.

22 C도매상의 제품판매정보가 아래와 같을 때 최적의 재주문점은? (단, 소수점 첫째자리에서 반올림한다.)

- 연간수요 : 14,000Box
- 서비스 수준 : 90%, Z(0.90) = 1.282
- 제품 판매량의 표준편차 : 20
- 제품 조달기간 : 9일
- 연간 판매일 : 350일

① 77　　　　　　　　　　　② 360

③ 386　　　　　　　　　　④ 437

⑤ 590

해설
- 재주문점 = 일평균수요 × 조달기간 = $\dfrac{\text{연간수요}}{\text{연간 판매일}}$ × 조달기간 = $\dfrac{14,000}{350}$ × 9 = 360
- 안전재고 = 수요의 표준편차 × 안전계수 × $\sqrt{\text{조달기간}}$ = 20 × 1.282 × $\sqrt{9}$ = 76.92 ≒ 77
안전재고를 고려한 재주문점 = 재주문점 + 안전재고 = 360 + 77 = 437개

23 재고에 관한 설명으로 옳지 않은 것은?

① 고객으로부터 발생하는 제품이나 서비스의 요구에 적절히 대응할 수 있게 한다.

② 안전재고는 재고를 품목별로 일정한 로트(Lot) 단위로 조달하기 때문에 발생한다.

③ 공급사슬에서 발생하는 수요나 공급의 다양한 변동과 불확실성에 대한 완충역할을 수행한다.

④ 재고를 필요 이상으로 보유하게 되면 과도한 재고비용이 발생하게 된다.

⑤ 재고관리는 제품, 반제품, 원재료, 상품 등의 재화를 합리적·경제적으로 유지하기 위한 활동이다.

해설
안전재고 = 수요의 표준편차 × 안전계수 × $\sqrt{\text{조달기간}}$
안전재고 산정식에서 보듯이 안전재고는 수요의 불확실성(표준편차)과 목표재고서비스 수준에 따른 안전계수, 수요의 불확실성을 증폭시키는 조달기간의 변동을 감안하기 위해 산정한다.

24 JIT(Just In Time) 시스템에 관한 설명으로 옳지 않은 것은?

① 반복적인 생산에 적합하다.

② 효과적인 Pull 시스템을 구현할 수 있다.

③ 공급업체의 안정적인 자재공급과 엄격한 품질관리가 이루어져야 효과성을 높일 수 있다.

④ 제조준비시간 및 리드타임을 단축할 수 있다.

⑤ 충분한 안전재고를 확보하여 품절에 대비하기 때문에 공급업체와 생산업체의 상호협력 없이도 시스템 운영이 가능하다.

해설
JIT는 실제 수요에 근거하여 생산계획을 수립하고 생산하기 때문에 공급업체와 생산업체의 정보공유와 상호협력이 시스템 운영에 근간이 된다.

정답 **23** ② **24** ⑤

25 다음이 설명하는 하역합리화의 원칙은?

ㄱ. 화물의 이동 용이성을 지수로 하여 이 지수의 최대화를 지향하는 원칙으로 관련 작업을 조합하여 화물 하역작업의 효율성을 높이는 것을 목적으로 한다.

ㄴ. 불필요한 하역작업의 생략을 통해 작업능률을 높이고, 화물의 파손 및 분실 등을 최소화하는 것을 목적으로 한다.

ㄷ. 하역작업 시 화물의 이동거리를 최소화하는 것을 목적으로 한다.

① ㄱ : 시스템화의 원칙,　ㄴ : 하역 경제성의 원칙,　ㄷ : 거리 최소화의 원칙
② ㄱ : 운반 활성화의 원칙, ㄴ : 화물 단위화의 원칙, ㄷ : 인터페이스의 원칙
③ ㄱ : 화물 단위화의 원칙, ㄴ : 거리 최소화의 원칙, ㄷ : 하역 경제성의 원칙
④ ㄱ : 운반 활성화의 원칙, ㄴ : 하역 경제성의 원칙, ㄷ : 거리 최소화의 원칙
⑤ ㄱ : 하역 경제성의 원칙, ㄴ : 운반 활성화의 원칙, ㄷ : 거리 최소화의 원칙

해설 ㄱ. 화물의 이동 용이성의 지수 = 운반 활성도 ➜ 운반 활성화의 원칙
ㄴ. 과대포장 지양(운반순도의 원칙), 최소취급의 원칙, 수평 직선의 원칙 ➜ 하역 경제성의 원칙
ㄷ. 이동거리(시간)의 최소화 원칙 ➜ 거리 최소화의 원칙

26 하역의 요소에 관한 내용이다. (　)에 들어갈 용어로 옳은 것은?

• (ㄱ) : 보관장소에서 물건을 꺼내는 작업이다.
• (ㄴ) : 생산, 유통, 소비 등에 필요하므로 하역의 일부로 볼 수 있으며, 창고 내부와 같이 한정된 장소에서 화물을 이동하는 작업이다.
• (ㄷ) : 컨테이너에 물건을 싣는 작업이다.
• (ㄹ) : 물건을 창고 등의 보관시설 장소로 이동하여 정해진 형태로 정해진 위치에 쌓는 작업이다.

① ㄱ : 피킹,　ㄴ : 운송,　ㄷ : 디배닝, ㄹ : 적재
② ㄱ : 피킹,　ㄴ : 운반,　ㄷ : 배닝,　ㄹ : 적재
③ ㄱ : 적재,　ㄴ : 운반,　ㄷ : 디배닝, ㄹ : 분류
④ ㄱ : 배닝,　ㄴ : 운반,　ㄷ : 피킹,　ㄹ : 정돈
⑤ ㄱ : 디배닝, ㄴ : 운송,　ㄷ : 배닝,　ㄹ : 분류

해설 ㄱ : 주문에 맞추어 보관장소에서 물건을 꺼내는 작업
ㄴ : 한정된 장소에서 화물을 이동하는 작업
ㄷ : 컨테이너 적입
ㄹ : 정해진 형태로 정해진 위치에 쌓는 작업

정답 25 ④　26 ②

27 하역합리화를 위한 활성화의 원칙에서 활성지수가 '3'인 화물의 상태는? (단, 활성지수는 0~4이다.)

① 대차에 실어 놓은 상태　　　　② 파렛트 위에 놓인 상태
③ 화물이 바닥에 놓인 상태　　　④ 컨베이어 위에 놓인 상태
⑤ 상자 안에 넣은 상태

해설	활성도	조건		개선작업
	0	바닥에 개품(낱개)상태로 존재	→	정리
	1	개품들을 컨테이너 (종이, 플라스틱, 목재, 철재) 이용 정리	→	일으켜 세움.
	2	받침목 위에 일으켜 세우거나 파렛트, Skid를 이용	→	굴러가도록 함.
	3	대차 위에 컨테이너를 올림.	→	자동이동
	4	컨베이어 위에 컨테이너를 올림.		

28 하역시스템에 관한 설명으로 옳지 않은 것은?

① 하역작업 장소에 따라 사내하역, 항만하역, 항공하역 등으로 구분할 수 있다.
② 제조업체의 사내하역은 조달, 생산 등의 과정에서 필요한 운반과 하역기능을 포함한 것이다.
③ 하역시스템의 효율화를 통해 에너지 및 자원을 절약할 수 있다.
④ 하역시스템의 도입 목적은 범용성과 융통성을 지양하는 데 있다.
⑤ 하역시스템의 기계화를 통해 열악한 노동환경을 개선할 수 있다.

해설 물류합리화의 총체적 입장에서 하역시스템은 물류의 각 부문의 접점에서 연결고리의 역할을 하며 하역 활동의 원활화를 도모하기 위함이기 때문에 표준화를 지향한다.
　＊ 하역작업 개선 3S
　　Simplification(단순화) ➜ Standardization(표준화) ➜ Specialization(전문화)

정답　**27** ①　**28** ④

29 자동분류시스템의 소팅방식에 관한 설명으로 옳은 것은?

① 크로스벨트(Cross belt) 방식 : 컨베이어 반송면의 아래 방향에서 벨트 등의 분기장치가 나오는 방식으로 하부면의 손상 및 충격에 취약한 화물에는 적합하지 않다.

② 팝업(Pop-up) 방식 : 레일을 주행하는 연속된 캐리어 상의 소형벨트 컨베이어를 레일과 교차하는 방향으로 구동시켜 단위화물을 내보내는 방식이다.

③ 틸팅(Tilting) 방식 : 반송면에 튀어나온 기구를 넣어 단위화물을 함께 이동시키면서 압출하는 방식이다.

④ 슬라이딩슈(Sliding-shoe) 방식 : 여러 형상의 화물을 수직으로 나누어 강제적으로 분류하므로 충격에 취약한 정밀기기나 깨지기 쉬운 물건은 피해야 한다.

⑤ 다이버터(Diverter) 방식 : 외부에 설치된 안내판을 회전시켜 반송경로 상에 가이드벽을 만들어 단위화물을 가이드벽에 따라 이동시키므로 다양한 형상의 화물분류가 가능하다.

해설 ① 팝업(Pop-up) 방식
② 크로스벨트(Cross belt) 방식
③ 슬라이딩슈(Sliding-shoe) 방식
④ 틸팅(Tilting) 방식

30 포크 리프트(지게차)에 관한 설명으로 옳은 것은?

① 스트래들(Straddle)형은 전방이 아닌 차체의 측면에 포크와 마스트가 장착된 지게차이다.

② 디젤엔진식은 유해 배기가스와 소음이 적어 실내작업에 적합한 환경친화형 장비이다.

③ 워키(Walkie)형은 스프레더를 장착하고 항만 컨테이너 야드 등 주로 넓은 공간에서 사용된다.

④ 3방향 작동형은 포크와 캐리지의 회전이 가능하므로 진행방향의 변경 없이 작업할 수 있다.

⑤ 사이드 포크형은 차체전방에 아웃리거를 설치하고 그 사이에 포크를 위치시켜 안정성을 향상시킨 지게차이다.

해설 ① 사이드 포크형
② LPG엔진식
③ 탑핸들러
⑤ 스트래들형

정답 **29** ⑤ **30** ④

31 하역의 기계화가 필요한 화물에 해당하는 것은 몇 개인가?

- 액체 및 분립체로 인하여 인력으로 취급하기 곤란한 화물
- 많은 인적 노력이 요구되는 화물
- 작업장의 위치가 높고 낮음으로 인해 상하차작업이 곤란한 화물
- 인력으로는 시간(Timing)을 맞추기 어려운 화물

① 0개   ② 1개

③ 2개   ④ 3개

⑤ 4개

> **해설** 하역의 기계화가 필요한 경우
> ㉠ 많은 시간과 노동력이 소요되는 화물(중량물, 대량화물, 대형화물)
> ㉡ 인력으로 취급하기 곤란한 화물(액체 및 분립체)
> ㉢ 인력으로 위험한 화물(유해물질 및 위험물)
> ㉣ 상·하역 위치의 고저차로 인력의 사용이 불가한 경우
> ㉤ 인력의 접근이 힘들거나 수동화하기 어려운 화물
> ㉥ 인력으로는 시간(timing)을 맞추기 어려운 화물

32 국가별 파렛트 표준규격의 연결이 옳은 것은?

국가	파렛트 규격
ㄱ. 한국	A. 800 × 1,200mm
ㄴ. 일본	B. 1,100 × 1,100mm
ㄷ. 영국	C. 1,100 × 1,200mm
ㄹ. 미국	D. 1,219 × 1,016mm

① ㄱ – B, ㄴ – A, ㄷ – C, ㄹ – D

② ㄱ – B, ㄴ – B, ㄷ – A, ㄹ – D

③ ㄱ – B, ㄴ – C, ㄷ – C, ㄹ – A

④ ㄱ – C, ㄴ – A, ㄷ – B, ㄹ – B

⑤ ㄱ – C, ㄴ – B, ㄷ – D, ㄹ – A

> **해설** ISO 규격 국제 파렛트(ISO 6780)
> • 1,200mm×800mm : 영국을 포함한 유럽 18개국이 공동으로 운영하는 표준 파렛트, 해상용 ISO 컨테이너 사용에는 비효율적
> • 1,140mm×1,140mm : 해상용 컨테이너에 의존하는 미국, 캐나다, 영국 등의 지원하에 채택됨.

정답 **31** ⑤ **32** ②

- 1,219mm×1,016mm : 미국의 표준 파렛트 48"×40"(inch) 규격으로, 미국 이외의 국가에서는 사용하지 않음.
- 1,100mm×1,100mm : 한국(T-11), 일본 등 아시아 표준 파렛트
- 1,200mm ×1,000mm : 중국, 한국(T-12), 유럽
- 1,067mm×1,067mm : 미국

33 일관파렛트화(Palletization)의 경제적 효과가 아닌 것은?

① 포장의 간소화로 포장비 절감
② 작업 능률의 향상
③ 화물 파손의 감소
④ 운임 및 부대비용 절감
⑤ 제품의 과잉생산 방지

해설 수요예측과 생산 영역에 대한 설명이다.

34 유닛로드 시스템(Unit Load System)의 선결과제에 해당하는 것을 모두 고른 것은?

ㄱ. 운송 표준화 ㄴ. 장비 표준화
ㄷ. 생산 자동화 ㄹ. 하역 기계화
ㅁ. 무인 자동화

① ㄱ, ㄴ, ㄹ ② ㄱ, ㄴ, ㅁ
③ ㄱ, ㄷ, ㅁ ④ ㄴ, ㄷ, ㄹ
⑤ ㄴ, ㄹ, ㅁ

해설 유닛로드 시스템의 전제조건
- 거래단위의 표준화(단점 : 채찍효과 발생)
- 파렛트의 표준화
- 창고보관시설의 표준화
- 포장단위치수의 표준화
- 수송장비의 적재함 규격의 표준화
- 운반하역장비의 표준회

35 다음은 파렛트 풀 시스템 운영방식에 관한 내용이다. 다음 (   )에 들어갈 용어로 옳은 것은?

- (ㄱ) : 유럽 각국의 국영철도역에서 파렛트 적재 형태로 운송하며, 파렛트를 동시에 교환하여 사용하는 것으로 언제나 교환에 응할 수 있도록 파렛트를 준비해 놓는 방식이다.
- (ㄴ) : 개별 기업에서 파렛트를 보유하지 않고, 파렛트 풀 회사에서 일정 기간 동안 임차하는 방식이다.

① ㄱ : 즉시교환방식,   ㄴ : 리스·렌탈방식
② ㄱ : 대차결제교환방식,   ㄴ : 즉시교환방식
③ ㄱ : 리스·렌탈방식,   ㄴ : 교환리스병용방식
④ ㄱ : 교환리스병용방식,   ㄴ : 대차결제교환방식
⑤ ㄱ : 리스·렌탈방식,   ㄴ : 즉시교환방식

> [해설] • 즉시교환방식 : 유럽 각국의 국영철도 출발역에서 송화주가 Pallet Load형태로 화물을 화차에 선적하면 즉시 동수의 Pallet를 내어주는 방식
> • 리스·렌탈방식 : Pallet Pool 회사에서 일정규격의 Pallet를 필요에 따라 임대해주는 제도

36 유닛로드 시스템(Unit Load System)에 관한 설명으로 옳지 않은 것은?

① 운송, 보관, 하역 등의 물류활동을 합리적으로 처리하기 위하여 포장화물의 기계취급에 적합하도록 단위화한 방식을 말한다.
② 화물을 파렛트나 컨테이너를 이용하여 벌크선박으로 운송한다.
③ 화물취급단위에 대한 단순화와 표준화를 통하여 하역능력을 향상시키고, 물류비용을 절감할 수 있다.
④ 하역을 기계화하고 운송·보관 등을 일관하여 합리화할 수 있다.
⑤ 화물처리 과정에서 발생할 수 있는 파손이나 실수를 줄일 수 있다.

> [해설] 화물을 파렛트나 컨테이너를 이용하여 '컨테이너' 선박으로 운송한다. 벌크선박은 비정형화물이 대상이 된다.

37 항만하역기기 중 컨테이너 터미널에서 사용하는 하역기기가 아닌 것은?

① 리치 스태커(Reach Stacker)   ② 야드 트랙터(Yard Tractor)
③ 트랜스퍼 크레인(Transfer Crane)   ④ 탑 핸들러(Top Handler)
⑤ 호퍼(Hopper)

> [해설] 호퍼는 벌크화물을 모아 쏟아내는 깔대기 역할의 장비로 '벌크' 터미널에서 사용하는 하역기기이다.

38 항만운송 사업 중 타인의 수요에 응하여 하는 행위로서 항만하역사업에 해당하는 것은?

① 선적화물(船積貨物)을 싣거나 내릴 때 그 화물의 개수를 계산하는 행위

② 선적화물 및 선박(부선을 포함한다)에 관련된 증명·조사·감정을 하는 행위

③ 선적화물을 싣거나 내릴 때 그 화물의 인도·인수를 증명하는 행위

④ 선박을 이용하여 운송된 화물을 화물주(貨物主) 또는 선박운항사업자의 위탁을 받아 항만에서 선박으로부터 인수하거나 화물주에게 인도하는 행위

⑤ 선적화물을 싣거나 내릴 때 그 화물의 용적 또는 중량을 계산하거나 증명하는 행위

[해설] ① 검수사업, ② 감정사업, ③ 검수사업, ⑤ 검량사업

39 주요 포장기법 중 금속의 부식을 방지하기 위한 포장 기술은?

① 방청 포장 　　　　② 방수 포장

③ 방습 포장 　　　　④ 진공 포장

⑤ 완충 포장

[해설] 방청 포장은 금속 제품의 부식(녹)을 방지하기 위한 포장을 의미한다.

40 포장 결속 방법으로 옳지 않은 것은?

① 밴드결속 – 플라스틱, 나일론, 금속 등의 재질로 된 밴드를 사용한다.

② 꺽쇠 물림쇠 – 주로 칸막이 상자 등에서 상자가 고정되도록 사용하는 방법이다.

③ 테이핑 – 용기의 견고성을 유지하기 위해 접착테이프를 사용한다.

④ 대형 골판지 상자 – 작은 부품 등을 꾸러미로 묶지 않고 담을 때 사용한다.

⑤ 슬리브 – 열수축성 플라스틱 필름을 화물에 씌우고 터널을 통과시킬 때 가열하여 필름을 수축시키는 방법이다.

[해설] ⑤는 열수축 필름을 이용하는 집합포장기법인 슈링크 포장에 대한 설명이다.

제2과목 물류관련법규(41~80)

41 물류정책기본법상 물류계획에 관한 설명으로 옳지 않은 것은?

① 특별시장 및 광역시장은 지역물류정책의 기본방향을 설정하는 10년 단위의 지역물류기본계획을 5년마다 수립하여야 한다.

② 국가물류기본계획에는 국가물류정보화사업에 관한 사항이 포함되어야 한다.

③ 국가물류기본계획은 「국토기본법」에 따라 수립된 국토종합계획 및 「국가통합교통체계효율화법」에 따라 수립된 국가기간교통망계획과 조화를 이루어야 한다.

④ 지역물류기본계획은 국가물류기본계획에 배치되지 아니하여야 한다.

⑤ 해양수산부장관은 국가물류기본계획을 수립한 때에는 이를 관보에 고시하여야 한다.

> **해설** ⑤ <u>국토교통부장관</u>은 국가물류기본계획을 수립하거나 변경한 때에는 이를 관보에 고시하고, 관계 중앙행정기관의 장 및 시·도지사에게 통보하여야 한다(법 제11조 제5항).

42 물류정책기본법령상 국토교통부장관이 행정적·재정적 지원을 할 수 있는 환경친화적 물류활동을 위하여 하는 활동에 해당하는 것을 모두 고른 것은?

ㄱ. 환경친화적인 운송수단 또는 포장재료의 사용
ㄴ. 기존 물류장비를 환경친화적인 물류장비로 변경
ㄷ. 환경친화적인 물류시스템의 도입 및 개발
ㄹ. 물류활동에 따른 폐기물 감량

① ㄱ, ㄷ   ② ㄱ, ㄹ
③ ㄴ, ㄷ   ④ ㄴ, ㄷ, ㄹ
⑤ ㄱ, ㄴ, ㄷ, ㄹ

> **해설** 국토교통부장관·해양수산부장관 또는 시·도지사는 물류기업, 화주기업 또는 「화물자동차 운수사업법」 제2조 제11호 가목에 따른 개인 운송사업자가 환경친화적 물류활동을 위하여 다음 각 호의 활동을 하는 경우에는 행정적·재정적 지원을 할 수 있다(법 제59조 제2항 및 시행령 제47조).
>
> > 1. 환경친화적인 운송수단 또는 포장재료의 사용
> > 2. 기존 물류시설·장비·운송수단을 환경친화적인 물류시설·장비·운송수단으로 변경
> > 3. 그 밖에 대통령령으로 정하는 환경친화적 물류활동
> >   (1) 환경친화적인 물류시스템의 도입 및 개발
> >   (2) 물류활동에 따른 폐기물 감량
> >   (3) 그 밖에 물류자원을 절약하고 재활용하는 활동으로서 국토교통부장관 및 해양수산부장관이 정하여 고시하는 사항

정답 41 ⑤   42 ⑤

43 물류정책기본법령상 물류인력의 양성 및 물류관리사에 관한 설명으로 옳지 않은 것은?

① 「대한무역투자진흥공사법」에 따른 대한무역투자진흥공사는 물류연수기관이 될 수 없다.

② 물류관리사는 물류활동과 관련하여 전문지식이 필요한 사항에 대하여 계획·조사·연구·진단 및 평가 또는 이에 관한 상담·자문, 그 밖에 물류관리에 필요한 직무를 수행한다.

③ 국토교통부장관은 물류관리사를 고용한 물류관련 사업자에 대하여 다른 사업자보다 우선하여 행정적·재정적 지원을 할 수 있다.

④ 물류관리사는 다른 사람에게 자격증을 대여하여서는 아니 된다.

⑤ 물류관리사 자격의 취소를 하려면 청문을 하여야 한다.

[해설] 국토교통부장관·해양수산부장관 또는 시·도지사는 다음 각 호의 어느 하나에 해당하는 자가 제1항 각 호의 사업을 하는 경우에는 예산의 범위에서 사업수행에 필요한 경비의 전부나 일부를 지원할 수 있다(법 제50조 제2항 및 시행규칙 제11조).

> 1. 정부출연연구기관
> 2. 「고등교육법」 또는 「경제자유구역 및 제주국제자유도시의 외국교육기관 설립·운영에 관한 특별법」에 따라 설립된 대학이나 대학원
> 3. 그 밖에 국토교통부령 또는 해양수산부령으로 정하는 물류연수기관
>   (1) 물류관련협회 또는 물류관련협회가 설립한 교육·훈련기관
>   (2) 물류지원센터
>   (3) 화물자동차운수사업자가 설립한 협회 또는 연합회와 화물자동차운수사업자가 설립한 협회 또는 연합회가 설립한 교육·훈련기관
>   (4) 「대한무역투자진흥공사법」에 따른 대한무역투자진흥공사*
>   (5) 「민법」 제32조에 따라 설립된 물류와 관련된 비영리법인
>   (6) 그 밖에 국토교통부장관 및 해양수산부장관이 지정·고시하는 기관
>   (7) 「한국해양수산연수원법」에 따른 한국해양수산연수원
>   (8) 「항만운송사업법」에 따라 해양수산부장관의 설립인가를 받아 설립된 교육훈련기관

44 물류정책기본법령상 녹색물류협의기구에 관한 설명으로 옳지 않은 것은?

① 녹색물류협의기구는 환경친화적 물류활동 지원을 위한 사업의 심사 및 선정 업무를 수행한다.

② 국토교통부장관은 녹색물류협의기구가 환경친화적 물류활동 촉진을 위한 연구·개발 업무를 수행하는 데 필요한 행정적·재정적 지원을 할 수 있다.

③ 녹색물류협의기구의 위원장은 위원 중에서 국토교통부장관이 지명하는 사람으로 한다.

④ 녹색물류협의기구는 위원장을 포함한 15명 이상 30명 이하의 위원으로 구성한다.

⑤ 국토교통부장관은 위원이 직무와 관련된 비위사실이 있는 경우에는 해당 위원을 해임 또는 해촉할 수 있다.

[해설] ③ 녹색물류협의기구의 위원장은 위원 중에서 호선한다(시행령 제48조의2).

정답 **43** ① **44** ③

45 물류정책기본법령상 국가물류정책위원회에 관한 설명으로 옳지 않은 것은?

① 국가물류정책위원회는 국가물류체계의 효율화에 관한 중요 정책 사항을 심의·조정한다.

② 국가물류정책위원회의 위원 중 공무원이 아닌 위원의 임기는 2년으로 하되, 연임할 수 있다.

③ 국가물류정책위원회에는 5명 이내의 비상근 전문위원을 둘 수 있다.

④ 국가물류정책위원회의 업무를 효율적으로 추진하기 위하여 물류정책분과위원회, 물류 시설분과위원회, 국제물류분과위원회를 둘 수 있다.

⑤ 물류시설분과위원회의 위원장은 해당 분과위원회의 위원 중에서 해양수산부장관이 지명하는 사람으로 한다.

> [해설] ⑤ 각 분과위원회의 위원장은 해당 분과위원회의 위원 중에서 국토교통부장관(물류정책분과위원회 및 물류시설분과위원회의 경우로 한정) 또는 해양수산부장관(국제물류분과위원회의 경우로 한정)이 지명하는 사람으로 한다(시행령 제13조 제2항).

46 물류정책기본법령상 국제물류주선업에 관한 설명으로 옳은 것은?

① 컨테이너장치장을 소유하고 있는 자가 국제물류주선업을 등록하려는 경우 1억원 이상의 보증보험에 가입하여야 한다.

② 국제물류주선업을 경영하려는 자는 해양수산부장관에게 등록하여야 한다.

③ 국제물류주선업자는 등록기준에 관한 사항을 5년이 경과할 때마다 신고하여야 한다.

④ 국제물류주선업자가 그 사업을 양도한 때에는 그 양수인은 국제물류주선업의 등록에 따른 권리·의무를 승계한다.

⑤ 해양수산부장관은 국제물류주선업자의 폐업 사실을 확인하기 위하여 필요한 경우에는 국세청장에게 폐업에 관한 과세정보의 제공을 요청할 수 있다.

> [해설] ① 컨테이너장치장을 소유하고 있는 자는 국제물류주선업을 등록하려는 경우 1억원 이상의 보증보험 가입의무 대상자에 해당하지 않는다.
> ② 해양수산부장관 → 시·도지사
> ③ 5년 → 3년
> ⑤ 해양수산부장관 → 시·도지사, 국세청장 → 관할 세무관서의 장

47 물류정책기본법령상 우수물류기업의 인증에 관한 설명으로 옳지 않은 것은?

① 국토교통부장관 및 해양수산부장관은 물류기업의 육성과 물류산업 발전을 위하여 소관 물류기업을 각각 우수물류기업으로 인증할 수 있다.

② 국제물류주선기업에 대한 우수물류기업 인증의 주체는 해양수산부장관이다.

③ 인증우수물류기업은 우수물류기업의 인증이 취소된 경우에는 인증서를 반납하고, 인증마크의 사용을 중지하여야 한다.

④ 국가 또는 지방자치단체는 인증우수물류기업이 해외시장을 개척하는 경우에는 해외시장 개척에 소요되는 비용을 우선적으로 지원할 수 있다.

⑤ 국토교통부장관 및 해양수산부장관은 우수물류기업의 인증과 관련하여 우수물류기업 인증심사 대행기관을 공동으로 지정하여 인증신청의 접수 업무를 하게 할 수 있다.

해설 ② 물류사업에서 물류서비스업 중 국제물류주선기업에 대한 우수물류기업 인증의 주체는 국토교통부장관이다(시행령 별표 1의2).

물류사업	인증 대상 물류기업	인증 주체
1. 화물운송업	화물자동차운송기업	국토교통부장관
2. 물류시설운영업	물류창고기업	국토교통부장관 또는 해양수산부장관(「항만법」 제2조 제4호에 따른 항만구역에 있는 창고를 운영하는 기업의 경우만 해당)
3. 물류서비스업	가. 국제물류주선기업	국토교통부장관
	나. 화물정보망기업	국토교통부장관
4. 종합물류서비스업	종합물류서비스기업	국토교통부장관·해양수산부장관 공동

48 물류정책기본법령상 물류 공동화·자동화 촉진에 관한 설명으로 옳은 것을 모두 고른 것은?

ㄱ. 시·도지사는 화주기업이 물류공동화를 추진하는 경우에는 물류기업과 공동으로 추진하도록 권고할 수 있다.

ㄴ. 시·도지사는 물류기업이 정보통신기술을 활용하여 물류공동화를 추진하는 경우 우선적으로 예산의 범위에서 필요한 자금을 지원할 수 있다.

ㄷ. 국토교통부장관·해양수산부장관 또는 산업통상자원부장관은 물류기업이 물류자동화를 위하여 물류시설 및 장비를 확충하거나 교체하려는 경우에는 필요한 자금을 지원할 수 있다.

① ㄱ
② ㄷ
③ ㄱ, ㄴ
④ ㄴ, ㄷ
⑤ ㄱ, ㄴ, ㄷ

ㄱ. 국토교통부장관·해양수산부장관·산업통상자원부장관 또는 시·도지사는 화주기업이 물류공동화를 추진하는 경우에는 물류기업이나 물류 관련 단체와 공동으로 추진하도록 권고할 수 있으며, 권고를 이행하는 경우에 우선적으로 지원을 할 수 있다(법 제23조 제2항).

ㄴ. 국토교통부장관·해양수산부장관·산업통상자원부장관 또는 시·도지사는 물류기업이 클라우드컴퓨팅 등 정보통신기술을 활용하여 물류공동화를 추진하는 경우 우선적으로 지원을 할 수 있다(법 제23조 제3항).

ㄷ. 국토교통부장관·해양수산부장관 또는 산업통상자원부장관은 물류기업이 물류자동화를 위하여 물류시설 및 장비를 확충하거나 교체하려는 경우에는 필요한 자금을 지원할 수 있다(법 제23조 제5항).

49

물류시설의 개발 및 운영에 관한 법률상 국가 또는 지방자치단체는 물류터미널사업자가 설치한 물류터미널의 원활한 운영에 필요한 기반시설의 설치 또는 개량에 필요한 예산을 지원할 수 있다. 이러한 기반시설에 해당하지 않는 것은?

① 「도로법」 제2조 제1호에 따른 도로
② 「철도산업발전기본법」 제3조 제1호에 따른 철도
③ 「수도법」 제3조 제17호에 따른 수도시설
④ 「국토의 계획 및 이용에 관한 법률 시행령」 제2조 제1항 제6호에 따른 보건위생시설 중 종합의료시설
⑤ 「물환경보전법」 제2조 제12호에 따른 수질오염방지시설

해설 국가 또는 지방자치단체는 제1항에 따른 물류터미널사업자가 설치한 물류터미널의 원활한 운영에 필요한 도로·철도·용수시설 등 "대통령령으로 정하는 기반시설"의 설치 또는 개량에 필요한 예산을 지원할 수 있다(법 제20조 제2항 및 시행령 제12조의2).

"도로·철도·용수시설 등 대통령령으로 정하는 기반시설"이란 다음의 어느 하나에 해당하는 시설을 말한다.
1. 「도로법」 제2조 제1호에 따른 도로
2. 「철도산업발전기본법」 제3조 제1호에 따른 철도
3. 「수도법」 제3조 제17호에 따른 수도시설
4. 「물환경보전법」 제2조 제12호에 따른 수질오염방지시설

정답 49 ④

50 물류시설의 개발 및 운영에 관한 법률상 물류터미널사업협회에 관한 설명이다. (   )에 들
어갈 내용을 바르게 나열한 것은?

> 물류터미널사업협회를 설립하려는 경우에는 해당 협회의 회원의 자격이 있는 자 중 (ㄱ)
> 이상의 발기인이 정관을 작성하여 해당 협회의 회원자격이 있는 자의 (ㄴ) 이상이 출석한
> 창립총회의 의결을 거친 후 국토교통부장관의 설립인가를 받아야 한다.

① ㄱ : 2분의 1, ㄴ : 3분의 1   ② ㄱ : 3분의 1, ㄴ : 3분의 1

③ ㄱ : 3분의 1, ㄴ : 2분의 1   ④ ㄱ : 5분의 1, ㄴ : 3분의 1

⑤ ㄱ : 5분의 1, ㄴ : 4분의 1

해설 물류터미널사업협회를 설립하려는 경우에는 해당 협회의 회원의 자격이 있는 자 중 1/5 이상의 발기인
이 정관을 작성하여 해당 협회의 회원자격이 있는 자의 1/3 이상이 출석한 창립총회의 의결을 거친 후
국토교통부장관의 설립인가를 받아야 한다(법 제19조 제2항).

51 물류시설의 개발 및 운영에 관한 법령상 복합물류터미널사업에 관한 설명으로 옳은 것은?

① 복합물류터미널사업이란 두 종류 이상의 운송수단 간의 연계운송을 할 수 있는 규모 및
시설을 갖춘 물류터미널사업을 말한다.

②「항만공사법」에 따른 항만공사는 복합물류터미널사업의 등록을 할 수 있는 자에 해당하
지 않는다.

③「물류시설의 개발 및 운영에 관한 법률」을 위반하여 벌금형을 선고받은 후 1년이 지난
자는 복합물류터미널사업의 등록을 할 수 있다.

④ 부지 면적이 3만제곱미터인 경우는 복합물류터미널사업의 등록기준 중 부지 면적 기준
을 충족한다.

⑤ 복합물류터미널사업자가 그 등록한 사항 중 영업소의 명칭을 변경하려는 경우에는 변경
등록을 하여야 한다.

해설 ② 대통령령으로 정하는 복합물류터미널사업의 등록을 할 수 있는 공공기관 : 한국철도공사, 한국토지
주택공사, 한국도로공사, 한국수자원공사, 한국농어촌공사 및 항만공사

③ 1년 → 2년

④ 3만제곱미터 → 3만3천제곱미터 이상이다.

⑤ 복합물류터미널의 부지 면적의 변경(변경 횟수에 불구하고 통산하여 부지 면적의 1/10 미만의 변경),
복합물류터미널의 구조 또는 설비의 변경, 영업소의 명칭 또는 위치의 변경 등은 변경등록 외의 사항
에 해당한다.

52 물류시설의 개발 및 운영에 관한 법률상 물류시설개발종합계획에 포함되어야 하는 사항으로 옳은 것을 모두 고른 것은?

ㄱ. 물류시설의 지역별·규모별·연도별 배치 및 우선순위에 관한 사항
ㄴ. 물류시설의 환경보전·관리에 관한 사항
ㄷ. 도심지에 위치한 물류시설의 정비와 교외이전에 관한 사항
ㄹ. 물류보안에 관한 사항

① ㄱ, ㄴ   ② ㄷ, ㄹ
③ ㄱ, ㄴ, ㄷ   ④ ㄴ, ㄷ, ㄹ
⑤ ㄱ, ㄴ, ㄷ, ㄹ

해설 ㄹ. 물류보안에 관한 사항은 국가물류기본계획에 포함되어야 할 사항에 해당한다.
❋ 물류시설개발종합계획에는 다음 각 호의 사항이 포함되어야 한다(법 제4조 제3항).

> 1. 물류시설의 장래수요에 관한 사항
> 2. 물류시설의 공급정책 등에 관한 사항
> 3. 물류시설의 지정·개발에 관한 사항
> 4. 물류시설의 지역별·규모별·연도별 배치 및 우선순위에 관한 사항
> 5. 물류시설의 기능개선 및 효율화에 관한 사항
> 6. 물류시설의 공동화·집단화에 관한 사항
> 7. 물류시설의 국내 및 국제 연계수송망 구축에 관한 사항
> 8. 물류시설의 환경보전·관리에 관한 사항
> 9. 도심지에 위치한 물류시설의 정비와 교외이전(郊外移轉)에 관한 사항
> 10. 그 밖에 대통령령으로 정하는 사항

53 물류시설의 개발 및 운영에 관한 법률상 물류터미널사업에 관한 설명으로 옳지 않은 것은? (단, 물류터미널은 「국토의 계획 및 이용에 관한 법률」에 따른 도시 · 군계획시설에 해당하는 물류터미널에 한정한다.)

① 물류터미널사업자는 물류터미널의 건설을 위하여 필요한 때에는 다른 사람의 토지에 출입하거나 이를 일시 사용할 수 있다.

② 물류터미널을 건설하기 위한 부지 안에 있는 국가 소유의 토지로서 물류터미널 건설사업에 필요한 토지는 해당 물류터미널 건설사업 목적이 아닌 다른 목적으로 매각하거나 양도할 수 없다.

③ 복합물류터미널사업자는 복합물류터미널사업의 전부 또는 일부를 휴업하거나 폐업하려는 때에는 미리 국토교통부장관에게 신고하여야 한다.

④ 일반물류터미널사업자는 건설하려는 물류터미널의 구조 및 설비 등에 관한 공사계획을 수립하여 국토교통부장관의 공사시행인가를 받아야 한다.

⑤ 물류터미널을 건설하기 위한 부지 안에 있는 국가 또는 지방자치단체 소유의 재산은 「국유재산법」, 「공유재산 및 물품 관리법」, 그 밖의 다른 법령에도 불구하고 물류터미널사업자에게 수의계약으로 매각할 수 있다.

> **해설** ④ 일반물류터미널사업을 경영하려는 자는 물류터미널 건설에 관하여 필요한 경우 시 · 도지사의 공사시행인가를 받을 수 있다(임의 규정에 해당함)(법 제9조 제1항).

54 물류시설의 개발 및 운영에 관한 법률상 물류시설개발종합계획에 관한 설명으로 옳지 않은 것은?

① 국토교통부장관은 물류시설개발종합계획을 5년 단위로 수립하여야 한다.

② 국토교통부장관은 물류시설개발종합계획을 효율적으로 수립하기 위하여 필요하다고 인정하는 때에는 물류시설에 대하여 조사할 수 있다.

③ 집적[클러스터(cluster)]물류시설은 창고 및 집배송센터 등 물류활동을 개별적으로 수행하는 최소 단위의 물류시설을 말한다.

④ 물류시설개발종합계획은 「물류정책기본법」에 따른 국가물류기본계획과 조화를 이루어야 한다.

⑤ 관계 중앙행정기관의 장은 필요한 경우 국토교통부장관에게 물류시설개발종합계획을 변경하도록 요청할 수 있다.

> **해설** 물류시설개발종합계획은 물류시설을 다음의 기능별 분류에 따라 체계적으로 수립한다. 이 경우 다음의 물류시설의 기능이 서로 관련되어 있는 때에는 이를 고려하여 수립하여야 한다(법 제4조 제2항).

정답 **53** ④ **54** ③

1. 단위물류시설 : 창고 및 집배송센터 등 물류활동을 개별적으로 수행하는 최소 단위의 물류시설
2. 집적[클러스터(cluster)]물류시설 : 물류터미널 및 물류단지 등 둘 이상의 단위물류시설 등이 함께 설치된 물류시설
3. 연계물류시설 : 물류시설 상호 간의 화물운송이 원활히 이루어지도록 제공되는 도로 및 철도 등 교통시설

55 물류시설의 개발 및 운영에 관한 법령상 물류단지의 개발 및 운영에 관한 설명으로 옳은 것은?

① 도시첨단물류단지개발사업의 경우에는 물류단지 실수요 검증을 실수요검증위원회의 자문으로 갈음할 수 없다.

② 물류단지개발지침의 내용 중 토지가격의 안정을 위하여 필요한 사항을 변경할 때에는 시·도지사의 의견을 듣고 관계 중앙행정기관의 장과 협의한 후 물류시설분과위원회의 심의를 거쳐야 한다.

③ 국가정책사업으로 물류단지를 개발하는 경우 일반물류단지의 지정권자는 시·도지사가 된다.

④ 도시첨단물류단지개발사업의 시행자는 「공공주택 특별법」 제2조 제2호에 따른 공공주택지구 내 사업에 따른 시설과 도시첨단물류단지개발사업에 따른 시설을 일단의 건물로 조성할 수 있다.

⑤ 공고된 물류단지개발계획안의 내용에 대하여 의견이 있는 자는 그 열람기간 내에 물류단지지정권자에게 의견서를 제출할 수 있다.

해설 ④ 「물류시설의 개발 및 운영에 관한 법률」 제22조의5 및 시행령 제14조의5
① 도시첨단물류단지개발사업의 경우에는 물류단지 실수요 검증을 실수요검증위원회의 자문으로 갈음할 수 있다(법 제22조의7 제3항).
② 물류단지개발지침의 내용 중 토지가격의 안정을 위하여 필요한 사항을 변경할 때에는 물류시설분과위원회의 심의를 거치지 않는다(법 제22조의6 제2항 후단 및 시행령 제15조 제1항).
③ 국가정책사업으로 물류단지를 개발하는 경우 일반물류단지의 지정권자는 국토교통부장관이 된다(법 제22조 제1항 제1호).
⑤ 공고된 물류단지개발계획안의 내용에 대하여 의견이 있는 자는 그 열람기간 내에 해당 시장·군수·구청장에게 의견서를 제출할 수 있다(시행령 제17조 제2항).

정답 **55** ④

56 물류시설의 개발 및 운영에 관한 법령상 물류단지개발사업에 관한 설명으로 옳지 않은 것은?

① 물류단지지정권자는 준공검사를 한 결과 실시계획대로 완료되지 아니한 경우에는 지체 없이 보완시공 등 필요한 조치를 명하여야 한다.

② 물류단지개발사업의 시행자는 특별한 사유가 없으면 이주자 또는 인근지역의 주민을 우선적으로 고용하여야 한다.

③ 물류단지지정권자는 물류단지개발사업의 시행자에게 물류단지의 진입도로 및 간선도로를 설치하게 할 수 있다.

④ 시·도지사 또는 시장·군수는 물류단지개발사업을 촉진하기 위하여 지방자치단체에 물류단지개발특별회계를 설치할 수 있다.

⑤ 물류단지개발사업의 시행자는 물류단지 안에 있는 기존의 시설을 철거하지 아니하여도 물류단지개발사업에 지장이 없다고 인정하는 때에는 이를 남겨두게 할 수 있다.

> [해설] ② 물류단지개발사업의 시행자 → 입주기업체 및 지원기관
> 입주기업체 및 지원기관은 특별한 사유가 없으면 이주자 또는 인근지역의 주민을 우선적으로 고용하여야 한다(법 제45조 제2항).

57 화물자동차 운수사업법령상 위·수탁계약에 관한 설명으로 옳은 것을 모두 고른 것은?

> ㄱ. 위·수탁차주가 화물운송 종사자격을 갖추지 아니한 경우는 위·수탁계약을 지속하기 어려운 중대한 사유가 있는 경우에 해당한다.
> ㄴ. 국토교통부장관이 공정거래위원회와 협의하여 표준 위·수탁계약서를 고시한 경우, 위·수탁계약의 당사자는 이를 사용하여야 한다.
> ㄷ. 위·수탁계약의 내용이 당사자 일방에게 현저하게 불공정한 경우로서 계약불이행에 따른 당사자의 손해배상책임을 과도하게 경감하여 정함으로써 상대방의 정당한 이익을 침해한 경우 그 부분에 한정하여 무효로 한다.

① ㄱ   ② ㄴ
③ ㄱ, ㄷ   ④ ㄴ, ㄷ
⑤ ㄱ, ㄴ, ㄷ

> [해설] ㄴ. 계약의 당사자는 그 계약을 체결하는 경우 차량소유자·계약기간, 그 밖에 국토교통부령으로 정하는 사항을 계약서에 명시하여야 하며, 서명날인한 계약서를 서로 교부하여 보관하여야 한다. 이 경우 국토교통부장관은 건전한 거래질서의 확립과 공정한 계약의 정착을 위하여 표준 위·수탁계약서를 고시하여야 하고, 이를 우선적으로 사용하도록 권고할 수 있다(법 제40조 제3항).

58 화물자동차 운수사업법상 화물자동차 운송사업의 상속 및 그 신고에 관한 설명으로 옳은 것은?

① 운송사업자가 사망한 경우 상속인이 그 운송사업을 계속하려면 피상속인이 사망한 후 6개월 이내에 국토교통부장관에게 신고하여야 한다.

② 국토교통부장관은 신고를 받은 날부터 14일 이내에 신고수리 여부를 신고인에게 통지하여야 한다.

③ 국토교통부장관이 「화물자동차 운수사업법」에서 정한 기간 내에 신고수리 여부를 신고인에게 통지하지 아니하면 그 기간이 끝난 날에 신고를 수리한 것으로 본다.

④ 상속인이 상속신고를 하면 피상속인이 사망한 날부터 신고한 날까지 피상속인에 대한 화물자동차 운송사업의 허가는 상속인에 대한 허가로 본다.

⑤ 상속인이 피상속인의 화물자동차 운송사업을 다른 사람에게 양도하려면 국토교통부장관의 승인을 받아야 한다.

> [해설] ① 6개월 → 90일 이내에 국토교통부장관에게 신고하여야 한다.
> ② 14일 → 5일 이내에 신고수리 여부를 신고인에게 통지하여야 한다.
> ③ 끝난 날 → 끝난 날의 다음 날에 신고를 수리한 것으로 본다.
> ⑤ 승인 → 국토교통부장관에게 신고하여야 한다.

59 화물자동차 운수사업법상 화물자동차 운송주선사업자에 관한 설명으로 옳은 것은?

① 운송주선사업자가 허가사항을 변경하려면 국토교통부장관에게 신고하여야 한다.

② 운송주선사업자는 주사무소 외의 장소에서 상주하여 영업하려면 국토교통부장관에게 신고하여야 한다.

③ 운송주선사업자는 화주로부터 중개를 의뢰받은 화물에 대하여 다른 운송주선사업자에게 수수료를 받고 중개를 의뢰할 수 있다.

④ 운송주선사업자가 운송사업자에게 화물운송을 위탁하는 경우에는 운송가맹사업자의 화물정보망을 이용할 수 없다.

⑤ 부정한 방법으로 화물자동차 운송주선사업의 허가를 받고 화물자동차 운송주선사업을 경영한 자는 과태료 부과 대상이다.

> [해설] ② 신고 → 국토교통부장관의 허가를 받아 영업소를 설치하여야 한다.
> ③ 운송주선사업자는 화주로부터 중개 또는 대리를 의뢰받은 화물에 대하여 다른 운송주선사업자에게 수수료나 그 밖의 대가를 받고 중개 또는 대리를 의뢰하여서는 아니 된다(준수사항).
> ④ 운송주선사업자가 운송사업자나 위·수탁차주에게 화물운송을 위탁하는 경우에는 운송가맹사업자의 화물정보망이나 「물류정책기본법」에 따라 인증 받은 화물정보망을 이용할 수 있다.
> ⑤ 과태료 → 2년 이하의 징역 또는 2천만원 이하의 벌금에 처한다.

정답 **58** ④ **59** ①

60 화물자동차 운수사업법령상 화물자동차 운송사업의 허가에 관한 설명으로 옳은 것은?

① 화물자동차 운송사업자가 감차 조치 명령을 받은 후 6개월이 지났다면 증차를 수반하는 허가사항을 변경할 수 있다.

② 화물자동차 운송사업자는 허가받은 날부터 3년마다 허가기준에 관한 사항을 신고하여야 한다.

③ 국토교통부장관은 운송사업자가 사업정지처분을 받은 경우 주사무소를 이전하는 변경허가를 할 수 있다.

④ 화물자동차 운송사업의 허가에는 기한을 붙일 수 없다.

⑤ 화물자동차 운송사업자가 상호를 변경하려면 국토교통부장관에게 신고하여야 한다.

해설 ① 6개월 → 1년
② 3년 → 5년마다
③ 국토교통부장관은 운송사업자가 사업정지처분을 받은 경우에는 주사무소를 이전하는 변경허가를 하여서는 아니 된다(법 제3조 제15항).
④ 국토교통부장관은 화물자동차 운수사업의 질서를 확립하기 위하여 화물자동차 운송사업의 허가 또는 증차를 수반하는 변경허가에 조건 또는 기한을 붙일 수 있다(법 제3조 제14항).

61 화물자동차 운수사업법령상 적재물배상보험 등에 관한 설명으로 옳은 것은?

① 보험등 의무가입자인 화물자동차 운송주선사업자는 각 화물자동차별로 적재물배상보험등에 가입하여야 한다.

② 이사화물운송만을 주선하는 화물자동차 운송주선사업자는 사고 건당 2천만원 이상의 금액을 지급할 책임을 지는 적재물배상보험등에 가입하여야 한다.

③ 특수용도형 화물자동차 중 「자동차관리법」에 따른 피견인자동차를 소유하고 있는 운송사업자는 적재물배상보험등에 가입하여야 하는 자에 해당하지 않는다.

④ 보험등 의무가입자 및 보험회사등은 화물자동차 운송사업의 허가가 취소된 경우 책임보험계약등을 해제하거나 해지할 수 없다.

⑤ 적재물배상보험등에 가입하지 아니한 보험등 의무가입자는 형벌 부과 대상이다.

해설 ① 각 화물자동차별로 → 각 사업자별로 가입하여야 한다.
② 2천만원 → 사고 건당 500만원 이상
④ 보험등 의무가입자 및 보험회사 등은 화물자동차 운송사업의 허가가 취소된 경우 책임보험계약등을 해제하거나 해지할 수 있다.
⑤ 형벌 부과 대상 → 500만원 이하의 과태료 부과 대상

정답 **60** ⑤ **61** ③

62 화물자동차 운수사업법령상 운임 및 요금 등에 관한 설명으로 옳은 것은?

① 운송사업자는 운임과 요금을 정하여 미리 신고하여야 하며, 신고를 받은 국토교통부장 관은 30일 이내에 신고수리 여부를 신고인에게 통지하여야 한다.

② 화물자동차 안전운임위원회 위원의 임기는 2년으로 하되, 연임할 수 있다.

③ 화물자동차 안전운임위원회에는 기획재정부, 고용노동부의 3급 또는 4급 공무원으로 구성된 특별위원을 둘 수 있다.

④ 화물운송계약 중 화물자동차 안전운임에 미치지 못하는 금액을 운임으로 정한 부분은 무효로 하며, 당사자는 운임을 다시 정하여야 한다.

⑤ 화물자동차 안전운임위원회는 안전운송원가를 심의·의결함에 있어 운송사업자의 운송 서비스 수준을 고려하여야 한다.

[해설] ① 30일 → 14일 이내
② 2년 → 1년으로 하되 연임 가능
③ 기획재정부, 고용노동부 → 산업통상자원부, 국토교통부, 해양수산부
④ 화물운송계약 중 화물자동차 안전운임에 미치지 못하는 금액을 운임으로 정한 부분은 무효로 하며, 해당 부분은 화물자동차 안전운임과 동일한 운임을 지급하기로 한 것으로 본다(법 제5조의5).
⑤ 위원회는 다음의 사항을 고려하여 화물자동차 안전운송원가를 심의·의결한다.

> 1. 인건비, 감가상각비 등 고정비용
> 2. 유류비, 부품비 등 변동비용
> 3. 그 밖에 상·하차 대기료, 운송사업자의 운송서비스 수준 등 평균적인 영업조건을 고려하여 대통령령으로 정하는 사항
>   (1) 화물의 상·하차 대기료
>   (2) 운송사업자의 운송서비스 수준
>   (3) 운송서비스 제공에 필요한 추가적인 시설 및 장비 사용료

63 화물자동차 운수사업법령상 화물자동차 휴게소에 관한 설명으로 옳은 것은?

① 국토교통부장관은 휴게소 종합계획을 10년 단위로 수립하여야 한다.

② 국토교통부장관은 휴게소 종합계획을 수립하는 경우 미리 시·도지사의 의견을 듣고 관 계 중앙행정기관의 장과 협의하여야 한다.

③ 「한국공항공사법」에 따른 한국공항공사는 화물자동차 휴게소 건설사업을 할 수 있는 공 공기관에 해당하지 않는다.

④ 휴게소 건설사업 시행자는 그 건설계획을 수립하면 이를 공고하고, 관계 서류의 사본을 10일 이상 일반인이 열람할 수 있도록 하여야 한다.

⑤ 「항만법」에 따른 항만이 위치한 지역으로서 화물자동차의 일일 평균 왕복 교통량이 1만 5천대인 지역은 화물자동차 휴게소의 건설 대상지역에 해당하지 않는다.

정답 **62** ⑤ **63** ②

① 10년 → 5년 단위
③ 화물자동차 휴게소 건설사업을 할 수 있는 공공기관 : 한국철도공사, 한국토지주택공사, 한국도로공사, 한국수자원공사, 한국농어촌공사, 항만공사, 인천국제공항공사, 한국공항공사, 한국교통안전공단, 국가철도공단
④ 10일 → 20일 이상
⑤ 화물자동차 휴게소의 건설 대상지역(시행규칙 제43조의3)

> 1. 「항만법」 제2조 제1호에 따른 항만 또는 「산업입지 및 개발에 관한 법률」 제2조 제8호에 따른 산업단지 등이 위치한 지역으로서 화물자동차의 일일 평균 왕복 교통량이 1만5천대 이상인 지역
> 2. 「항만법」 제3조 제2항 제1호에 따른 국가관리항이 위치한 지역
> 3. 「물류시설의 개발 및 운영에 관한 법률」 제2조 제6호에 따른 물류단지 중 면적이 50만 제곱미터 이상인 물류단지가 위치한 지역
> 4. 「도로법」 제10조에 따른 고속국도, 일반국도, 지방도 또는 같은 법 제15조 제2항에 따른 국가지원지방도에 인접한 지역으로서 화물자동차의 일일 평균 편도 교통량이 3천5백대 이상인 지역

64 화물자동차 운수사업법령상 자가용 화물자동차에 관한 설명으로 옳지 않은 것은?

① 자가용 화물자동차로서 대통령령으로 정하는 화물자동차로 사용하려는 자는 국토교통부령으로 정하는 기준에 따라 시·도지사의 허가를 받아야 한다.
② 천재지변으로 인하여 수송력 공급을 긴급히 증가시킬 필요가 있는 경우, 자가용화물자동차의 소유자는 시·도지사의 허가를 받으면 자가용 화물자동차를 유상으로 화물운송용으로 임대할 수 있다.
③ 자가용 화물자동차를 사용하여 화물자동차 운송사업을 경영한 경우 시·도지사는 6개월 이내의 기간을 정하여 그 자동차의 사용을 제한하거나 금지할 수 있다.
④ 자가용 화물자동차의 소유자가 자가용 화물자동차를 사용하여 화물자동차 운송사업을 경영하였음을 이유로 시·도지사가 사용을 금지한 자가용 화물자동차의 소유자는 해당 화물자동차의 자동차등록증과 자동차등록번호판을 반납하여야 한다.
⑤ 「화물자동차 운수사업법」을 위반하여 자가용 화물자동차를 유상으로 화물운송용으로 제공한 자는 형벌 부과 대상이다.

해설 ① 자가용 화물자동차로서 대통령령으로 정하는 화물자동차로 사용하려는 자는 국토교통부령으로 정하는 기준에 따라 시·도지사에게 '신고(申告)'하여야 한다(법 제55조).

65 화물자동차 운수사업법령상 화물자동차 운송사업의 폐업에 관한 설명으로 옳지 않은 것은?

① 운송사업자가 화물자동차 운송사업의 전부를 폐업하려면 미리 신고하여야 한다.

② 폐업 신고의 의무는 신고에 대한 수리 여부가 신고인에게 통지된 때에 이행된 것으로 본다.

③ 운송사업자가 화물자동차 운송사업의 전부를 폐업하려면 미리 그 취지를 영업소나 그 밖에 일반 공중이 보기 쉬운 곳에 게시하여야 한다.

④ 화물자동차 운송사업의 폐업 신고를 한 운송사업자는 해당 화물자동차의 자동차등록증과 자동차등록번호판을 반납하여야 한다.

⑤ 화물자동차 운송사업의 폐업 신고를 받은 관할관청은 그 사실을 관할 협회에 통지하여야 한다.

> **[해설]** ② 폐업 신고가 신고서의 기재사항 및 첨부서류에 흠이 없고, 법령 등에 규정된 형식상의 요건을 충족하는 경우에는 신고서가 접수기관에 도달된 때에 신고 의무가 이행된 것으로 본다(법 제18조 제2항).

66 화물자동차 운수사업법상 화물자동차 운송사업의 허가를 받을 수 없는 자는?

① 「화물자동차 운수사업법」을 위반하여 징역 이상의 실형을 선고받고 그 집행이 면제된 날부터 3년이 지난 자

② 「화물자동차 운수사업법」을 위반하여 징역 이상의 형의 집행유예를 선고받고 그 유예기간이 종료된 후 1년이 지난 자

③ 부정한 방법으로 화물자동차 운송사업의 허가를 받아 그 허가가 취소된 후 3년이 지난 자

④ 「화물자동차 운수사업법」 제11조에 따른 운송사업자의 준수사항을 위반하여 화물자동차 운송사업의 허가가 취소된 후 3년이 지난 자

⑤ 파산선고를 받고 복권된 자

> **[해설]** ③ 부정한 방법으로 화물자동차 운송사업의 허가를 받아 그 허가가 취소된 후 5년이 지나지 않은 자는 화물자동차 운송사업의 허가를 받을 수 없다. 따라서 3년이 지난 자는 허가를 받을 수 없다.
>
> ※ 화물자동차 운송사업의 결격사유(법 제4조)
>
> > 다음의 어느 하나에 해당하는 자는 화물자동차 운송사업의 허가를 받을 수 없다. 법인의 경우 그 임원 중 다음 각 호의 어느 하나에 해당하는 자가 있는 경우에도 또한 같다.
> > 1. 피성년후견인 또는 피한정후견인
> > 2. 파산선고를 받고 복권되지 아니한 자
> > 3. 이 법을 위반하여 징역 이상의 실형을 선고받고 그 집행이 끝나거나 집행이 면제된 날부터 2년이 지나지 아니한 자
> > 4. 이 법을 위반하여 징역 이상의 형의 집행유예를 선고받고 그 유예기간 중에 있는 자
> > 5. 허가가 취소된 후 2년이 지나지 아니한 자
> > 6. 부정한 방법으로 허가·변경허가를 받아 허가가 취소된 후 5년이 지나지 아니한 자

정답 65 ② 66 ③

67 유통산업발전법상 공동집배송센터에 관한 설명으로 옳은 것은?

① 시·도지사는 물류공동화를 촉진하기 위하여 필요한 경우에는 시장·군수·구청장의 추천을 받아 산업통상자원부령으로 정하는 요건에 해당하는 지역 및 시설물을 공동집배송센터로 지정할 수 있다.

② 공동집배송센터사업자는 지정받은 사항 중 산업통상자원부령으로 정하는 중요 사항을 변경하려면 시·도지사의 변경지정을 받아야 한다.

③ 공동집배송센터의 지정을 받은 날부터 정당한 사유 없이 2년 이내에 시공을 하지 아니하는 경우에는 공동집배송센터의 지정이 취소될 수 있다.

④ 거짓으로 공동집배송센터의 지정을 받은 경우는 공동집배송센터의 지정을 취소할 수 있는 사유에 해당한다.

⑤ 시·도지사는 집배송시설의 집단적 설치를 촉진하고 집배송시설의 효율적 배치를 위하여 공동집배송센터 개발촉진지구의 지정을 산업통상자원부장관에게 요청할 수 있다.

[해설] ① 시·도지사 → 산업통상자원부장관, 시장·군수·구청장 → 시·도지사(법 제29조 제1항)
　　　② 시·도지사 → 산업통상자원부장관
　　　　 공동집배송센터사업자는 지정받은 사항 중 산업통상자원부령으로 정하는 중요 사항을 변경하려면 산업통상자원부장관의 변경지정을 받아야 한다.
　　　③ 2년 → 3년 이내에
　　　④ 거짓이나 그 밖의 부정한 방법으로 공동집배송센터의 지정을 받은 경우에는 그 <u>지정을 취소하여야</u> <u>한다(강제 규정)</u>.

68 유통산업발전법상 형벌 부과 대상에 해당하지 않는 것은?

① 유통표준전자문서를 위작하는 죄의 미수범

② 대규모점포를 개설하려는 자로서 부정한 방법으로 대규모점포의 개설등록을 한 자

③ 대규모점포등관리자로서 부정한 방법으로 회계감사를 받은 자

④ 유통정보화서비스를 제공하는 자로서 「유통산업발전법 시행령」으로 정하는 유통표준전자문서 보관기간을 준수하지 아니한 자

⑤ 대규모점포등관리자로서 신고를 하지 아니하고 대규모점포등개설자의 업무를 수행한 자

[해설] ① 유통표준전자문서를 위작 또는 변작하거나 위작 또는 변작된 전자문서를 사용하거나 유통시킨 자는 10년 이하의 징역 또는 1억원 이하의 벌금에 처한다.
　　　②, ⑤ 1년 이하의 징역 또는 3천만원 이하의 벌금에 처한다.
　　　③ 대규모점포등의 관리자로 회계감사를 받지 아니하거나 부정한 방법으로 받은 자는 <u>1천만원 이하의</u> <u>과태료</u>를 부과한다.
　　　④ 1년 이하의 징역 또는 1천만원 이하의 벌금에 처한다.

69 유통산업발전법령상 대규모점포의 등록에 관한 설명으로 옳은 것을 모두 고른 것은?

> ㄱ. 전통상업보존구역에 대규모점포를 개설하려는 자는 상권영향평가서 및 지역협력계획서를 첨부하여 시·도지사에게 등록하여야 한다.
> ㄴ. 대규모점포의 매장면적이 개설등록 당시의 매장면적보다 20분의 1이 증가한 경우 변경등록을 하여야 한다.
> ㄷ. 매장이 분양된 대규모점포에서는 매장면적의 2분의 1 이상을 직영하는 자가 있는 경우에는 그 직영하는 자가 대규모점포등개설자의 업무를 수행한다.

① ㄱ   ② ㄷ
③ ㄱ, ㄴ   ④ ㄴ, ㄷ
⑤ ㄱ, ㄴ, ㄷ

해설 ㄱ. 대규모점포를 개설하거나 전통상업보존구역에 준대규모점포를 개설하려는 자는 영업을 시작하기 전에 상권영향평가서 및 지역협력계획서를 첨부하여 <u>특별자치시장·시장·군수·구청장</u>에게 등록하여야 한다.
ㄴ. 대규모점포의 매장면적이 개설등록 당시의 매장면적보다 <u>1/10 이상 증가</u>한 경우 변경등록을 하여야 한다.

70 유통산업발전법상 유통산업의 경쟁력 강화에 관한 설명으로 옳은 것은?

① 산업통상자원부장관은 「중소기업기본법」 제2조에 따른 중소기업자 중 대통령령으로 정하는 소매업자 30인이 공동으로 중소유통공동도매물류센터를 건립하는 경우 필요한 행정적·재정적 지원을 할 수 있다.
② 산업통상자원부장관은 중소유통공동도매물류센터를 건립하여 중소유통기업자단체에 그 운영을 위탁할 수 있다.
③ 지방자치단체의 장은 상점가진흥조합이 주차장·휴게소 등 공공시설의 설치 사업을 하는 경우에는 예산의 범위에서 필요한 자금을 지원할 수 있다.
④ 상점가진흥조합은 조합원의 자격이 있는 자의 과반수의 동의를 받아 결성한다.
⑤ 상점가진흥조합의 조합원은 상점가에서 도매업·소매업·용역업이나 그 밖의 영업을 하는 모든 자로 한다.

해설 ① 소매업자 30인 → 소매업자 50인 또는 도매업자 10인 이상의 자
② 산업통상자원부장관 → 지방자치단체의 장
④ 과반수의 동의 → 상점가진흥조합은 조합원의 자격이 있는 자의 2/3 이상의 동의
⑤ 상점가진흥조합의 조합원은 상점가에서 도매업·소매업·용역업이나 그 밖의 영업을 하는 <u>중소기업자</u>로 한다.

정답 **69** ② **70** ③

71 유통산업발전법상 대규모점포등관리자의 회계감사에 관한 설명이다. ( )에 들어갈 내용을 바르게 나열한 것은?

> 대규모점포등관리자는 대통령령으로 정하는 바에 따라 「주식회사의 외부감사에 관한 법률」 제3조 제1항에 따른 감사인의 회계감사를 매년 (ㄱ)회 이상 받아야 한다. 다만 입점상인의 (ㄴ)이(가) 서면으로 회계감사를 받지 아니하는 데 동의한 연도에는 회계감사를 받지 아니할 수 있다.

① ㄱ : 1, ㄴ : 과반수
② ㄱ : 1, ㄴ : 3분의 2 이상
③ ㄱ : 2, ㄴ : 과반수
④ ㄱ : 2, ㄴ : 3분의 2 이상
⑤ ㄱ : 2, ㄴ : 5분의 3 이상

해설 대규모점포등관리자는 감사인의 회계감사를 매년 1회 이상 받아야 한다. 다만, 입점상인의 3분의 2 이상이 서면으로 회계감사를 받지 아니하는 데 동의한 연도에는 회계감사를 받지 아니할 수 있다(법 제12조의5 제1항).

72 항만운송사업법령상 항만운송 분쟁협의회에 관한 설명으로 옳은 것은?

① 항만운송 분쟁협의회는 사업의 종류별로 구성한다.
② 항만운송근로자 단체는 항만운송 분쟁협의회 구성에 참여할 수 있다.
③ 항만운송 분쟁협의회의 회의는 분쟁협의회의 위원장이 필요하다고 인정하거나 재적위원 3분의 1 이상의 요청이 있는 경우에 소집한다.
④ 항만운송 분쟁협의회의 회의는 재적위원 과반수의 출석으로 개의하고, 출석위원 과반수의 찬성으로 의결한다.
⑤ 항만운송과 관련된 노사 간 분쟁의 해소에 관한 사항은 항만운송 분쟁협의회의 심의·의결사항에 포함되지 않는다.

해설 ① 사업의 종류별로 → 항만별로
③ 재적위원 3분의 1 이상의 요청 → 재적위원 과반수의 요청
④ 분쟁협의회의 회의는 재적위원 2/3 이상의 출석으로 개의하고, 출석위원 2/3 이상의 찬성으로 의결한다.
⑤ 분쟁협의회는 항만운송과 관련된 노사 간 분쟁의 해소에 관한 사항, 그 밖에 분쟁협의회의 위원장이 항만운송과 관련된 분쟁의 예방 등에 필요하다고 인정하여 회의에 부치는 사항을 심의·의결한다.

73 항만운송사업법상 항만운송에 해당하지 않는 것은?

① 타인의 수요에 응하여 하는 행위로서 「해운법」에 따른 해상화물운송사업자가 하는 운송

② 타인의 수요에 응하여 하는 행위로서 항만에서 뗏목으로 편성하여 운송된 목재를 수면 목재저장소에 들여놓는 행위

③ 타인의 수요에 응하여 하는 행위로서 항만에서 화물을 선박에 싣거나 선박으로부터 내리는 일

④ 타인의 수요에 응하여 하는 행위로서 항만에서 선박 또는 부선을 이용하여 운송될 화물을 하역장에서 내가는 행위

⑤ 타인의 수요에 응하여 하는 행위로서 항만이나 지정구간에서 목재를 뗏목으로 편성하여 운송하는 행위

> [해설] ① 「해운법」에 따른 해상화물운송사업자가 하는 운송, 해상여객운송사업자가 여객선을 이용하여 하는 여객운송에 수반되는 화물 운송은 항만운송에서 제외한다(법 제2조 제5호).

74 항만운송사업법령상 항만운송사업에 관한 설명으로 옳은 것은?

① 항만운송사업의 종류는 항만하역사업, 검수사업, 감정사업, 검량사업으로 구분된다.

② 항만운송사업의 등록신청인이 법인인 경우 그 법인의 정관은 등록신청시 제출하여야 하는 서류에 포함되지 않는다.

③ 검수사 등의 자격이 취소된 날부터 3년이 지난 사람은 검수사 등의 자격을 취득할 수 없다.

④ 항만운송사업을 하려는 자는 항만별로 관리청에 등록하여야 한다.

⑤ 항만운송사업자가 사업정지명령을 위반하여 그 정지기간에 사업을 계속한 경우는 항만운송사업의 정지사유에 해당한다.

> [해설] ② 항만운송사업의 등록을 신청하려는 법인은 항만운송사업 등록신청서에 사업계획서와 법인인 경우 정관과 직전 사업연도의 재무제표를 첨부하여 해양수산부장관, 지방해양수산청장 또는 시·도지사에게 제출하여야 한다(법 제5조 및 시행규칙 제4조).
> ③ 3년 → 2년
> ④ 항만별로 → 사업의 종류별로
> ⑤ 항만운송사업자가 사업정지명령을 위반하여 그 정지기간에 사업을 계속한 경우는 항만운송사업의 등록을 취소하여야 한다.

정답 **73** ① **74** ①

75 철도사업법령상 철도사업자에 관한 설명으로 옳지 않은 것은?

① 철도사업을 경영하려는 자는 지정·고시된 사업용철도노선을 정하여 국토교통부장관의 면허를 받아야 한다.

② 천재지변으로 철도사업자가 국토교통부장관이 지정하는 날에 운송을 시작할 수 없는 경우에는 국토교통부장관의 승인을 받아 날짜를 연기할 수 있다.

③ 철도사업의 면허를 받을 수 있는 자는 법인으로 한다.

④ 철도사업자는 여객에 대한 운임을 변경하려는 경우 국토교통부장관의 허가를 받아야 한다.

⑤ 철도사업자는 사업계획 중 여객열차의 운행구간을 변경하려는 경우 국토교통부장관의 인가를 받아야 한다.

> **해설** ④ 철도사업자는 여객에 대한 운임·요금을 국토교통부장관에게 신고하여야 한다. 이를 변경하려는 경우에도 같다(법 제9조 제1항).

76 철도사업법상 철도사업의 관리에 관한 설명으로 옳지 않은 것은?

① 철도사업자는 그 철도사업을 양도·양수하려는 경우에는 국토교통부장관의 인가를 받아야 한다.

② 철도시설의 개량을 사유로 하는 경우 휴업기간은 6개월을 넘을 수 없다.

③ 철도사업자가 선로 또는 교량의 파괴로 휴업하는 경우에는 국토교통부장관에게 신고하여야 한다.

④ 국토교통부장관은 철도사업자가 거짓이나 그 밖의 부정한 방법으로 철도사업의 면허를 받은 경우에는 면허를 취소하여야 한다.

⑤ 국토교통부장관은 과징금으로 징수한 금액의 운용계획을 수립하여 시행하여야 한다.

> **해설** ② 철도사업의 휴업기간은 6개월을 넘을 수 없다. 선로 또는 교량의 파괴, 철도시설의 개량, 그 밖의 정당한 사유로 휴업하는 경우에는 예외로 한다.
>
> ❋ 「철도사업법」 제15조
>
> > ① 철도사업자가 그 사업의 전부 또는 일부를 휴업 또는 폐업하려는 경우에는 국토교통부령으로 정하는 바에 따라 국토교통부장관의 허가를 받아야 한다. 다만, 선로 또는 교량의 파괴, 철도시설의 개량, 그 밖의 정당한 사유로 휴업하는 경우에는 국토교통부령으로 정하는 바에 따라 국토교통부장관에게 신고하여야 한다.
> > ② 제1항에 따른 휴업기간은 6개월을 넘을 수 없다. 다만, 제1항 단서에 따른 휴업의 경우에는 예외로 한다.

77 철도사업법령상 전용철도에 관한 설명이다. (   )에 들어갈 내용을 바르게 나열한 것은?

- 전용철도운영자가 사망한 경우 상속인이 그 전용철도의 운영을 계속하려는 경우에는 피상속인이 사망한 날부터 (ㄱ) 이내에 국토교통부장관에게 신고하여야 한다.
- 전용철도운영자가 그 운영의 전부 또는 일부를 휴업한 경우에는 (ㄴ) 이내에 국토교통부장관에게 신고하여야 한다.

① ㄱ : 1개월, ㄴ : 1개월   ② ㄱ : 1개월, ㄴ : 2개월
③ ㄱ : 2개월, ㄴ : 3개월   ④ ㄱ : 3개월, ㄴ : 1개월
⑤ ㄱ : 3개월, ㄴ : 3개월

해설 • 전용철도운영자가 사망한 경우 상속인이 그 전용철도의 운영을 계속하려는 경우에는 피상속인이 사망한 날부터 (3개월) 이내에 국토교통부장관에게 신고하여야 한다(법 제37조 제1항).
• 전용철도운영자가 그 운영의 전부 또는 일부를 휴업한 경우에는 (1개월) 이내에 국토교통부장관에게 신고하여야 한다(법 제38조).

78 철도사업법령상 국유철도시설의 점용허가에 관한 설명으로 옳은 것은?

① 점용허가는 철도사업자와 철도사업자가 출자·보조 또는 출연한 사업을 경영하는 자에게만 한다.
② 철골조 건물의 축조를 목적으로 하는 경우에는 점용허가기간은 20년을 초과하여서는 아니 된다.
③ 점용허가를 받은 자가 「공공주택 특별법」에 따른 공공주택을 건설하기 위하여 점용허가를 받은 경우에 해당할 때에는 점용료 감면대상이 될 수 없다.
④ 국토교통부장관은 점용허가를 받지 아니하고 철도시설을 점용한 자에 대하여 점용료의 100분의 150에 해당하는 금액을 변상금으로 징수할 수 있다.
⑤ 점용허가로 인하여 발생한 권리와 의무를 이전하려는 경우에는 국토교통부장관에게 신고하여야 한다.

해설 ② 20년 → 30년
③ 공공주택을 건설하기 위하여 점용허가를 받은 경우에 해당할 때에는 점용료 감면대상이 될 수 있다.
④ 150/100 → 120/100
⑤ 신고 → 국토교통부장관의 인가

정답 77 ④ 78 ①

79 농수산물 유통 및 가격 안정에 관한 법령상 농산물가격안정기금에 관한 설명으로 옳은 것은?

① 다른 기금으로부터의 출연금은 농산물가격안정기금의 재원으로 할 수 없다.

② 농산물의 수출 촉진사업을 위하여 농산물가격안정기금을 대출할 수 없다.

③ 농산물가격안정기금의 여유자금은 「자본시장과 금융투자업에 관한 법률」 제4조에 따른 증권의 매입의 방법으로 운용할 수 있다.

④ 농림축산식품부장관은 농산물가격안정기금의 여유자금의 운용에 관한 업무를 농업정책보험금융원의 장에게 위탁한다.

⑤ 농림축산식품부장관은 농산물가격안정기금의 수입과 지출을 명확히 하기 위하여 농협은행에 기금계정을 설치하여야 한다.

> **해설** ① 기금의 재원 : 정부의 출연금, 기금 운용에 따른 수익금, 다른 법률의 규정에 따라 납입되는 금액, 다른 기금으로부터의 출연금
> ② 농산물의 수출 촉진사업을 위하여 기금을 대출할 수 있다.
> ④ 농업정책보험금융원의 장 → 한국농수산식품유통공사의 장
> ⑤ 농협은행 → 한국은행(시행령 제21조)

80 농수산물 유통 및 가격 안정에 관한 법률상 농수산물도매시장에 관한 설명으로 옳은 것은?

① 도매시장은 중앙도매시장의 경우에는 시·도가 개설하고, 지방도매시장의 경우에는 시·군·구가 개설한다.

② 중앙도매시장의 개설자가 업무규정을 변경하는 때에는 농림축산식품부장관 또는 산업통상자원부장관의 승인을 받아야 한다.

③ 도매시장법인은 도매시장 개설자가 부류별로 지정하되, 3년 이상 10년 이하의 범위에서 지정 유효기간을 설정할 수 있다.

④ 상품성 향상을 위한 규격화는 도매시장 개설자의 의무사항에 포함된다.

⑤ 도매시장법인이 다른 도매시장법인을 인수하거나 합병하는 경우에는 해당 도매시장 개설자에게 신고하여야 한다.

> **해설** ① 도매시장은 중앙도매시장의 경우에는 특별시·광역시·특별자치시 또는 특별자치도가 개설하고, 지방도매시장의 경우에는 특별시·광역시·특별자치시·특별자치도 또는 시가 개설한다(법 제17조).
> ② 중앙도매시장의 개설자가 업무규정을 변경하는 때에는 농림축산식품부장관 또는 해양수산부장관의 승인을 받아야 하며, 지방도매시장의 개설자(시가 개설자인 경우)가 업무규정을 변경하는 때에는 도지사의 승인을 받아야 한다(법 제17조).
> ③ 3년 이상 10년 이하 → 5년 이상 10년 이하의 범위
> ⑤ 신고하여야 한다 → 승인을 받아야 한다(법 제23조의2).

물류
관리사
기출문제집

물류관리사

25회 기출문제

물류관리사

제1교시 2021년 물류관리사	형별	**A형**	제한시간	120분	수험번호	성 명

제1과목 물류관리론(01~40)

01 공공적, 사회경제적, 개별기업 관점에서 물류의 역할 또는 기능으로 옳지 않은 것은?

① 물류 생산성 향상 및 비용절감을 통해서 물가상승을 억제한다.

② 물류 합리화를 통해 유통구조 선진화 및 사회간접자본 투자에 기여한다.

③ 고객요구에 따라서 생산된 제품을 고객에게 전달하고 수요를 창출한다.

④ 생산자와 소비자 사이의 인격적 유대를 강화하고 고객서비스를 높인다.

⑤ 공급사슬관리를 통해 개별 기업의 독자적 경영 최적화를 달성한다.

> **해설** ⑤ 최근에는 공급사슬관리(SCM)를 통해 공급사슬 구성원 간에 파트너십을 구축하고 정보를 공유하며 협력하는 단계로 발전하고 있다. 즉, 개별 기업의 경계를 넘어 기업 간에 긴밀하게 협력함으로써 공급사슬 전체의 최적화를 추구하고 있다.

02 유통활동을 상적유통과 물적유통으로 구분할 때 물적유통에 해당하는 것을 모두 고른 것은?

　　ㄱ. 거래활동　　　　　　　　　ㄴ. 보관활동
　　ㄷ. 표준화 활동　　　　　　　　ㄹ. 정보관리 활동

① ㄱ, ㄴ　　　　　　　　　　　② ㄱ, ㄹ

③ ㄴ, ㄷ　　　　　　　　　　　④ ㄴ, ㄹ

⑤ ㄷ, ㄹ

> **해설** ④ 물적 유통은 물자의 흐름을 말하는 것으로 정보관리와 운송, 보관, 하역 및 포장활동 등이 포함된다. 재화를 생산자로부터 소비자에게로 이전시키는 활동인 유통(distribution)은 상거래 기능을 중심으로 상적 유통(상류)과 물적 유통(물류)으로 구분한다.
> 상적 유통은 재화의 매매에 의해 재화의 소유권이 이전되는 활동을 말한다. 물적 유통은 물자유통과 정보유통으로 구분할 수 있는데, 물자유통은 생산자로부터 소비자에 이르기까지의 재화의 물리적 흐름, 즉 재화의 운송·보관·하역·포장 등을 말한다.

> 정답　**01** ⑤　**02** ④

03 다음 설명에 해당하는 물류 영역은?

- 역물류(Reverse Logistics)의 한 형태이다.
- 고객요구 다양화 및 클레임 증가, 유통채널 간 경쟁 심화, 전자상거래 확대 등에 따라서 중요성이 커지고 있다.

① 조달물류　　　　　　　　　　② 생산물류
③ 판매물류　　　　　　　　　　④ 폐기물류
⑤ 반품물류

> 해설 제시된 내용은 역물류(reverse logistics)의 하나인 반품물류에 대한 설명이다. 반품물류는 제품이나 서비스 자체의 문제점, 혹은 고객요구의 불일치 등의 이유로 인하여 제품이 반품되는 과정에서 발생된다.

04 물류환경의 변화와 발전에 관한 설명으로 옳지 않은 것은?

① 글로벌 물류시장을 선도하기 위한 국가적 차원의 종합물류기업 육성정책이 시행되고 있다.
② e-비즈니스 확산 등으로 Door-to-Door 일관배송, 당일배송 등의 서비스가 증가하고 있다.
③ 유통가공 및 맞춤형 물류기능 확대 등 고부가가치 물류서비스가 발전하고 있다.
④ 소비자 요구 충족을 위해서 수요예측 등 종합적 물류계획의 수립 및 관리가 중요해지고 있다.
⑤ 기업의 핵심역량 강화를 위해서 물류기능을 직접 수행하는 화주기업이 증가하는 추세이다.

> 해설 ⑤ 기업의 핵심역량 강화를 위해서 물류기능을 물류전문업체에 아웃소싱하는 제3자 물류(3PL)의 활용이 크게 증가하고 있다.

05 스미키(E. W. Smykey)가 제시한 '물류관리 목적을 달성하기 위한 7R 원칙'에 해당하지 않는 것은?

① 적절한 상품(Right Commodity)　　② 적절한 고객(Right Customer)
③ 적절한 시기(Right Time)　　　　　④ 적절한 장소(Right Place)
⑤ 적절한 가격(Right Price)

> 해설 물류의 7R은 적정한 제품(right commodity), 적당한 가격(right price), 적절한 품질(right quality), 적절한 양(right quantity), 적절한 인상(right impression), 적시에(right time), 원하는 장소(right place)를 의미한다.
> 7R의 원칙은 미시간 대학교의 스마이키(E. W. Smykey) 교수가 제창한 원칙으로, 고객에 대한 서비스의 기본으로 간주된다. 여기서 '적절하다(right)'는 말은 고객이 요구하는 서비스의 수준을 뜻하는 것이다.

정답　**03** ⑤　**04** ⑤　**05** ②

06 물류정책기본법의 물류사업 분류에서 화물의 하역과 포장, 가공, 조립, 상표부착, 프로그램 설치, 품질검사 등의 부가 서비스 사업에 해당하는 것은?

① 화물취급업
② 화물주선업
③ 화물창고업
④ 화물운송업
⑤ 화물부대업

해설 화물의 하역과 포장, 가공, 조립, 상표부착, 프로그램 설치, 품질검사 등의 부가적인 물류업은 물류사업의 물류서비스업 중 화물취급업(하역업 포함)에 해당한다(물류정책기본법 시행령 [별표 1]).

07 (주)한국물류의 배송부문 핵심성과지표(KPI)는 정시배송률이고, 배송완료 실적 중에서 지연이 발생하지 않은 비율로 측정한다. 배송자료가 아래와 같을 때 7월 17일의 정시배송률은?

번호	01	02	03	04	05
배송예정 일시	7월 17일 14:00	7월 17일 15:00	7월 17일 17:00	7월 17일 16:00	7월 17일 17:30
배송완료 일시	7월 17일 13:30	7월 17일 14:00	7월 17일 16:45	7월 17일 17:00	7월 17일 17:45

① 25%
② 40%
③ 50%
④ 60%
⑤ 75%

해설 총 5건의 배송 중 지연이 발생하지 않은 정시배송은 01, 02, 03 등 3건이다. 따라서 정시배송률 = 3 / 5 = 60%이다.

08 고객서비스와 물류서비스에 관한 설명으로 옳지 않은 것은?

① 고객서비스의 목표는 고객만족을 통한 고객감동을 실현하는 것이다.
② 물류서비스의 목표는 서비스 향상과 물류비 절감을 통한 경영혁신이다.
③ 경제적 관점에서의 최적 물류서비스 수준은 물류활동에 의한 이익을 최대화하는 것이다.
④ 고객서비스 수준은 기업의 시장점유율과 수익성에 영향을 미친다.
⑤ 일반적으로 고객서비스 수준이 높아지면 물류비가 절감되고 매출액은 증가한다.

해설 물류관리의 목표인 물류비의 절감과 고객서비스의 향상은 상충관계(trade off)에 있다. 따라서 고객서비스의 수준이 높아지면 물류비가 상승하고 매출액도 증가한다.

09 물류의 전략적 의사결정 활동으로 옳은 것은?

① 시설 입지계획　　　　　　　② 제품포장
③ 재고통제　　　　　　　　　　④ 창고관리
⑤ 주문품 발송

[해설] 물류 의사결정은 전략적(strategic), 전술적(tactic), 운영적(operational) 수준의 3단계에서 이루어지고, 이에 따라 장기적, 중·단기적, 일상적인 수준에서 이루어진다.
시설 입지계획은 전략적 의사결정이고, 재고통제와 창고관리는 전술적 의사결정, 제품포장과 주문품 발송은 운영적 의사결정에 해당한다.

10 물류전략 수립시 고려사항으로 옳지 않은 것은?

① 물류 시스템의 설계 및 범위결정의 기준은 총비용 개념을 고려한다.
② 소비자 서비스는 모든 제품에 대해서 동일한 수준으로 제공되어야 한다.
③ 물류활동의 중심은 운송, 보관, 하역, 포장 등이며, 비용과 서비스 면에서 상충관계가 있다.
④ 물류시스템에서 취급하는 제품이 다양할수록 재고는 증가하고 비용상승 요인이 될 수 있다.
⑤ 도로, 철도, 항만, 공항 등 교통시설과의 접근성을 고려해야 한다.

[해설] ② 물류전략을 수립할 때 소비자 서비스는 제품에 따라 제품의 특성을 고려하여 차별적으로 제공되어야 한다.

11 4자 물류(4PL : Fourth Party Logistics)의 특징으로 옳지 않은 것은?

① 합작투자 또는 장기간 제휴상태
② 기능별 서비스와 상하계약관계
③ 공통의 목표설정 및 이익분배
④ 공급사슬상 전체의 관리와 운영
⑤ 다양한 기업이 파트너로 참여하는 혼합조직 형태

[해설] ② 4자 물류(4PL)는 3PL(Third Party Logistics), 물류컨설팅업체, IT업체 등이 네트워크를 통해 연계된 것으로 기능별 서비스와는 전략적 제휴를 맺고 협력하는 수평적 계약관계이다.

정답 **09** ①　**10** ②　**11** ②

※ 4자 물류의 배경

   1. 4자 물류(4PL, LLP)는 광범위한 공급체인관리(SCM) 체제를 구축하고 물류효율화를 위한 전략이 확대됨에 따라 등장한 개념이다.

   2. 3PL과 4PL의 기본적인 차이점은 3PL이 창고나 수송 분야를 기본으로 특화된 서비스를 제공하는 수준인 데 비하여, 4PL은 3PL로서 SCM, 컨설팅, 전체적인 물류 네트워크 개선 등 한 차원 높은 물류서비스를 제공함으로써 물류효율화를 달성하려는 것이다.

12 다음 설명에 해당하는 물류조직은?

- 다국적 기업에서 많이 찾아 볼 수 있는 물류조직의 형태이다.
- 모회사 물류본부의 스탭부문이 여러 자회사의 해당부문을 횡적으로 관리하고 지원하는 조직형태이다.

① 라인과 스탭형 물류조직
② 직능형 물류조직
③ 사업부형 물류조직
④ 기능특성형 물류조직
⑤ 그리드형 물류조직

[해설] ⑤ 물류관리 조직형태 중 모회사와 자회사 간의 권한 위임형태로 모회사의 스탭부문이 자회사의 관련 부문을 횡적으로 관리·지원하기 때문에 다국적 기업에서 널리 이용되고 있는 형태는 그리드형 물류조직이다. 그리드형 조직은 자사의 경영자와 모회사 물류본부의 지시를 받는 이중구조(two boss system)로 되어 있다.

13 6-시그마 물류혁신 프로젝트에서 다음 설명에 해당하는 추진 단계는?

- 프로세스의 현재 수준과 목표 수준 간에 차이가 발생하는 원인을 규명한다.
- 파레토도, 특성요인도 등의 도구를 활용한다.

① 정의(Define)
② 측정(Measure)
③ 분석(Analyze)
④ 개선(Improve)
⑤ 관리(Control)

[해설] 5단계 중 파레토도(Pareto diagram), 특성요인도(cause and effect diagram) 등의 도구를 활용하여 프로세스의 현재 수준과 목표 수준 간에 차이가 발생하는 원인을 규명하는 것은 분석(Analyze)이다.
6시그마 운동을 효과적으로 추진하기 위해 고객만족의 관점에서 출발하여 프로세스의 문제를 찾아 통계적 사고로 문제를 해결하는 품질개선 작업과정을 DMAIC 또는 MAIC이라고 한다.
DMAIC은 정의(define), 측정(measurement), 분석(analysis), 개선(improvement), 관리(control)의 5단계로 나누어 실시하고 있다.

정답   12 ⑤   13 ③

14 물류시스템이 수행하는 물류활동의 기본 기능에 관한 설명으로 옳지 않은 것은?

① 포장기능은 생산의 종착점이자 물류의 출발점으로써 표준화와 모듈화가 중요하다.

② 수송기능은 물류 거점과 소비 공간을 연결하는 소량 화물의 단거리 이동을 말한다.

③ 보관기능은 재화를 생산하고 소비하는 시기와 수량의 차이를 조정하는 활동이다.

④ 하역기능은 운송, 보관, 포장 활동 사이에 발생하는 물자의 취급과 관련된 보조활동이다.

⑤ 정보관리기능은 물류계획 수립과 통제에 필요한 자료를 수집하고 물류관리에 활용하는 것이다.

> [해설] ② 수송기능은 공장과 물류 거점을 연결하는 대량화물의 장거리 이동이고, 물류 거점과 소비 공간을 연결하는 소량 화물의 단거리 이동은 배송기능이다.

15 물류비의 분류체계에서 기능별 비목에 해당하지 않는 것은?

① 운송비　　　　　　　　② 재료비
③ 유통가공비　　　　　　④ 물류정보/관리비
⑤ 보관 및 재고관리비

> [해설] 「기업물류비 산정지침」에서 기능별 비목은 운송비, 보관비, 포장비, 하역비(유통가공비 포함), 물류정보·관리비로 분류한다.
> ② 재료비는 세목별 분류(재료비, 노무비, 경비, 이자)에 해당한다.

16 물류 분야의 활동기준원가계산(ABC : Activity Based Costing)에 관한 설명으로 옳지 않은 것은?

① 재료비, 노무비 및 경비로 구분하여 계산한다.

② 업무를 활동단위로 세분하여 원가를 산출하는 방식이다.

③ 활동별로 원가를 분석하므로 낭비요인이 있는 물류업무영역을 파악할 수 있다.

④ 산정원가를 바탕으로 원가유발요인분석과 성과측정을 할 수 있다.

⑤ 물류서비스별, 활동별, 고객별, 유통경로별, 프로세스별 수익성 분석이 가능하다.

> [해설] ① 활동기준원가계산(Activity Based Costing)이란 기존의 재료비, 노무비, 제조간접비 등의 원가귀속 방식에서 더 나아가 원가가 발생하게 된 원인(cause)을 찾아서 이를 기반으로 원가를 배분하고자 하는 방식이다. 활동기준원가계산의 구성요소는 자원(resource)과 자원동인(resource driver), 활동(activity)과 활동동인(activity driver)이다.

정답 **14** ②　**15** ②　**16** ①

17 유통가공을 수행하는 A물류기업의 당기 고정비는 1억원, 개당 판매가격은 10만원, 변동비는 가격의 60%이며 목표이익은 1억원이다. 당기의 손익분기점 판매량(ㄱ)과 목표이익을 달성하기 위한 판매량(ㄴ)은 몇 개인가?

① ㄱ : 1,000개, ㄴ : 3,500개
② ㄱ : 1,500개, ㄴ : 4,000개
③ ㄱ : 2,000개, ㄴ : 5,000개
④ ㄱ : 2,500개, ㄴ : 5,000개
⑤ ㄱ : 2,500개, ㄴ : 6,000개

> **해설** • 손익분기점 판매량
> $$= \frac{고정비}{개당\ 판매가격 - 단위당\ 변동비} = \frac{1억원}{10만원 - 6만원} = 2,500개이다.$$
> • 목표이익을 달성하기 위한 판매량
> $$= \frac{고정비 + 목표이익}{개당\ 판매가격 - 단위당\ 변동비} = \frac{1억원 + 1억원}{10만원 - 6만원} = 5,000개이다.$$

18 카플런(R. Kaplan)과 노턴(D. Norton)의 균형성과표(BSC : Balanced Score Card)는 전 조직원이 전략을 공유하고 전략방향에 따라 행동하도록 유도함으로써 회사의 가치창출을 보다 효과적이고 지속적으로 이루기 위한 성과측정 방법이다. BSC의 4가지 성과지표관리 관점에 해당하지 않는 것은?

① 고객관점(Customer Perspective)
② 재무적 관점(Financial Perspective)
③ 전략적 관점(Strategic Perspective)
④ 학습과 성장의 관점(Learning & Growth Perspective)
⑤ 내부 경영프로세스 관점(Internal Business Process Perspective)

> **해설** BSC는 재무, 고객, 내부 프로세스, 학습·성장 등 4분야에 대해 측정지표를 선정해 평가한 뒤 각 지표별로 가중치를 적용해 산출한다. BSC는 비재무적 성과까지 고려하고 성과를 만들어낸 동인을 찾아내 관리하는 것이 특징이며, 이런 점에서 재무적 성과에 치우친 EVA(경제적부가가치), ROI(투자수익률) 등의 한계를 극복할 수 있다.

19 e-조달의 장점으로 옳지 않은 것은?

① 운영비용이 절감된다.
② 조달효율성이 개선된다.
③ 조달가격이 절감된다.
④ 문서처리 비용이 감소된다.
⑤ 구매자와 판매자 간에 밀접한 관계가 구축된다.

> **해설** e-Procurement, 즉 전자구매(전자조달)는 인터넷 환경을 이용하여 구매 요청・승인・주문・운반・결제 및 인도에 이르는 일련의 프로세스를 전략적으로 관리하는 것을 의미한다.
> ⑤ 오프라인 조달과 비교할 때 구매자와 판매자 간의 관계가 공식적으로 변화된다. 따라서 밀접한 관계 구축과는 거리가 멀다.

20 다음 설명에 해당하는 공급업체 선정 방법은?

> 다수의 공급업체로부터 제안서를 제출받아 평가한 후 협상절차를 통하여 가장 유리하다고 인정되는 업체와 계약을 체결한다.

① 협의에 의한 방법   ② 지명 경쟁에 의한 방법
③ 제한 경쟁에 의한 방법   ④ 입찰에 의한 방법
⑤ 수의계약에 의한 방법

> **해설** 제시된 내용의 공급업체 선정 방법은 협의에 의한 방법이다. 공급업체의 선정, 즉 구매계약의 유형으로 많이 사용하는 방식은 입찰에 의한 방법이다.

21 집중구매의 장점으로 옳지 않은 것은?

① 구입절차를 표준화하여 구매비용이 절감된다.
② 대량구매로 가격 및 거래조건이 유리하다.
③ 공통자재의 표준화, 단순화가 가능하다.
④ 긴급수요 발생시 대응에 유리하다.
⑤ 수입 등 복잡한 구매 형태에 유리하다.

> **해설** ④ 긴급수요 발생시 대응에 유리한 구매방법은 분산구매이다.
> ※ 집중구매와 분산구매

구분	적용품목	장점	단점
집중 구매	• 전사의 공통품목 • 표준화된 품목 • 수요 많은 품목 • 구매량에 따라 가격 차이가 큰 품목	• 가격・거래조건 유리 • 절차가 복잡한 구매에 유리 • 구매효과 측정 용이	• 구매부서・사업장별 자주성이 없고 수속 복잡 • 긴급조달 어려움 • 각 사업장별 재고파악 어려움 • 조달기간과 운임 증가
분산 구매	• 구매량과 가격 간 관계가 없는 품목 • 소량・소액 품목 • 사무용 소모품, 수리용 부속품	• 자주적 구매, 사업장의 특수요구 반영 용이 • 긴급수요의 경우 유리 • 구매수속 신속 처리	• 본사 방침과 다른 자재를 구매하는 경우 발생 • 구입단가 비싸고 구매경비 증가 • 구입처와 거리가 먼 경우 적절한 자재구입 어려움

정답 20 ① **21** ④

22 바코드와 비교한 RFID(Radio Frequency Identification)의 특징으로 옳지 않은 것은?

① 원거리 및 고속 이동시에도 인식이 가능하다.

② 반영구적인 사용이 가능하다.

③ 국가별로 사용하는 주파수가 동일하다.

④ 데이터의 신뢰도가 높다.

⑤ 태그의 데이터 변경 및 추가가 가능하다.

> [해설] ③ RFID의 주파수 대역은 그 용도에 따라 크게 저주파 대역(100~500kHz)과 고주파 대역(850~950kHz)
> 이 있다. 국가별로도 사용하는 주파수는 다르다.

23 물류정보의 특징으로 옳지 않은 것은?

① 관리대상 정보의 종류가 많고, 내용이 다양하다.

② 성수기와 비수기의 정보량 차이가 크다.

③ 정보의 발생원, 처리장소, 전달대상 등이 한 곳에 집중되어 있다.

④ 상품과 정보의 흐름에 동시성이 요구된다.

⑤ 구매, 생산, 영업활동과의 관련성이 크다.

> [해설] ③ 물류정보는 정보의 발생원, 처리장소, 전달대상 등이 넓게 분산되어 있다. 이에 따라 물류정보통신망도
> LAN(근거리 통신망), MAN(광대역 지역통신망), WAN(원거리 통신망) 등 다양하게 구축되어 활용되고
> 있다.

24 다음의 (   )에 들어갈 용어는?

국제표준 바코드는 개별 품목에 고유한 식별코드를 부착해 정보를 공유하는 국제표준체계
이다. 현재 세계적으로 사용되는 GS1 표준코드는 미국에서 제정한 코드 (ㄱ)와(과) 유럽
에서 제정한 코드 (ㄴ) 등을 표준화한 것이다.

① ㄱ : UPC, ㄴ : EAN   ② ㄱ : UPC, ㄴ : GTIN

③ ㄱ : EAN, ㄴ : UPC   ④ ㄱ : EAN, ㄴ : GTIN

⑤ ㄱ : GTIN, ㄴ : EAN

> [해설] 현재 세계적으로 사용되는 GS1 표준코드는 미국에서 제정하여 북미지역에서 사용되던 12자리 UPC 코드
> 와 유럽에서 제정하여 전세계적으로 사용되던 13자리 EAN 코드를 2005년에 통합하여 제정한 것이다.

[정답] **22** ③ **23** ③ **24** ①

25 **VAN(Value Added Network)에 관한 설명으로 옳은 것은?**

① 한정된 지역의 분산된 장치들을 연결하여 정보를 공유하거나 교환하는 것이다.

② 컴퓨터 성능의 발달로 정보수집 능력이 우수한 대기업에 정보가 집중되므로 중소기업의 활용 가능성은 낮아지고 있다.

③ 1990년대 미국의 AT&T가 전화회선을 임대하여 특정인에게 통신 서비스를 제공한 것이 효시이다.

④ 부가가치를 부여한 음성 또는 데이터를 정보로 제공하는 광범위하고 복합적인 서비스의 집합이다.

⑤ VAN 서비스는 컴퓨터 성능 향상으로 인해 이용이 감소되고 있다.

> 해설   VAN(Value Added Network), 즉 부가가치 통신망은 제3자(데이터 통신업자)를 매개로 하여 기업 간 자료를 교환하는 통신망이다.
> VAN은 통신회선에 정보처리 기능을 결합하여 부가가치를 부여한 정보서비스를 제공할 수 있도록 구축된 통신망(network)이다. VAN은 단순한 전송기능은 물론 그 이상의 정보의 축적이나 가공·변환처리 등의 부가가치를 부여한 음성 또는 데이터 정보를 제공해 주는 광범위하고 복합적인 서비스의 집합이다.

26 **물류정보시스템에 관한 설명으로 옳지 않은 것은?**

① EDI(Electronic Data Interchange)는 표준화된 상거래 서식으로 작성된 기업 간 전자문서교환시스템이다.

② POS(Point of Sales)는 소비동향이 반영된 판매정보를 실시간으로 파악하여 판매, 재고, 고객관리의 효율성을 향상시킨다.

③ 물류정보시스템의 목적은 물류비가 증가하더라도 고객서비스를 향상시키는 것이다.

④ 물류정보의 시스템화는 상류정보의 시스템화가 선행되어야만 가능하며, 서로 밀접한 관계가 있다.

⑤ 수주처리시스템은 최소의 주문입력(order entry) 비용을 목표로 고객서비스를 달성하는 것이 목적이다.

> 해설   ③ 물류정보시스템(LIS)은 물류관리의 목표를 달성하기 위해 구축·활용되는 것이므로 물류비를 절감하고 고객서비스를 향상시키려는 목적이 있다.

27 공급사슬관리(SCM)에 관한 설명으로 옳지 않은 것은?

① 원자재를 조달해서 생산하여 고객에게 제품과 서비스를 제공하기 위한 프로세스 지향적이고 통합적인 접근 방법이다.

② ABM(Activity Based Management)을 근간으로 하여 각 공급사슬과 접점을 이루는 부문에서 계획을 수립하는 시스템이다.

③ 가치사슬의 관점에서 원자재로부터 소비에 이르기까지의 구성원들을 하나의 집단으로 간주하여 물류와 정보 흐름의 체계적 관리를 추구한다.

④ 전체 공급사슬을 관리하여 비용과 시간을 최소화하고 이익을 최대화하도록 지원하는 방법이다.

⑤ 정보통신기술을 활용하여 공급자, 제조업자, 소매업자, 소비자와 관련된 상품, 정보, 자금흐름을 신속하고 효율적으로 관리하여 부가가치를 향상시키는 것이다.

> 해설 ② ABM(Activity Based Management), 즉 활동기준 경영관리는 활동기준 원가관리(ABC, Activity Based Costing)가 진화한 것이며, 개별 기업의 전략적 의사결정과 원가관리의 효율성을 높이기 위해 도입한 것으로 SCM과는 관련이 없다.

28 채찍효과(Bullwhip Effect)의 원인이 아닌 것은?

① 중복 또는 부정확한 수요예측
② 납품주기 단축과 납품횟수 증대
③ 결품을 우려한 과다 주문
④ 로트(lot)단위 또는 대단위 일괄(batch) 주문
⑤ 가격변동에 의한 선행구입

> 해설 ② 납품주기 단축과 납품횟수 증대는 채찍효과(Bullwhip Effect)의 해결방안에 해당한다. 채찍효과를 줄이는 방법으로는 공급사슬상의 수요 및 재고정보의 실시간 공유, 실시간(real time) 주문처리, 불확실성의 제거, 주문량의 변동폭 감소, 리드타임의 단축 등을 들 수 있다.
> 채찍효과란 정보전달의 지연, 왜곡 및 확대현상으로 일반소비자로부터 주문 및 수요의 변동이 일어났을 때 이에 대한 정보가 소매상, 도매상, 유통센터 등을 거슬러 전달되는 과정에서 발생하는 현상을 말한다.

29 공급사슬상에서 발생하는 경영환경변화에 관한 설명으로 옳지 않은 것은?

① 공급사슬상에 위치한 조직 간의 상호 의존성이 증대되고 있다.
② 정보통신기술의 발전은 새로운 시장의 등장과 기업경영방식의 변화를 초래하고 있다.
③ 기업 간의 경쟁 심화에 따라 비용절감과 납기개선의 중요성이 증대되고 있다.
④ 물자의 이동이 주로 국내나 역내에서 이루어지고 있다.
⑤ 고객의 다양한 니즈에 맞추기 위해 생산, 납품 등의 활동을 해야 할 필요성이 증대되고 있다.

[해설] ④ 과거에는 주로 국내나 역내에서 물자의 이동이 이루어졌으나 현재는 거래의 범위가 전세계로 확대됨에 따라 글로벌 공급사슬관리(SCM)가 중요시되고 있다.

30 다음 설명에 해당하는 개념은?

• 거래파트너들이 특정시장을 목표로 사업계획을 공동으로 수립하여 공유한다.
• 제조업체와 유통업체가 판매 및 재고 데이터를 이용, 협업을 통해서 수요를 예측하고 제조업체의 생산계획에 반영하며 유통업체의 상품을 자동 보충하는 프로세스이다.

① Postponement
② Cross-Docking
③ CPFR
④ ECR
⑤ CRP

[해설] 제시된 내용은 CPFR(Collaborative Planning, Forecasting and Replenishment), 즉 협력적 계획·예측 및 보충 시스템에 대한 설명이다.
CPFR은 판매·재고 데이터를 소비자 수요예측과 주문관리에 이용하고, 제조업체와 공동으로 생산계획에 반영하는 등 제조와 유통업체가 예측·계획·상품보충을 공동으로 운영(협업)하고자 하는 업무 프로세스로 최근 각광받고 있는 SCM 공급측면 응용기술의 하나이다.

31 T-11형 표준 파렛트를 사용하여 1단 적재시, 적재효율이 가장 낮은 것은?

① 1,100mm × 550mm, 적재수 2
② 1,100mm × 366mm, 적재수 3
③ 733mm × 366mm, 적재수 4
④ 660mm × 440mm, 적재수 4
⑤ 576mm × 523mm, 적재수 4

[해설] 적재효율 ①은 100%, ②는 99.8%, ③은 88.7%, ④는 96%, ⑤는 99.6%이다. ③의 경우 적재효율이 가장 낮다.

정답 29 ④ 30 ③ 31 ③

32 물류표준화의 대상이 아닌 것은?

① 물류조직　　　　　　　　② 수송
③ 보관　　　　　　　　　　④ 포장
⑤ 물류정보

〔해설〕 물류표준화의 주요 내용은 포장표준화, 운송용기 및 장비표준화(파렛트, 컨테이너 등), 보관시설 표준화, 물류정보 및 시스템 표준화이고, 물류용어, 물류회계 및 거래전표 등도 표준화의 대상이다.
물류표준화는 화물유통 장비와 포장의 규격, 구조 등을 통일하고 단순화하는 것으로서 포장, 하역, 보관, 운송, 정보 등 각각의 물류기능 및 물류단계의 물동량 취급단위를 표준 규격화하고 이에 사용되는 기기, 용기, 설비 등을 대상으로 규격, 강도, 재질 등을 표준화하여 이들 간의 호환성과 연계성을 확보하는 유닛로드시스템(ULS)을 구축하는 것을 말한다.

33 물류표준화 효과 중 자원 및 에너지의 절감 효과에 해당하는 것은?

① 물류기기와의 연계성 증대
② 재료의 경량화
③ 작업성 향상
④ 물류기기의 안전 사용
⑤ 부품 공용화로 유지보수성 향상

〔해설〕 물류표준화의 기대효과 중 자원 및 에너지 절감효과로는 재료의 경량화, 적재효율의 향상, 운송수단의 연계성 용이, 작업의 기계화 및 표준화, 물류 생산성의 향상 등을 들 수 있다.

34 다음 (　　)에 들어갈 수치는?

물류 모듈 시스템은 크게 배수치수 모듈과 분할치수 모듈로 나뉜다. 배수치수 모듈은 1,140mm × 1,140mm 정방형 규격을 Unit Load Size 기준으로 하고 최대 허용 공차 (　)mm를 인정하고 있는 Plan View Unit Load Size를 기본 단위로 하고 있다.

① -30　　　　　　　　　　② -40
③ -50　　　　　　　　　　④ -60
⑤ -70

〔해설〕 물류모듈화와 관련하여 T-11형 파렛트를 기준으로 배수계열치수는 Plan View Size(PVS) 1,140mm × 1,140mm를 기준으로 한 치수이다. 파렛트 단위 화물 적재시 사용하는 치수로, 최대 허용 공차는 -40mm이다.

〔정답〕 32 ①　33 ②　34 ②

35 물류공동화에 관한 설명으로 옳지 않은 것은?

① 물류활동에 필요한 인프라를 복수의 파트너와 함께 연계하여 운영하는 것이다.

② 물류자원을 최대한 활용함으로써 물류비용 절감이 가능하다.

③ 자사의 물류시스템과 타사의 물류시스템을 연계시켜 하나의 시스템으로 운영해야 하지만 회사 보안을 위해 시스템 개방은 포함하지 않는다.

④ 물류환경의 문제점으로 대두되는 교통혼잡, 차량적재 효율저하, 공해문제 등의 해결책이 된다.

⑤ 표준물류심벌 및 통일된 전표와 교환 가능한 파렛트의 사용 등이 전제되어야 가능하다.

해설 ③ 물류공동화의 2 이상의 화주기업과 협력하여 물류기업이 물류의 효율을 높여 물류비용을 절감하고 고객서비스의 향상을 위해서 수행하는 활동이므로 자사의 시스템을 개방해야 이루어질 수 있다.

36 물류공동화 방안 중 하나인 공동 수·배송 시스템의 도입 필요성에 해당하는 사항을 모두 고른 것은?

ㄱ. 다빈도 대량 수·배송의 확대　　ㄴ. 주문단위의 소량화
ㄷ. 물류비용의 증가　　　　　　　ㄹ. 배송차량의 적재효율 저하

① ㄱ, ㄴ　　　　　　　② ㄷ, ㄹ
③ ㄱ, ㄴ, ㄷ　　　　　④ ㄴ, ㄷ, ㄹ
⑤ ㄱ, ㄴ, ㄷ, ㄹ

해설 물류비에서 가장 큰 비중을 차지하는 것이 운송비이므로 물류공동화에서 가장 중요한 것이 공동 수·배송이다.
ㄱ. 최근 고객욕구의 다양화에 따라 다빈도 소량 수·배송이 확대되면서 공동 수·배송 시스템의 필요성이 높아지고 있다.

37 수 · 배송 공동화의 유형에 관한 설명으로 옳지 않은 것은?

① 배송공동형은 배송만 공동화하는 것을 의미하며, 화물거점시설까지의 공동화는 포함하지 않는다.

② 집배송공동형 중 특정화주공동형은 동일화주가 조합이나 연합회를 만들어 공동화하는 것이다.

③ 집배송공동형 중 운송업자공동형은 다수의 운송업자들이 불특정 다수 화주들의 집배송을 공동화하는 것이다.

④ 노선집화공동형은 노선업자가 화물들을 공동 집화하여 각지로 발송하는 것이다.

⑤ 납품대행형은 화주가 납입선에 대행으로 납품하는 것이다.

> [해설] ⑤ 납품대행형(또는 공동납품 대행형)은 같은 백화점이나 할인점 등에 납품하는 제조업자나 도매업자들이 활용하는 방식이다. 공동으로 이용할 운송업자를 선정하면 운송업자가 도매업자들을 순회하며 상품을 집화하고 배송거점에서 분류, 유통가공, 포장, 상품검사 등을 한 후 납품한다.

38 다음 설명에 해당하는 물류보안 제도는?

- 2002년 미국 세관이 도입한 민관협력 프로그램이다.
- 수입업자와 선사, 운송회사, 관세사 등 공급사슬의 당사자들이 적용대상이다.
- 미국 세관이 제시하는 보안기준 충족시 통관절차 간소화 등의 혜택이 주어진다.

① C-TPAT(Customs-Trade Partnership Against Terrorism)

② ISO 28000(International Standard Organization 28000)

③ ISPS code(International Ship and Port Facility Security code)

④ CSI(Container Security Initiative)

⑤ SPA(Safe Port Act)

> [해설] ① 제시된 내용은 C-TPAT(Customs-Trade Partnership Against Terrorism), 즉 대테러 민관협력 프로그램이다.
> ② ISO 28000은 국제표준화기구의 물류보안경영인증이다.
> ③ ISPS code는 국제선박 및 항만시설 보안규칙이다.
> ④ CSI는 컨테이너 보안협정이다.
> ⑤ SPA는 미국의 항만보안법이다.

정답 **37** ⑤ **38** ①

39 기후변화와 환경오염에 대응하는 녹색물류체계와 관련 있는 제도에 해당하지 않는 것은?

① 저탄소녹색성장기본법

② 온실가스·에너지목표관리제

③ 탄소배출권거래제도

④ 생산자책임재활용제도

⑤ 제조물책임법(PL)

[해설] ⑤ 제조물책임법(PL)은 제조물의 결함으로 인하여 발생한 손해로부터 피해자를 보호하기 위해 2000년에 제정된 법률이다. 녹색물류체계와는 관련이 없다.

40 국가과학기술표준은 물류기술(EI10)을 8가지의 소분류로 나눈다. 다음 중 국가과학기술표준 소분류에 포함되지 않는 것은?

① EI1001 – 물류운송기술

② EI1003 – 하역기술

③ EI1004 – 물류정보화기술

④ EI1007 – 물류안전기술

⑤ EI1099 – 달리 분류되지 않는 물류기술

[해설] ④ 물류기술(EI10)에 물류안전기술은 포함되지 않는다. EI1007은 물류 표준화기술이다. 기타 EI1002 보관기술, EI1005 물류시스템 운용기술, EI1006 교통수단별 물류운용기술의 분류가 있다.

정답 **39** ⑤ **40** ④

화물운송론(41~80)

41 운송에 관한 설명으로 옳지 않은 것은?

① 경제적 운송을 위한 기본적인 원칙으로는 규모의 경제 원칙과 거리의 경제 원칙이 있다.

② 운송은 공간적 거리의 격차를 해소시켜주는 장소적 효용이 있다.

③ 운송은 수송 중 물품을 일시적으로 보관하는 시간적 효용이 있다.

④ 운송은 재화의 생산과 소비에 따른 파생적 수요이다.

⑤ 운송의 3요소(Mode, Node, Link) 중 Mode는 각 운송점을 연결하여 운송되는 구간 또는 경로를 의미한다.

> **해설** ⑤ Mode는 운송수단을 의미한다. 각 운송점을 연결하여 운송되는 구간 또는 경로를 의미하는 것은 Link 이며, Node는 운송거점을 의미한다.

42 화물자동차운송과 철도운송 조건이 다음과 같을 때 채트반공식을 이용한 자동차의 한계 경제효용거리(km)는?

- 화물자동차의 ton·km당 운송비 : 900원
- 철도의 ton·km당 운송비 : 500원
- 톤당 철도 부대비용(철도발착비 + 하역비 + 배송비 등) : 50,000원

① 122   ② 123

③ 124   ④ 125

⑤ 126

> **해설** km = 톤당 철도 부대비용 / (화물자동차의 ton·km당 운송비 − 철도의 ton·km당 운송비)
> = 50,000 / (900 − 500) = 50,000 / 400 = 125

43 철도화물의 운임체계에 관한 설명으로 옳지 않은 것은?

① 일반화물운임은 운송거리(km) × 운임단가(원/km) × 화물중량(톤)으로 산정한다.

② 사유화차로 운송되는 경우 할인운임을 적용한다.

③ 컨테이너화물의 최저기본운임은 규격별 컨테이너의 100km에 해당하는 운임으로 한다.

④ 컨테이너화물의 운임은 컨테이너 규격별 운임단가(원/km) × 운송거리(km)로 산정한다.

⑤ 공컨테이너의 운임은 규격별 영(적재)컨테이너 운임의 50%를 적용하여 계산한다.

44 컨테이너 운송에 일반적으로 이용되는 철도화차가 아닌 것은?

① Open top car ② Flat car
③ Covered hopper car ④ Container car
⑤ Double stack car

해설 ③ 호퍼화차(Hopper car)는 석탄 등 벌크 화물운송용인데 Covered hopper car는 덮개가 있는 화차이기에 일반적으로 컨테이너를 운송하는데 이용되지는 않는다.
① Open car : 곤돌라(gondola)와 같이 덮개가 없는 상자형 화차로서 대차(bogie)가 없으며, ISO 표준 규격 컨테이너의 적재가 가능하다.
② Flat car : 장척화물이나 대형화물의 운송용으로 화차 상부가 평평하며 측면도 지게차, 리치 스태커 등의 하역장비로 하역작업이 가능한 구조이다.
④ Container car : 컨테이너 전용형으로 제작된 화차로 화차 상부에 20피트 컨테이너 2개 또는 3개, 40피트 또는 45피트 컨테이너 1개를 적재할 수 있으며 고정장치가 부착되어 있다.
⑤ Double stack car : 컨테이너를 2단으로 적재할 수 있는 전용 오픈 탑 화차이다.

45 해상용 컨테이너 취급을 위한 장비가 아닌 것은?

① Gantry crane ② Transtainer
③ Straddle carrier ④ Reach stacker
⑤ Dolly

해설 ⑤ Dolly는 도로운송에서 장척용 화물을 운송하고자 트레일러의 길이를 늘리기 위해 트랙터와 트레일러 사이에 연결하여 사용하며, 항공운송에서 견인차(transporter)와 동일한 기능을 하지만 엔진이 없어 tug car와 연결하여 사용된다.

46 운송수단의 운영 효율화를 위한 원칙으로 옳은 것은?

① 소형차량을 이용하는 소형화원칙 ② 영차율 최소화 원칙
③ 회전율 최소화 원칙 ④ 가동률 최대화 원칙
⑤ 적재율 최소화 원칙

해설 운송수단의 운영 효율화를 위해서는 ① 가능한 대형차량을 이용하여 규모의 경제(운송횟수 감소, 비용 절감 등)를 실현하는 대형화 원칙, ② 영차율(총 운행거리 중 화물적재 운행거리 비율)을 최대화하는 원칙, ③ 회전율(운행횟수)을 최대화하는 원칙, ⑤ 적재율 최대화 원칙 등을 실현해야 한다.

47 최근 운송시장의 변화에 관한 내용으로 옳지 않은 것은?

① 운송화물의 소품종 대형화 ② 환경규제의 강화
③ 물류보안의 중요성 증대 ④ 정보시스템의 활용 증가
⑤ 구매고객에 대한 서비스 수준의 향상

[해설] ① 운송화물의 다품종 소량화

48 다음에서 설명하고 있는 철도운송 서비스 형태는?

• 복수의 중간역 또는 터미널을 거치면서 운행하는 방식
• 운송경로상의 모든 종류의 화차 및 화물을 수송
• 화주가 원하는 시간에 따라 서비스를 제공하는 것이 아니라 열차편성이 가능한 물량이 확보되는 경우에 서비스를 제공
• 이 서비스의 한 종류로 Liner train이 있음

① Block train ② Shuttle train
③ Single-Wagon train ④ Y-Shuttle train
⑤ U-train

[해설] ① Block train : 고속 컨테이너 화차로 중간역(Switching yard)을 이용하지 않고 철도화물역이나 터미널 간을 직접 운행하는 열차이다.
② Shuttle train : 철도역이나 터미널에서 화차의 수와 형태가 고정되어 있으며, 출발지-목적지-출발지를 연결하는 루프형 구간에서 서비스를 제공한다.
④ Y-Shuttle train : 한 개의 중간 터미널을 경과하는 것 이외에 셔틀 트레인과 동일한 형태이다.
⑤ U-train : 벌크화물 운송 전용화차로 블록 트레인과 같이 중간역을 거치지 않고 직행하는 방식이다.

49 운임의 종류에 관한 내용으로 옳은 것은?

① 공적운임 : 운송계약을 운송수단 단위 또는 일정한 용기단위로 했을 때 실제로 적재능력만큼 운송하지 않았더라도 부담해야 하는 미적재 운송량에 대한 운임
② 무차별운임 : 일정 운송량, 운송거리의 하한선 이하로 운송될 경우 일괄 적용되는 운임
③ 혼재운임 : 단일화주의 화물을 운송수단의 적재능력만큼 적재 및 운송하고 적용하는 운임
④ 전액운임 : 운송거리에 비례하여 운임이 증가하는 형태의 운임
⑤ 거리체감운임 : 운송되는 화물의 가격에 따라 운임의 수준이 달라지는 형태의 운임

해설 ② **무차별운임(Freight all kinds rate ; FAK rate)** : 해상운송에서는 운송품목에 따라 운송요율을 달리 적용하는 것이 일반적인데, 이에 관계없이 일률적으로 부과하는 운임이다. 화물자동차운송에서는 운송거리, 서비스 수준, 운송량, 운송시간 등에 따라 운임에 차이가 발생할 수 있으나 동일한 요율을 적용하는 형태의 운임이다.

③ **혼재운임(Consolidation freight)** : 다수 운송의뢰자의 화물을 하나의 운송수단 또는 용기에 적재하여 단위화하고 소량으로 의뢰했을 때 보다 낮은 요율을 적용하는 운임이다.

④ **전액운임(Full freight)** : 서비스의 완성 정도에 관계없이 계약된 운임 전액을 수수하는 형태이다.

⑤ **거리체감운임(Tapering rate)** : 운송거리가 증가할수록 ton · km당 운송단가가 감소되는 형태의 운임이다.

50 **항공화물의 탑재방식에 관한 설명으로 옳지 않은 것은?**

① Bulk Loading은 좁은 화물실과 한정된 공간에 탑재할 때 효율을 높일 수 있는 방식이다.

② Pallet Loading은 지상 체류시간의 단축에 기여하는 탑재방식이다.

③ Bulk Loading은 안정성과 하역작업의 기계화 측면에서 가장 효율적인 방식이다.

④ Pallet Loading은 파렛트를 굴림대 위로 굴려 항공기 내의 정 위치에 고정시키는 방식이다.

⑤ Container Loading은 화물실에 적합한 항공화물 전용 용기를 사용하여 탑재하는 방식이다.

해설 ③ 항공화물 탑재시 pallet 등 단위탑재용기(ULD)를 이용하면 하역작업의 기계화는 물론 화물의 안정성을 확보하게 되어 보다 효율적이다. Bulk loading은 화물전용기를 제외한 대부분의 경우에 객실의 밑바닥이 화물실로 되어 있어 화물을 적재할 때 개별 화물을 인력에 의해 직접 적재하는 방법으로 한정된 공간에 탑재 효율은 높일 수 있으나 기계화, 안정성 등을 통한 효율화는 기대하기 어렵다.

51 **택배표준약관(공정거래위원회 표준약관 제10026호)의 운송장에서 고객(송화인)이 사업자에게 교부해야 하는 사항으로 옳은 것을 모두 고른 것은?**

ㄱ. 문의처 전화번호
ㄴ. 송화인의 주소, 이름(또는 상호) 및 전화번호
ㄷ. 수화인의 주소, 이름(또는 상호) 및 전화번호
ㄹ. 운송물의 종류(품명), 수량 및 가액
ㅁ. 운송상의 특별한 주의사항
ㅂ. 운송물의 중량 및 용적 구분

① ㄱ, ㄴ, ㄷ, ㅂ ② ㄱ, ㄷ, ㄹ, ㅁ
③ ㄱ, ㄹ, ㅁ, ㅂ ④ ㄴ, ㄷ, ㄹ, ㅁ
⑤ ㄴ, ㄷ, ㅁ, ㅂ

해설 고객은 제1항의 규정에 의하여 교부받은 운송장에 다음 각 호의 사항을 기재하고 기명날인 또는 서명을 하여 이를 다시 사업자에게 교부합니다(택배표준약관 제7조 제2항).
1. 송화인의 주소, 이름(또는 상호) 및 전화번호
2. 수하인의 주소, 이름(또는 상호) 및 전화번호
3. 운송물의 종류(품명), 수량 및 가액
  ※ 고객(송화인)이 운송장에 운송물의 가액을 기재하면 사업자가 손해배상을 할 경우 이 가액이 손해배상액 산정의 기준이 된다는 점을 명시해 놓을 것
4. 운송물의 인도예정장소 및 인도예정일(특정 일시에 수하인이 사용할 운송물의 경우에는 그 사용목적, 특정 일시 및 인도예정일시를 기재함)
5. 운송상의 특별한 주의사항(훼손, 변질, 부패 등 운송물의 특성 구분과 기타 필요한 사항을 기재함)
6. 운송장의 작성연월일

52 다음 수송표의 수송문제에서 북서코너법을 적용할 때, 총 운송비용과 공급지 2에서 수요지 2까지의 운송량은? (단, 공급지에서 수요지까지의 톤당 운송비는 각 칸의 우측 상단에 제시되어 있음)

(단위 : 천원)

공급지＼수요지	수요지 1	수요지 2	수요지 3	공급량(톤)
공급지 1	8	5	7	300
공급지 2	9	12	11	400
공급지 3	4	10	6	300
수요량 (톤)	400	500	100	1,000

① 9,300,000원, 200톤 ② 9,300,000원, 300톤
③ 9,500,000원, 100톤 ④ 9,500,000원, 300톤
⑤ 9,600,000원, 200톤

해설 8 × 300 + 9 × 100 + 12 × 300 + 10 × 200 + 6 × 100 = 9,500(천원)
공급지 2에서 수요지 2까지의 운송량은 300톤

53 택배표준약관(공정거래위원회 표준약관 제10026호)에 따른 용어의 정의로 옳지 않은 것은?

① '운송장'이라 함은 사업자와 고객(송화인) 간의 택배계약의 성립과 내용을 증명하기 위하여 사업자의 청구에 의하여 고객(송화인)이 발행한 문서를 말한다.

② '인도'라 함은 사업자가 고객(송화인)에게 운송장에 기재된 운송물을 넘겨주는 것을 말한다.

③ '수탁'이라 함은 사업자가 택배를 수행하기 위하여 고객(송화인)으로부터 운송물을 수령하는 것을 말한다.

④ '택배사업자'라 함은 택배를 영업으로 하며, 상호 운송장에 기재된 운송사업자를 말한다.

⑤ '손해배상한도액'이라 함은 운송물의 멸실, 훼손 또는 연착시에 사업자가 손해를 배상할 수 있는 최고 한도액을 말한다.

해설 ② '인도'라 함은 사업자가 고객(수화인)에게 운송장에 기재된 운송물을 넘겨주는 것을 말한다.

54 화물자동차운송의 일반적인 특징으로 옳은 것은?

① 타 운송수단과 연동하지 않고는 일관된 서비스를 제공할 수 없다.

② 기동성과 신속한 전달로 문전운송(door-to-door)이 가능하여 운송을 완성시켜주는 역할을 한다.

③ 철도운송에 비해 연료비 등 에너지 소비가 적어 에너지 효율성이 높다.

④ 해상운송에 비해 화물의 중량이나 부피에 대한 제한이 적어 대량화물의 운송에 적합하다.

⑤ 철도운송에 비해 정시성이 높다.

해설 ① 일관된 서비스를 제공할 수 있다.
③ 에너지 효율성이 낮다.
④ 제한이 많아 소량화물의 운송에 적합하다.
⑤ 정시성이 낮다.

정답 **53** ② **54** ②

55 다음은 A기업의 1년간 화물자동차 운행실적이다. 운행실적을 통해 얻을 수 있는 운영지표 값에 관한 내용으로 옳은 것은?

- 누적 실제 차량 수 : 300대
- 트럭의 적재 가능 총 중량 : 5톤
- 누적 주행거리 : 30,000km
- 실제 가동 차량 수 : 270대
- 트럭의 평균 적재 중량 : 4톤
- 실제 적재 주행거리 : 21,000km

① 복화율은 90%이다.
② 영차율은 90%이다.
③ 적재율은 90%이다.
④ 가동률은 90%이다.
⑤ 공차거리율은 90%이다.

[해설] ④ 가동률 = 270 / 300 = 0.9(90%)
① 복화율은 귀로운송횟수 중 적재운송횟수이므로 위 운행실적에서 구할 수 없다.
② 영차율 = 21,000 / 30,000 = 0.7(70%)
③ 적재율 = 4 / 5 = 0.8(80%)
⑤ 공차거리율 = 9,000 / 30,000 = 0.3(30%)

56 운임에 영향을 주는 요인으로 옳은 것을 모두 고른 것은?

ㄱ. 화물의 중량
ㄴ. 화물의 부피
ㄷ. 운송 거리
ㄹ. 화물의 개수

① ㄱ, ㄴ
② ㄷ, ㄹ
③ ㄱ, ㄴ, ㄷ
④ ㄴ, ㄷ, ㄹ
⑤ ㄱ, ㄴ, ㄷ, ㄹ

[해설] 운임에 영향을 주는 요인으로는 화물의 중량, 부피, 개수, 운송거리 외 화물의 밀도, 적재성, 취급, 책임, 시장 등이 있다.

57 다음에서 설명하는 화물운송정보시스템은?

> 디지털 지도에 각종 정보를 연결하여 관리하고 이를 분석, 응용하는 시스템의 통칭이다.
> 각종 교통정보를 관리, 이용하여 교통정책 수립시 의사 결정을 지원하는 시스템이다.

① Port-MIS(항만운영정보시스템)
② VMS(적재관리시스템)
③ TRS(주파수공용통신)
④ RFID(Radio Frequency Identification)
⑤ GIS-T(교통지리정보시스템)

해설 ② Vanning Management System
③ Trunked Radio System
④ 무선인식

58 택배표준약관(공정거래위원회 표준약관 제10026호)에서 사업자가 운송물의 수탁을 거절할 수 있는 경우가 아닌 것은?

① 운송물의 인도예정일(시)에 따른 운송이 불가능한 경우
② 운송이 법령, 사회질서 기타 선량한 풍속에 반하는 경우
③ 운송물 1포장의 가액이 100만원 이하인 경우
④ 운송물이 살아 있는 동물, 동물사체 등인 경우
⑤ 고객(송화인)이 운송장에 필요한 사항을 기재하지 아니한 경우

해설 택배표준약관 제12조 [운송물의 수탁거절]
사업자는 다음 각 호의 경우에 운송물의 수탁을 거절할 수 있습니다.
1. 고객(송화인)이 운송장에 필요한 사항을 기재하지 아니한 경우
2. 고객(송화인)이 제9조 제2항의 규정에 의한 청구나 승낙을 거절하여 운송에 적합한 포장이 되지 않은 경우
3. 고객(송화인)이 제11조 제1항의 규정에 의한 확인을 거절하거나 운송물의 종류와 수량이 운송장에 기재된 것과 다른 경우
4. 운송물 1포장의 크기가 가로·세로·높이 세 변의 합이 ( )cm를 초과하거나, 최장 변이 ( )cm를 초과하는 경우
5. 운송물 1포장의 무게가 ( )kg를 초과하는 경우
6. 운송물 1포장의 가액이 300만원을 초과하는 경우
7. 운송물의 인도예정일(시)에 따른 운송이 불가능한 경우
8. 운송물이 화약류, 인화물질 등 위험한 물건인 경우

정답 **57** ⑤ **58** ③

9. 운송물이 밀수품, 군수품, 부정임산물 등 관계기관으로부터 허가되지 않거나 위법한 물건인 경우
10. 운송물이 현금, 카드, 어음, 수표, 유가증권 등 현금화가 가능한 물건인 경우
11. 운송물이 재생 불가능한 계약서, 원고, 서류 등인 경우
12. 운송물이 살아있는 동물, 동물사체 등인 경우
13. 운송이 법령, 사회질서 기타 선량한 풍속에 반하는 경우
14. 운송이 천재, 지변 기타 불가항력적인 사유로 불가능한 경우

59 화물자동차운송의 효율화 방안으로 옳지 않은 것은?

① 운송정보시스템의 구축
② 도로 및 기간시설의 확충
③ 컨테이너 및 파렛트를 이용한 운송 확대
④ 적재율 감소 및 차량의 배송 빈도 증가
⑤ 공동배송체제 구축 및 확대

해설 ④ 적재율 증가 및 차량의 배송 빈도 감소

60 적재중량 24톤 화물자동차가 다음과 같은 운송실적을 가질 때 연료소모량(L)은? (단, 영차(실차)운행시에는 ton · km당 연료소모기준을 적용함)

• 운행실적 : 총 운행거리 36,000km, 영차(실차)운행거리 28,000km
• 평균 화물적재량 : 18ton
• 연료소모기준 : 공차운행시 0.3L/km, 영차(실차)운행시 0.5L/ton · km

① 234,000　　② 252,000
③ 254,400　　④ 256,800
⑤ 504,000

해설 공차운행시 연료소모량 = 8,000 × 0.3 = 2,400
영차(실차) 운행시 연료소모량 = 28,000 × 0.5 × 18 = 252,000

61 **철도운송에 관한 설명으로 옳지 않은 것은?**

① 국내화물운송시장에서 철도운송은 도로운송에 비해 수송분담률이 낮다.

② 철도화물운송형태에는 화차취급운송, 컨테이너운송 등이 있다.

③ 컨테이너의 철도운송은 크게 TOFC 방식과 COFC 방식이 있다.

④ COFC 방식에는 피기백방식과 캥거루방식이 있다.

⑤ 철도운송은 기후 상황에 크게 영향을 받지 않으며 계획적인 운송이 가능하다.

> **해설** ④ 피기백방식과 캥거루방식은 TOFC(Trailer on flat car) 방식이다.

62 **다음에서 설명하고 있는 용선운송계약서의 조항은?**

> • 선주는 용선운송계약에 의거한 운임, 공적운임, 체선료 등에 대하여 화물이나 그 화물의 부속물을 유치할 수 있는 권리를 가지며 화주는 이에 대한 책임을 부담해야 한다.
> • 용선료의 지급을 확보하기 위하여 선주측에 화물압류의 권리가 있다는 취지를 규정하고 있다.

① Lien Clause
② Indemnity Clause
③ Not before Clause
④ Deviation Clause
⑤ General Average Clause

> **해설** ② Indemnity Clause : 적재시 화물에 대해 이상이나 손상이 있음에도 운송인 무사고선하증권을 송화주에 대해 발행하고, 도착시 운송인이 수화주에 대해 책임을 지는 경우에 송화주가 선사에 대해 보상할 것임을 규정하는 조항. 본선수취증(M/R, Mate's Receipt) 발행시 선적지시서와 선적화물의 상태에 이상이 없으면 'Shipped in apparent good order and condition'이라고 기재하고, 만일 이상이 있으면 비고(Remark)란에 그 사실을 기재한다. 이를 'Dirty M/R'이라고 하는데 이는 사고부 선하증권(Dirty B/L)이 되어 은행에서 매입하지 않는다. 이 경우 송화인은 선사에 손상화물보상장(Letter of Indemnity ; L/I)을 제출하고 무사고 선하증권(Clean B/L)을 교부받아 은행에 매입을 요청한다. L/I는 M/R의 비고란(Remarks)을 증명하는 근거서류이다.
> ③ Not Before Clause : 선박운항에 있어서는 흔히 도착예정일보다 지연되거나 조기에 도착하는 경우 부선료나 하역대기료 등 화주에게 손실이 발생하게 되는데, 이 경우 본선이 선적준비완료 예정일 이전에 도착하여도 하역을 하지 않는다는 요지의 내용을 용선계약서에 포함시킨 조항이다.
> ④ Deviation Clause : 이로조항(항로 이탈 규정). 이로는 원칙적으로 금지되지만 인명 및 재산 혹은 선박 구조, 해난, 피난, 화물의 적양하 또는 여객의 승하선, 연료, 식료품 등의 보급을 위한 정당한 이로에 관한 규정
> ⑤ General Average Clause : 공동해손 정산장소를 규정하는 조항으로 정산장소는 당사자 간의 특약이 없는 한 YAR(York Antwerp Rules)에 따라 런던으로 하고 있다.

63 수·배송시스템의 설계에 관한 설명으로 옳지 않은 것은?

① 화물에 대한 리드타임(lead time)을 고려하여 설계한다.
② 화물차의 적재율을 높일 수 있도록 설계한다.
③ 편도수송이나 중복수송을 피할 수 있도록 설계한다.
④ 차량의 회전율을 높일 수 있도록 설계한다.
⑤ 동일 지역에서의 집화와 배송은 별개로 이루어지도록 설계한다.

[해설] ⑤ 동일 지역에서의 집화와 배송은 반드시 함께 이루어지도록 설계한다.

64 해상운송에서 화주가 부담하는 할증운임(surcharge)에 관한 내용으로 옳지 않은 것은?

① Bunker Adjustment Factor는 선박의 주연료인 벙커유의 가격변동에 따른 손실을 보전하기 위한 할증료이다.
② Congestion Surcharge는 특정 항구의 하역능력 부족으로 인한 체선으로 장기간 정박을 요할 경우 해당 화물에 대한 할증료이다.
③ Outport Surcharge는 운송 도중에 당초 지정된 양륙항을 변경하는 화물에 대한 할증료이다.
④ Currency Adjustment Factor는 급격한 환율변동으로 선사가 입을 수 있는 환차손에 대한 할증료이다.
⑤ Transshipment Surcharge는 화물이 운송 도중 환적될 때 발생하는 추가 비용을 보전하기 위한 할증료이다.

[해설] ③ Outport Surcharge는 정기항로의 경우 기항 항구 이외에 화주의 요청으로 기항하는 항구가 추가되는 경우에 부과되는 할증료이다. 운송 도중에 당초 지정된 양륙항을 변경하는 화물에 대한 할증료는 Diversion charge(항구변경료)이다.

65 수입지에서 원본 선하증권의 제시 없이 선사로부터 화물을 찾는데 사용되는 것으로 옳은 것을 모두 고른 것은?

ㄱ. Surrendered B/L   ㄴ. Clean Received B/L
ㄷ. T/R(Trust Receipt)   ㄹ. L/G(Letter of Guarantee)
ㅁ. Sea Waybill

① ㄱ, ㄴ
② ㄱ, ㄷ, ㅁ
③ ㄱ, ㄹ, ㅁ
④ ㄴ, ㄷ, ㄹ
⑤ ㄴ, ㄷ, ㄹ, ㅁ

정답 **63** ⑤ **64** ③ **65** ③

ㄱ. Surrendered B/L : 정식 선하증권은 아니며 L/G 대체용으로 사용한다. 송화인이 교부받은 선하증권 원본에 배서 후 운송인에게 반환하면 선하증권의 유통성 소멸한다. 운송인은 수화인이 원본이 아닌 복사본을 제출하여도 화물을 인도한다. 송화인이 서류를 송부하는 데 시간이 지체되거나 운송인이 수화인을 잘 알고 있을 때 사용한다.

ㄹ. L/G(Letter of Guarantee) : 화물수령 예정자가 선하증권을 운송인에게 제시하지 않고 화물인도를 요구할 경우, 은행이 그 인도에 대해 모든 책임을 진다는 내용의 보증서이다.

ㅁ. 해상화물운송장(Sea WayBill) : 대개 기명식으로 발행되며, 이를 이용한 화물의 전매는 불가능하다. 해상화물운송장은 UCP 600 제21조에 의거 일정조건하에 은행이 수리할 수 있는 운송서류이며, 양륙지에서 수화인이 운송인에 의해 화주임이 확인된 경우, 수화인이 화물의 인도청구권을 행사하기 위해 운송인에게 반드시 해상화물운송장을 제시하여야 하는 것은 아니지만 선사로부터 화물을 찾는 데 사용된다.

ㄴ. Clean Received B/L : 본선이 항 내에 정박 중이거나 아직 입항하지는 않았으나, 선박이 지정된 경우에 선사가 화물을 수령하고 선적 전에 발행하는 선하증권으로 화물에 하자가 없는 상태에서 수령한 것을 의미한다.

ㄷ. T/R(Trust Receipt) : 수입화물대도로써 수입상이 어음대금을 결제하기 전이라도 수입화물을 처분할 수 있도록 하는 동시에, 신용장 개설은 그 화물에 대해 담보권을 상실하지 않도록 하는 것이다. 즉 수입상의 대금결제를 개설은행 자신이 담당하기로 하고 은행 앞으로 도착하는 운송서류는 수입상에게 넘겨준 후 처분하여 수입대금을 개설은행에 지급하도록 편의를 제공하는 서류이다.

66 다음에서 설명하고 있는 국제물류주선업자의 서비스 종류는?

> 여러 화주(송화인)의 소량 컨테이너화물(LCL)을 수출지의 CFS에서 혼재하여 FCL 단위화 물로 선적 운송하고, 수입지에 도착한 후 CFS에서 컨테이너 화물을 분류하여 다수의 수입 자들에게 인도해주는 서비스

① Buyer's Consolidation   ② Forwarder's Consolidation

③ Master's Consolidation   ④ Shipper's Consolidation

⑤ Seller's Consolidation

② 선적항의 CFS에서 목적항의 CFS까지 컨테이너에 의해서 운송되는 가장 기본적인 운송방법이다. CFS/ CFS운송은 Pier to Pier 또는 LCL/LCL운송이라고도 부르며 운송인이 여러 화주로부터 컨테이너에 가득 채울 수 없는 소량화물(LCL)을 목적지별로 분류하여 한 컨테이너에 혼재(Consolidation) 운송하여 목적항의 CFS에서 여러 수화인에게 화물을 인도하는 운송방법이다. 혼재업무는 프레이트 포워더들이 수행하므로 이를 Forwarder's Consolidation이라 한다.

① 운송인이 지정한 선적항의 CFS로부터 목적지 CY까지는 컨테이너에 의해 운송되는 형태로서, 운송인이 여러 송화인(수출자)들로부터 화물을 CFS에서 집화하여 목적지의 수입업자 창고 또는 공장까지 운송하는 것으로, Buyer's Consolidation이라도 한다. 이 운송형태는 CFS/CFS에서 발전한 운송방법으로서, 대규모 수입업자가 여러 송화인들로부터 각 LCL 화물들을 인수하여 일시에 자기지정 창고까지 운송하고자 하는 경우에 이용한다. LCL/FCL 운송 또는 Pier to Door 운송이라고도 한다.

66 ②

④ 선적항의 CY에서 목적항의 CFS까지 컨테이너에 의해서 운송되는 방법으로서, 선적지에서 수출업자가 FCL 화물로 선적하여 목적지 항만까지 운송한 후 목적지 항만의 CFS에서 컨테이너를 개봉, 화물을 분류하여 여러 수입업자에게 인도한다. 이 방법은 한 수출업자가 수입국의 여러 수입업자에게 일시에 화물을 운송하고자 할 때 이용하는 데, Shipper's Consolidation이라 하며, Seller's Consolidation 이라고도 한다. FCL/LCL 운송 또는 Door to Pier 운송이라고도 한다.

67 (   )에 들어갈 내용으로 바르게 나열한 것은?

Groupage B/L은 국제물류주선업자가 여러 LCL 화물을 혼재하여 FCL로 만든 화물을 선사에 인도할 때 선사가 국제물류주선업자에게 교부하는 (ㄱ)을 말하고, (ㄴ)은 선사가 발행한 B/L을 근거로 하여 국제물류주선업자가 각 LCL 화주들에게 교부하는 서류를 말한다.

① ㄱ : Through B/L   ㄴ : House B/L
② ㄱ : Master B/L   ㄴ : Red B/L
③ ㄱ : Straight B/L   ㄴ : Baby B/L
④ ㄱ : Master B/L   ㄴ : House B/L
⑤ ㄱ : Foul B/L   ㄴ : Consolidated B/L

[해설] ④ 집단선하증권(Groupage B/L)과 혼재선하증권(House B/L) : 집단선하증권은 수송할 화물이 컨테이너 1개 분량이 안 되어(LCL cargo) 포워더가 같은 목적지로 가는 화물을 하나의 운송그룹으로 구성하여 선적해 보낼 때 선사가 포워더에게 교부하는 B/L을 말한다. 이것을 혼재(consolidation)라 하는데, 이것은 화주에게 포장비의 절감, 신속한 수송, 저렴한 운임, 손상감소 등의 이점이 있다. 따라서 혼재를 주선한 포워더는 선사로부터 정상적인 선하증권(Master B/L ; Groupage B/L)을 받고, 각각의 화주들에게는 일종의 선적증명서(Certificate of Shipping)를 발급해 주는데 이것이 바로 House B/L이다. House B/L은 다수 화주의 화물을 그룹으로 모으는 Forwarder가 화주에게 발행하는 증권이다.

68 항공기에 관한 설명으로 옳지 않은 것은?

① High Capacity Aircraft는 소형기종의 항공기로서 데크(deck)에 의해 상부실 및 하부실로 구분되며 하부실은 구조상 ULD의 탑재가 불가능하다.
② 항공기는 국제민간항공조약에 의해 등록이 이루어진 국가의 국적을 보유하도록 되어 있다.
③ 여객기는 항공기의 상부 공간은 객실로 이용하고 하부 공간은 화물실로 이용한다.
④ Convertible Aircraft는 화물실과 여객실을 상호 전용할 수 있도록 제작된 항공기이다.
⑤ 항공기 블랙박스는 비행정보 기록장치와 음성 기록장치를 통칭하는 이름이다.

정답 **67** ④ **68** ①

해설 ① High Capacity Aircraft는 대형기종으로 데크에 의해 상부와 하부로 격실이 구분되며, 하부격실에 단위탑재용기(ULD)를 탑재한다.

69 다음에서 설명하고 있는 항공화물 운임 요율의 종류는?

항공화물운송의 요금을 산정할 때 기본이 되며, 특정품목 할인요율이나 품목분류요율을 적용받지 않는 모든 항공화물운송에 적용되는 요율이다. 최저운임(M), 기본요율(N), 중량 단계별 할인요율(Q) 등으로 분류된다.

① GCR(General Cargo Rate)
② SCR(Specific Commodity Rate)
③ CCR(Commodity Classification Rate)
④ BUC(Bulk Unitization Charge)
⑤ CCF(Charge Collect Fee)

해설 ② 특정품목 할인요율(SCR ; Specific Commodity Rate) : 특정구간에서 반복적으로 운송되는 특정품목에 대하여 일반품목보다 낮은 요율을 설정한 차별화된 특정품목 할인요율을 적용한다. 주로 해상운송화물을 항공운송으로 유치하기 위해 설정된 요율이다.
③ 품목분류요율(CCR ; Commodity Classification Rate) : 일부 특정품목에만 한정하여 적용하며, 특정 지역 간 또는 특정 지역 내에서만 적용되기도 한다. 일반화물요율의 백분율에 의한 할인 또는 할증에 의해 결정한다. 할증품목(Surcharge Item)은 특별취급이 요구되는 품목(S), 할인품목(Reduction Item)은 수송빈도가 잦은 품목(R)에 적용한다.
④ 단위탑재용기운임(BUC ; Bulk Unitization Charges 또는 Unit load device Charge) : ULD(Unit Load Device)별로 부과되는 운임이다. BUC를 적용할 경우 최대 적재중량을 설정하고 이를 초과시 추가운임을 부과한다.
⑤ 착지불 수수료(Charges collect fee) : 운임 착지불의 경우에 항공사가 징수하는 수수료로 운임과 종가운임을 합한 금액의 일정부분을 수수료로 징수한다.

70 다음 수송표에서 최소비용법과 보겔추정법을 적용하여 총 운송비용을 구할 때 각각의 방식에 따라 산출된 총 운송비용의 차이는? (단, 공급지에서 수요지까지의 톤당 운송비는 각 칸의 우측 상단에 제시되어 있음)

(단위 : 천원)

공급지 \ 수요지	D1	D2	D3	공급량(톤)
S1	12	15	9	400
S2	8	13	16	200
S3	4	6	10	200
수요량 (톤)	300	300	200	800

① 300,000원　　　　　　② 400,000원

③ 500,000원　　　　　　④ 600,000원

⑤ 700,000원

해설
- 최소비용법 − 보겔추정법 = 7,700,000 − 7,300,000 = 400,000
- 최소비용법 : 4 × 200 + 8 × 100 + 13 × 100 + 9 × 200 + 15 × 200 = 7,700(천원)
  최소비용은 공급지와 수요지 간에 최소 운송구간에 먼저 할당하므로 S3 공급량 200을 수요지 D1에 할당, 더 이상 S3 공급량을 할당할 수 없기에 그 다음으로 비용이 적은 공급지 S2와 수요지 D1 구간에 공급지 S2 물량 200 중 100을 D1에 할당, S2 공급량 중 나머지 100은 수요지 D2에 할당, 마지막으로 남은 공급량 S1 400 중 200은 수요지 D3에 먼저 할당, 그 나머지는 D2에 할당한다.
- 보겔추정법 : 6 × 200 + 8 × 200 + 9 × 200 + 12 × 100 + 15 × 100 = 7,300(천원)
  기회비용을 고려한 할당이므로 수요지 기회비용은 D1 4, D2 7, D3 1, 공급지 기회비용은 S1 3, S2 5, S3 2. 기회비용이 가장 큰 수요지 D2에 공급지 S3 200을 먼저 할당. 수요지 D2 기회비용은 2로 변경. 다음으로 기회비용이 큰 곳이 D1이므로 S2 200을 D1에 할당. 남은 공급지 S1 물량 400은 비용이 저렴한 D3에 200, D1에 100, D2에 100 각각 할당한다.

	D1	D2	D3	공급량(톤)	기회비용
S1	12	15	9	400	3
S2	8	13	16	200	5
S3	4	6	10	200	2
수요량(톤)	300	300	200	800	
기회비용	4	7	1		

정답 **70** ②

	D1	D2	D3	공급량(톤)	기회비용
S1	12	15	9	400	3
S2	8	13	16	200	5
S3	4	6	10	200	
수요량(톤)	300	300	200	800	
기회비용	4	7→2	1		

71 천장이 개구된 형태이며 주로 석탄 및 철광석 등과 같은 화물에 포장을 덮어 운송하는 트레일러는?

① 스케레탈 트레일러　　　　　② 오픈탑 트레일러
③ 중저상식 트레일러　　　　　④ 저상식 트레일러
⑤ 평상식 트레일러

해설 ① **스케레탈 트레일러(Skeletal Trailer)** : 컨테이너운송을 위해 제작된 트레일러[일명 섀시(Chassis)]로서, 트레일러 4개 모서리에 컨테이너 고정장치인 콘이 장착되어 운송 중 컨테이너가 넘어지거나 떨어지지 않도록 되어 있다.
③ **중저상식 트레일러(Drop Bed Trailer)** : 드롭베드 트레일러. 저상식 트레일러 가운데 프레임 중앙 하대부가 오목하게 낮은 트레일러를 의미한다. 핫 코일(Hot Coil)이나 중량블록화물 등의 운반에 편리하다.
④ **저상식 트레일러(Low Bed Trailer)** : 로베드 트레일러. 적재를 용이하게 하기 위하여 높이가 낮은 하대를 가진 트레일러를 의미한다. 일반적으로 불도저, 기중기 등 건설장비의 운반에 적합한 트레일러이다.
⑤ **평상식 트레일러(Flat Bed Trailer)** : 플랫베드 트레일러. 전장의 프레임 상면이 평면의 하대(섀시)를 가진 구조로 일반화물이나 강재 등의 운송에 적합하며, 트레일러의 하대(적재대)에 특별한 장치를 하지 않은 평평한 판(板)구조의 트레일러이다.

72 택배운송장의 역할에 관한 설명으로 옳지 않은 것은?

① 송화인과 택배회사 간의 계약서 역할
② 택배요금에 대한 영수증 역할
③ 송화인과 택배회사 간의 화물인수증 역할
④ 물류활동에 대한 화물취급지시서 역할
⑤ 택배회사의 사업자등록증 역할

해설 택배운송장은 계약서, 택배요금 영수증, 화물인수증, 정보처리자료, 화물취급서, 배달증빙, 요금청구서 등의 역할을 한다.

정답 **71** ② **72** ⑤

73 다음과 같은 파이프라인 네트워크에서 X지점에서 Y지점까지 유류를 보낼 때 최대유량(톤)은? (단, 링크의 화살표 방향으로만 송유가 가능하며 링크의 숫자는 용량을 나타냄)

(단위 : 톤)

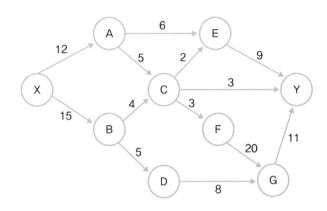

① 18
② 19
③ 20
④ 21
⑤ 22

해설 최대유량은 화살표 방향으로만 고려. X-A-E-Y : 6 (X에서 6톤을 유량으로 보내야 Y에 6톤 도착), X-A 구간 운송가능유량은 12-6=6으로 변경, E-Y 운송가능유량이 9-6=3으로 변경, X-A-C-E-Y : 2. X-A 구간 유량은 6-2=4, A-C 구간 유량은 5-2=3, X-A-C-Y : 3, 다음으로 X-B-C-F-G-Y : 3, X-B : 15-3=12, G-Y : 11-3=8, X-B-D-G-Y : 5. 5개 네트워크 유량 합은 19

74 선박이 접안하는 부두 안벽에 접한 야드의 일부분으로 바다와 가장 가까이 접해 있으며 갠트리 크레인(Gantry Crane)이 설치되어 컨테이너의 적재와 양륙작업이 이루어지는 장소는?

① Berth
② Marshalling Yard
③ Apron
④ CY(Container Yard)
⑤ CFS(Container Freight Station)

해설 ① 선석
② 수출컨테이너 임시장치장
④ FCL 장치장
⑤ LCL 작업장

75 택배운송에 관한 내용으로 옳지 않은 것은?

① 사업허가를 득한 운송업자의 책임하에 이루어지는 일관책임체계를 갖는다.

② 물류거점, 물류정보시스템, 운송네트워크 등이 요구되는 산업이다.

③ 소화물을 송화인의 문전에서 수화인의 문전까지 배송하는 door-to-door 서비스를 의미한다.

④ 전자상거래의 확산에 따른 다빈도 배송 수요의 영향으로 택배 관련 산업이 성장추세에 있다.

⑤ 택배 서비스 제공업체, 수화인의 지역, 화물의 규격과 중량 등에 상관없이 국가에서 정한 동일한 요금이 적용된다.

해설 ⑤ 택배운송은 서비스 제공업체, 수화인의 지역, 화물의 규격과 중량 등에 따라 요금이 다르며, 요금을 국가에서 정하지 않는다.

76 다음의 도로망을 이용하여 공장에서 물류센터까지 상품을 운송할 때 최단경로 산출거리(km)는? (단, 링크의 숫자는 거리이며 단위는 km임)

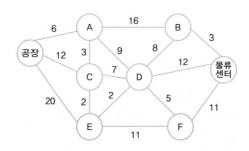

① 23 ② 24

③ 25 ④ 26

⑤ 27

해설 최단경로 : 공장-A-C-E-D-B-물류센터 = 24

77 **수송수요모형에 관한 내용으로 옳은 것은?**

① 중력모형 : 지역 간의 운송량은 경제규모에 비례하고 거리에 반비례한다는 가정에 의한 분석모형

② 통행교차모형 : 화물 발생량 및 도착량에 영향을 주는 다양한 변수 간의 상관관계에 대한 복수의 식을 도출하여, 교차하는 화물량을 예측하는 모형

③ 선형로짓모형 : 범주화한 운송수단을 대상으로 운송구간의 운송비용을 이용하여 구간별 통행량을 산출하는 모형

④ 회귀모형 : 일정구역에서 화물의 분산정도가 극대화한다는 가정을 바탕으로 분석한 모형

⑤ 성장인자모형 : 화물의 이동형태 변화를 기반으로 인구에 따른 화물 발생단위를 산출하고, 이를 통하여 장래의 수송수요를 예측하는 모형

> [해설] ② **통행교차모형(Trip-interchange Model)** : 조사된 물동량 O/D에 의해 교통량을 수단과 교통망에 따라 시간, 비용 등을 고려하여 효율적으로 배분하는 모형이다. 통행교차모형에는 전환곡선법(Diversion Curve Method), 로짓모형(Logit Model), 프로빗모형(Probit Model) 등이 있다.
> ③ **로짓모형(Logit Model)** : 수단분담률을 추정한다. 개인의 효율극대화에 대한 확률이론을 이용한 모형으로 단기적 정책효과의 예측시 우수하고 분석비용이 저렴하며 타 지역에 전용이 가능한 것이 장점이다.
> ④ **회귀모형(Regression Model)** : 화물발생량 및 도착량과 해당 지역의 사회·경제적 변수와의 상관관계를 회귀분석법을 이용하여 회귀식을 구하고, 이 모형식을 통하여 해당 지역의 장래 발생량과 도착량을 추정하는 방법이다.
> ⑤ **성장인자모형(Growth Factor Method)** : 기준연도의 존(Zone) 간 물동량 배분 패턴이 장래에도 그대로 일정하게 유지된다는 가정하에 존 간의 장래 물동량을 예측하는 방법이다.

78 **해상운송에서 부정기선 운임이 아닌 것은?**

① 장기계약운임　　② 현물운임
③ 특별운임　　④ 공적운임
⑤ 연속항해운임

> [해설] ③ **특별운임(Special rate)** : 수송조건과는 별개로 정기선 해운동맹 측이 비동맹선과 적취 경쟁을 하게 되면 일정 조건하에서 정상요율보다 인하한 특별요율을 적용하는 운임이다. 해운동맹이 화주의 요청이나 특정화물의 유치, 대량화물의 우대 및 맹외선에 대한 대항수단으로 특정품목의 운임을 일정기간 또는 조건이 충족되면 할인해서 적용한다.

79 배송방법에 관한 설명으로 옳은 것을 모두 고른 것은?

ㄱ. 단일배송 : 하나의 배송처에 1대의 차량을 배차하는 방법으로 보통 주문자가 신속한 배송을 요구할 때 이용한다.
ㄴ. 루트(Route)배송 : 일정한 배송경로를 반복적으로 배송하는 방법으로 비교적 광범위한 지역의 소량화물을 요구하는 다수의 고객을 대상으로 한다.
ㄷ. 고정다이어그램(Diagram)배송 : 배송할 물량을 기준으로 적합한 크기의 차량을 배차하는 방법으로 배송량이 고정되어 있다.
ㄹ. 변동다이어그램(Diagram)배송 : 배송처 및 배송물량의 변화에 따라 배송처, 방문순서, 방문시간 등이 변동되는 방법으로 배송 관련 기준설정이 중요하다.

① ㄱ, ㄷ   ② ㄴ, ㄷ
③ ㄴ, ㄹ   ④ ㄱ, ㄴ, ㄹ
⑤ ㄱ, ㄷ, ㄹ

해설 ㄷ. 고정다이어그램배송은 배송량이 아니라 배송경로가 고정되어 있다.

80 수·배송 계획을 위한 물동량 할당 또는 배송경로 해법에 관한 내용으로 옳지 않은 것은?
① 북서코너법(North-West Corner Method) : 수송계획표의 왼쪽상단인 북서쪽부터 물동량을 할당하며 시간, 거리, 위치를 모두 고려하는 방법
② 최소비용법(Least-Cost Method) : 수송계획표에서 단위당 수송비용이 가장 낮은 칸에 우선적으로 할당하는 방법
③ 보겔추정법(Vogel's Approximation Method) : 수송계획표에서 최적의 수송경로를 선택하지 못했을 때 발생하는 기회비용을 고려하여 물동량을 할당하는 방법
④ TSP(Travelling Salesman Problem) : 차량이 지역 배송을 위해 배송센터를 출발하여 되돌아오기까지 소요되는 시간 또는 거리를 최소화하기 위한 방법
⑤ 스위핑법(Sweeping Method) : 차고지에서 복수의 배송처에 선을 연결한 후 시계방향 또는 반시계방향으로 돌려가며 순차적으로 배송하는 방법

해설 ① 북서코너법은 공급지와 수요지 간의 수송비용을 고려하지 않으므로 시간, 거리, 위치를 고려하지 않는 방법이다. 수요 순서대로 공급지의 물량을 할당하는 단순한 방법이다.

정답 **79** ④ **80** ①

제3과목 국제물류론(81~120)

81 국제물류의 특징으로 옳지 않은 것은?

① 국제물동량은 지속적으로 증가하고 있다.

② 국제물류는 해외고객에 대한 서비스향상에 기여한다.

③ 국제물류는 국가 경제발전과 물가안정에 기여한다.

④ 국제물류는 국내물류에 비해 짧은 리드타임을 가지고 있다.

⑤ 국제물류는 제품 및 기업의 국제경쟁력에 기여한다.

해설 국제물류는 제품발주부터 제품수령까지의 리드타임이 국내물류에 비해 상대적으로 길다.

82 국제물류의 동향으로 옳지 않은 것은?

① 선박대형화에 따른 항만효율화를 위해 Post Panamax Crane이 도입되었다.

② 선박대형화에 따라 항만의 수심이 깊어지고 있다.

③ 국제특송업체들은 항공화물운송 효율화를 위해 항공기 소형화를 추진하고 있다.

④ 글로벌 공급사슬 관점에서의 국제물류관리가 중요해지고 있다.

⑤ 정보통신기술의 발전으로 국제물류체계가 플랫폼화 및 고도화되고 있다.

해설 국제특송업체들은 항공화물운송 효율화를 위해 항공기 대형화를 추진하고 있다.

83 다음 설명에 해당하는 국제물류시스템의 내용으로 옳지 않은 것은?

다국적기업이 해외 각국에 여러 개의 현지 자회사를 가지고 있는 경우 어느 한 국가의 현지 자회사가 지역물류거점의 역할을 담당하여 인접국에 대한 상품공급에 유용한 허브창고를 갖고 상품을 분배하는 시스템

① 허브창고에서 수송거리가 먼 자회사가 존재하는 경우 수송비용증가 및 서비스수준 하락을 가져올 수 있다.

② 고전적 시스템보다 재고량이 감축되어 보관비가 절감된다.

③ 국내 생산공장에서 허브창고까지의 상품수송은 대량수송과 저빈도 수송형태이다.

④ 해당 물류시스템은 창고형뿐만 아니라 통과형으로도 사용가능하다.

⑤ 허브창고의 입지는 수송의 편리성이 아닌 지리적 서비스 범위로만 결정한다.

정답 81 ④ 82 ③ 83 ⑤

해설 국제물류시스템의 형태 중 다국적 창고시스템(수출기업이 다수 국가에 자회사가 있고 제품공급이 가능한 중앙창고를 보유하여 중앙창고로 제품이 대량 운송되어 자회사 창고 또는 고객에게 배송되는 형태)에 대한 설명으로, 중앙창고에서 재고가 통합되므로 고전적 시스템에 비해 총 재고량 관리가 용이하고 보관비가 절감되며, 출하량을 통합하여 운송할 수 있으므로 운송비가 절감되지만, 중앙창고의 운영 및 관리비의 부담이 있다.

84 최근 국제물류 환경 변화로 옳지 않은 것은?

① 최적화를 위한 물류기능의 개별적 수행 추세
② 국제 물동량의 지속적인 증가 추세
③ 초대형 컨테이너 선박 증가에 따른 허브항만 경쟁심화 추세
④ 제3자 물류업체들의 국제물류시장 진입 활성화 추세
⑤ 생산시설의 글로벌화에 따른 글로벌 물류네트워크 구축 추세

해설 최적화를 위하여 원부자재 조달부터 제품생산, 판매 등에 이르기까지 물류기능의 통합적인 기능을 수행하고 있는 추세이다.

85 글로벌 소싱의 이유에 해당하지 않는 것은?

① 비용절감
② 상품개발과 생산기간 단축
③ 핵심역량에 집중
④ 조직효율성 개선
⑤ 인력증대

해설 글로벌 소싱으로 세계 각지에서 부품을 조달하여 경쟁력을 높일 수 있으며, 이를 통하여 비용절감, 생산성 증대, 상품 품질 향상, 핵심역량 강화 등의 목적을 달성할 수 있다.

정답 84 ① 85 ⑤

86 해상운송과 관련된 국제기구에 관한 설명으로 옳지 않은 것은?

① IMO는 정부간 해사기술의 상호협력, 해사안전 및 해양오염방지대책, 국제간 법률문제 해결 등을 목적으로 설립되었다.

② FIATA는 국제운송인을 대표하는 비정부기구로 전 세계 운송주선인의 통합, 운송주선인의 권익보호, 운송주선인의 서류통일과 표준거래조건의 개발 등을 목적으로 한다.

③ ICS는 선주의 이익증진을 목적으로 설립된 민간 기구이며, 국제해운의 기술 및 법적 분야에 대해 제기된 문제에 대해 선주들의 의견교환, 정책입안 등을 다룬다.

④ BIMCO는 회원사에 대한 정보제공 및 자료발간, 선주의 단합 및 용선제도 개선, 해운업계의 친목 및 이익 도모를 목적으로 설립되었다.

⑤ CMI는 선박의 항로, 항만시설 등을 통일하기 위해 설치된 UN전문기구이다.

> **해설** CMI는 해사법, 해사관행 및 관습의 통일을 위해 설립되었다.

87 UCP 600에서 다음과 같이 환적을 정의하고 있는 운송서류와 관련이 있는 것을 모두 고른 것은?

> Transhipment means unloading from one vessel and reloading to another vessel during the carriage from the port of loading to the port of discharge stated in the credit.

ㄱ. 적어도 두 가지 다른 운송방식을 표시하는 운송서류(Transport document covering at least two different modes of transport)
ㄴ. 선화증권(Bill of lading)
ㄷ. 비유통성 해상화물운송장(Non-negotiable sea waybill)
ㄹ. 용선계약 선화증권(Charter party bill of lading)
ㅁ. 항공운송서류(Air transport document)

① ㄱ, ㄴ   ② ㄴ, ㄷ
③ ㄷ, ㄹ   ④ ㄷ, ㅁ
⑤ ㄹ, ㅁ

> **해설** UCP 600 제20조(선하증권, Bill of Lading), 제21조(비유통성 해상화물운송장, Non-Negotiable Sea Waybill) : 환적이란, 신용장에 명기된 적재항으로부터 양륙항까지의 운송 과정 중에 한 선박으로부터의 양화 및 다른 선박으로의 재적재를 말한다.

정답 **86** ⑤ **87** ②

88 선박의 톤수에 관한 설명으로 옳지 않은 것은?

① 총톤수(Gross Tonnage)는 선박이 직접 상행위에 사용되는 총 용적으로 주로 톤세, 항세, 운하통과료, 항만시설 사용료 등을 부과하는 기준이 되고 있다.

② 순톤수(Net Tonnage)는 선박의 총톤수에서 기관실, 선원실 및 해도실 등의 선박운항과 관련된 장소의 용적을 제외한 것으로 여객이나 화물의 수송에 직접 사용되는 용적을 표시하는 톤수이다.

③ 배수톤수(Displacement Tonnage)는 선체의 수면아래 부분의 배수용적에 상당하는 물의 중량을 말한다.

④ 재화용적톤수(Measurement Tonnage)는 화물선창 내의 화물을 적재할 수 있는 총 용적으로 선박의 화물적재능력을 용적으로 표시하는 톤수이다.

⑤ 재화중량톤수(Dead Weight Tonnage)는 선박의 만재흘수선에 상당하는 배수량과 경하배수량의 차이이며, 선박의 최대적재능력을 나타낸다.

> [해설] 총톤수는 선박 내부의 총 용적으로 상갑판하의 적량과 상갑판상의 밀폐된 정도의 적량을 합한 것으로 100ft^{3}을 1톤으로 나타내고, 선박의 안전과 위생항해 등에 사용되는 장소인 기관실, 조타실, 취사실, 출입구실, 통풍 또는 채광을 요하는 장소 등은 제외된다. 총톤수는 상선이나 어선의 크기를 표시하고 해운력의 비교 자료가 되며, 관세, 등록세 등의 세금과 도선료, 검사수수료 등의 수수료 산출기준이 된다.

89 해상운임에 관한 설명으로 옳지 않은 것은?

① Lumpsum freight : 화물의 개수, 중량, 용적 기준과 관계없이 용선계약의 항해단위 또는 선복의 양을 단위로 계산한 운임

② Forward rate : 용선계약 체결시 화물을 장기간이 지난 후 적재하기로 하는 경우에 미리 합의하는 운임

③ Back freight : 화물이 목적항에 도착하였으나 수화인이 화물의 인수를 거절하거나 목적항의 사정으로 양륙할 수 없어서 화물을 다른 곳으로 운송하거나 반송할 때 적용되는 운임

④ Pro rate freight : 선박이 운송 도중 불가항력 또는 기타 원인에 의해 목적항을 변경할 경우에 부과되는 운임

⑤ Optional charge : 선적시에 화물의 양륙항이 확정되지 않고 화주가 여러 항구 중에서 양륙항을 선택할 권리가 있는 화물에 대해서 부과되는 할증요금

> [해설] 지정된 양륙항을 운송 도중에 변경하는 경우 부과되는 할증운임은 양륙항 변경할증료(Diversion surcharge)이다.

90 부정기선 운송에 관한 설명으로 옳지 않은 것은?

① 화주는 용선계약에 따라 항로와 운항일정의 자유로운 선택이 가능하다.

② 선박회사 간의 과다한 운임경쟁을 막기 위해 공표된 운임을 적용하는 것이 일반적이다.

③ 용선계약에 의해서 운송계약이 성립되고, 용선계약서를 작성하게 된다.

④ 운임부담능력이 적거나 부가가치가 낮은 화물을 대량으로 운송할 수 있다.

⑤ 주요 대상화물은 곡물, 광석, 유류 등과 같은 산화물(Bulk cargo)이다.

해설 부정기선 운송의 특징
    ㉠ 운송계약은 용선계약(Contract of carriage by charter party)에 의한다.
    ㉡ 고정 항로가 없기 때문에 항로의 선택이 자유롭다.
    ㉢ 운임이 수요·공급에 따라 수시로 변동하고, 정기선보다 대체로 운임률이 낮다.
    ㉣ 선복의 공급이 물동량변화에 대하여 비탄력적이므로 선복수급이 불균형하게 된다.

91 다음에 해당하는 선화증권(Bill of Lading)을 순서대로 나열한 것은?

   ㄱ. 선화증권의 수화인란에 수화인의 상호 및 주소가 기재된 것으로 화물에 대한 권리가
      수화인에게 귀속되는 선화증권
   ㄴ. 선화증권의 권리증권 기능을 포기한 것으로서 선화증권 원본 없이 전송받은 사본으로
      화물을 인수할 수 있도록 발행된 선화증권
   ㄷ. 선화증권의 송화인란에 수출상이 아닌 제3자를 송화인으로 표시하여 발행하는 선화증권

① ㄱ : Straight B/L   ㄴ : Surrendered B/L   ㄷ : Third Party B/L

② ㄱ : Straight B/L   ㄴ : Short form B/L   ㄷ : Negotiable B/L

③ ㄱ : Order B/L   ㄴ : Groupage B/L   ㄷ : Third Party B/L

④ ㄱ : Order B/L   ㄴ : House B/L   ㄷ : Switch B/L

⑤ ㄱ : Charter Party B/L   ㄴ : Surrendered B/L   ㄷ : Switch B/L

해설 ㄱ. **기명식 선하증권(Straight B/L)** : 화물의 수취인으로 수입상을 수하인란에 기재한 선하증권으로서,
      기명된 수하인이 배서를 해야만 유통 가능하다.
   ㄴ. **권리포기선하증권(Surrendered B/L)** : 해상운송인에게 화물의 운송을 의뢰한 송하인이 원본선하증
      권을 입수하고 수입자에게 발송하기 전에 수입국에 운송화물이 도착한 경우 수입상이 원본선하증권
      을 받아 화물을 인수하는 것은 물품인수의 지체를 야기하므로, 원본선하증권을 선사에 제출하고 운
      송화물을 수하인에게 직접 교부해줄 것을 의뢰하는 경우, 선사에 반환된 B/L을 말한다.
   ㄷ. **제3자선하증권(Third-party B/L)** : B/L상의 송하인이 신용장상의 수익자가 아닌 제3자로 기재된
      선하증권이다. 중계무역 등에서 사용된다.

정답 **90** ②   **91** ①

92 운송관련 서류 중 선적지에서 발행하는 서류가 아닌 것은?

① 수입화물선취보증장(Letter of Guarantee)
② 파손화물보상장(Letter of Indemnity)
③ 선화증권(Bill of Lading)
④ 선적예약확인서(Booking Note)
⑤ 적화목록(Manifest)

> **해설** 수입화물선취보증(Letter of Guarantee : L/G) : 수입화물은 이미 도착하였으나 운송서류가 도착하지 않았을 경우에 운송서류 도착 이전에 수입화물을 인도받기 위하여 수입상과 개설은행이 운송서류 도착 시 선박회사에 제출할 것을 연대보증하여 선하증권의 원본 대신 제출하는 보증서를 말한다. L/G는 형식상 수입업자가 선박회사 앞으로 발행하는 것으로 보이지만, 실질적으로는 수입상이 신청서류를 갖추어 개설은행에 신청함으로써 개설은행이 발행하는 증서이다.

93 다음 설명에 해당하는 복합운송 경로는?

> 극동아시아에서 미국의 서부연안까지 해상운송이 이루어지고 미국 서해안에서 철도에 환적된 다음 미국 대서양 연안 및 걸프지역 항만까지 운송하는 복합운송 서비스

① America Land Bridge
② Reverse Interior Point Intermodal
③ Overland Common Point
④ Mini Land Bridge
⑤ Micro Land Bridge

> **해설** 미니 랜드브리지는 한국, 일본 등의 극동지역에서 미국 서부해안까지 해상운송하고 철도 또는 트럭에 의하여 미국대륙을 횡단하여 미국 동부해안의 여러 도시까지 운송하는 경로를 말한다.

94 용선계약에 관한 설명으로 옳지 않은 것은?

① Voyage Charter는 특정 항구에서 다른 항구까지 화물운송을 의뢰하고자 하는 용선자와 선주 간에 체결되는 계약이다.

② CQD는 해당 항구의 관습적 하역 방법 및 하역 능력에 따라 가능한 빨리 하역하는 정박기간 조건이다.

③ Running Laydays는 하역개시일부터 종료일까지 모든 일수를 정박기간에 산입하지만 우천시, 동맹파업 및 기타 불가항력 등으로 하역을 하지 못한 경우 정박기간에서 제외하는 조건이다.

④ Demurrage는 초과정박일수에 대해 용선자가 선주에게 지급하기로 한 일종의 벌과금이다.

⑤ Dispatch Money는 용선계약상 정해진 정박기간보다 더 빨리 하역이 완료되었을 경우에 절약된 기간에 대해 선주가 용선자에게 지급하기로 약정한 보수이다.

[해설] Running Laydays : 하역작업이 시작된 날로부터 종료시까지의 경과일수로 정박기간을 정하는 방법으로서, 불가항력·일요일 및 공휴일 모두 정박기간에 계산된다.

95 다음 내용에 해당하는 선박은?

- 선수, 선미 또는 선측에 램프(ramp)가 설치되어 있어 화물을 이 램프를 통해 트랙터 또는 지게차 등을 사용하여 하역하는 방식의 선박
- 데릭, 크레인 등의 적양기(lifting gear)의 도움 없이 자력으로 램프를 이용하여 Drive On/Drive Off할 수 있는 선박

① LO-LO(Lift On/Lift Off) Ship
② RO-RO(Roll On/Roll Off) Ship
③ FO-FO(Float On/Float Off) Ship
④ Geared Container Ship
⑤ Gearless Container Ship

[해설] Roll on/Roll off(Ro-Ro) : 갑판 및 선창에 설치된 Ramp를 통해서 트랙터 등의 운송용구를 이용하여 컨테이너를 수평으로 선적하거나 양륙하는 방식이다.

96 컨테이너운송에 관한 설명으로 옳은 것은?

① 컨테이너운송은 1920년대 미국에서 해상화물운송용으로 처음 등장하여 군수물자의 운송에 사용된 것이 시초이다.

② 컨테이너의 성격과 구조에 관하여는 일반적으로 함부르크 규칙(1978)에서 규정하고 있다.

③ 특수컨테이너의 지속적인 개발로 컨테이너화물의 운송 비중은 현재 전 세계 물동량의 약 70%에 달하고 있다.

④ 탱크(Tank) 컨테이너는 유류, 술, 화학약품, 고압가스 등의 액체화물을 운송하기 위해 설계된 컨테이너를 말한다.

⑤ 컨테이너화물의 하역에는 LO-LO(Lift On/Lift Off) 방식만 적용 가능하다.

해설 ① 컨테이너는 1920년대 미국의 철도화물 운송에 처음 등장했고, 2차 세계대전 중에 미군이 군수물자를 수송하는데 처음으로 컨테이너를 사용한 것이 해상운송의 시작이었다.
② 컨테이너의 국제 운송시에 컨테이너의 취급, 적재 또는 수송 도중에 일어나는 인명의 안전을 확보하기 위하여 컨테이너의 기준을 국제적으로 규정하기 위한 국제협약은 컨테이너 안전협약(International Convention for Safe Container)이다.
⑤ 컨테이너 하역방식 : Lift on/Lift off(Lo-Lo), Roll on/Roll off(Ro-Ro), Float on/Float off(LASH)

97 복합운송주선인(Forwarder)에 관한 설명으로 옳지 않은 것은?

① 송화인으로부터 화물을 인수하여 수화인에게 인도할 때까지 화물의 적재, 운송, 보관 등의 업무를 주선한다.

② 우리나라에서 복합운송주선인은 해상화물은 물론 항공화물도 주선할 수 있다.

③ 복합운송주선인 스스로는 운송계약의 주체가 될 수 없으며, 송화인의 주선인으로서 활동한다.

④ 복합운송주선인의 주요 업무는 화물의 집화, 분류, 수배송 및 혼재작업 등이다.

⑤ 복합운송주선인은 화주를 대신하여 보험계약을 체결하기도 한다.

해설 운송주선인(Freight forwarder)이란 운송을 위탁한 고객을 대리하여 스스로 운송계약의 주체자가 되어 자기 명의로 운송증권을 발행하여 전 구간의 운송책임을 부담하는 자로서 화주의 화물을 통관, 입출고, 집화, 이적, 이선, 배달 등의 서비스를 제공하여 화주가 요구하는 목적지까지 운송해주는 자를 말한다.

98 항공화물운송의 특성에 관한 설명으로 옳은 것은?

① 국내항공화물운송과 달리 국제항공화물운송은 대부분 왕복운송형태를 보이고 있다.

② 국제항공화물운송은 송화인이 의뢰한 화물을 그대로 벌크형태로 탑재하기 때문에 지상
조업이 거의 필요하지 않다.

③ 항공화물운송은 주간운송에 집중되는 경향이 있다.

④ 신문, 잡지, 정기간행물 등과 같이 판매시기가 한정된 품목도 항공화물운송의 주요대상
이다.

⑤ 해상화물운송과 달리 항공화물운송은 운송 중 매각을 위해 유통성 권리증권인 항공화
물운송장(Air Waybill)이 널리 활용되고 있다.

> **해설** 항공운송은 다른 운송수단에 비해 장거리 지역에 짧은 시간에 화물을 운송할 수 있기 때문에 긴급물품
> 이나 계절성물품의 운송에 적합하고, 운송에 소요되는 시간이 짧고 다른 운송수단에 비해 화물의 손상,
> 분실 또는 사고위험이 상대적으로 낮기 때문에 안전하다. 대부분 편도운송형태를 보이고, 지상조업이
> 필요하며, 주간운송에 집중하지는 않는다.
> 항공화물운송장(Air Waybill : AWB)이란 화물을 항공으로 운송하는 경우에 송하인과 운송인 간에 화물
> 의 운송계약체결, 화물수취 및 운송조건을 나타내는 증거서류이자, 화물의 중량, 용적, 포장, 개수에 대
> 한 내용이 기재되어 송하인으로부터 화물을 수령하였다는 증거서류이다. 항공화물운송장은 선하증권처
> 럼 권리증권으로서의 기능은 없다.

99 항공화물운송의 탑재방식에 관한 설명으로 옳지 않은 것은?

① 컨테이너와 파렛트는 항공화물의 단위탑재에 사용된다.

② 항공화물의 단위탑재시 고급의류는 컨테이너에 적재하는 것이 적합하다.

③ 여객기에 탑재하는 벨리카고(Belly Cargo)는 파렛트를 활용한 단위탑재만 가능하다.

④ 항공화물의 단위탑재시 기계부품은 파렛트에 적재하는 것이 적합하다.

⑤ 이글루(Igloo)도 항공화물의 단위탑재 용기이다.

> **해설** 벨리카고란 여객기에서 여객의 짐을 싣고 나서 남는 공간에 싣는 화물이다.

정답 **98** ④ **99** ③

100 최근 국제항공화물운송의 환경 변화에 관한 설명으로 옳지 않은 것은?

① 송화인의 항공화물운송 의뢰는 대부분 항공화물운송주선인(Air Freight Forwarder)에 의해 이루어지고 있다.

② 코로나19 등으로 인해 항공화물운송료가 급등하고 있어 전체 물동량은 줄어들고 있다.

③ 아마존과 같은 국제전자상거래업체의 성장으로 GDC(Global Distribution Center)관련 항공화물이 증가하고 있다.

④ 국제항공화물운송에서 신선화물이 증가하고 있다.

⑤ 우리나라 인천국제공항의 국제항공 환적화물 비중이 크게 증가하고 있다.

[해설] 코로나19 영향에도 불구하고 전체 물동량은 증가하고 있다.

101 국제해상 컨테이너화물의 운송형태에 관한 설명으로 옳지 않은 것은?

① 컨테이너화물은 컨테이너 1개의 만재 여부에 따라 FCL(Full Container Load)과 LCL(Less than Container Load)화물로 대별할 수 있다.

② CY→CY(FCL→FCL)운송 : 수출지 CY에서 수입지 CY까지 FCL형태로 운송되며, 컨테이너운송의 장점을 최대한 살릴 수 있는 방식이다.

③ CFS→CFS(LCL→LCL)운송 : 수출지 CFS에서 수입지 CFS까지 운송되며, 운송인이 다수의 송화인으로부터 LCL화물을 모아 혼재하여 운송하는 방식이다.

④ CFS→CY(LCL→FCL)운송 : 운송인이 다수의 송화인으로부터 화물을 모아 수출지 CFS에서 혼재하여 FCL로 만들고, 수입지 CY에서 분류하지 않고 그대로 수화인에게 인도하는 형태이다.

⑤ CY→CFS(FCL→LCL)운송 : 수출지 CY로부터 수입지 CFS까지 운송하는 방식으로, 다수의 송화인과 다수의 수화인 구조를 갖고 있다.

[해설] CY/CFS(FCL/LCL : Door to Pier) : 1명의 수출자의 FCL 화물을 수입항 CFS에서 화물적출작업을 한 후 여러 명의 수입자에게 인도하는 방식이다.

102 국제항공기구와 조약에 관한 설명으로 옳은 것은?

① 국제항공운송에 관한 대표적인 조약으로는 Hague규칙(1924), Montreal조약(1999) 등이 있다.

② 국제항공기구로는 대표적으로 FAI(1905), IATA(1945), ICAO(1947) 등이 있다.

③ ICAO(1947)는 국제정기항공사가 중심이 된 민간단체이지만, IATA(1945)는 정부간 국제협력기구이다.

④ Warsaw조약(1929)은 항공기에 의해 유무상으로 행하는 수화물 또는 화물의 모든 국내외운송에 적용된다.

⑤ ICAO(1947)의 설립목적은 전 세계의 국내외 민간 및 군용항공기의 안전과 발전을 도모하는데 있다.

> **해설** ① 국제항공운송의 대표적인 조약으로는 바르샤바 조약(Warsaw Convention), 헤이그 의정서, 몬트리올협정(Montreal Agreement) 등이 있다. Hague규칙은 해상운송에 관한 조약이다.
> ③ ICAO는 국제연합(UN) 전문기관의 하나이고, IATA는 민간단체이다.
> ④ 바르샤바 조약은 항공운송인의 민사책임에 대한 통일법을 제정하여 각국법의 충돌을 방지하고, 항공운송인의 책임을 일정 한도로 제한하여 국제민간항공 운송업을 발전시키기 위한 조약이다.
> ⑤ ICAO는 국제민간항공조약(시카고조약)에 기초하여, 국제민간항공의 발전을 도모하는데 있다.

103 다음은 FCL 컨테이너화물의 선적절차이다. 순서대로 올바르게 나열한 것은?

> ㄱ. 공컨테이너 반입요청 및 반입
> ㄴ. D/R(부두수취증)과 CLP(컨테이너 내부 적부도) 제출
> ㄷ. Pick-up 요청과 내륙운송 및 CY 반입
> ㄹ. B/L(선화증권) 수령 및 수출대금 회수
> ㅁ. 공컨테이너에 화물적입 및 CLP(컨테이너 내부 적부도) 작성

① ㄱ → ㄴ → ㄷ → ㄹ → ㅁ
② ㄱ → ㅁ → ㄴ → ㄷ → ㄹ
③ ㄱ → ㅁ → ㄷ → ㄴ → ㄹ
④ ㅁ → ㄱ → ㄷ → ㄴ → ㄹ
⑤ ㅁ → ㄷ → ㄱ → ㄴ → ㄹ

> **해설** 컨테이너화물의 선적절차
> ① 화주는 선적요청서(S/R), 포장명세서, 인보이스 등의 서류를 제출한다.
> ② CY 운영인은 공컨테이너의 인도를 지시하고 화주는 공컨테이너를 인도받은 후 수출신고를 한다.
> ③ 화주는 수출신고필증이 발급되면 공컨테이너에 화물을 적입하고 운송인봉인을 부착한다.
> ④ 화주는 CY로 컨테이너화물을 운송하여 CY 운영인에게 인도한다.
> ⑤ CY 운영인은 서류와 컨테이너에 적입된 화물을 대조한 후 부두수취증(D/R)을 발행하여 화주에게 교부한다.
> ⑥ 선사는 컨테이너 선하증권을 화주에게 교부한다.
> ⑦ 컨테이너는 작업절차를 거쳐서 해당 선박에 적재된다.

104 **국제복합운송에 관한 설명으로 옳은 것은?**

① 국제복합운송이라는 용어는 대표적인 국제복합운송 관련 조약인 바르샤바조약(1929)에서 처음 사용되었다.

② 국제복합운송의 요건으로 하나의 운송계약, 하나의 책임주체, 단일의 운임, 단일의 운송수단 등을 들 수 있다.

③ 국제복합운송이란 국가 간 두 가지 이상의 동일한 운송수단을 이용하여 운송하는 것이다.

④ 컨테이너운송의 발달은 국제복합운송 발달의 계기가 되었다.

⑤ 복합운송시에는 운송 중 물품 매각이 불필요하기 때문에 복합운송증권은 비유통성 기명식으로 발행되는 것이 일반적이다.

> **해설** 복합운송은 모든 책임이 복합운송인에게 집중되는 단일책임의 단일운송계약이 이루어지며, 복합운송인이 목적지까지의 단일책임을 져야 한다. 복합운송인이 전 구간의 운송을 인수하며, 육상·해상·항공운송 중에서 2가지 이상의 운송 수단이 이용되어야 하고, 전 운송구간에 대하여 단일운임이 적용되어야 한다. 또한 하나의 운송증권으로 전 운송구간을 커버하는 복합운송증권(Multimodal Transport Document : MTD)이 발행되어야 하며, 복합운송증권은 유통성 여부에 따라 유통성(Negotiable)증권과 비유통성(Non-Negotiable)증권으로 구분할 수 있다. 바르샤바조약은 항공운송 관련 조약이다.

105 **다음 중 헤이그규칙상의 선화증권 법정기재사항으로 옳은 것을 모두 고른 것은?**

ㄱ. 주요한 화인
ㄴ. 여러 통의 선화증권을 발행할 때의 그 원본의 수
ㄷ. 선화증권의 발행지
ㄹ. 송화인의 명칭
ㅁ. 물품의 외관상태
ㅂ. 송화인이 서면으로 제출한 포장물품의 개수, 수량 또는 중량

① ㄱ, ㄴ, ㄷ
② ㄱ, ㄷ, ㄹ
③ ㄱ, ㅁ, ㅂ
④ ㄴ, ㄹ, ㅂ
⑤ ㄴ, ㅁ, ㅂ

> **해설** 헤이그규칙 제3조 제3항
> 운송인, 선장 또는 운송인의 대리인은 물건을 수령한 후 송하인의 청구가 있으면, 특히 다음의 사항을 기재한 선하증권을 송하인에게 교부하여야 한다.
> (a) 물건의 식별을 위하여 필요한 주요 기호로서 물건의 선적 개시 전에 송하인이 서면으로 통지한 것. 이 기호는 포장하지 않은 물건 위에, 또는 물건의 용기 또는 포장 위에 통상 항해의 종료시까지 판독할 수 있도록 스탬프로 찍거나 기타 방법으로 명료하게 표시하여야 한다.
> (b) 송하인이 서면으로 통지한 포장 또는 개품의 개수, 용적 또는 중량
> (c) 물건의 외관 상태

106 항공화물운송장의 설명으로 옳지 않은 것은?

① 항공화물운송장의 원본은 적색, 청색, 녹색 3통이 발행된다.

② 항공화물운송장 원본 2는 적색으로 발행되며, 송화인용이다.

③ 항공화물운송장은 수출입신고 및 통관자료로 사용될 수 있다.

④ 항공화물운송장 원본 3은 화물수취증의 기능을 가진다.

⑤ 항공화물운송장 사본 4는 수화인의 화물수령 증거가 된다.

> **해설** 항공화물운송장 원본 2는 적색으로 발행되며, 수하인용이다.

107 다음에서 설명하는 물류보안 제도는?

- 공급사슬 전반에 걸친 보안을 보장하기 위하여 제조업자뿐만 아니라 창고보관업자, 운송업자, 서비스업자 등 공급사슬에 참여하는 모든 조직의 보안 사항을 심사하여 인증하는 제도
- 보안 심사 내용은 일반사항, 보안경영방침, 보안위험평가 및 기획·실행·운영, 점검 및 시정조치, 경영검토 그리고 지속적인 개선 등 6가지임

① CSI

② C-TPAT

③ ISPS CODE

④ ISO 28000

⑤ AEO

> **해설** ISO 28000(공급사슬 보안경영시스템) : 공급망 사슬(Supply Chain) 전 단계에서 일어날 수 있는 인력 및 화물에 대한 보안 위험성을 줄이고 물류 안전성을 검증하기 위해 제정한 기준으로 이를 취득한 기업은 국제 표준에 적합한 물류보안체계가 확보되었음을 공인받게 된다.

108 복합운송증권의 특징으로 옳은 것은?

① 복합운송증권은 운송인이 송화인으로부터 화물을 인수한 시점에 발행된다.

② 복합운송증권은 운송주선인이 발행할 수 없다.

③ 복합운송증권상의 복합운송인의 책임구간은 화물 선적부터 최종 목적지에서 양륙할 때까지이다.

④ 복합운송증권상의 복합운송인은 화주에 대해서 구간별 분할책임을 진다.

⑤ 복합운송증권은 양도가능 형식으로만 발행된다.

복합운송증권은 복합운송계약에 따라 복합운송인이 자신의 관리하에 물품을 수취하였다는 것과 그 계약내용에 따라 운송인이 물품을 인도할 의무를 부담하는 것을 증명하는 증권을 말한다. 복합운송증권은 유통성 여부에 따라 유통성증권과 비유통성증권으로 구분할 수 있고, 복합운송증권의 책임형태에 따라 이종책임체계형과 단일책임체계형으로 나눌 수 있다. 운송주선인이 발행할 수 있고, 책임구간은 수령지부터 인도지까지이며, 화주에 대해 단일화된 책임을 진다.

109 해상화물운송장에 관한 설명으로 옳지 않은 것은?

① 해상화물운송장에는 그 운송장과 상환으로 물품을 인도한다는 취지의 문언이 없다.
② 해상화물운송장은 운송 중에 양도를 통해 화물의 전매가 가능하다.
③ 송화인은 수화인이 인도를 청구할 때까지 수화인을 자유롭게 변경할 수 있다.
④ 해상화물운송장은 운송계약의 추정적 증거서류이다.
⑤ 해상화물운송장을 사용하는 경우 그 운송장의 제출 없이도 운송인은 수화인에게 화물인도가 가능하다.

해설 해상화물운송장은 단순한 화물의 수취증으로 기명식으로 발행되며, 권리증권이 아니므로 전매가 안된다.

110 항만과 공항에 관한 설명으로 옳은 것을 모두 고른 것은?

ㄱ. Sea&Air 운송 등 상호 보완적인 기능을 위해 항만과 공항은 인접하여 위치하는 것이 좋다.
ㄴ. 화물수요창출을 위해 항만에 인접하여 물류단지가 조성되는 것이 일반적이다.
ㄷ. 항공화물 특성상 공항 주변에는 물류단지가 조성되지 않는 것이 일반적이다.
ㄹ. 전 세계 네트워크 구성을 위해 공항은 Hub&Spokes 형태로 입지하고 운영하는 것이 일반적이다.
ㅁ. 국제전자상거래업체들은 항만과 공항의 입지와 무관하게 물류센터를 확보하는 경향이 있다.

① ㄱ, ㄴ, ㄹ
② ㄱ, ㄷ, ㄹ
③ ㄴ, ㄷ, ㅁ
④ ㄴ, ㄹ, ㅁ
⑤ ㄷ, ㄹ, ㅁ

해설 항공화물 특성상 공항 주변에는 물류단지가 조성되는 것이 일반적이며, 국제전자상거래업체들은 항만과 공항의 입지를 고려하여 물류센터를 확보하는 경향이 있다.

정답 **109** ② **110** ①

111 ICD에 관한 설명으로 옳지 않은 것은?

① 내륙의 공항 내에 설치되어 있는 시설로서 운송기지 또는 운송거점으로서의 역할이 강조되고 있다.

② 컨테이너화물의 통관, 배송, 보관, 집화 등을 수행한다.

③ 철도와 도로가 연결되는 복합운송거점으로서 대량운송을 통한 운송비를 절감할 수 있다.

④ 본래는 내륙통관기지(Inland Clearance Depot)를 의미하였으나 컨테이너화의 확산으로 내륙컨테이너기지로 성장하였다.

⑤ ICD의 이점은 운송면에서 화물의 대단위에 의한 운송효율의 향상과 항만지역의 교통혼잡을 줄일 수 있다는 것이다.

> [해설] ICD(Inland Clearance Depot, Inland Container Depot)란 내륙에 있는 컨테이너 통관기지인 공용내륙 시설로서, 2가지 이상 운송수단(도로, 철도, 항만, 공항) 간 연계운송을 할 수 있는 규모 및 시설을 갖춘 복합물류터미널과 내륙컨테이너기지를 말한다.

112 Incoterms 2020에 관한 설명으로 옳지 않은 것은?

① FCA규칙에서는 매수인이 자신의 운송수단으로 물품을 운송할 수 있고, DAP규칙, DPU규칙 및 DDP규칙에서는 매도인이 자신의 운송수단으로 물품을 운송할 수 있다.

② "터미널"뿐만 아니라 어떤 장소든 목적지가 될 수 있는 현실을 강조하여 기존의 DAT규칙이 DPU규칙으로 변경되었다.

③ CFR규칙에서는 인도장소에 대한 합의가 없는 경우, 인천에서 부산까지는 피더선으로, 부산에서 롱비치까지는 항양선박(Ocean Vessel)으로 운송한다면 위험은 인천항의 선박적재시에 이전한다.

④ 선적 전 검사비용은 EXW규칙의 경우 매수인이 부담하고, DDP규칙의 경우 매도인이 부담한다.

⑤ FOB규칙에서 매수인에 의해 지정된 선박이 물품을 수령하지 않은 경우 물품이 계약물품으로서 특정되어 있지 않더라도 합의된 인도기일부터 매수인은 위험을 부담한다.

> [해설] • FOB규칙의 위험 이전 : 물품이 지정선적항에서 본선에 적재했을 때(on board) 또는 그렇게 인도된 물품을 조달한 때
> • FOB규칙의 비용 부담 : 매도인은 '위험 이전'까지의 제비용 부담

정답 111 ① 112 ⑤

113 관세법상 보세운송에 관한 설명으로 옳지 않은 것은?

① 보세운송을 하려는 자는 물품의 감시 등을 위하여 필요하다고 인정하여 대통령령으로 정하는 경우 세관장에게 보세운송신고를 하여야 한다.

② 보세운송의 신고는 화주의 명의로 할 수 있다.

③ 세관장은 보세운송물품의 감시·단속을 위하여 필요하다고 인정될 때에는 관세청장이 정하는 바에 따라 운송통로를 제한할 수 있다.

④ 보세운송 신고를 한 자는 해당 물품이 운송목적지에 도착하였을 때 도착지의 세관장에게 보고하여야 한다.

⑤ 수출신고가 수리된 물품은 관세청장이 따로 정하는 것을 제외하고는 보세운송절차를 생략한다.

> [해설] 보세운송을 하려는 자는 세관장에게 보세운송의 신고를 하여야 한다. 다만, 물품의 감시 등을 위하여 필요하다고 인정되는 경우에는 세관장의 승인을 받아야 한다.

114 관세법상 수출입신고를 생략하게 하거나 관세청장이 정하는 간소한 방법으로 신고하게 할 수 있는 물품에 해당되지 않는 것은?

① 휴대품　　　　　　　　　　② 탁송품

③ 우편물　　　　　　　　　　④ 별송품

⑤ 해외로 수출하는 운송수단

> [해설] 휴대품, 탁송품, 별송품 또는 우편물은 수출입신고를 생략하게 하거나 관세청장이 정하는 간소한 방법으로 신고하게 할 수 있다.

115 Incoterms 2020의 CIP와 CIF규칙에서 당사자 간에 합의가 없는 경우 매도인이 매수인을 위하여 부보하여야 하는 보험조건에 대하여 올바르게 연결된 것은?

① CIP의 경우 ICC (A) - CIF의 경우 ICC (B)

② CIP의 경우 ICC (A) - CIF의 경우 ICC (C)

③ CIP의 경우 ICC (B) - CIF의 경우 ICC (A)

④ CIP의 경우 ICC (B) - CIF의 경우 ICC (B)

⑤ CIP의 경우 ICC (C) - CIF의 경우 ICC (A)

> [해설] • 보험계약이 매도인의 의무인 경우 : CIF, CIP
> • CIP 보험부보 : ICC(A) or ICC(A/R)
> • CIF 보험부보 : ICC(C) or ICC(FPA)

> [정답] **113** ① **114** ⑤ **115** ②

116 Incoterms 2020에서 물품의 양륙에 관한 설명으로 옳지 않은 것은?

① FCA규칙에서 매도인의 구내가 아닌 그 밖의 장소에서 물품의 인도가 이루어지는 경우 매도인은 도착하는 운송수단으로부터 물품을 양륙할 의무가 없다.

② FOB규칙에서 목적항에서 물품의 양륙비용은 매수인이 지급한다.

③ CPT규칙에서 목적지에서 물품의 양륙비용을 운송계약에서 매도인이 부담하기로 한 경우에는 매도인이 이를 부담하여야 한다.

④ DAP규칙에서 매도인이 운송계약에 따라 목적지에서 물품의 양륙비용을 부담한 경우 별도의 합의가 없다면 매수인으로부터 그 양륙비용을 회수할 수 있다.

⑤ DPU규칙에서 목적지에서 물품의 양륙비용은 매도인이 부담하여야 한다.

> **[해설]** DAP규칙의 양하비용 : 매도인은 도착운송수단으로부터 물품을 양하(unload)할 필요가 없다. 그러나 매도인이 자신의 운송계약상 인도장소/목적지에서 양하에 관하여 비용이 발생한 경우에 매도인은 당사자 간에 달리 합의되지 않는 한 그러한 비용을 매수인으로부터 별도로 상환받을 권리가 없다.

117 위부(Abandonment)에 관한 설명으로 옳지 않은 것은?

① 위부의 통지는 피보험자가 손해를 추정전손으로 처리하겠다는 의사표시이다.

② 위부는 피보험자가 잔존물에 대한 모든 권리를 보험자에게 이전하고 전손보험금을 청구하는 행위이다.

③ 피보험자의 위부통지를 보험자가 수락하게 되면 잔존물에 대한 일체의 권리는 보험자에게 이전된다.

④ 피보험자가 위부통지를 하지 않으면 손해는 분손으로 처리된다.

⑤ 보험목적물이 전멸하여 보험자가 회수할 잔존물이 없더라도 위부를 통지하여야 한다.

> **[해설]** 추정전손의 경우 피보험자가 보험금액의 전부를 수령하기 위하여는 위부의 취지를 보험자에게 통지하여야 한다. 만일 이러한 위부의 통지를 게을리하면 분손으로 처리된다. 승인은 보험자의 행위에 의하여 묵시적 또는 명시적으로 모두 가능하며, 위부 통지 후의 보험자의 단순한 침묵은 승인이 아니다.

118 공동해손(General Average)이 발생한 경우 이를 정산하기 위하여 사용되는 국제규칙은?

① Uniform Rules for Collection

② York-Antwerp Rules

③ International Standby Practices

④ Rotterdam Rules

⑤ Uniform Rules for Demand Guarantees

정답 **116** ④ **117** ⑤ **118** ②

해설 **공동해손의 정산** : 해상운송계약에서 정해진 해사법에 따라 정산하는데, 오늘날 공동해손에 관한 국제 통일 규칙인 YAR에 준거하여 공동해손을 정산한다.

119 무역계약조건 중 선적조건에 관한 설명으로 옳은 것은?

① 계약에서 선적횟수와 선적수량을 구체적으로 나누어 약정한 경우를 분할선적이라고 한다.

② UCP 600에서는 신용장이 분할선적을 금지하고 있더라도 분할선적은 허용된다.

③ UCP 600에서는 동일한 장소 및 일자, 동일한 목적지를 위하여 동일한 특송운송업자가 서명한 것으로 보이는 둘 이상의 특송화물수령증의 제시는 분할선적으로 보지 않는다.

④ UCP 600에서는 신용장이 환적을 금지하고 있다면 물품이 선화증권에 입증된 대로 컨 테이너에 선적된 경우라도 환적은 허용되지 않는다.

⑤ UCP 600에서는 신용장이 환적을 금지하고 있는 경우에는 환적이 행해질 수 있다고 표 시하고 있는 항공운송서류는 수리되지 않는다.

해설 ① 분할선적이란 계약물품을 여러 번으로 나누어 시간적 간격을 두고 선적하는 것을 말한다. 한 계약분 에 대한 분할선적 및 분할의 횟수는 특약이 없는 한 매도인의 임의이다.

② 신용장상에 분할선적에 대한 'Partial shipments are prohibited'와 같은 명시적인 금지 약정이 없는 한 분할선적은 허용되는 것으로 간주한다.

④ 신용장에서 환적을 금지하지 않는 한, 은행은 동일 및 단일(One and the same)의 선하증권으로 전 해상운송이 포괄될 경우, 물품이 환적될 것이라는 표시가 있는 선하증권을 수리한다.

⑤ 비록 신용장에서 환적을 금지한다고 해도, 은행은 전체 해상운송 구간이 하나의 동일한 선하증권으 로 포괄될 때 관련화물이 컨테이너, 트레일러 및 래시선 등에 적재되었다는 표시가 있거나, 운송인에 게 환적할 권리를 유보(The carrier reserves the right to transship)한다고 명시한 조항을 표시하고 있는 선하증권을 수리한다.

120 우리나라 중재법상 중재에 관한 설명으로 옳지 않은 것은?

① 중재합의의 당사자는 중재절차의 진행 중에는 법원에 보전처분을 신청할 수 없다.

② 중재인의 수는 당사자 간의 합의로 정하되, 합의가 없으면 3명으로 한다.

③ 당사자 간에 다른 합의가 없으면 중재인은 국적에 관계없이 선정될 수 있다.

④ 당사자 간에 다른 합의가 없는 경우 중재절차는 피신청인이 중재요청서를 받은 날부터 시작된다.

⑤ 중재절차의 진행 중에 당사자들이 화해한 경우 중재판정부는 그 절차를 종료한다.

해설 중재합의의 당사자는 중재절차 진행 중에 법원에 보전처분을 신청할 수 있다.

정답 **119** ③ **120** ①

제2교시 2021년 물류관리사	형별	A형	제한시간	80분	수험번호	성 명

제1과목 보관하역론(01~40)

01 보관의 기능에 관한 설명으로 옳지 않은 것은?

① 시간적 효용을 창출한다.
② 운송과 배송을 원활하게 연계한다.
③ 제품에 대한 장소적 효용을 창출한다.
④ 생산의 평준화와 안정화를 지원한다.
⑤ 재고를 보유하여 고객수요에 대응한다.

> [해설] 제품에 대한 장소적 효용을 창출하는 물류기능은 운송이다.

02 물류센터 입지 선정 단계에서 우선적으로 고려해야 할 사항이 아닌 것은?

① 지가(地價)　　　　　　　② 운송비
③ 시장규모　　　　　　　　④ 각종 법적 규제 사항
⑤ 제품의 보관 위치 할당

> [해설] 제품의 보관 위치 할당은 입지 선정 후, 건설이나 임대과정을 거친 후 고려되는 사안이다.

03 보관의 원칙에 관한 내용이다. (　　)에 들어갈 알맞은 내용은?

> (ㄱ) : 보관 및 적재된 제품의 장소, 선반 번호의 위치를 표시하여 입출고와 재고 작업의 효율화를 높이는 원칙
> (ㄴ) : 입출고 빈도가 높은 화물은 출입구 가까운 장소에, 낮은 화물은 출입구로부터 먼 장소에 보관하는 원칙
> (ㄷ) : 관련 품목을 한 장소에 모아서 계통적으로 분리하여 보관하는 원칙

① ㄱ : 위치표시의 원칙, ㄴ : 형상 특성의 원칙, ㄷ : 네트워크보관의 원칙
② ㄱ : 선입선출의 원칙, ㄴ : 동일성·유사성의 원칙, ㄷ : 형상 특성의 원칙
③ ㄱ : 위치표시의 원칙, ㄴ : 회선내응보관의 원칙, ㄷ : 네트워크보관의 원칙
④ ㄱ : 선입선출의 원칙, ㄴ : 중량특성의 원칙, ㄷ : 위치표시의 원칙
⑤ ㄱ : 회전대응보관의 원칙, ㄴ : 중량특성의 원칙, ㄷ : 선입선출의 원칙

> [정답] **01** ③ **02** ⑤ **03** ③

> **해설** 원칙별 키워드
> • 위치표시의 원칙 : 선반 번호의 위치를 표시
> • 회전대응보관의 원칙 : 입출고 빈도가 높은 화물은 출입구 가까운 장소에
> • 네트워크보관의 원칙 : 연대출고가 예상되는 관련 제품은 근처에 보관, 관련품목을 한 장소에 모아서
> (문제의 주어진 설명은 동일성 및 유사성의 원칙에 더 가까운 것으로 판단됨)

04 다음이 설명하는 물류센터 입지결정 방법은?

수요지와 공급지 간의 거리와 물동량을 고려하여 물류센터 입지를 결정하는 기법이다.

① 총비용 비교법   ② 무게중심법
③ 비용편익분석법   ④ 브라운깁슨법
⑤ 손익분기 도표법

> **해설** 수요지와 공급지 간의 거리와 물동량 혹은 인구수를 상대적 가중치로 고려하여 거점의 입지를 선정하는 기법이 무게중심법이다.

05 다음이 설명하는 물류시설은?

수출입 통관업무, 집하 및 분류 기능을 수행하며 트럭회사, 포워더(Forwarder) 등을 유치하여 운영하므로 내륙 항만이라고도 부른다.

① ICD(Inland Countainer Depot)   ② CY(Container Yard)
③ 지정장치장   ④ 보세장치장
⑤ CFS(Container Freight Station)

> **해설** 내륙 컨테이너기지(ICD)는 항만 또는 공항이 아닌 내륙시설로서 특징적으로는 수출입 통관이라는 공적 권한을, 기본적으로는 집하 및 분류 기능을 수행하며 트럭회사, 포워더 등을 유치하여 운영한다.

06 복합화물터미널에 관한 설명으로 옳지 않은 것은?

① 마샬링(Marshalling) 기능과 선박의 양하 작업을 수행한다.
② 운송화물을 발송지 및 화주별로 혼재 처리하여 운송 효율을 높인다.
③ 두 종류 이상의 운송수단을 연계하여 화물을 운송한다.
④ 창고, 유통가공시설 등의 다양한 물류기능을 수행하는 시설이 있다.
⑤ 운송수단 예약, 화물의 운행 및 도착 정보를 제공하는 화물정보센터로서의 역할을 한다.

정답 04 ②   05 ①   06 ①

해설 마샬링(Marshalling) 기능과 선박의 양하는 항만에서 이루어지므로 내륙의 복합물류터미널의 내용과 거리가 멀다. (복합화물터미널 ✕ ➡ 복합물류터미널 ○)

07 물류센터 건립 단계에 관한 설명으로 옳지 않은 것은?

① 입지분석단계 : 지역분석, 시장분석, 정책 및 환경 분석, SWOT 분석을 수행한다.
② 기능분석단계 : 취급 물품의 특성을 감안하여 물류센터기능을 분석한다.
③ 투자효과분석단계 : 시설 규모 및 운영 방식, 경제적 측면의 투자 타당성을 분석한다.
④ 기본설계단계 : 구체적인 레이아웃과 작업방식, 물류비용 정산방법을 설계한다.
⑤ 시공운영단계 : 토목과 건축 시공이 이루어지고 테스트와 보완 후 운영한다.

해설 기본설계단계는 아래와 같이 물동량 예측부터 정보시스템 계획까지 이루어진다. 구체적인 사항은 추후 입주업체가 정한다.

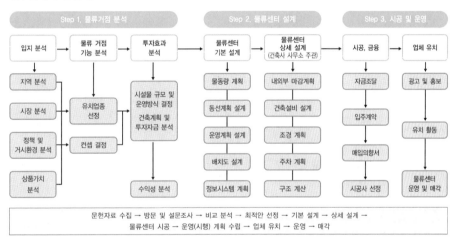

08 물류센터를 설계할 때 고려할 요인을 모두 고른 것은?

ㄱ. 입하능력　　　　　　　　　ㄴ. 출하시간
ㄷ. 물품 취급횟수　　　　　　　ㄹ. 보관 면적

① ㄱ, ㄴ　　　　　　　　　　　② ㄱ, ㄷ
③ ㄷ, ㄹ　　　　　　　　　　　④ ㄴ, ㄷ, ㄹ
⑤ ㄱ, ㄴ, ㄷ, ㄹ

정답 **07** ④ **08** ⑤

해설 물류센터 설계시 고려요인은 지문의 것을 포함하여 다음과 같다.
ㄱ 취급상품(Product)과 품목수(Product Variety)
ㄴ 시기별 출하금액 및 출하비율
ㄷ 주요 납품처를 비롯한 배송권역
ㄹ 물류서비스 : 리드타임, 납품률, 배송 관련 서비스
ㅁ 유통가공의 규모 및 단계

09 시중에서 유통되는 '콜라'의 물류특성(보관점수는 적고, 보관수량과 회전수는 많음)을 아래 그림의 보관유형으로 나타낼 때 순서대로 옳게 나타낸 것은?

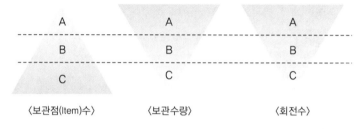

〈보관점(Item)수〉 〈보관수량〉 〈회전수〉

① A – A – A
② A – B – C
③ C – A – A
④ C – B – A
⑤ C – C – C

해설 보관점수는 적고 ➡ A
보관수량 많은 ➡ A
회전수 많은 ➡ A

10 피킹 방식에 관한 설명으로 옳지 않은 것은?
① 디지털 피킹(Digital Picking) : 피킹 물품을 전표없이 피킹하는 방식으로 다품종 소량, 다빈도 피킹작업에 효과적이다.
② 차량탑승피킹 : 파렛트 단위로 피킹하는 유닛로드시스템(Unit Load System)이며, 피킹트럭에 탑승하여 피킹함으로써 보관시설의 공간활용도가 낮다.
③ 존피킹(Zone Picking) : 여러 피커가 피킹 작업범위를 정해두고, 본인 담당구역의 물품을 골라서 피킹하는 방식이다.
④ 일괄피킹 : 여러 건의 주문을 모아서 일괄적으로 피킹하는 방식이다.
⑤ 릴레이 피킹(Relay Picking) : 피킹 전표에서 해당 피커가 담당하는 품목만을 피킹하고, 다음 피커에게 넘겨주는 방식이다.

해설 차량탑승피킹 방식은 작업자가 스태커 크레인에 탑승하고 입출고 지점을 출발하여 주문품을 정해진 순서에 출고 후 다시 입·출고점으로 돌아오는 방식으로 보관시설의 공간활용도는 일반창고에 비해 높은 편이다. 해당 방식은 피킹방식 분류에서 통로 내 오더피킹 및 통로 끝 오더피킹에 의한 분류 중 통로 내 오더피킹에 속한다.

11 자동분류시스템에 관한 설명으로 옳지 않은 것은?

① 다이버터(Diverter) 방식은 팝업 방식에 비하여 구조가 상대적으로 복잡하다.
② 팝업(Pop-up) 방식은 여러 개의 롤러(Roller)나 휠(Wheel) 등을 이용하여 물품이 컨베이어의 특정 위치를 지나갈 때 그 물품을 들어 올려서 방향을 바꾸는 방식이다.
③ 다이버터(Diverter) 방식은 다이버터를 사용하여 물품이 이동할 때 가로막아 방향을 바꾸는 방식이다.
④ 트레이(Tray) 방식은 분류해야 할 물품이 담긴 트레이를 기울여서 물품의 위치를 아래로 떨어트리는 방식이다.
⑤ 슬라이딩슈(Sliding Shoe) 방식은 트레이 방식에 비하여 물품의 전환 흐름이 부드러워 상대적으로 물품의 손상 가능성이 낮다.

해설 다이버터 방식은 컨베이어 위에 비스듬히 놓인 암(Arm) 한 개로 물품을 분류하는 방식으로 팝업 방식과 같이 여러 개의 롤러나 휠을 이용하는 방식에 비해 상대적으로 구조가 간단하다.

12 컨테이너터미널 운영방식에 관한 설명으로 옳은 것을 모두 고른 것은?

ㄱ. 섀시 방식(Chassis System) : 컨테이너를 섀시 위에 적재한 상태로, 필요할 때 이송하는 방식이다.
ㄴ. 트랜스테이너 방식(Transtainer System) : 트랜스퍼 크레인(Transfer Crane)을 활용하여 컨테이너를 이동하는 방식으로 자동화가 어렵다.
ㄷ. 스트래들 캐리어 방식(Straddle Carrier System) : 컨테이너를 스트래들 캐리어의 양 다리 사이에 끼우고 자유로이 운반하는 방식이다.

① ㄱ
② ㄴ
③ ㄱ, ㄴ
④ ㄱ, ㄷ
⑤ ㄱ, ㄴ, ㄷ

해설 ㄴ. 트랜스테이너 방식은 트랜스퍼 크레인을 활용하여 컨테이너를 이동하는 방식으로 정해진 구역 내에서 제한적으로 움직이기 때문에 기술의 발달에 힘입어 자동화가 상대적으로 용이하다.

정답 11 ① 12 ④

13 자동창고(AS/RS)에 관한 설명으로 옳은 것은?

① 스태커 크레인(Stacker Crane) : 창고의 통로 공간을 수평 방향으로만 움직이는 저장/반출 기기이다.

② 단일명령(Single Command) 방식 : 1회 운행으로 저장과 반출 작업을 동시에 수행하는 방식이다.

③ 이중명령(Dual Command) 방식 : 2회 운행으로 저장과 반출 작업을 순차적으로 모두 수행하는 방식이다.

④ 임의위치저장(Randomized Storage) 방식 : 물품의 입출고 빈도에 상관없이 저장 위치를 임의로 결정하는 방식이다.

⑤ 지정위치저장(Dedicated Storage) 방식 : 물품의 입출고 빈도를 기준으로 저장위치를 등급(Class)으로 나누고 등급별로 저장위치를 결정하는 방식이다.

해설 ① 수평 방향으로 ➡ 수직 방향으로   ② 이중명령 방식 설명
     ③ 단일명령 방식 설명   ⑤ 회전대응보관의 원칙에 대한 설명이다.

14 물류센터의 기능을 모두 고른 것은?

> ㄱ. 조립 및 유통 가공
> ㄴ. 상품의 보호를 위한 포장
> ㄷ. 입출고를 원활하게 하기 위한 오더피킹

① ㄱ   ② ㄴ
③ ㄱ, ㄴ   ④ ㄴ, ㄷ
⑤ ㄱ, ㄴ, ㄷ

해설 문제의 박스에 열거된 기능 이외에 검량 검수를 포함하는 입고부터 보관, 피킹, 분류도 포함된다.

15 창고관리시스템(WMS)을 자체 개발이 아닌, 기성제품(패키지)을 구매할 경우 고려해야 할 요인이 아닌 것은?

① 커스터마이징(customizing) 용이성
② 기성제품(패키지)의 개발 배경
③ 초기 투자비용
④ 기존 자사 물류정보시스템과의 연계성
⑤ 유지보수비용

정답 **13** ④ **14** ⑤ **15** ②

WMS는 물류정보시스템의 하부 모듈시스템 중의 하나이므로 패키지로 개발하게 된 배경까지 고려할 필요는 없다.

16 수요지에 제품을 공급하기 위한 물류센터와 각 수요지의 위치 좌표(x, y), 그리고 일별 배송 횟수가 다음의 표와 같이 주어져 있다. 물류센터와 수요지간 일별 총 이동거리를 계산한 결과는? (단, 이동거리는 직각거리(rectilinear distance)로 계산한다.)

구분	위치 좌표(단위 : km)		배송횟수(회/일)
	X	Y	
물류센터	6	4	
수요지 1	3	8	2
수요지 2	8	2	3
수요지 3	2	5	2

① 28km

② 36km

③ 38km

④ 42km

⑤ 46km

구분	위치 좌표(단위 : Km)		직교각 거리 합	배송횟수(회/일)	총이동거리
	X	Y			
물류센터	6	4			
수요지 1	3	8	(6-3)+(8-4)=7	2	14
수요지 2	8	2	(8-6)+(4-2)=4	3	12
수요지 3	2	5	(6-2)+(5-4)=5	2	10
				총 이동거리	36Km

• 거리 차는 음수가 없다.

17 랙(Rack)에 관한 설명으로 옳지 않은 것은?

① 드라이브스루랙(Drive-through Rack) : 지게차가 랙의 한 방향으로 진입해서 반대방향으로 퇴출할 수 있는 랙이다.

② 캔틸레버랙(Cantilever Rack) : 긴 철재나 목재의 보관에 효율적인 랙이다.

③ 적층랙(Mezzanine Rack) : 천정이 높은 창고의 공간 활용도를 높이기 위한 복층구조의 랙이다.

④ 셀렉티브랙(Selective Rack) : 경량 다품종 물품의 입출고에 적합한 수평 또는 수직의 회전랙이다.

⑤ 플로우랙(Flow Rack) : 적입과 인출이 반대 방향에서 이루어지는 선입선출이 효율적인 랙이다.

> [해설] Selective Rack은 Pallet Rack이라는 명칭으로 더 많이 알려져 있는 물류보관창고에서 가장 많이 사용하는 랙으로서, 회전랙과는 거리가 멀다.

18 컨테이너터미널의 시설에 관한 설명으로 옳지 않은 것은?

① CFS(Container Freight Station) : LCL화물의 적입(Stuffing)과 FCL화물의 분리 (Stripping) 작업을 할 수 있는 시설이다.
② 선석(Berth) : 컨테이너 선박이 접안할 수 있는 시설이다.
③ 에이프런(Apron) : 야드 트럭이 하역작업을 하거나 컨테이너크레인이 주행할 수 있도록 안벽을 따라 일정한 폭으로 포장된 공간이다.
④ 마샬링야드(Marshalling Yard) : 컨테이너의 자체검사, 보수, 사용 전후 청소 등을 수행하는 공간이다.
⑤ 컨트롤센터(Control Center) : 본선 하역작업이나 야드의 컨테이너 배치를 계획하고 통제 감독하는 시설이다.

> [해설] 마샬링야드(Marshalling Yard)는 컨테이너를 선박에 선적하거나 양륙하기 위해 정렬시켜 놓도록 구획된 부두 공간으로, 에이프런(Apron)에 접한 일부 공간이다. 컨테이너를 구분할 수 있도록 슬롯(slot)으로 구획된다.

19 항공운송에서 사용되는 하역장비에 관한 설명으로 옳지 않은 것은?

① 리프트로더(Lift Loader) : 파렛트를 항공기 적재공간 밑바닥 높이까지 들어 올려 기내에 탑재하기 위한 기기이다.
② 소터(Sorter) : 비교적 소형화물을 행선지별, 인도지별로 구분하는 장치로서 통상 컨베이어와 제어장치 등으로 구성된다.
③ 돌리(Dolly) : 파렛트를 운반하기 위한 차대로서 자체 기동력은 없고 Tug Car에 연결되어 사용된다.
④ 트랜스포터(Transporter) : ULD(Unit Load Device)를 터미널까지 수평 이동하는데 사용하는 장비이다.
⑤ 컨투어게이지(Contour Gauge) : 파렛트에 적재가 끝난 후 적재된 파렛트의 무게를 계량하기 위하여 트레일러에 조립시켜 놓은 장치이다.

> [해설] 컨투어게이지(Contour Gauge)는 파렛트에 적재된 화물의 형상, 윤곽을 측정하기 위한 장치이다.

정답 **18** ④ **19** ⑤

20 생수를 판매하는 P사는 지수평활법을 이용하여 8월 판매량을 55,400병으로 예측하였으나, 실제 판매량은 56,900병이었다. 지수평활법에 의한 9월의 생수 판매량 예측치는? (단, 평활상수(a)는 0.6을 적용한다.)

① 54,200병   ② 54,900병
③ 55,400병   ④ 55,800병
⑤ 56,300병

해설 $F_8 + a(Y_8 - F_8) = F_a$
[F(forecast, 예측치), Y(yield, 실측치)]
$55,400 + 0.6(56,900 - 55,400) = 56,300$병

21 S업체는 경제적주문량(EOQ : Economic Order Quantity)모형을 이용하여 발주량을 결정하고자 한다. 아래와 같이 연간 수요량이 60% 증가하고, 연간 단위당 재고유지비용이 20% 감소한다고 할 때, 증감하기 전과 비교하여 EOQ는 얼마나 변동되는가? (단, $\sqrt{2} = 1.414$, $\sqrt{3} = 1.732$, $\sqrt{5} = 2.236$이며, 계산한 값은 소수점 첫째 자리에서 반올림한다.)

- 연간 수요량 : 4,000개
- 1회 주문비용 : 400원
- 연간 단위당 재고유지비용 : 75원

① 14% 증가   ② 24% 증가
③ 41% 증가   ④ 73% 증가
⑤ 124% 증가

해설 연간수요 60% 증가 및 연간단위당 재고유지비용의 20%를 경제적 주문량 식에 반영

$$EOQ = \sqrt{\frac{2 \cdot CO \cdot D \times (1+0.6)}{CH \times (1-0.2)}} = \sqrt{\frac{2 \cdot CO \cdot D}{CH}} \times \sqrt{2}$$

기존대비 $\sqrt{2} = 1.414$ 만큼 증가, 41.4% 증가

22 다음은 L사의 연도별 휴대전화 판매량을 나타낸 것이다. 2021년 휴대전화 수요를 예측한 값으로 옳은 것은? (단, 단순이동평균법의 경우 이동기간(n)은 3년 적용, 가중이동평균법의 경우 가중치는 최근 연도로부터 0.5, 0.3, 0.2를 적용, 지수평활법의 경우 평활상수(a)는 0.4를 적용, 모든 예측치는 소수점 둘째 자리에서 반올림한다.)

연도	판매량(만대)	수요예측치(만대)		
		단순이동평균법	가중이동평균법	지수평활법
2018	36			
2019	34			
2020	37			39
2021		(ㄱ)	(ㄴ)	(ㄷ)

① ㄱ : 32.7, ㄴ : 34.4, ㄷ : 38.2
② ㄱ : 34.9, ㄴ : 34.4, ㄷ : 37.2
③ ㄱ : 35.7, ㄴ : 34.9, ㄷ : 38.2
④ ㄱ : 35.7, ㄴ : 35.9, ㄷ : 36.9
⑤ ㄱ : 35.7, ㄴ : 35.9, ㄷ : 38.2

[해설]
- 3개월 단순이동평균법(ㄱ) $= \dfrac{37+34+36}{3} = 35.66$
- 가중이동평균(ㄴ) $= (37 \times 0.5) + (34 \times 0.3) + (36 \times 0.2) = 18.5 + 10.2 + 7.2 = 35.9$
- 지수평활법(ㄷ) $= 39 + 0.4(37-39) = 38.2$

23 구매방식에 관한 설명으로 옳은 것은?
① 분산구매방식은 본사의 공통품목을 일괄적으로 구매하기에 적합하다.
② 집중구매방식은 분산구매방식보다 사업장별 독립적 구매가 가능하다.
③ 분산구매방식은 구매량에 따라 가격차가 큰 품목의 대량 구매에 적합하다.
④ 집중구매방식은 수요량이 많은 품목에 적합하다.
⑤ 분산구매방식은 집중구매방식보다 대량 구매가 이루어지기 때문에 가격 및 거래조건이 유리하다.

[해설] ① 집중구매방식
② 분산구매방식
③ 집중구매방식
⑤ 집중구매방식은 분산구매방식보다 ~

24 채찍효과(Bullwhip Effect)의 해소 방안이 아닌 것은?

① 리드타임을 길게 설정
② 공급사슬 주체 간 실시간 정보공유
③ VMI(Vendor Managed Inventory)의 사용
④ EDLP(Every Day Low Pricing)의 적용
⑤ 협력계획, 예측 및 보충(CPFR: Collaborative Planning, Forecasting, and Replenishment)의 적용

해설 리드타임을 짧게 설정할수록 불확실성이 줄어들게 되므로 안전재고량을 포함한 주문량은 줄어들게 되어 채찍효과는 줄어든다.

25 재고관리의 장점이 아닌 것은?

① 실제 재고량 파악
② 불확실성에 대한 대비
③ 상품 공급의 지연(delay)
④ 가용 제품 확대를 통한 고객서비스 달성
⑤ 수요와 공급의 변동성 대응

해설 재고관리가 시의 적절하게 이루어지면 상품 공급의 지연을 현저히 줄이거나 제거할 수 있게 된다.

26 포장의 원칙이 아닌 것은?

① 표준화의 원칙   ② 통로대면의 원칙
③ 재질 변경의 원칙   ④ 단위화의 원칙
⑤ 집중화의 원칙

해설 통로대면의 원칙은 보관의 합리화 원칙 중의 하나이다. 포장의 원칙은 순서대로 대량화·대형화의 원칙, 집중화·집약화의 원칙, 규격화·표준화의 원칙, 사양변경의 원칙, 재질변경의 원칙, 시스템화·단위화의 원칙까지 6개의 원칙으로 이루어져 있다.

정답 **24** ① **25** ③ **26** ②

27 JIT(Just In Time) 시스템에 관한 설명으로 옳은 것은?

① 한 작업자에게 업무가 할당되는 단일 기능공 양성이 필수적이다.

② 효과적인 Push 시스템을 구현할 수 있다.

③ 비반복적 생산시스템에 적합하다.

④ 불필요한 부품 및 재공품재고를 없애는 것을 목표로 한다.

⑤ 제조 준비 시간이 길어진다.

> [해설] ① 다기능공 양성
> ② Pull 시스템
> ③ 반복적 생산시스템
> ⑤ 짧아진다.

28 화인(Mark)에 관한 설명으로 옳은 것을 모두 고른 것은?

> ㄱ. 주화인(Main Mark) : 다른 화물과의 식별을 용이하게 하기 위하여 외장에 특정의 기
> 호(Symbol)를 표시
> ㄴ. 포장번호(Case Number) : 주화인만으로 다른 화물과 식별이 어려울 때 생산자 또는
> 공급자의 약자를 보조적으로 표시
> ㄷ. 항구표시(Port Mark) : 선적과 양하작업이 용이하도록 도착항을 표시
> ㄹ. 원산지표시(Origin Mark) : 당해 물품의 원자재까지 모두 원산지를 표시

① ㄱ, ㄴ   ② ㄱ, ㄷ

③ ㄴ, ㄷ   ④ ㄴ, ㄹ

⑤ ㄷ, ㄹ

> [해설] ㄴ. 포장 상자 번호(Case Number)는 전체대상화물의 수량과 해당 상자가 몇 번째 화물에 해당하는지를
> 알리는 표시
> ㄹ. 당해 화물의 원산지를 표시. 원자재의 원산지를 표기하지는 않음.

29 정성적 수요예측 기법이 아닌 것은?

① 델파이법   ② 시장조사법

③ 회귀분석법   ④ 역사적 유추법

⑤ 패널조사법

> [해설] 회귀분석법은 인과요소 수치들 간의 관계를 식으로 계량한 것으로 과거의 실제 데이터를 기반으로 이루
> 어지는 정량적 수요예측 기법의 하나이다.

30 다음이 설명하는 파렛트 적재방식은?

> (ㄱ) : 각 단의 쌓아 올리는 모양과 방향이 모두 같은 일렬 적재방식
> (ㄴ) : 동일한 단 내에서는 동일한 방향으로 물품을 나란히 쌓지만, 단별로는 방향을 직각
> (90도)으로 바꾸거나 교대로 겹쳐쌓는 적재방식

① ㄱ : 블록적재방식,　　　　　ㄴ : 교대배열적재방식
② ㄱ : 블록적재방식,　　　　　ㄴ : 벽돌적재방식
③ ㄱ : 교대배열적재방식,　　　ㄴ : 스플릿적재방식
④ ㄱ : 스플릿적재방식,　　　　ㄴ : 벽돌적재방식
⑤ ㄱ : 스플릿적재방식,　　　　ㄴ : 교대배열적재방식

> 해설　파렛트 각 단의 쌓아 올리는 모양과 방향이 모든 같은 적재패턴은 블록적재방식이고 장방형(직사각형)으로 구성된 홀수단과 짝수단이 90도로 회전하여 적재되는 적재패턴은 교대배열(교호열) 적재방식이라고 한다.

31 하역의 기계화와 표준화를 위해 고려해야 할 사항이 아닌 것은?

① 환경영향을 고려해야 한다.
② 물류합리화의 관점에서 추진되어야 한다.
③ 안전성을 고려하여 추진되어야 한다.
④ 특정 화주의 화물을 대상으로 추진되어야 한다.
⑤ 생산자, 제조업자, 물류업자와 관련 당사자의 상호협력을 고려하여야 한다.

> 해설　하역의 기계화와 표준화는 특정 화주의 화물에 국한되지 않고 산업 및 국가적 차원으로 추진되어야 한다.

32 파렛트 풀(Pallet Pool)에 관한 설명으로 옳지 않은 것은?

① 물류합리화와 물류비 절감이 가능하다.
② 비수기에 불필요한 파렛트 비용을 절감할 수 있다.
③ 파렛트 회수관리의 일원화에 어려움이 있다.
④ 파렛트 규격의 표준화가 필요하다.
⑤ 지역적, 계절적 수요 변동에 대응이 가능하다.

> 해설　파렛트 풀을 이용하게 되면 파렛트 회수관리가 일원화 된다.

33 하역기기 선정 기준으로 옳지 않은 것은?

① 에너지 효율성　　　　　　　　② 하역기기의 안전성
③ 작업량과 작업 특성　　　　　　④ 하역물품의 원산지
⑤ 취급 품목의 종류

> **해설** 하역기기 선정을 위하여 크게 화물특성, 작업특성, 환경특성, 기기특성, 채산성 등을 검토하게 되며, 하역 대상물품의 원산지는 운송수단(Mode)선택시 고려될 요소이다.

34 다음이 설명하는 시스템은?

> 화물을 품종별, 발송처별, 고객별, 목적지별로 제품을 식별·구분하는 시스템으로 고객의 소량 다빈도 배송요구가 다양해짐에 따라 중요도가 높아지고 있다.

① 운반시스템　　　　　　　　　② 분류시스템
③ 반입시스템　　　　　　　　　④ 반출시스템
⑤ 적재시스템

> **해설** 전자상거래의 활성화와 고객수요의 고도화는 다품종 소량생산에 이은 물류량의 폭발적 성장을 가져오게 되었고, 대량의 화물이 모이는 창고나 물류센터에서 상품의 분류에 막대한 시간과 인적 오류가 발생됨으로써 분류시스템의 중요도가 높아지고 있다.

35 다음이 설명하는 파렛트 풀 시스템의 운영방식은?

> (ㄱ) : 현장에서 파렛트를 즉시 교환하지 않고 일정 시간 내에 동일한 수량의 파렛트를 반환하는 방식이다.
> (ㄴ) : 파렛트의 이용자가 교환을 위한 동일한 수량의 파렛트를 준비해 놓을 필요가 없는 방식이다.
> (ㄷ) : 파렛트를 동시에 교환하여 사용하는 것으로 언제나 교환에 응할 수 있도록 파렛트를 준비해 놓아야 하는 방식이다.

① ㄱ : 대차결제방식, ㄴ : 리스·렌탈방식, ㄷ : 즉시교환방식
② ㄱ : 대차결제방식, ㄴ : 즉시교환방식, ㄷ : 교환·리스병용방식
③ ㄱ : 리스·렌탈방식, ㄴ : 교환·리스병용방식, ㄷ : 대차결제방식
④ ㄱ : 리스·렌탈방식, ㄴ : 대차결제방식, ㄷ : 교환·리스병용방식
⑤ ㄱ : 교환·리스병용방식, ㄴ : 리스·렌탈방식, ㄷ : 즉시교환방식

정답 33 ④ 34 ② 35 ①

> [해설] ㄱ. **대차결제방식** : 출발역에서 파렛트 화물 반입 즉시 공 파렛트를 교환해 주지 않고 도착역에 수화주에 의해 파렛트가 반납되어야 받아갈 수 있도록 한 방식
>
> ㄴ. **리스렌탈방식** : 일정시점에 파렛트를 사용할 수 있는 권리를 빌리는(리스·렌탈) 형태로 파렛트가 필요하면 인근에 파렛트풀 창고에서 공 파렛트를 빌려다가 사용하고 파렛트 화물을 보낼 때 파렛트 풀 회사에게 통보하게 되면 파렛트 풀 회사는 해당 파렛트를 추적 및 회수하여 재사용 할 수 있도록 한다.
>
> ㄷ. **즉시교환방식** : 항상 철도역에 어느 정도의 예비 파렛트를 가져다 놓고 송화주가 철도역에 파렛트 화물을 반입하게 되면 즉시 공 파렛트를 교환해 내어 주는 방식이다.

36 하역작업과 관련된 용어의 설명으로 옳지 않은 것은?

① 더니지(Dunnage) : 운송기기에 실려진 화물이 손상, 파손되지 않도록 밑바닥에 까는 물건을 말한다.

② 래싱(Lashing) : 운송기기에 실려진 화물을 줄로 고정시키는 작업을 말한다.

③ 스태킹(Stacking) : 화물을 보관시설 또는 장소에 쌓는 작업을 말한다.

④ 피킹(Picking) : 보관 장소에서 화물을 꺼내는 작업을 말한다.

⑤ 배닝(Vanning) : 파렛트에 화물을 쌓는 작업을 말한다.

> [해설] 스태킹에 대한 설명이며 배닝(Vanning)은 컨테이너 내 화물 적입작업을 의미한다.

37 유닛로드 시스템(Unit Load System)에 관한 설명으로 옳지 않은 것은?

① 운송장비, 하역장비의 표준화가 선행되어야 한다.

② 파렛트, 컨테이너를 이용하는 방법이 있다.

③ 화물을 일정한 중량 또는 용적으로 단위화하는 시스템을 말한다.

④ 하역의 기계화를 통한 하역능력의 향상으로 운송수단의 회전율을 높일 수 있다.

⑤ 파렛트는 시랜드사가 최초로 개발한 단위적재기기이다.

> [해설] 파렛트는 1925년 Howard T. Hallowell에 의해 고안, 1954년 영국의 KION Group의 자회사인 Lansing Bagnall이 개발하는 등 효시는 뚜렷하지 않다.

38 하역장비에 관한 설명으로 옳지 않은 것은?

① 언로우더(Unloader) : 철광석, 석탄 및 석회석과 같은 벌크(Bulk) 화물을 하역하는 데 사용된다.

② 톱 핸들러(Top Handler) : 공(empty) 컨테이너를 적치하는 데 사용된다.

③ 스트래들 캐리어(Straddle Carrier) : 부두의 안벽에 설치되어 선박에 컨테이너를 선적하거나 하역하는데 사용된다.

④ 트랜스퍼 크레인(Transfer Crane) : 컨테이너를 적재하거나 다른 장소로 이송 및 반출하는 데 사용된다.

⑤ 천정 크레인(Overhead Travelling Crane) : 크레인 본체가 천장을 주행하며 화물을 상하로 들어 올려 수평 이동하는 데 사용된다.

[해설] 컨테이너크레인, 지브크레인에 대한 설명이다.

39 하역합리화의 수평직선 원칙에 해당하는 것은?

① 하역기기를 탄력적으로 운영하여야 한다.

② 운반의 혼잡을 초래하는 요인을 제거하여 하역작업의 톤·킬로를 최소화하여야 한다.

③ 불필요한 물품의 취급을 최소화하여야 한다.

④ 하역작업을 표준화하여 효율성을 추구하여야 한다.

⑤ 복잡한 시설과 하역체계를 단순화하여야 한다.

[해설] ① 탄력성의 원칙　　　　③ 최소취급의 원칙
　　　 ④ 표준화의 원칙　　　　⑤ 단순화 원칙

40 하역에 관한 설명으로 옳은 것은?

① 제품에 대한 형태효용을 창출한다.

② 운반활성화 지수를 최소화해야 한다.

③ 적하, 운반, 적재, 반출 및 분류로 구성된다.

④ 화물에 대한 제조공정과 검사공정을 포함한다.

⑤ 기계화와 자동화를 통한 하역생산성 향상이 어렵다.

[해설] ① 형태효용은 유통가공, 제조 작업의 효용이다.
　　　 ② 운반활성화 지수 최대화
　　　 ④ 제조공정과 검사공정은 제외한다.
　　　 ⑤ 정보화, 기계화, 자동화를 통해 하역생산성이 향상된다.

[정답] **38** ③　**39** ②　**40** ③

제2과목 **물류관련법규(41~80)**

41 물류정책기본법상 화주의 수요에 따라 유상으로 물류활동을 영위하는 것을 업으로 하는 물류사업으로 명시되지 않은 것은?

① 물류장비의 폐기물을 처리하는 물류서비스업
② 물류터미널을 운영하는 물류시설운영업
③ 물류컨설팅의 업무를 하는 물류서비스업
④ 파이프라인을 통하여 화물을 운송하는 화물운송업
⑤ 창고를 운영하는 물류시설운영업

해설 "물류사업"이란 화주(貨主)의 수요에 따라 유상(有償)으로 물류활동을 영위하는 것을 업(業)으로 하는 것으로 다음 각 목의 사업을 말한다(법 제2조 제2호).
가. 자동차·철도차량·선박·항공기 또는 파이프라인 등의 운송수단을 통하여 화물을 운송하는 화물운송업
나. 물류터미널이나 창고 등의 물류시설을 운영하는 물류시설운영업
다. 화물운송의 주선(周旋), 물류장비의 임대, 물류정보의 처리 또는 물류컨설팅 등의 업무를 하는 물류서비스업
라. 가목부터 다목까지의 물류사업을 종합적·복합적으로 영위하는 종합물류서비스업

42 물류정책기본법상 물류현황조사에 관한 설명으로 옳지 않은 것은?

① 해양수산부장관은 물류현황조사의 결과에 따라 물류비 등 물류지표를 설정하여 물류정책의 수립 및 평가에 활용할 수 있다.
② 시·도지사는 지역물류현황조사의 효율적인 수행을 위하여 필요한 경우에는 지역물류현황조사의 일부를 전문기관으로 하여금 수행하게 할 수 있다.
③ 시·도지사는 물류기업 등에게 지역물류현황조사를 요청하는 경우 조례로 정하는 바에 따라 조사지침을 작성·통보할 수 없고, 국토교통부장관의 물류현황조사지침을 따르도록 해야 한다.
④ 국토교통부장관은 물류기업에게 물류현황조사에 필요한 자료의 제출을 요청할 수 있다.
⑤ 지역물류현황조사는 「국가통합교통체계효율화법」에 따른 국가교통조사와 중복되지 아니하도록 하여야 한다.

해설 시·도지사는 지역물류현황조사를 요청하는 경우에는 효율적인 지역물류현황조사를 위하여 조사의 시기, 종류 및 방법 등에 관하여 해당 특별시·광역시·특별자치시·도 및 특별자치도의 조례로 정하는 바에 따라 조사지침을 작성하여 통보할 수 있다(법 제9조 제4항).

정답 **41** ① **42** ③

43 물류정책기본법상 국가물류기본계획에 포함되어야 할 사항으로 명시되지 않은 것은?

① 물류관련 행정소송전략에 관한 사항

② 물류보안에 관한 사항

③ 국가물류정보화사업에 관한 사항

④ 물류시설·장비의 수급·배치 및 투자 우선순위에 관한 사항

⑤ 환경친화적 물류활동의 촉진·지원에 관한 사항

해설 법 제11조 제2항(국가물류기본계획)의 내용에 물류관련 행정소송전략은 규정되어 있지 않다.

44 물류정책기본법상 위험물질운송안전관리센터의 관리대상으로 명시된 위험물질을 모두 고른 것은?

ㄱ. 「위험물안전관리법」에 따른 위험물

ㄴ. 「화학물질관리법」에 따른 유해화학물질

ㄷ. 「폐기물관리법」에 따른 생활폐기물

ㄹ. 「고압가스 안전관리법」에 따른 고압가스

ㅁ. 「총포·도검·화약류 등 단속법」에 따른 화약류

① ㄱ, ㄴ, ㄷ   ② ㄱ, ㄴ, ㄹ

③ ㄱ, ㄷ, ㅁ   ④ ㄴ, ㄹ, ㅁ

⑤ ㄷ, ㄹ, ㅁ

해설 법 제29조(위험물질운송안전관리센터의 설치·운영) : ① 국토교통부장관은 다음 각 호에 따른 위험물질의 안전한 도로운송을 위하여 "위험물질운송안전관리센터"를 설치·운영한다.

1. 「위험물안전관리법」 제2조 제1항 제1호에 따른 위험물
2. 「화학물질관리법」 제2조 제7호에 따른 유해화학물질
3. 「고압가스 안전관리법」 제2조에 따른 고압가스
4. 「원자력안전법」 제2조 제18호에 따른 방사성폐기물
5. 「폐기물관리법」 제2조 제4호에 따른 지정폐기물
6. 「농약관리법」 제2조 제1호·제3호에 따른 농약과 원제(原劑)
7. 그 밖에 대통령령으로 정하는 물질

45 **물류정책기본법상 국제물류주선업에 관한 설명으로 옳은 것은?**

① 국제물류주선업을 경영하려는 자는 국토교통부장관에게 등록하여야 한다.

② 피한정후견인은 국제물류주선업의 등록을 할 수 있다.

③ 국제물류주선업자가 사망한 때에는 그 상속인은 국제물류주선업의 등록에 따른 권리·의무를 승계한다.

④ 등록증 대여 등의 금지규정에 위반하여 다른 사람에게 등록증을 대여한 경우에는 시·도지사는 사업의 전부의 정지를 명할 수 있다.

⑤ 시·도지사는 국제물류주선업자가 거짓이나 그 밖의 부정한 방법으로 등록을 한 경우에는 사업의 일부의 정지를 명할 수 있다.

해설 ① 국토교통부장관 → 시·도지사
② 등록 할 수 있다 → 등록할 수 없다
④ 사업의 전부의 정지를 명할 수 있다 → 사업의 등록을 취소해야 한다.
⑤ 사업의 일부의 정지를 명할 수 있다 → 사업의 등록을 취소해야 한다.

46 **물류정책기본법령상 물류신고센터에 관한 설명으로 옳은 것은?**

① 물류신고센터는 신고 내용이 명백히 거짓인 경우 접수된 신고를 종결할 수 있으며, 이 경우 종결 사유를 신고자에게 통보할 필요가 없다.

② 물류신고센터의 장은 산업통상자원부장관이 지명하는 사람이 된다.

③ 화물운송의 단가를 인하하기 위한 고의적 재입찰 행위로 발생한 분쟁에 대해서는 물류신고센터에 신고할 수 없다.

④ 물류신고센터는 신고내용이 이미 수사나 감사 중에 있다는 이유로 접수된 신고를 종결할 수 없다.

⑤ 물류신고센터가 조정을 권고하는 경우에는 신고의 주요내용, 조정권고 내용, 조정권고에 대한 수락 여부 통보기한, 향후 신고 처리에 관한 사항을 명시하여 서면으로 통지해야 한다.

해설 ① 종결 사실과 그 사유를 신고자에게 서면 등의 방법으로 통보해야 한다.
② 산업통상자원부장관 → 국토교통부장관 또는 해양수산부장관
③, ④ : 없나 → 있다

47 물류정책기본법령상 환경친화적 물류의 촉진에 관한 설명으로 옳지 않은 것은?

① 환경친화적인 연료를 사용하는 운송수단으로 전환하는 경우는 지원의 대상이 된다.

② 물류기업과 화주기업의 환경친화적 협력체계 구축을 위한 정책과 사업의 개발 및 제안은 녹색물류협의기구의 업무에 해당한다.

③ 화물자동차의 배출가스를 저감하기 위한 장비투자를 하는 경우는 지원의 대상이 된다.

④ 선박의 배출가스를 저감하기 위한 시설투자를 하는 경우는 지원의 대상이 된다.

⑤ 녹색물류협의기구의 위원장은 국토교통부장관이 임명한다.

[해설] ⑤ 국토교통부장관 → 위원 중에서 호선한다.

48 물류정책기본법상 물류관련협회에 관한 설명으로 옳지 않은 것은?

① 물류관련협회를 설립하려는 경우에는 해당 협회의 회원이 될 자격이 있는 기업 100개 이상이 발기인으로 정관을 작성하여야 한다.

② 물류관련협회를 설립하려는 경우에는 해당 협회의 회원이 될 자격이 있는 기업 150개 이상이 참여한 창립총회의 의결을 거쳐야 한다.

③ 물류관련협회를 설립하려는 경우에는 소관에 따라 국토교통부장관 또는 해양수산부장관의 설립인가를 받아야 한다.

④ 물류관련협회는 설립인가를 받아 설립등기를 함으로써 성립한다.

⑤ 물류관련협회는 법인으로 한다.

[해설] ② 물류관련협회를 설립하려는 경우에는 해당 협회의 회원이 될 자격이 있는 기업 100개 이상이 발기인으로 정관을 작성하여 해당 협회의 회원이 될 자격이 있는 기업 200개 이상이 참여한 창립총회의 의결을 거친 후 소관에 따라 국토교통부장관 또는 해양수산부장관의 설립인가를 받아야 한다(법 제55조 제2항).

49 물류시설의 개발 및 운영에 관한 법령상 용어의 설명으로 옳지 않은 것은?

① 「철도사업법」에 따른 철도사업자가 그 사업에 사용하는 화물운송·하역 및 보관 시설은 일반 물류단지 안에 설치하더라도 일반물류단지시설에 해당하지 않는다.

② 「유통산업발전법」에 따른 공동집배송센터를 경영하는 사업은 물류터미널 사업에서 제외된다.

③ 「주차장법」에 따른 주차장에서 자동차를 보관하는 사업은 물류창고업에서 제외된다.

④ 화물의 집화·하역과 관련된 가공·조립 시설의 전체 바닥면적 합계가 물류터미널의 전체 바닥면적 합계의 4분의 1을 넘는 경우에는 물류터미널에 해당하지 않는다.

⑤ 물류단지시설의 운영을 효율적으로 지원하기 위하여 물류단지 안에 설치되는 금융·보험·의료 시설은 지원시설에 해당된다.

해설 ① 「철도사업법」 제2조 제8호에 따른 철도사업자가 그 사업에 사용하는 화물운송·하역 및 보관 시설은 일반물류단지시설에 해당한다.

50 물류시설의 개발 및 운영에 관한 법률상 복합물류터미널사업의 등록에 관한 설명으로 옳지 않은 것은?

① 「민법」 또는 「상법」에 따라 설립된 법인은 국토교통부장관에게 등록하여 복합물류터미널사업을 경영할 수 있다.

② 복합물류터미널사업의 등록을 하려면 부지 면적이 10,000제곱미터 이상이어야 한다.

③ 복합물류터미널사업의 등록을 하려면 물류시설개발종합계획에 배치되지 않아야 한다.

④ 임원 중에 파산선고를 받고 복권되지 아니한 자가 있는 법인은 복합물류터미널사업을 등록할 수 없다.

⑤ 「물류시설의 개발 및 운영에 관한 법률」을 위반하여 벌금형 이상을 선고받은 후 2년이 지나지 아니한 자는 등록을 할 수 없다.

해설 ② 10,000제곱미터 → 33,000제곱미터
   ※ 복합물류터미널사업의 등록을 하려는 자가 갖추어야 할 등록기준은 다음 각 호와 같다(법 제7조 제4항).
      1. 복합물류터미널이 해당 지역 운송망의 중심지에 위치하여 다른 교통수단과 쉽게 연계될 것
      2. 부지 면적이 3만3천제곱미터 이상일 것
      3. 다음 각 목의 시설을 갖출 것
         가. 주차장
         나. 화물취급장
         다. 창고 또는 배송센터
      4. 물류시설개발종합계획 및 「물류정책기본법」 제11조의 국가물류기본계획상의 물류터미널의 개발 및 정비계획 등에 배치되지 아니할 것

51 물류시설의 개발 및 운영에 관한 법령상 물류단지의 개발 및 운영에 관한 설명으로 옳지 않은 것은?

① 국토교통부장관은 노후화된 일반물류터미널 부지 및 인근 지역에 도시첨단물류단지를 지정할 수 있다.

② 시장·군수·구청장은 시·도지사에게 도시첨단물류단지 지정을 신청할 수 있다.

③ 국토교통부장관은 물류단지의 개발에 관한 기본지침을 작성하여 관보에 고시하여야 한다.

④ 물류단지지정권자는 도시첨단물류단지를 지정한 후 1년 이내에 물류단지 실수요 검증을 실시하여야 한다.

⑤ 도시첨단물류단지 안에서 「건축법」에 따른 건축물의 용도변경을 하려는 자는 시장·군수·구청장의 허가를 받아야 한다.

정답 **50** ② **51** ④

52 물류시설의 개발 및 운영에 관한 법률상 물류창고업의 등록에 관한 설명이다. (   )에 들어갈 숫자를 바르게 나열한 것은?

> 보관시설의 전체 바닥면적의 합계가 (ㄱ)제곱미터 이상이거나 보관장소의 전체면적의 합계가 (ㄴ)제곱미터 이상인 물류창고를 소유 또는 임차하여 물류창고업을 경영하려는 자는 관할 행정청에게 등록하여야 한다.

① ㄱ : 500,   ㄴ : 2,500
② ㄱ : 1,000, ㄴ : 2,500
③ ㄱ : 1,000, ㄴ : 4,500
④ ㄱ : 2,000, ㄴ : 2,500
⑤ ㄱ : 2,000, ㄴ : 4,500

해설 다음 각 호의 어느 하나에 해당하는 물류창고를 소유 또는 임차하여 물류창고업을 경영하려는 자는 국토교통부와 해양수산부의 공동부령으로 정하는 바에 따라 국토교통부장관(「항만법」 제2조 제4호에 따른 항만구역은 제외) 또는 해양수산부장관(「항만법」 제2조 제4호에 따른 항만구역만 해당)에게 등록하여야 한다(법 제21조의2).
1. 전체 바닥면적의 합계가 1천제곱미터 이상인 보관시설(하나의 필지를 기준으로 해당 물류창고업을 등록하고자 하는 자가 직접 사용하는 바닥면적만을 산정하되, 필지가 서로 연접한 경우에는 연접한 필지를 합산하여 산정한다)
2. 전체면적의 합계가 4천500제곱미터 이상인 보관장소(보관시설이 차지하는 토지면적을 포함하고 하나의 필지를 기준으로 물류창고업을 등록하고자 하는 자가 직접 사용하는 면적만을 산정하되, 필지가 서로 연접한 경우에는 연접한 필지를 합산하여 산정한다)

53 물류시설의 개발 및 운영에 관한 법령상 스마트물류센터에 관한 설명으로 옳은 것은?
① 국가 또는 지방자치단체는 스마트물류센터의 구축 및 운영에 필요한 자금의 대출 등으로 인한 금전채무의 보증한도, 보증료 등 보증조건을 우대할 수 있다.
② 스마트물류센터 인증의 유효기간은 인증을 받은 날부터 5년으로 한다.
③ 스마트물류센터 인증의 등급은 3등급으로 구분한다.
④ 스마트물류센터 예비인증은 본(本)인증에 앞서 건축물 설계에 반영된 내용을 대상으로 한다.
⑤ 스마트물류센터임을 사칭한 자에게는 과태료를 부과한다.

해설 ① 국가 또는 지방자치단체 → 「신용보증기금법」에 따라 설립된 신용보증기금 및 「기술보증기금법」에 따라 설립된 기술보증기금
② 5년 → 3년
③ 3등급 → 5등급
⑤ 과태료 → 3,000만원 이하의 벌금

정답 52 ③ 53 ④

54 물류시설의 개발 및 운영에 관한 법령상 물류단지개발사업에 관한 설명으로 옳지 않은 것은?

① 「상법」에 따라 설립된 법인이 물류단지개발사업을 시행하는 경우에는 사업대상 토지면적의 3분의 2 이상을 매입하여야 토지 등을 수용하거나 사용할 수 있다.

② 물류단지개발사업에 필요한 토지 등을 수용하려면 물류단지 지정 고시가 있은 후 「공익사업을 위한 토지 등의 취득 및 보상에 관한 법률」에 따른 사업인정 및 그 고시가 있어야 한다.

③ 물류단지개발사업에 필요한 토지 등의 수용 재결의 신청은 물류단지개발계획에서 정하는 사업시행기간 내에 할 수 있다.

④ 국가 또는 지방자치단체는 물류단지개발사업에 필요한 이주대책사업비의 일부를 보조하거나 융자할 수 있다.

⑤ 물류단지개발사업을 시행하는 지방자치단체는 해당 물류단지의 입주기업체 및 지원기관에게 물류단지개발사업의 일부를 대행하게 할 수 있다.

> **해설** ② 토지 등을 수용하거나 사용하는 경우에 물류단지 지정 고시를 한 때에는 「공익사업을 위한 토지 등의 취득 및 보상에 관한 법률」 제20조 제1항 및 같은 법 제22조에 따른 사업인정 및 그 고시를 한 것으로 본다(법 제32조 제2항).

55 물류시설의 개발 및 운영에 관한 법령상 물류 교통·환경 정비지구에서 국가 또는 시·도지사가 시장·군수·구청장에게 행정적·재정적 지원을 할 수 있는 사업이 아닌 것은?

① 「화학물질관리법」에 따른 유독물 보관·저장시설의 보수·개조 또는 개량

② 도로 등 기반시설의 신설·확장·개량 및 보수

③ 「소음·진동관리법」에 따른 방음·방진시설의 설치

④ 「화물자동차 운수사업법」에 따른 공영차고지 및 화물자동차 휴게소의 설치

⑤ 「환경친화적 자동차의 개발 및 보급 촉진에 관한 법률」에 따른 전기자동차의 충전시설의 설치·정비 또는 개량

> **해설** 국가 또는 시·도지사는 지정된 정비지구에서 시장·군수·구청장에게 다음 각 호의 사업에 대한 행정적·재정적 지원을 할 수 있다(법 제59조의7).
> 1. 도로 등 기반시설의 신설·확장·개량 및 보수
> 2. 「화물자동차 운수사업법」에 따른 공영차고지 및 화물자동차 휴게소의 설치
> 3. 「소음·진동관리법」에 따른 방음·방진시설의 설치
> 4. 「환경친화적 자동차의 개발 및 보급 촉진에 관한 법률」에 따른 전기자동차의 충전시설 및 수소연료 공급시설을 설치·정비 또는 개량하는 사업

56 물류시설의 개발 및 운영에 관한 법령상 물류단지 재정비사업에 관한 설명으로 옳지 않은 것은?

① 물류단지의 부분 재정비사업은 지정된 물류단지 면적의 3분의 2 미만을 재정비하는 사업을 말한다.

② 물류단지지정권자는 준공된 날부터 20년이 지나서 물류산업구조의 변화 및 물류시설의 노후화 등으로 물류단지를 재정비할 필요가 있는 경우에는 물류단지 재정비사업을 할 수 있다.

③ 물류단지의 부분 재정비사업에서는 물류단지재정비계획 고시를 생략할 수 있다.

④ 물류단지지정권자는 물류단지재정비시행계획을 승인하려면 미리 입주업체 및 관계 지방자치단체의 장의 의견을 듣고 관계 행정기관의 장과 협의하여야 한다.

⑤ 승인받은 재정비시행계획에서 사업비의 100분의 10을 넘는 사업비 증감을 하고자 하면 그에 대하여 물류단지지정권자의 승인을 받아야 한다.

> 해설 물류단지재정비사업의 구분(시행령 제42조의2)
> ① 물류단지의 전부 재정비사업은 토지이용계획 및 주요 기반시설계획의 변경을 수반하는 경우로서 지정된 물류단지 면적의 100분의 50 이상을 재정비(단계적 재정비를 포함한다)하는 사업을 말한다.
> ② 물류단지의 부분 재정비사업은 제1항 이외의 물류단지재정비사업을 말한다.

57 화물자동차 운수사업법령상 화물자동차 운송사업의 허가에 관한 설명으로 옳지 않은 것은?

① 30대의 화물자동차를 사용하여 화물을 운송하는 사업을 경영하려는 자는 일반화물자동차 운송사업의 허가를 받아야 한다.

② 화물자동차 운송사업의 허가에는 조건을 붙일 수 있다.

③ 화물자동차 운송사업자가 법인인 경우 대표자를 변경하려면 변경허가를 받아야 한다.

④ 화물자동차 운송사업자가 운송약관의 변경명령을 받고 이를 이행하지 아니한 경우 증차를 수반하는 허가사항을 변경할 수 없다.

⑤ 운송사업자가 사업정지처분을 받은 경우에는 주사무소를 이전하는 변경허가를 받을 수 없다.

> 해설 화물자동차 운송사업의 허가를 받은 자가 허가사항을 변경하려면 국토교통부령으로 정하는 바에 따라 국토교통부장관의 변경허가를 받아야 한다. 다만, 대통령령으로 정하는 경미한 사항을 변경하려면 국토교통부령으로 정하는 바에 따라 국토교통부장관에게 신고하여야 한다(법 제3조 제3항 및 시행령 제3조). 법 제3조 제3항 단서에서 "대통령령으로 정하는 경미한 사항"이란 다음 각 호의 어느 하나에 해당하는 사항을 말한다.

1. 상호의 변경
2. 대표자의 변경(법인인 경우만 해당한다)
3. 화물취급소의 설치 또는 폐지
4. 화물자동차의 대폐차(代廢車)
5. 주사무소·영업소 및 화물취급소의 이전. 다만, 주사무소의 경우 관할 관청의 행정구역 내에서의 이전만 해당한다.

58 화물자동차 운수사업법령상 운송약관에 관한 설명으로 옳은 것은?

① 운송약관을 신고할 때에는 신고서에 적재물배상보험계약서를 첨부하여야 한다.
② 운송사업자는 운송약관의 신고를 협회로 하여금 대리하게 할 수 없다.
③ 시·도지사가 화물자동차 운수사업법령에서 정한 기간 내에 신고수리 여부를 신고인에게 통지하지 아니하면 그 기간이 끝난 날에 신고를 수리한 것으로 본다.
④ 공정거래위원회는 표준약관을 작성하여 운송사업자에게 그 사용을 권장할 수 있다.
⑤ 운송사업자가 화물자동차운송사업의 허가를 받는 때에 표준약관의 사용에 동의하면 운송약관을 신고한 것으로 본다.

> 해설 ① 화물자동차 운수사업법에는 없는 규정임.
> ② 대리하게 할 수 없다 → 할 수 있다
> ③ 국토교통부장관은 협회 또는 연합회가 작성한 것으로서 「약관의 규제에 관한 법률」에 따라 공정거래위원회의 심사를 거친 화물운송에 관한 표준이 되는 약관(표준약관)이 있으면 운송사업자에게 그 사용을 권장할 수 있다(법 제6조 제4항).
> ④ 공정거래위원회 → 국토교통부장관

59 화물자동차 운수사업법령상 운임 및 요금에 관한 설명으로 옳지 않은 것은?

① 운송사업자는 운임과 요금을 정하여 미리 국토교통부장관에게 신고하여야 한다.
② 화물자동차 안전운임의 적용을 받는 화주와 운수사업자는 해당 화물자동차 안전운임을 게시하거나 그 밖에 적당한 방법으로 운수사업자와 화물차주에게 알려야 한다.
③ 화주는 운수사업자에게 화물자동차 안전운송운임 이상의 운임을 지급하여야 한다.
④ 화물운송계약 중 화물자동차 안전운임에 미치지 못하는 금액을 운임으로 정한 경우 그 부분은 취소하고 새로 계약하여야 한다.
⑤ 화물자동차 운송사업의 운임 및 요금의 신고는 운송사업자로 구성된 협회가 설립한 연합회로 하여금 대리하게 할 수 있다.

> 해설 ④ 화물운송계약 중 화물자동차 안전운임에 미치지 못하는 금액을 운임으로 정한 부분은 무효로 하며, 해당 부분은 화물자동차 안전운임과 동일한 운임을 지급하기로 한 것으로 본다(법 제5조의5 제3항).

정답 58 ⑤ 59 ④

60 화물자동차 운수사업법상 운송사업자의 책임에 관한 설명으로 옳은 것을 모두 고른 것은?

ㄱ. 적재물사고로 발생한 운송사업자의 손해배상에 관하여 화주가 요청하면 국토교통부장관은 이에 관한 분쟁을 조정(調停)할 수 있다.
ㄴ. 국토교통부장관은 운송사업자의 손해배상책임에 관한 분쟁의 조정 업무를 「소비자기본법」에 따른 한국소비자원에 위탁할 수 있다.
ㄷ. 화물이 인도기한이 지난 후 3개월 이내에 인도되지 아니하면 그 화물은 멸실된 것으로 본다.

① ㄱ
② ㄷ
③ ㄱ, ㄴ
④ ㄴ, ㄷ
⑤ ㄱ, ㄴ, ㄷ

해설 법 제7조(운송사업자의 책임) ① 화물의 멸실·훼손 또는 인도의 지연으로 발생한 운송사업자의 손해배상 책임에 관하여는 「상법」 제135조를 준용한다.
② 제1항을 적용할 때 화물이 인도기한이 지난 후 3개월 이내에 인도되지 아니하면 그 화물은 멸실된 것으로 본다.
③ 국토교통부장관은 손해배상에 관하여 화주가 요청하면 국토교통부령으로 정하는 바에 따라 이에 관한 분쟁을 조정할 수 있다.
④ 국토교통부장관은 화주가 분쟁조정을 요청하면 지체 없이 그 사실을 확인하고 손해내용을 조사한 후 조정안을 작성하여야 한다.
⑤ 당사자 쌍방이조정안을 수락하면 당사자 간에 조정안과 동일한 합의가 성립된 것으로 본다.
⑥ 국토교통부장관은 제3항 및 제4항에 따른 분쟁조정 업무를 「소비자기본법」에 따른 한국소비자원 또는 등록한 소비자단체에 위탁할 수 있다.

61 화물자동차 운수사업법령상 운송사업자의 준수사항에 관한 설명으로 옳지 않은 것은?
① 운송사업자는 택시 요금미터기의 장착을 하여서는 아니 된다.
② 운송사업자는 화물자동차 운송사업을 양도·양수하는 경우에 양도·양수에 소요되는 비용을 위·수탁차주에게 부담시켜서는 아니 된다.
③ 최대적재량 1.5톤을 초과하는 화물자동차를 밤샘주차하는 경우 차고지에서만 하여야 한다.
④ 화주로부터 부당한 운임 및 요금의 환급을 요구받았을 때에는 환급하여야 한다.
⑤ 밴형 화물 자동차를 사용해서 화주와 화물을 함께 운송하는 사업자는 화물자동차 바깥쪽에 "화물"이라는 표기를 한국어 및 외국어(영어, 중국어 및 일어)로 표시하여야 한다.

해설 ③ 최대적재량 1.5톤 이하의 화물자동차의 경우에는 주차장, 차고지 또는 지방자치단체의 조례로 정하는 시설 및 장소에서만 밤샘주차할 것(시행규칙 제21조 제4호)

정답 **60** ⑤ **61** ③

62 화물자동차 운수사업법상 위·수탁계약의 해지 등에 관한 조문의 일부이다. (   )에 들어갈 숫자를 바르게 나열한 것은?

> 운송사업자는 위·수탁계약을 해지하려는 경우에는 위·수탁차주에게 (ㄱ)개월 이상의 유예기간을 두고 계약의 위반 사실을 구체적으로 밝히고 이를 시정하지 아니하면 그 계약을 해지한다는 사실을 서면으로 (ㄴ)회 이상 통지하여야 한다. 다만, 대통령령으로 정하는 바에 따라 위·수탁 계약을 지속하기 어려운 중대한 사유가 있는 경우에는 그러하지 아니하다.

① ㄱ : 1   ㄴ : 1
② ㄱ : 2   ㄴ : 2
③ ㄱ : 2   ㄴ : 3
④ ㄱ : 3   ㄴ : 2
⑤ ㄱ : 3   ㄴ : 3

해설 운송사업자는 위·수탁계약을 해지하려는 경우에는 위·수탁차주에게 2개월 이상의 유예기간을 두고 계약의 위반 사실을 구체적으로 밝히고 이를 시정하지 아니하면 그 계약을 해지한다는 사실을 서면으로 2회 이상 통지하여야 한다. 다만, 대통령령으로 정하는 바에 따라 위·수탁계약을 지속하기 어려운 중대한 사유가 있는 경우에는 그러하지 아니하다(법 제40조의3 제1항).

63 화물자동차 운수사업법상 화물자동차 운송주선사업의 허가를 반드시 취소하여야 하는 경우를 모두 고른 것은?

> ㄱ. 화물자동차 운송주선사업의 허가기준을 충족하지 못하게 된 경우
> ㄴ. 거짓이나 그 밖의 부정한 방법으로 운송주선사업 허가를 받은 경우
> ㄷ. 화물자동차 운수사업법 제27조(화물자동차 운송주선사업의 허가취소 등)에 따른 사업정지명령을 위반하여 그 사업정지기간 중에 사업을 한 경우

① ㄱ
② ㄷ
③ ㄱ, ㄴ
④ ㄴ, ㄷ
⑤ ㄱ, ㄴ, ㄷ

해설 제27조(화물자동차 운송주선사업의 허가취소 등) ① 국토교통부장관은 운송주선사업자가 다음 각 호의 어느 하나에 해당하면 그 허가를 취소하거나 6개월 이내의 기간을 정하여 그 사업의 정지를 명할 수 있다. 다만, 제1호·제2호 및 제9호의 경우에는 그 허가를 취소하여야 한다.
1. 제28조에서 준용하는 제4조 각 호의 어느 하나에 해당하게 된 경우. 다만, 법인의 임원 중 제4조 각 호의 어느 하나에 해당하는 자가 있는 경우 3개월 이내에 그 임원을 개임한 경우에는 취소하지 아니한다.
2. 거짓이나 그 밖의 부정한 방법으로 제24조 제1항에 따른 허가를 받은 경우
9. 이 조에 따른 사업정지명령을 위반하여 그 사업정지기간 중에 사업을 한 경우

정답 **62** ② **63** ④

64 화물자동차 운수사업법령상 화물자동차 운송가맹사업에 관한 설명으로 옳지 않은 것은?

① 운송가맹사업자는 주사무소 외의 장소에서 상주하여 영업하려면 허가를 받고 영업소를 설치하여야 한다.

② 화물자동차 운송가맹사업 허가대장은 전자적 처리가 불가능한 특별한 사유가 없으면 전자적 처리가 가능한 방법으로 작성하여 관리하여야 한다.

③ 운송사업자 및 위·수탁차주인 운송가맹점은 화물의 원활한 운송을 위한 차량위치의 통지를 성실히 이행하여야 한다.

④ 시장·군수·구청장은 안전운행의 확보, 운송질서의 확립 및 화주의 편의를 도모하기 위하여 필요하다고 인정하면 운송가맹사업자에게 화물자동차의 구조변경 및 운송시설의 개선을 명할 수 있다.

⑤ 허가를 받은 운송가맹사업자가 주사무소를 이전한 경우 변경신고를 하여야 한다.

해설 ④ 시장·군수·구청장 → 국토교통부장관

65 화물자동차 운수사업법령상 적재물배상보험등에 관한 설명으로 옳은 것은?

① 특수용도형 화물자동차 중 「자동차관리법」에 따른 피견인자동차를 소유하고 있는 운송사업자는 적재물배상보험등의 의무가입 대상이다.

② 이사화물을 취급하는 운송주선사업자는 적재물배상보험등의 의무가입 대상이다.

③ 적재물배상보험등에 가입하려는 자가 운송사업자인 경우 각 사업자별로 가입하여야 한다.

④ 중대한 교통사고로 감차 조치 명령을 받은 경우에도 책임보험계약등을 해제하거나 해지하여서는 아니 된다.

⑤ 적재물배상보험등에 가입하려는 자가 운송주선사업자인 경우 각 화물자동차별로 가입하여야 한다.

해설 ① 피견인자동차 → 피견인자동차는 제외대상에 해당
③ 사업자별 → 화물자동차별
④ 해제하거나 해지해서는 아니된다 → 할 수 있다
⑤ 화물자동차별 → 사업자별

66 화물자동차 운수사업법령상 경영의 위·수탁에 관한 설명으로 옳은 것은?

① 운송사업자는 필요한 경우 다른 사람에게 차량과 그 경영의 전부를 위탁할 수 있다.

② 위·수탁계약의 기간은 2년 이상으로 하여야 한다.

③ 위·수탁계약의 내용이 계약불이행에 따른 당사자의 손해배상책임을 과도하게 가중하여 정함으로써 상대방의 정당한 이익을 침해한 경우에는 위·수탁계약 전부를 무효로 한다.

④ 화물운송사업분쟁조정협의회가 위·수탁계약의 분쟁을 심의한 결과 조정안을 작성하여 분쟁당사자에게 제시하면 분쟁당사자는 이에 따라야 한다.

⑤ 운송사업자가 위·수탁계약의 갱신 요구를 거절하는 경우에는 그 요구를 받은 날부터 30일 이내에 위·수탁차주에게 거절 사유를 적어 서면으로 통지하여야 한다.

[해설] ① 전부를 위탁 → 일부를 위탁
③ 전부를 무효 → 그 부분에 한정해서
④ 협의회는 심의 결과 조정안을 작성하여 분쟁당사자에게 권고할 수 있다. 다만, 분쟁의 성격·빈도 및 중요성 등을 고려하여 필요하다고 인정하는 경우에는 분쟁당사자 간의 자율적인 분쟁해결을 권고할 수 있다. 권고는 반드시 따라야 하는 의무가 아니다.
⑤ 30일 → 15일

67 유통산업발전상 정의에 관한 설명이다. (   )에 들어갈 내용을 바르게 나열한 것은?

• (ㄱ) : 다수의 수요자와 공급자가 일정한 기간 동안 상품을 매매하거나 용역을 제공하는 일정한 장소
• (ㄴ) 체인사업 : 체인본부의 계속적인 경영지도 및 체인본부와 가맹점 간의 협업에 의하여 가맹점의 취급품목·영업방식 등의 표준화사업과 공공구매·공동판매·공동시설활용 등 공동사업을 수행하는 형태의 체인사업

① ㄱ : 상점가   ㄴ : 조합형　　② ㄱ : 상점가　　ㄴ : 임의가맹점형
③ ㄱ : 임시시장 ㄴ : 조합형　　④ ㄱ : 임시시장 ㄴ : 임의가맹점형
⑤ ㄱ : 임시시장 ㄴ : 프랜차이즈형

[해설] 법 제2조(용어의 정의)
• "임시시장"이란 다수의 수요자와 공급자가 일정한 기간 동안 상품을 매매하거나 용역을 제공하는 일정한 장소를 말한다.
• 임의가맹점형 체인사업 : 체인본부의 계속적인 경영지도 및 체인본부와 가맹점 간의 협업에 의하여 가맹점의 취급품목·영업방식 등의 표준화사업과 공공구매·공농판매·공동시설활용 등 공동사업을 수행하는 형태의 체인사업

정답 **66** ② **67** ④

68 유통산업발전법령상 유통산업발전계획에 관한 설명으로 옳은 것은?

① 산업통상자원부장관은 10년마다 유통산업발전기본계획을 수립하여야 한다.

② 유통산업발전기본계획에는 유통산업의 지역별·종류별 발전방안이 포함되지 않아도 된다.

③ 시·도지사는 유통산업발전기본계획에 따라 2년마다 유통산업발전시행계획을 수립하여야 한다.

④ 시·도지사는 유통산업발전시행계획의 집행실적을 다음 연도 1월 말일까지 산업통상자원부장관에게 제출하여야 한다.

⑤ 지역별 유통산업발전시행계획은 유통전문인력·부지 및 시설 등의 수급방안을 포함하여야 한다.

해설 ① 10년 → 5년
② 포함되지 않아도 된다 → 포함되어야 한다.
③ 시·도지사, 2년마다 → 산업통상자원부장관, 매년
④ 시·도지사, 1월 → 관계 중앙행정기관의 장, 2월

69 유통산업발전법령상 대규모점포등의 관리규정에 관한 설명으로 옳은 것을 모두 고른 것은?

ㄱ. 관리규정을 제정하기 위해서는 입점상인의 4분의 3 이상의 동의를 얻어야 한다.
ㄴ. 대규모점포등관리자는 대규모점포등관리자신고를 한 날부터 1개월 이내에 관리규정을 제정하여야 한다.
ㄷ. 시·도지사는 대규모점포등의 효율적이고 공정한 관리를 위하여 표준관리규정을 마련하여 보급하여야 한다.
ㄹ. 대규모점포등관리자는 입점상인의 3분의 2 이상의 동의를 얻어 관리규정을 개정할 수 있다.

① ㄱ, ㄴ   ② ㄱ, ㄷ

③ ㄴ, ㄷ   ④ ㄴ, ㄹ

⑤ ㄷ, ㄹ

해설 ㄱ. 4분의 3 → 3분의 2(법 제12조의6 제1항)
ㄴ. 1개월 → 3개월(시행령 제7조의2 제1항)
ㄷ. 법 제12조의6 제4항
ㄹ. 시행령 제7조의7 제2항

정답 **68** ⑤ **69** ⑤

70 유통산업발전법상 유통산업의 경쟁력 강화에 관한 설명으로 옳은 것을 모두 고른 것은?

> ㄱ. 상점가진흥조합은 협동조합 또는 사업조합으로 설립한다.
> ㄴ. 상점가진흥조합의 구역은 다른 상점가진흥조합의 구역과 중복될 수 있다.
> ㄷ. 지방자치단체의 장은 중소유통공동도매물류센터를 건립하여 중소유통기업자단체에 그 운영을 위탁할 수 있다.
> ㄹ. 중소유통공동도매물류센터의 건립, 운영 및 관리 등에 관하여 필요한 사항은 산업통상 자원부장관이 정하여 고시한다.

① ㄱ, ㄷ   ② ㄴ, ㄷ
③ ㄴ, ㄹ   ④ ㄱ, ㄴ, ㄹ
⑤ ㄱ, ㄷ, ㄹ

해설 ㄴ. 중복될 수 있다 → 중복될 수 없다
ㄹ. 산업통상자원부장관 → 중소벤처기업부장관

71 유통산업발전법령상 공동집배송센터에 관한 설명으로 옳은 것은?

① 상업지역 내에서 부지면적이 1만제곱미터이고, 집배송시설면적이 5천제곱미터인 지역 및 시설물은 공동집배송센터로 지정할 수 있다.
② 공동집배송센터의 지정을 받은 날부터 정당한 사유 없이 3년 이내에 시공을 하지 아니하는 경우 산업통상자원부장관은 그 지정을 취소할 수 있다.
③ 공동집배송센터를 신탁개발하는 경우 신탁계약을 체결한 신탁업자는 공동집배송센터 사업자의 지위를 승계하지 않는다.
④ 관계 중앙행정기관의 장은 집배송시설의 효율적 배치를 위하여 공동집배송센터 개발촉진지구의 지정을 산업통상자원부장관에게 요청할 수 있다.
⑤ 공동집배송센터 개발촉진지구의 집배송시설에 대하여는 시·도지사가 공동집배송센터로 지정할 수 있다.

해설 ① 10,000제곱미터 → 20,000제곱미터, 5,000제곱미터 → 10,000제곱미터
③ 승계하지 않는다 → 승계한다
④ 관계 중앙행정기관의 장 → 시·도지사
⑤ 시·도지사 → 산업통상자원부장관

정답 **70** ① **71** ②

72 항만운송사업법령상 항만운송의 유형으로 분류할 수 없는 것은?

① 선적화물을 실을 때 그 화물의 개수를 계산하는 일
② 통선(通船)으로 본선과 육지 간의 연락을 중계하는 행위
③ 항만에서 선박 또는 부선(艀船)을 이용하여 운송될 화물을 하역장[수면(水面) 목재 저장소는 제외]에서 내가는 행위
④ 선박을 이용하여 운송될 화물을 화물주의 위탁을 받아 항만에서 화물주로부터 인수하는 행위
⑤ 선적화물 및 선박에 관련된 증명·조사·감정을 하는 일

해설 ② 통선으로 본선과 육지 간의 연락을 중계하는 행위는 항만운송관련사업(항만용역업)에 해당한다.
※ **항만용역업** : 통선으로 본선과 육지 사이에서 사람이나 문서 등을 운송하는 행위(2022.11.15. 개정)

73 항만운송사업법상 등록 또는 신고에 관한 설명으로 옳지 않은 것은?

① 항만운송관련사업 중 선용품공급업은 신고대상이다.
② 항만하역사업과 검수사업의 등록은 항만별로 한다.
③ 한정하역사업에 대하여 관리청은 이용자·취급화물 또는 항만시설의 특성을 고려하여 그 등록기준을 완화할 수 있다.
④ 선박연료공급업을 등록한 자가 사용 장비를 추가하려는 경우에는 사업계획 변경신고를 하지 않아도 된다.
⑤ 등록한 항만운송사업자가 그 사업을 양도한 경우 양수인은 등록에 따른 권리·의무를 승계한다.

해설 ④ 항만운송관련사업 중 선박연료공급업을 등록한 자는 사용하려는 장비를 추가하거나 그 밖에 사업계획 중 해양수산부령으로 정하는 사항을 변경하려는 경우 해양수산부령으로 정하는 바에 따라 관리청에 사업계획 변경신고를 하여야 한다(법 제26조의3 제3항).

74 항만운송사업법령상 감정사업의 등록을 한 자가 요금의 변경신고를 할 경우 제출 서류에 기재하여야 하는 사항을 모두 고른 것은?

ㄱ. 사업의 종류   ㄴ. 취급화물의 종류
ㄷ. 항만명   ㄹ. 변경하려는 요금의 적용방법

① ㄱ, ㄴ   ② ㄷ, ㄹ
③ ㄱ, ㄴ, ㄹ   ④ ㄴ, ㄷ, ㄹ
⑤ ㄱ, ㄴ, ㄷ, ㄹ

정답 **72** ② **73** ④ **74** ③

해설   검수사업 · 감정사업 또는 검량사업의 등록을 한 자는 법 제10조 제3항에 따라 요금의 설정신고 또는 변경신고를 할 때에는 다음 각 호의 사항을 기재한 서류(전자문서를 포함한다)를 해양수산부장관, 지방 해양수산청장 또는 시 · 도지사에게 제출하여야 한다(시행령 제15조).
1. 상호
2. 성명 및 주소
3. 사업의 종류
4. 취급화물의 종류
5. 항만명(검수사업만 해당한다)
6. 변경 전후의 요금 비교, 변경 사유와 변경 예정일(요금을 변경하는 경우만 해당한다)
7. 설정하거나 변경하려는 요금의 적용방법

75   철도사업법령상 철도사업약관 및 사업계획에 관한 설명으로 옳은 것은?

① 철도사업자는 철도사업약관을 정하여 국토교통부장관의 허가를 받아야 한다.

② 국토교통부장관은 철도사업약관의 변경신고를 받은 날부터 10일 이내에 신고수리여부를 신고인에게 통지하여야 한다.

③ 철도사업자는 여객열차의 운행구간을 변경하려는 경우 국토교통부장관의 인가를 받아야 한다.

④ 철도사업자는 사업용철도노선별로 여객열차의 정차역의 10분의 2를 변경하는 경우 국토교통부장관에게 신고하여야 한다.

⑤ 철도사업자가 사업계획 중 인가사항을 변경하려는 경우에는 사업계획을 변경하려는 날 1개월 전까지 사업계획변경인가신청서를 제출하여야 한다.

해설   ① 허가 → 신고
② 10일 → 3일
④ 신고 → 인가
⑤ 1개월 → 2개월

76   철도사업법령상 과징금에 관한 설명으로 옳지 않은 것은?

① 징수한 과징금은 철도사업 종사자의 양성을 위한 시설 운영의 용도로 사용할 수 있다.

② 과징금 부과처분을 받은 자가 납부기한까지 과징금을 내지 아니하면 국세 체납처분의 예에 따라 징수한다.

③ 과징금은 철도사업자의 신청에 따라 분할하여 납부할 수 있다.

④ 하나의 위반행위에 대하여 사업정지처분과 과징금처분을 함께 부과할 수 없다.

⑤ 국토교통부장관은 과징금으로 징수한 금액의 운용계획을 수립하여 시행하여야 한다.

해설   ③ 과징금은 분할하여 납부할 수 없다.
※ 행정기본법 제29조 단서의 사유에 해당하는 경우 분할 납부가 가능해졌다. 그리고 관련규정인 철도사업법 시행령 제10조 제5항은 삭제(2021.9.24. 개정)되었다.

정답   **75** ③   **76** ③

77 철도사업법상 철도사업자에 관한 설명으로 옳지 않은 것은?

① 철도사업자는 여객에 대한 운임을 변경하려는 경우 국토교통부장관에게 신고하여야 한다.
② 철도사업자는 철도사업을 양도·양수하려는 경우에는 국토교통부장관의 인가를 받아야 한다.
③ 철도사업자가 국토교통부장관의 허가를 받아 그 사업의 전부 또는 일부를 휴업하는 경우 휴업기간은 6개월을 넘을 수 없다.
④ 철도사업자의 화물의 멸실·훼손에 대한 손해배상책임에 관하여는 「상법」 제135조(손해배상책임)를 준용하지 않는다.
⑤ 철도사업자는 타인에게 자기의 성명 또는 상호를 사용하여 철도사업을 경영하게 하여서는 아니 된다.

해설 ④ 철도사업자의 화물의 멸실·훼손 또는 인도(引導)의 지연에 대한 손해배상책임에 관하여는 「상법」 제135조를 준용한다(법 제24조).

78 철도사업법령상 전용철도에 관한 설명이다. (   )에 들어갈 내용을 바르게 나열한 것은?

• 전용철도를 운영하려는 자는 전용철도 건설기간을 1년 연장한 경우 국토교통부장관에게 (ㄱ)을(를) 하여야 한다.
• 전용철도운영자가 그 운영의 일부를 폐업한 경우에는 (ㄴ) 이내에 국토교통부장관에게 (ㄷ)하여야 한다.

① ㄱ : 신고, ㄴ : 15일, ㄷ : 등록
② ㄱ : 신고, ㄴ : 1개월, ㄷ : 등록
③ ㄱ : 등록, ㄴ : 15일, ㄷ : 신고
④ ㄱ : 등록, ㄴ : 1개월, ㄷ : 신고
⑤ ㄱ : 등록, ㄴ : 3개월, ㄷ : 신고

해설 • 전용철도를 운영하려는 자는 국토교통부령으로 정하는 바에 따라 전용철도의 건설·운전·보안 및 운송에 관한 사항이 포함된 운영계획서를 첨부하여 국토교통부장관에게 등록을 하여야 한다. 등록사항을 변경하려는 경우에도 같다(법 제34조 제1항).
• 전용철도운영자가 그 운영의 전부 또는 일부를 휴업 또는 폐업한 경우에는 1개월 이내에 국토교통부장관에게 신고하여야 한다(법 제38조).

79 농수산물 유통 및 가격안정에 관한 법령상 농수산물도매시장의 개설·폐쇄에 관한 설명으로 옳지 않은 것은?

① 시가 지방도매시장을 개설하려면 도지사에게 신고하여야 한다.

② 특별시·광역시·특별자치시 및 특별자치도가 도매시장을 폐쇄하는 경우 그 3개월 전에 이를 공고하여야 한다.

③ 특별시·광역시·특별자치시 및 특별자치도가 도매시장을 개설하려면 미리 업무 규정과 운영관리계획서를 작성하여야 한다.

④ 도매시장은 양곡부류·청과부류·축산부류·수산부류·화훼부류 및 약용작물 부류별로 개설하거나 둘 이상의 부류를 종합하여 개설한다.

⑤ 도매시장의 명칭에는 그 도매시장을 개설한 지방자치단체의 명칭이 포함되어야 한다.

해설 ① 도지사에게 신고 → 도지사의 허가

80 농수산물 유통 및 가격안정에 관한 법령상 농수산물 공판장에 관한 설명으로 옳지 않은 것은?

① 농림수협 등, 생산자단체 또는 공익법인이 공판장을 개설하려면 시·도지사의 승인을 받아야 한다.

② 공판장에는 중도매인, 매매참가인, 산지유통인 및 경매사를 둘 수 있다.

③ 공판장의 경매사는 공판장의 개설자가 임면한다.

④ 공판장의 중도매인은 공판장의 개설자가 지정한다.

⑤ 공익법인이 운영하는 공판장의 개설승인 신청서에는 해당 공판장의 소재지를 관할하는 시장 또는 자치구의 구청장의 의견서를 첨부하여야 한다.

해설 공판장 개설승인 신청서에는 다음 각 호의 서류를 첨부하여야 한다(시행규칙 제40조).
1. 공판장의 업무규정. 다만, 도매시장의 업무규정에서 이를 정하는 도매시장공판장의 경우는 제외한다.
2. 운영관리계획서

정답 79 ① 80 ⑤

물류
관리사

기출문제집

물류관리사

24회 기출문제

물류관리사

제1교시 2020년 물류관리사	형별	A형	제한시간	120분	수험번호	성 명

제1과목 물류관리론(01~40)

01 물류에 관한 설명으로 옳지 않은 것은?

① 생산에서 소비에 이르는 물적인 흐름이다.

② 7R 원칙이란 적절한 상품(Commodity), 품질(Quality), 수량(Quantity), 경향(Trend), 장소(Place), 인상(Impression), 가격(Price)이 고려된 원칙이다.

③ 3S 1L 원칙이란 신속성(Speedy), 안전성(Safely), 확실성(Surely), 경제성(Low)이 고려된 원칙이다.

④ 기업이 상품을 생산하여 고객에게 배달하기까지, 전 과정에서 장소와 시간의 효용을 창출하는 제반 활동이다.

⑤ 원료, 반제품, 완제품을 출발지에서 소비지까지 효율적으로 이동시키는 것을 계획·실현·통제하기 위한 두 가지 이상의 활동이다.

> **해설** ② 물류의 7R은 적절한 제품(right commodity), 적절한 가격(right price), 적절한 품질(right quality), 적절한 양(right quantity), 적절한 인상(right impression), 적시에(right time), 원하는 장소(right place)를 의미한다. 7R의 원칙은 미시간 대학교의 스마이키(E. W. Smykey) 교수가 제창한 원칙으로 고객에 대한 서비스의 기본으로 간주된다. 여기서 적절하다(right)는 말은 고객이 요구하는 서비스의 수준을 뜻하는 것이다.

02 물류활동에 관한 설명으로 옳은 것은?

① 보관물류는 재화와 용역의 시간적인 간격을 해소하여 생산과 소비를 결합한다.

② 하역물류는 재화와 용역을 효용가치가 낮은 장소로부터 높은 장소로 이동시켜 효용가치를 증대한다.

③ 정보물류는 물자의 수배송, 보관, 거래, 사용 등에 있어 적절한 재료, 용기 등을 이용하여 보호하는 기술이다.

④ 유통가공물류는 물류활동과 관련된 정보 내용을 제공하여 물류관리 기능을 연결시켜 물류관리의 효율화를 추구한다.

⑤ 수배송물류는 물자를 취급하고 이동하며, 상·하차하는 행위 등 주로 물자의 선적·하역 행위이다.

정답 **01** ② **02** ①

[해설] 물류활동의 기능 중 ②는 운송물류, ③은 포장물류, ④는 물류정보, ⑤는 하역물류에 대한 설명이다.

03 다음 설명에 해당하는 물류의 영역은?

- 물자가 생산공정에 투입될 때부터 제품의 생산과정까지의 물류활동이다.
- 생산리드타임의 단축 및 재고량 감축이 핵심과제이다.

① 조달물류   ② 생산물류
③ 판매물류   ④ 회수물류
⑤ 폐기물류

[해설] ② 자재가 생산공정에 투입되는 시점부터 제품이 생산 및 포장되어 나올 때까지의 물류활동은 생산물류이다. 생산물류는 창고에 보관 중인 자재의 출고작업을 시작으로 자재를 생산공정에 투입하고 생산된 완제품을 보관창고에 입고하기까지 수반되는 운반, 보관, 하역, 재고관리 등 사내에서 이루어지는 물류활동을 포함한다.

04 물류환경의 변화에 관한 설명으로 옳지 않은 것은?

① 전자상거래와 홈쇼핑의 성장으로 택배시장이 확대되고 있다.
② 유통시장의 개방 및 유통업체의 대형화로 유통채널의 주도권이 제조업체에서 유통업체로 이전되고 있다.
③ 제조업 중심의 생산자 물류에서 고객 중심의 소비자 물류로 전환되고 있어, 소품종 대량생산이 중요시 되고 있다.
④ 환경문제, 교통정체 등으로 인해 기업의 물류비 절감과 매출 증대의 중요성이 강조되고 있다.
⑤ 물류서비스의 수준향상과 물류운영 원가절감을 위해 아웃소싱과 3PL이 활성화 되고 있다.

[해설] ③ 제조업 중심의 생산자 물류에서 고객 중심의 소비자 물류로 전환되고 있어, 다품종 소량생산, 다빈도 배송이 중요시 되고 있다.

정답 03 ② 04 ③

05 물적유통(Physical Distribution)과 로지스틱스(Logistics)에 관한 설명으로 옳은 것을 모두 고른 것은?

> ㄱ. 물적유통은 물류부문별 효율화를 추구한다.
> ㄴ. 물적유통은 로지스틱스보다 관리범위가 넓다.
> ㄷ. 로지스틱스는 기업 내 물류효율화를 추구한다.
> ㄹ. 로지스틱스는 기업 간 정보시스템 통합을 추구한다.

① ㄱ, ㄴ
② ㄱ, ㄷ
③ ㄴ, ㄷ
④ ㄷ, ㄹ
⑤ ㄱ, ㄴ, ㄹ

[해설] 물류개념은 1960~1970년대의 물적유통, 1980~1990년대의 로지스틱스를 거쳐 2000년대 이후에는 공급사슬관리(SCM)로 전개되어 왔다. 로지스틱스는 물적유통보다 첨단화·고도화된 개념으로 물류비용의 절감에 더하여 고객서비스의 개선이 물류관리의 목표로 추가되었다. 따라서 로지스틱스는 물적유통보다 관리범위가 넓다. 그리고 기업간 정보시스템 통합의 추구는 공급사슬관리(SCM)이다.

06 물류서비스업의 세분류와 세세분류의 연결이 옳지 않은 것은?

세분류	세세분류
ㄱ. 화물주선업	화물의 하역, 포장, 가공, 조립, 상표부착, 프로그램 설치, 품질검사업
ㄴ. 해운부대사업	해운대리점업, 해운중개업, 선박관리업
ㄷ. 항만운송관련업	항만용역업, 물품공급업, 예선업, 컨테이너 수리업, 선박급유업
ㄹ. 항만운송사업	항만하역업, 검수업, 검량업, 감정업
ㅁ. 물류정보처리업	물류정보 데이터베이스 구축, 물류지원 소프트웨어 개발·운영, 물류 관련 전자문서 처리업

① ㄱ
② ㄴ
③ ㄷ
④ ㄹ
⑤ ㅁ

[해설] ① 물류서비스업 중 화물주선업에는 국제물류주선업, 화물자동차운송주선사업이 포함된다.
ㄷ의 항만운송관련업에는 항만용역업, 선용품공급업, 선박연료공급업, 선박수리업, 컨테이너 수리업, 예선업이 포함된다. ㄹ. 항만운송사업은 항만하역사업, 검수사업, 감정사업, 검량사업이 포함된다. (문제의 내용은 2018. 5. 1. 개정 이전의 내용임)

07 기업의 고객서비스 측정요소 중 거래 시(transaction) 서비스 요소에 해당하지 않는 것은?

① 주문의 편리성

② 주문주기 요소

③ 제품 추적

④ 백 오더(Back-order) 이용 가능성

⑤ 재고품절 수준

해설 ③ 제품 추적은 거래 후 서비스 요소에 해당한다.

※ 물류고객 서비스의 구성요소

거래 전 요소	거래시 요소	거래 후 요소
• 명문화된 고객서비스 정책 • 고객에게 정책선언문 제공 • 고객의 접근 용이성 • 고객서비스의 조직구조 • 시스템의 유연성 • 경영관리 서비스 • 기술적 서비스	• 재고 품절수준(재고가용률) • 주문주기의 일관성(배송의 신뢰성) • 주문정보의 입수가능성 • 주문의 용이성(편리성) • 미납주문의 처리능력 • 정보시스템의 정확성 • 제품 교환선적 • 특별취급 선적 • 제품대체	• 설치, 보증, 수리, 서비스부품 • 고객불만의 처리 • 제품추적 및 보증 • 수리기간 동안의 제품대체

08 다음 설명에 해당하는 주문주기시간 구성요소는?

• 주문품을 재고지점에서 고객에게 전달하는데 걸리는 시간을 말한다.

• 창고에 재고가 있는 경우에는 공장을 거치지 않고 곧바로 고객에게 전달하는데 걸리는 시간을 말한다.

① 주문전달시간(Order Transmittal Time)

② 주문처리시간(Order Processing Time)

③ 오더어셈블리시간(Order Assembly Time)

④ 재고 가용성(Stock Availability)

⑤ 인도시간(Delivery Time)

해설 주문주기시간(Order cycle time)은 고객주문이 완성되는 시간을 말하며, 주문전달(Order transmittal time) → 주문처리(Order processing time) → 주문조립(Order assembly time) → 재고가용성(Stock availability) → 인도시간(Delivery time) 순서로 구성된다. 제시된 내용은 인도시간에 대한 설명이다.

정답 07 ③ **08** ⑤

09 다음 (   )에 들어갈 물류관리전략 추진단계로 옳은 것은?

- (ㄱ) 단계 : 원·부자재의 공급에서 생산과정을 거쳐 완제품의 유통과정까지의 흐름을 최적화하기 위해 유통경로 및 물류 네트워크를 설계하는 단계
- (ㄴ) 단계 : 고객이 원하는 것이 무엇인지를 파악하는 동시에 회사이익 목표를 달성할 수 있는 최적의 서비스 수준을 정하는 단계
- (ㄷ) 단계 : 물류거점 설계 및 운영, 운송관리, 자재 및 재고관리를 하는 단계
- (ㄹ) 단계 : 정보화 구축에 관련된 정책 및 절차 수립, 정보화 설비와 장비를 도입·조작·변화관리를 하는 단계

① ㄱ : 전략적   ㄴ : 구조적   ㄷ : 기능적   ㄹ : 실행
② ㄱ : 전략적   ㄴ : 기능적   ㄷ : 실행   ㄹ : 구조적
③ ㄱ : 구조적   ㄴ : 실행   ㄷ : 전략적   ㄹ : 기능적
④ ㄱ : 구조적   ㄴ : 전략적   ㄷ : 기능적   ㄹ : 실행
⑤ ㄱ : 기능적   ㄴ : 구조적   ㄷ : 전략적   ㄹ : 실행

해설 물류관리전략은 가장 상위의 수준에서 이루어지는 전략적 단계에서 시작하여, 구조적(또는 관리적) 단계, 기능적 단계, 실행 단계의 순으로 이루어진다.
(ㄱ)은 전략을 결정한 후에 이루어지는 관리적(구조적) 단계, (ㄴ)은 최고경영자 수준에서 이루어지는 전략적 단계, (ㄷ)은 보관과 관련하여 이루어지는 기능적 단계, (ㄹ)은 실행단계이다.

10 제품수명주기 중 도입기의 물류전략에 관한 설명으로 옳은 것은?

① 광범위한 유통지역을 관리하기 위해 다수의 물류센터를 구축한다.
② 경쟁이 심화되는 단계이므로 고객별로 차별화된 물류서비스를 제공한다.
③ 소수의 지점에 집중된 물류 네트워크를 구축한다.
④ 장기적인 시장 점유율 확대를 위해 대규모 물류 네트워크를 구축한다.
⑤ 물류센터를 통폐합하여 소수의 재고 보유 거점을 확보한다.

해설 ③ 신제품의 도입기에는 높은 수준의 제품 가용성과 물류 유연성이 필요하므로 소수의 지점에 집중된 물류 네트워크를 구축해야 한다.
①은 성장기, ②는 성숙기, ④는 성장기, ⑤는 쇠퇴기의 물류전략이다.

정답 **09** ④ **10** ③

11 사업부형 물류조직에 관한 설명으로 옳지 않은 것은?

① 기업의 규모가 커지고 최고 경영자가 기업의 모든 업무를 관리하기가 어려워짐에 따라 등장했다.

② 상품 중심의 사업부제와 지역 중심의 사업부제, 그리고 두 형태를 절충한 형태가 있다.

③ 사업부간 횡적 교류가 활발하여 전사적 물류활동이 가능하다.

④ 각 사업부 내에는 라인조직과 스텝조직이 있다.

⑤ 각 사업부는 독립된 형태의 분권조직이다.

> **해설** ③ 사업부제 조직에서는 전체 조직이 수직적인 형태를 취함으로써 사업부 간에 수평적 교류가 쉽지 않다. 이로 인해 사업부간 인적자원의 교류가 경직화되고 효율적 이용이 어렵다는 것이 단점이다.

12 4PL(Fourth Party Logistics)에 관한 설명으로 옳은 것을 모두 고른 것은?

> ㄱ. 3PL(Third Party Logistics), 물류컨설팅업체, IT업체 등이 결합한 형태이다.
> ㄴ. 이익분배를 통해 공통의 목표를 관리한다.
> ㄷ. 공급사슬 전체의 관리와 운영을 실시한다.
> ㄹ. 대표적인 형태는 매트릭스형 물류조직이다.

① ㄱ, ㄴ   ② ㄷ, ㄹ

③ ㄱ, ㄴ, ㄷ   ④ ㄱ, ㄷ, ㄹ

⑤ ㄴ, ㄷ, ㄹ

> **해설** 제4자 물류(4PL)는 3PL(Third Party Logistics), 물류컨설팅업체, IT업체 등이 네트워크를 통해 연계된 것으로 네트워크 조직(network organization) 형태의 물류조직이다.
> 제4자 물류(4PL, LLP)는 광범위한 공급체인관리(SCM) 체제를 구축하고 물류효율화를 위한 전략이 확대됨에 따라 등장한 개념이다. 3PL과 4PL의 기본적인 차이점은 3PL이 창고나 수송 분야를 기본으로 특화된 서비스를 제공하는 수준인 데 비하여 4PL은 3PL로서 SCM, 컨설팅, 전체적인 물류 네트워크 개선 등한 차원 높은 물류서비스를 제공함으로써 물류효율화를 달성하려는 것이다.

13 물류거점 집약화의 효과에 관한 설명으로 옳지 않은 것은?

① 공장과 물류거점 간의 운송 경로가 통합되어 대형차량의 이용이 가능하다.

② 물류거점과 고객의 배송단계에서 지점과 영업소의 수주를 통합하여 안전재고가 줄어든다.

③ 운송차량의 적재율 향상이 가능하다.

④ 물류거점의 기계화와 창고의 자동화 추진이 가능하다.

⑤ 물류거점에서 재고집약과 재고관리를 함으로써 재고의 편재는 해소되나 과부족 발생가능성이 높아진다.

해설 ⑤ 물류거점에서 재고집약 및 재고관리를 하게 되면 재고과부족의 발생가능성은 줄어들지만 특정 거점에 재고가 몰리는 재고의 편재 가능성은 높아진다.

14 물류시스템의 기능별 분류에 해당하는 것은?

① 도시물류시스템, 지역 및 국가 물류시스템, 국제물류시스템
② 구매물류시스템, 제조물류시스템, 판매물류시스템, 역물류시스템
③ 운송물류시스템, 보관물류시스템, 하역물류시스템, 포장물류시스템, 유통가공물류시스템, 물류정보시스템
④ 농산물물류시스템, 도서물류시스템, 의약품물류시스템
⑤ 냉장(냉동)물류시스템, 화학제품물류시스템, 벌크화물물류시스템

해설 ③ 물류의 기능은 운송, 보관, 하역, 포장, 물류정보관리, 유통가공 등으로 구분한다.

15 물류시스템 설계시 운영적 계획의 고려사항에 해당하는 것은?

① 대고객 서비스 수준   ② 설비 입지
③ 주문처리   ④ 운송수단과 경로
⑤ 재고정책

해설 ③ 주문처리는 주문충족, 발주, 재고보충, 경로결정(routing) 등과 함께 운영적 계획에 해당한다.
① 대고객 서비스 수준, ② 설비 입지, ④ 운송수단과 경로, ⑤ 재고정책 등은 가장 상위 수준의 전략에 해당한다.
물류계획은 물류분야의 의사결정과 관련하여 '무엇을, 언제, 어떻게'라는 문제에 관한 답을 구하려는 것으로 전략적, 전술적, 운영적 계획의 3단계로 이루어지고, 이에 따라 장기, 중기, 단기적 수준에서 계획수립이 이루어진다. (인하대학교 물류산학협력센터, 「물류학원론」, 서울경제경영, 2009, p.23)

16 물류비에 관한 설명으로 옳지 않은 것은?

① 물류활동을 실행하기 위해 발생하는 직접 및 간접 비용을 모두 포함한다.
② 영역별로 조달, 생산, 포장, 판매, 회수, 폐기 활동으로 구분된 비용이 포함된다.
③ 현금의 유출입보다 기업회계기준 및 원가계산준칙을 적용해야 한다.
④ 물류활동이 발생된 기간에 물류비를 배정하도록 한다.
⑤ 물류비의 정확한 파악을 위해서는 재무회계방식보다 관리회계방식을 사용하는 것이 좋다.

해설 ② 포장비는 기능별 물류비에 해당한다. 「기업물류비산정지침」에서 영역별 물류비는 조달물류비, 사내물류비, 판매물류비, 리버스물류비(반품, 회수, 폐기)로 구분한다.

정답 14 ③ 15 ③ 16 ②

391

17 역물류비에 관한 설명으로 옳은 것은?

① 반품물류비는 판매된 상품에 대한 환불과 위약금을 포함한 모든 직접 및 간접 비용이다.

② 반품물류비에는 운송, 검수, 분류, 보관, 폐기 비용이 포함된다.

③ 회수물류비는 판매된 제품과 물류용기의 회수 및 재사용에 들어가는 비용이다.

④ 회수물류비에는 파렛트, 컨테이너, 포장용기의 회수비용이 포함된다.

⑤ 제품이 정상적으로 사용된 후 소멸 처리하는 것은 폐기비용으로 간주하지 않는다.

[해설] ④ 회수물류비란 공용기와 포장자재 등이 회수되어 재사용 가능할 때까지의 물류비를 말한다(기업물류비산정지침 제7조).

① 반품물류비란 판매한 제품·상품 또는 위탁판매한 제품·상품의 취소, 위탁의 취소 등의 물류활동에 따른 물류비를 말한다. 반품물류비에 판매된 상품에 대한 환불과 위약금은 포함되지 않는다.

② 반품물류비에 폐기비용은 포함되지 않는다.

③ 제품의 회수는 반품물류에 해당한다.

⑤ 제품이 정상적으로 사용된 후 소멸 처리하는 것은 폐기비용에 포함한다.

18 A기업의 작년 매출액은 500억원, 물류비는 매출액의 10%, 영업이익률은 매출액의 15%이었다. 올해는 물류비 절감을 통해 영업이익률을 20%로 올리려고 한다면, 작년에 비해 추가로 절감해야 할 물류비는? (단, 매출액과 다른 비용 및 조건은 작년과 동일한 것으로 가정한다.)

① 10억원
② 15억원
③ 20억원
④ 25억원
⑤ 30억원

[해설] 영업이익률이 15%일 때 영업이익 = 500억원 × 0.15 = 75억원이다. 영업이익률이 20%라면 영업이익 = 500억원 × 0.2 = 100억원이다. 영업이익을 25억원 증가시키려면 물류비를 25억원 절감해야 한다.

19 A기업은 공급업체로부터 부품을 운송해서 하역하는데 40만원, 창고 입고를 위한 검수에 10만원, 생산공정에 투입하여 제조 및 가공하는데 60만원, 출고 검사 및 포장에 20만원, 트럭에 상차하여 고객에게 배송하는데 30만원, 제품 홍보와 광고에 50만원을 지출하였다. A기업의 조달물류비는?

① 50만원
② 110만원
③ 130만원
④ 160만원
⑤ 210만원

해설 조달물류비는 물자(원자재, 부품, 제품 등을 포함하며 이하 동일하다)의 조달처로부터 운송되어 매입자의 보관창고에 입고, 관리되어 생산공정(또는 공장)에 투입되기 직전까지의 물류활동에 따른 물류비를 말한다. 생산공정에 투입되기까지의 비용은 운송・하역비 40만원과 검수비 10만원, 합계 50만원이다.

20 수직적 유통경로시스템(VMS : Vertical Marketing System)에 관한 설명으로 옳지 않은 것은?

① 유통경로상의 한 주체에서 계획된 프로그램에 의해 경로구성원들을 전문적으로 관리・통제하는 시스템이다.

② 기업형 VMS는 한 경로구성원이 다른 경로구성원들을 법적으로 소유・관리하는 시스템이다.

③ 계약형 VMS는 경로구성원들이 각자가 수행해야 할 유통기능들을 계약에 의해 합의함으로써 공식적 경로관계를 형성하는 시스템이다.

④ 계약형 VMS에는 도매상 후원의 임의 연쇄점, 소매상 협동조합, 프랜차이즈 조직이 있다.

⑤ 관리형 VMS는 수직적 유통경로시스템 중에서 통합 또는 통제 정도가 가장 강한 시스템이다.

해설 ⑤ 수직적 유통경로시스템 중에서 통합 또는 통제 정도가 가장 강한 시스템은 기업형 VMS이다.

21 도매물류사업의 기대효과 중 제조업자(생산자)를 위한 기능이 아닌 것은?

① 구색편의 기능
② 주문처리 기능
③ 물류의 대형집약화 센터설립 기능
④ 판매의 집약광역화 대응 기능
⑤ 시장동향정보의 파악(생산조절) 기능

해설 ① 구색편의(assortment) 기능은 여러 제조업자의 상품을 한 번에 구매하기 쉽도록 하는 기능으로 소매상이나 소비자를 위한 기능이다.

정답 **20** ⑤ **21** ①

22 다음 설명에 해당하는 가맹점 사업의 종류는?

- 임의연쇄점이라고 하며, 독립자본으로 운영되는 다수 소매점이 모여서 특정한 기능을 체인본부에 위탁하는 체인시스템이다.
- 체인본부에 최소한의 기본적인 기능만 요구되기 때문에 재정적 부담이 적다.

① 볼런터리 체인(Voluntary Chain)　　② 레귤러 체인(Regular Chain)
③ 프랜차이즈 체인(Franchise Chain)　④ 협동형 체인(Cooperative Chain)
⑤ 스페셜 체인(Special Chain)

해설 문제에 제시된 내용은 볼런터리 체인(Voluntary Chain)에 대한 설명이다. 이는 단체구입과 공동 머천다이징을 수행하는, 도매상 후원의 독립소매점 집단이다. (코틀러의 마케팅원리, 15e, p.393)

23 다음 설명에 해당하는 정보기술은?

표준화된 기업과 기업 간의 거래서식이나 기업과 행정부서 간의 공증서식 등을 서로 합의된 의사전달 양식에 의거하여 컴퓨터 간에 교환하는 전자문서 교환방식

① EDI　　　　　　　　　　　② POS
③ SIS　　　　　　　　　　　④ EOS
⑤ RFID

해설 전자문서교환(EDI ; Electronic Data Interchange)은 이전에 종이서류를 대신해서 거래업체 간에 상호 합의된 전자문서 표준을 이용하여 컴퓨터와 컴퓨터 간에 교환되는 전자문서교환 시스템이다.
② POS는 판매시점정보시스템, ③ SIS는 전략정보시스템, ④ EOS는 자동발주시스템, ⑤ RFID는 무선주파수인식시스템이다.

24 EAN 13형 바코드에 포함되지 않는 코드는?

① 국가식별 코드　　　　　　　② 제조업체 코드
③ 공급업체 코드　　　　　　　④ 상품품목 코드
⑤ 체크 디지트

해설 EAN-13(또는 GS1-13) 표준형 바코드는 국가식별코드 3자리, 제조업체코드, 상품품목코드, 체크 디지트 1자리 등 13자리로 구성되어 있다. 우리나라의 국가식별코드는 880이다.

정답 22 ①　23 ①　24 ③

25 QR코드에 관한 설명으로 옳지 않은 것은?

① 코드 모양이 정사각형이다.

② 1차원 바코드에 비하여 오류복원 기능이 낮아 데이터 복원이 어렵다.

③ 1차원 바코드에 비하여 많은 양의 정보를 수용할 수 있다.

④ 흑백 격자무늬 패턴으로 정보를 나타내는 2차원 형태의 바코드이다.

⑤ 1994년 일본의 덴소웨이브 사(社)가 개발하였다.

[해설] ② QR코드는 데이터와 오류 정정 키들이 네 모서리에 각기 분산된 형태로 포함되어 있어 오염되거나 훼손되었을 경우 1차원 바코드에 비해 데이터를 읽어 들이기 쉽다는 장점이 있다.

26 물류정보기술에 관한 설명으로 옳은 것은?

① RFID(Radio Frequency Identification)는 태그 데이터의 변경 및 추가는 불가능하나, 능동형 및 수동형 여부에 따라 메모리의 양을 다르게 정의할 수 있다.

② USN(Ubiquitous Sensor Network)는 센서 네트워크를 이용하여 유비쿼터스 환경을 구현하는 기술이며, 사물에 QR코드를 부착하여 정보를 인식하고 관리하는 정보기술을 말한다.

③ CALS의 개념은 Commerce At Light Speed로부터 Computer Aided Logistics Support 로 발전되었다.

④ ASP(Application Service Provider)란 응용소프트웨어 공급서비스를 뜻하며 사용자 입장에서는 시스템의 자체 개발에 비하여 초기 투자비용이 더 많이 발생하는 단점이 있다.

⑤ IoT(Internet of Things)란 사람, 사물, 공간, 데이터 등이 인터넷으로 서로 연결되어 정보가 생성·수집·활용되게 하는 사물인터넷 기술이다.

[해설] ① RFID는 태그 데이터의 변경 및 추가가 가능하다.
② USN은 사물에 센서를 부착하여 정보를 인식하고 관리한다.
③ CALS의 개념은 Computer Aided Logistics Support로부터 현재는 광속상거래(Commerce At Light Speed)로 발전하였다.
④ ASP는 사용자 입장에서는 시스템의 자체 개발에 비하여 초기 투자비용이 별로 발생하지 않는다.

정답 **25** ② **26** ⑤

27 물류정보망에 관한 설명으로 옳은 것은?

① CVO는 Carrier Vehicle Operations의 약어로서, 화물차량에 부착된 단말기를 이용하여 실시간으로 차량 및 화물을 추적·관리하는 방식이다.

② KL-NET는 무역정보망으로서, 무역정보화를 통한 국가경쟁력 강화를 목적으로 개발되었다.

③ KT-NET는 물류정보망으로서, 물류업무의 온라인화를 위해 개발된 정보망이다.

④ PORT-MIS는 항만운영관리 시스템으로서, 한국물류협회가 개발 및 운영하는 시스템이다.

⑤ VAN은 Value Added Network의 약어로서, 제3자(데이터 통신업자)를 매개로 하여 기업 간 자료를 교환하는 부가가치통신망이다.

[해설] ① CVO는 Commercial Vehicle Operation의 약어로서, 지능형교통시스템(ITS)의 일종으로 교통여건, 도로상황 등 각종 교통정보를 운전자에게 신속하고 정확하게 제공하는 첨단화물운송정보시스템(CVO)이다. ②는 KT-NET, ③은 KL-NET에 대한 설명이다. ④ PORT-MIS는 해운항만물류정보시스템으로 해양수산부와 항만공사가 운영하는 시스템이다.

28 A기업은 4개의 지역에 제품 공급을 위해 지역별로 1개의 물류센터를 운영하고 있다. 물류센터에서 필요한 안전재고는 목표 서비스수준과 수요변동성을 반영한 확률 기반의 안전재고 계산공식인 $z \times \sigma$를 적용하여 계산하였으며, 현재 필요한 안전재고는 각 물류센터 당 100개로 파악되고 있다. 물류센터를 중앙집중화하여 1개로 통합한다면 유지해야 할 안전재고는 몇 개인가? (단, 수요는 정규분포를 따르며, 4개 지역의 조건은 동일하다고 가정한다.)

① 100개   ② 200개
③ 300개   ④ 400개
⑤ 500개

[해설] 안전재고 = 안전계수(z) × 수요의 표준편차(σ) × $\sqrt{리드타임}$ 이다. 4개의 물류센터를 중앙집중화하여 하나로 통합하면 리드타임이 4배가 된다. 따라서 안전재고는 2배가 되므로 200개가 된다.

29 공급사슬 통합의 효과가 아닌 것은?

① 생산자와 공급자 간의 정보 교환이 원활해진다.
② 생산계획에 대한 조정과 협력이 용이해진다.
③ 공급사슬 전·후방에 걸쳐 수요변동성이 줄어든다.
④ 물류센터 통합으로 인해 리스크 풀링(Risk Pooling)이 사라진다.
⑤ 공급사슬 전반에 걸쳐 재고품절 가능성이 작아진다.

정답 **27** ⑤ **28** ② **29** ④

④ 리스크 풀링(risk pooling)은 공급사슬에서 변동성을 다루는 가장 강력한 도구 중의 하나이다. 이는 여러 지역의 수요를 하나로 통합했을 때 수요의 변동성이 감소한다는 것으로, 지역별로 다른 수요를 합쳤을 때, 특정고객으로부터의 높은 수요를 낮은 수요의 다른 지역에서 상쇄할 수 있기 때문에 가능하다. 리스크 풀링 효과로 인해 안전재고가 감소하고 따라서 평균재고도 감소하게 된다.

30 공급자 재고관리(VMI : Vendor Managed Inventory)에 관한 설명으로 옳지 않은 것은?

① 유통업자가 생산자에게 판매정보를 제공한다.
② 구매자가 공급자에게 재고 주문권을 부여한다.
③ 공급자가 자율적으로 공급 스케줄을 관리한다.
④ 생산자와 부품공급자는 신제품을 공동 개발한다.
⑤ 생산자는 부품공급자와 생산 계획을 공유한다.

④ VMI(Vendor Managed Inventory)는 공급업체가 주도적으로 재고를 관리하는 것을 의미하는 것으로 신제품을 공동으로 개발하는 것은 아니다.

31 공급사슬관리(SCM : Supply Chain Management)의 효과에 관한 설명으로 옳지 않은 것은?

① 생산자와 공급자 간의 협력을 통하여 경쟁우위를 확보할 수 있다.
② 생산자와 공급자 간의 협력을 통하여 이익 평준화를 실현할 수 있다.
③ 공급사슬 파트너십을 통하여 재고품절 위험을 감소시킬 수 있다.
④ 공급사슬 파트너십을 통하여 물류비용을 절감할 수 있다.
⑤ 공급사슬 파트너십을 통하여 소비자 만족을 극대화할 수 있다.

② SCM이 구축되면 생산자와 공급자 간의 협력을 통하여 물류비용의 절감, 고객서비스의 개선을 이루어 이익의 증대를 실현할 수 있다.

32 표준 파렛트 T-11형과 T-12형의 치수(가로 및 세로규격)를 옳게 나열한 것은?

① T-11형 : 800mm×1,100mm,   T-12형 : 1,000mm×1,100mm
② T-11형 : 1,000mm×1,100mm, T-12형 : 1,100mm×1,100mm
③ T-11형 : 1,000mm×1,100mm, T-12형 : 1,000mm×1,200mm
④ T-11형 : 1,100mm×1,100mm, T-12형 : 1,000mm×1,200mm
⑤ T-11형 : 1,100mm×1,100mm, T-12형 : 1,100mm×1,200mm

④ 표준 파렛트 T-11형은 1,100mm × 1,100mm이고, T-12형은 1,000mm × 1,200mm이다.

33 표준 파렛트 T-11형을 ISO 규격의 20피트(feet) 해상컨테이너에 2단으로 적입할 경우, 컨테이너 내에 적입할 수 있는 최대 파렛트 수량은?

① 10개
② 14개
③ 16개
④ 18개
⑤ 20개

해설 • 20피트 컨테이너의 내부치수 길이 5,898mm, 40피트 컨테이너의 길이 12,031mm, 45피트 컨테이너의 길이 13,555mm이다.
• 20피트 컨테이너에 1단으로 적입하는 경우 10개, 2단으로 적입하는 경우 20개까지 적재할 수 있다.
• 40피트 컨테이너에 1단으로 적입하는 경우 20개, 2단으로 적입하는 경우 40개를 적재할 수 있다.

34 물류표준화의 대상 분야에 해당하는 것을 모두 고른 것은?

ㄱ. 수송 부문
ㄴ. 보관 부문
ㄷ. 하역 부문
ㄹ. 포장 부문
ㅁ. 정보화 부문

① ㄱ, ㄴ, ㅁ
② ㄴ, ㄷ, ㄹ
③ ㄷ, ㄹ, ㅁ
④ ㄱ, ㄴ, ㄷ, ㄹ
⑤ ㄱ, ㄴ, ㄷ, ㄹ, ㅁ

해설 물류표준화는 화물유통 장비와 포장의 규격, 구조 등을 통일하고 단순화하는 것으로서 포장, 하역, 보관, 운송, 정보 등 각각의 물류기능 및 물류단계의 물동량 취급단위를 표준 규격화하고 이에 사용되는 기기, 용기, 설비 등을 대상으로 규격, 강도, 재질 등을 표준화하여 이들 간의 호환성과 연계성을 확보하는 유닛로드시스템(ULS)을 구축하는 것을 말한다.
물류표준화의 주요 내용은 ㉠ 포장표준화, ㉡ 수송용기 및 장비표준화(파렛트, 컨테이너 등), ㉢ 보관시설 표준화, ㉣ 물류정보 및 시스템 표준화이고, ㉤ 물류용어 및 거래전표 등도 표준화의 대상이다.

35 공동 수 · 배송의 효과가 아닌 것은?

① 운송차량의 공차율 증가
② 공간의 활용 증대
③ 주문단위 소량화 대응 가능
④ 교통혼잡 완화
⑤ 대기오염, 소음 등 환경문제 개선

해설 ① 공동 수 · 배송을 도입하면 운송차량의 영차율은 증가하고, 공차율은 감소한다.

정답 **33** ⑤ **34** ⑤ **35** ①

36 다음 설명에 해당하는 공동 수·배송 운영방식은?

- 운송업자가 협동조합을 설립하고 화주로부터 수주를 받아 조합원에게 배차를 지시하는 방식
- 고객의 주문처리에서 화물의 보관, 수송, 배송까지의 모든 업무를 공동화하는 방식

① 배송공동형   ② 특정화주 공동형
③ 특정지역 공동형   ④ 공동수주 공동배송형
⑤ 납품대행형

[해설] ④ 고객의 주문처리에서 화물의 보관, 수송, 배송까지의 모든 업무를 공동화하는 방식은 공동수주 공동 배송형이다.

37 순물류(Forward Logistics)와 역물류(Reverse Logistics)의 차이점을 비교한 것으로 옳지 않은 것은?

구분	순물류	역물류
ㄱ. 품질측면	제품 품질이 일정함	제품 품질이 상이함
ㄴ. 가격측면	제품 가격이 일정함	제품 가격이 상이함
ㄷ. 제품수명주기	제품수명주기의 관리가 용이함	제품수명주기의 관리가 어려움
ㄹ. 회계측면	물류비용 파악이 용이함	물류비용 파악이 어려움
ㅁ. 구성원 측면	공급망 구성원 간의 거래조건이 복잡함	공급망 구성원 간의 거래조건이 단순함

① ㄱ   ② ㄴ
③ ㄷ   ④ ㄹ
⑤ ㅁ

[해설] ⑤ 순물류(Forward Logistics)는 단위화된 화물을 중심으로 물류활동이 이루어지므로 공급망 구성원 간의 거래조건이 용이하지만, 반품물류와 회수물류 등을 포함하는 역물류(Reverse Logistics)는 거래 조건이 복잡하다.

정답 **36** ④ **37** ⑤

38 다음 설명에 해당하는 물류보안제도는?

- 세관에서 물류기업이 일정 수준 이상의 기준을 충족하면 통관절차 등을 간소화 시켜주는 제도이다.
- 세계관세기구(WCO)는 무역의 안전 및 원활화를 조화시키는 표준협력제도로서 도입하였다.
- 상호인정협약(Mutual Recognition Arrangement)을 통해 자국뿐만 아니라 상대방 국가에서도 통관상의 혜택을 받을 수 있다.

① AEO(Authorized Economic Operator)
② CSI(Container Security Initiative)
③ C-TPAT(Customs Trade Partnership Against Terrorism)
④ ISF(Importer Security Filing)
⑤ ISPS(International Ship and Port Facility Security) Code

해설 세계관세기구(WCO)는 무역의 안전 및 원활화를 조화시키는 표준협력제도로서 도입한 것은 AEO (Authorized Economic Operator)이다.
AEO(Authorized Economic Operator)는 세관이 정한 물류보안기준을 충족하면 통관 때 특혜를 주는 제도이다. AEO 인증을 받은 업체는 국가 간 상호 인증협정을 맺은 국가(미국, 캐나다, 싱가포르)에 수출할 때 다른 나라보다 신속한 통관절차를 밟을 수 있다. 우리나라도 물류보안을 강화하기 위하여 2009년 3월부터 종합인증우수업체(AEO) 제도를 시행하고 있다.
② CSI(Container Security Initiative)는 컨테이너 보안협정, ③ C-TPAT(Customs Trade Partnership Against Terrorism)는 최초의 물류보안제도인 반테러민관협력제도, ④ ISF(Importer Security Filing)는 선적지에서 출항 24시간 전에 미국 세관에 온라인으로 신고를 하도록 한 24시간 전 적하목록 제출제도이다.
⑤ ISPS(International Ship and Port Facility Security) Code는 각국 정부와 항만관리당국, 선사들이 갖춰야 할 보안 관련 조건들을 명시하고, 보안사고 예방에 대한 가이드라인을 제시한다.

39 녹색물류 추진방향으로 옳지 않은 것은?

① 공동 수·배송 추진
② 소량 다빈도 수송 추진
③ 모달 시프트(modal shift) 추진
④ 회수물류 활성화
⑤ 저공해 운송수단 도입

해설 ② 운송화물을 대량·대형화하여 운송빈도를 줄여야 교통혼잡은 물론 환경오염을 줄일 수 있다.

정답 **38** ① **39** ②

40 블록체인(Block Chain)에 관한 설명으로 옳지 않은 것은?

① 분산원장 또는 공공거래장부라고 불리며, 암호화폐로 거래할 때 발생할 수 있는 해킹을 막는 기술에서 출발했다.

② 다수의 상대방과 거래를 할 때 데이터를 개인 사용자들의 디지털 장비에 저장하여 공동으로 관리하는 분산형 정보기술이다.

③ 비트코인은 블록체인 기술을 이용한 전자화폐이다.

④ 퍼블릭 블록체인(Public Block Chain)과 프라이빗 블록체인(Private Block Chain)은 누구나 접근이 가능하다.

⑤ 컨소시엄 블록체인(Consortium Block Chain)은 허가받은 사용자만 접근이 가능하다.

> [해설] ④ 프라이빗 블록체인(private blockchain)은 미리 정해진 조직이나 개인들만 참여할 수 있는 폐쇄형 블록체인 네트워크를 말한다. 반면, 퍼블릭 블록체인(public blockchain)이란 누구든지 자유롭게 참여할 수 있는 개방형 블록체인 네트워크를 말한다.

제2과목 화물운송론(41~80)

41 다음에서 설명하는 운임결정이론(Theory of Rate Making)은?

> • 운임의 최고한도는 화주의 운임부담능력이 되고, 최저한도는 운송인의 운송원가가 된다.
> • 실제 운임의 결정은 운임부담능력과 운송원가 사이에서 결정된다.

① 용역가치설　　　　　　　　② 운임부담력설
③ 생산비설　　　　　　　　　④ 절충설
⑤ 일반균형이론

> [해설] ① 용역가치설 : 서비스의 가치에 중점을 두어 운임을 결정해야 한다는 이론이다.
> ② 운임부담력설 : 서비스 수요자의 운임지급능력에 중점을 두어 운임을 결정해야 한다는 이론이다.
> ③ 생산비설 : 서비스의 생산비용에 중점을 두어 운임을 결정해야 한다는 이론이다.
> ⑤ 일반균형이론 : 경제학에서 수요와 공급의 상호작용으로 전체적·일반적인 균형에 도달한다는 것으로, 케인즈가 처음으로 정립한 이론이다.

42 화물자동차 운영효율성 지표에 관한 설명으로 옳지 않은 것은?

① 영차율은 전체 운행거리 중 실제 화물을 적재하지 않고 운행한 비율을 나타낸다.

② 회전율은 차량이 일정한 시간 내에 화물을 운송한 횟수의 비율을 나타낸다.

③ 가동률은 일정기간 동안 화물을 운송하거나 운송을 위해 운행한 일수의 비율을 나타낸다.

④ 복화율은 편도 운송을 한 후 귀로에 화물운송을 어느 정도 수행했는지를 나타내는 지표이다.

⑤ 적재율은 차량의 적재정량 대비 실제 화물을 얼마나 적재하고 운행했는지를 나타내는 지표이다.

해설 ① 영차율은 전체 운행거리 중 화물을 적재하고 운행한 비율을 나타낸다.

43 화물운송에 관한 설명으로 옳지 않은 것은?

① 운송은 재화에 대한 생산과 소비가 이루어지는 장소적 격차를 해소해 준다.

② 운송방식에 따라 재화의 흐름을 빠르게 또는 느리게 하여 운송비용, 재고수준, 리드타임 및 고객서비스 수준을 합리적으로 조정할 수 있다.

③ 운송은 지역 간, 국가 간 경쟁을 유발하고 재화의 시장가격과 상품의 재고수준을 높인다.

④ 운송은 분업을 촉진하여 국제무역의 발전에 중요한 역할을 한다.

⑤ 운송은 재화의 효용가치를 낮은 곳에서 높은 곳으로 이동시키는 속성을 갖고 있다.

해설 ③ 운송은 지역 간, 국가 간의 경쟁을 낮추어 가격안정을 도모하고 상품의 재고수준을 줄이는 역할을 한다.

44 대형 목재, 대형 파이프, H형강 등의 장척화물 운송에 적합한 화물자동차는?

① 모터 트럭(Motor Truck)

② 세미 트레일러 트럭(Semi-trailer Truck)

③ 폴 트레일러 트럭(Pole-trailer Truck)

④ 풀 트레일러 트럭(Full-trailer Truck)

⑤ 더블 트레일러 트럭(Double-trailer Truck)

해설 ① 모터 트럭 : 보통 트럭으로 동력부분과 화물적재부분이 일체화되어 있는 일반 화물자동차이다. 즉, 트랙터에 트레일러가 분리되지 않도록 되어 있는 화물자동차를 말한다.
② 세미 트레일러 트럭 : 적하중량의 일부가 트랙터에 실리는 트레일러로서 가장 많이 운행되는 트레일러 트럭 유형이다.

④ **풀 트레일러 트럭** : 트레일러와 트랙터가 완전히 분리되어 있고, 트레일러 자체도 몸체(body)를 가지고 있다. 장점으로는 ㉠ 보통 트럭에 비하여 적재량을 늘릴 수 있고, ㉡ 트랙터 한 대에 트레일러 두세 대를 달 수 있어 트랙터와 운전자의 효율적 운용을 도모할 수 있으며, ㉢ 트랙터와 트레일러에 각기 다른 발송지별 또는 품목별 화물을 수송할 수 있다는 점 등이 있다.

⑤ **더블 트레일러 트럭** : 1대의 세미 트레일러용 트랙터와 1대의 세미 트레일러 및 1대의 풀트레일러로 이루어져 있다. 트랙터가 2개의 트레일러를 동시에 견인하여 화물을 운송하는 방식이다.

45 TMS(Transportation Management System)에 관한 설명으로 옳지 않은 것은?

① 화물운송시 수반되는 자료와 정보를 수집하여 효율적으로 관리하고, 수주과정에서 입력한 정보를 기초로 비용이 저렴한 수송경로와 수송수단을 제공하는 시스템이다.

② 화물이 입고되어 출고되기까지의 물류데이터를 자동 처리하는 시스템으로 입고와 피킹, 재고관리, 창고 공간 효율의 최적화 등을 지원하는 시스템이다.

③ 최적의 운송계획 및 차량의 일정을 관리하며 화물 추적, 운임 계산 자동화 등의 기능을 수행한다.

④ 고객의 다양한 요구를 수용하면서 수·배송비용, 재고비용 등 총비용을 절감할 수 있다.

⑤ 공급배송망 전반에 걸쳐 재고 및 운반비 절감, 대응력 개선, 공급업체와 필요부서간의 적기 납품을 실현할 수 있다.

해설 ② WMS(warehouse management system)에 대한 설명이다.

46 컨테이너 화물의 총중량 검증(Verified Gross Mass of Container)제도에 관한 설명으로 옳지 않은 것은?

① 수출을 위하여 화물이 적재된 개별 컨테이너, 환적 컨테이너 및 공 컨테이너를 대상으로 한다.

② '해상에서의 인명안전을 위한 국제협약(SOLAS)'에 따라 수출컨테이너의 총중량 검증 및 검증된 정보의 제공을 의무화하면서 도입되었다.

③ 화주는 수출하려는 컨테이너의 검증된 총중량 정보를 선장에게 제공하여야 한다.

④ 검증된 컨테이너 총중량 정보의 오차는 해당 컨테이너 총중량의 ±5% 이내에서 인정된다.

⑤ 컨테이너 총중량은 긴테이너에 적제되는 화물, 해당 화물을 고정 및 보호하기 위한 장비, 컨테이너 자체 무게 등을 모두 합산한 중량을 의미한다.

해설 ① 2016.7.1.부터 시행되고 있는 컨테이너화물 총중량 검증제도의 적용대상은 수출을 위해 화물이 실린 컨테이너로, 공 컨테이너와 환적 컨테이너는 대상에서 제외되어 있다. 이 제도의 주요 내용으로는 화주가 수출용 컨테이너 화물의 총중량을 계측함은 물론 화주가 컨테이너 내에 수납된 모든 개별화물, 화물 고정장비 등이 포함된 컨테이너 자체의 중량값을 합산하는 방식으로 검증하고, 수출용 화물이 수입된 개별 컨테이너가 터미널에 반입된 시점과 선석 예정선박의 입항 24시간 전 중 더 빠른 시점까지 정보를 제공해야 한다는 내용의 국제해상인명안전협약 사항을 수용해야 한다는 것이다. 또한 컨테이너 총중량 정보 미제공시, 컨테이너 화물의 총중량이 오차범위를 초과한 값인 경우, 컨테이너의 선박 적재를 금지하고 오차범위는 계측된 컨테이너 화물 총중량의 ±5%까지 인정하는 단서조항을 포함하고 있다.

47 운송수단별 특성에 관한 설명으로 옳은 것을 모두 고른 것은?

> ㄱ. 트럭운송은 Door to Door 운송서비스가 가능하고 기동성이 높은 운송 방식이다.
> ㄴ. 해상운송은 물품의 파손, 분실, 사고발생의 위험이 적고 타 운송수단에 비해 안전성이 높다.
> ㄷ. 항공운송은 중량에 크게 영향을 받지 않고 운송할 수 있다.
> ㄹ. 철도운송은 트럭운송에 비해 중·장거리 운송에 적합하다.

① ㄱ, ㄴ   ② ㄱ, ㄹ
③ ㄴ, ㄷ   ④ ㄴ, ㄹ
⑤ ㄷ, ㄹ

해설 ㄴ. 해상운송은 물품의 파손, 분실, 사고발생의 위험이 많고 타 운송수단에 비해 안전성이 낮다.
ㄷ. 항공운송은 중량에 영향을 받으며, 운임도 kg을 기준으로 하고 있다. 항공화물 중 고가화물은 가격을 기준으로 하는 종가운임을 적용하고 있다.

48 운임결정의 영향요인에 관한 설명으로 옳지 않은 것은?

① 화물의 파손, 분실 등 사고발생 가능성이 높아지면 운임도 높아진다.
② 적재작업이 어렵고 적재성이 떨어질수록 운임은 높아진다.
③ 운송거리가 길어질수록 총 운송원가는 증가하고 운임이 높아진다.
④ 화물의 밀도가 높을수록 동일한 적재용기에 많이 적재할 수 있으며 운임이 높아진다.
⑤ 운송되는 화물의 취급단위가 클수록 운송단위당 고정비는 낮아진다.

해설 ④ 화물의 밀도가 높을수록 동일한 적재용기에 많이 적재할 수 있어 운임은 낮아진다.

정답 **47** ② **48** ④

49 운송방식의 선택에 관한 설명으로 옳지 않은 것은?

① 수량이 적은 고가화물의 경우에는 항공운송이 적합하다.

② 장기운송시 가치가 하락하는 화물의 경우에는 항공운송이 적합하다.

③ 근거리운송이나 중·소량 화물의 경우에는 도로운송이 적합하다.

④ 대량화물 장거리 운송의 경우에는 해상운송이 적합하다.

⑤ 전천후 운송의 경우에는 도로운송이 적합하다.

해설 ⑤ 전천후 운송에는 철도운송이 적합하다.

50 전용특장차에 관한 설명으로 옳지 않은 것은?

① 덤프차량은 모래, 자갈 등의 적재물을 운송하고 적재함 높이를 경사지게 하여 양하하는 차량이다.

② 분립체수송차는 반도체 등을 진동 없이 운송하는 차량이다.

③ 액체수송차는 각종 액체를 수송하기 위해 탱크형식의 적재함을 장착한 차량이다.

④ 냉동차는 야채 등 온도관리가 필요한 화물운송에 사용된다.

⑤ 레미콘 믹서트럭은 적재함 위에 회전하는 드럼을 부착하고 드럼 속에 생 콘크리트를 뒤섞으면서 운송하는 차량이다.

해설 ② 분립체수송차(bulk truck)는 전용특장차의 일종으로 시멘트, 사료, 곡물, 화학제품, 식품 등 분립체를 자루에 담지 않고 무포장상태로 운반하는 차량이다.

51 화물자동차의 중량에 관한 설명으로 옳지 않은 것은?

① 공차는 화물을 적재하지 않고 연료, 냉각수, 윤활유 등을 채우지 않은 상태의 화물차량 중량을 말한다.

② 최대적재량은 화물자동차 허용 최대 적재상태의 중량을 말한다.

③ 자동차 연결 총중량은 화물이 최대 적재된 상태의 트레일러와 트랙터의 무게를 합한 중량을 말한다.

④ 최대접지압력은 화물의 최대 적재상태에서 도로 지면 접지부에 미치는 단위면적당 중량을 말한다.

⑤ 차량의 총중량은 차량중량, 화물적재량 및 승차중량을 모두 합한 중량을 말한다.

해설 ① 공차는 화물을 적재하지 않고 연료 등 운송에 필요한 준비가 된 상태의 화물차량의 중량을 말한다.

정답 **49** ⑤ **50** ② **51** ①

52 화물운송의 3대 구성요소로 옳은 것은?

① 운송경로(Link), 운송연결점(Node), 운송인(Carrier)

② 운송방식(Mode), 운송인(Carrier), 화물(Cargo)

③ 운송방식(Mode), 운송인(Carrier), 운송연결점(Node)

④ 운송방식(Mode), 운송경로(Link), 운송연결점(Node)

⑤ 운송방식(Mode), 운송인(Carrier), 운송경로(Link)

> 해설 ④ 운송은 점(node)과 선(link)으로 이루어지며 여기에 운송수단(mode)이 필요하다.

53 화물자동차 운수사업법(2020년 적용 화물자동차 안전운임 고시)에 규정된 컨테이너 품목 안전운임에 관한 설명으로 옳은 것은?

① 덤프 컨테이너의 경우 해당구간 운임의 30%를 가산 적용한다.

② 방사성물질이 적재된 컨테이너는 해당구간 운임에 100%를 가산 적용한다.

③ 위험물, 유독물, 유해화학물질이 적재된 컨테이너는 해당구간 운임에 25%를 가산 적용한다.

④ 화약류가 적재된 컨테이너는 해당구간 운임에 150%를 가산 적용한다.

⑤ TANK 컨테이너는 위험물이 아닌 경우 해당구간 운임의 30%를 가산 적용한다.

> 해설 ① 25%, ② 150%, ③ 30%, ④ 100%
> 컨테이너 안전운임 고시 [별표 1] 「자동차관리법」 제3조에 따른 특수자동차로 운송되는 수출입 컨테이너 품목 안전운임 부대조항(발췌) :
> 4-1. 「컨테이너식이동탱크저장소의 허가업무지침」에서 정하는 TANK 컨테이너는 위험물이 아닌 경우 해당구간 운임의 30%를 가산 적용한다.
> 7. 「물류정책기본법」 제29조 제1항에서 정의하는 위험물, 유해화학물질 등을 운송하는 차량이 위험물, 유해화학물질 등이 적재된 컨테이너를 운송할 때는 다음 각 목에 따른다.
>   가. 위험물의 종류에 따라 해당구간 운임에 다음과 같이 가산 적용한다.
>   1) 위험물, 유독물, 유해화학물질 : 30%
>   2) 화약류 : 100%
>   3) 방사성물질 : 150%
> 19. 덤프 컨테이너의 경우 해당구간 운임의 25%를 가산 적용한다.

정답 **52** ④ **53** ⑤

54 화물차량을 이용하여 운송할 때 발생되는 원가항목 중 고정비 성격의 항목을 모두 고른 것은?

ㄱ. 운전기사 인건비   ㄴ. 주차비
ㄷ. 통신비   ㄹ. 유류비
ㅁ. 복리후생비   ㅂ. 도로통행료

① ㄱ, ㄴ, ㅂ   ② ㄱ, ㄷ, ㅁ
③ ㄴ, ㄷ, ㅂ   ④ ㄴ, ㄹ, ㅁ
⑤ ㄷ, ㄹ, ㅂ

[해설] 주차비, 유류비, 도로통행료는 원가항목 중 변동비의 성격을 갖고 있다.

55 도로운송의 효율성을 제고하기 위한 방안으로 옳지 않은 것은?

① 육·해·공을 연계한 도로운송시스템을 구축하여야 한다.
② 철도운송, 연안운송, 항공운송 등이 적절한 역할분담을 할 수 있도록 하여야 한다.
③ 운송업체의 소형화, 독점화 등을 통해 경쟁체제의 확립을 위한 기반을 조성해 주어야 한다.
④ 비현실적인 규제를 탈피하여 시장경제원리에 입각한 자율경영 기반을 조성하여야 한다.
⑤ 도로시설의 확충 및 산업도로와 같은 화물자동차전용도로의 확충이 필요하다.

[해설] ③ 도로운송의 효율성을 제고하기 위해서는 운송업체의 규모화 또는 대형화, 자유경쟁 등 경쟁체제의 기반을 조성해야 한다.

56 화물자동차 운송의 단점이 아닌 것은?

① 대량화물의 운송에 불리하다.
② 철도운송에 비해 운송단가가 높다.
③ 에너지 효율성이 낮다.
④ 화물의 중량에 제한을 받는다.
⑤ 배차의 탄력성이 낮다.

[해설] ⑤ 화물자동차 운송은 여타 운송수단 대비 배차의 탄력성이 높은 문전운송이라는 장점을 갖고 있다.

정답 **54** ② **55** ③ **56** ⑤

57 화차에 컨테이너만 적재하는 운송방식을 모두 고른 것은?

> ㄱ. 캥거루 방식
> ㄴ. 플랙시밴 방식
> ㄷ. TOFC 방식
> ㄹ. COFC 방식

① ㄱ, ㄴ   ② ㄱ, ㄷ

③ ㄱ, ㄹ   ④ ㄴ, ㄷ

⑤ ㄴ, ㄹ

[해설] 화물열차 운송방식에서 COFC(container on flat car) 방식은 화차에 컨테이너만을 적재하고, TOFC (trailer on flat car) 방식은 화차에 트레일러 자체를 적재하는 방식이다. 캥거루 방식은 TOFC 방식의 하나이고, 플랙시밴 방식은 COFC 방식의 하나이다.

58 (   )에 들어갈 컨테이너 터미널의 운영방식을 바르게 나열한 것은?

운영방식	야드면적	자본투자	컨테이너 양륙시간	하역장비 유지비용	자동화 가능성
(ㄱ)	소	소	장	소	고
(ㄴ)	중	중	중	대	중
(ㄷ)	대	대	단	소	저

① ㄱ : 샤시방식,   ㄴ : 스트래들캐리어방식,   ㄷ : 트랜스테이너방식

② ㄱ : 스트래들캐리어방식, ㄴ : 샤시방식,   ㄷ : 트랜스테이너방식

③ ㄱ : 트랜스테이너방식,   ㄴ : 스트래들캐리어방식, ㄷ : 샤시방식

④ ㄱ : 스트래들캐리어방식, ㄴ : 트랜스테이너방식,   ㄷ : 샤시방식

⑤ ㄱ : 트랜스테이너방식,   ㄴ : 샤시방식,   ㄷ : 스트래들캐리어방식

[해설] ㄱ. **트랜스테이너방식** : 야드면적이 좁은 컨테이너 터미널에 적합하고 자본투자 부담이 저렴하며 하역장비 유지비용이 적어 자동화 가능성도 높지만, 컨테이너 양륙시간이 길다는 단점이 있다.
ㄴ. **스트래들캐리어방식** : 야드면적, 자본투자, 컨테이너 양륙시간에는 영향을 그다지 받지 않지만 하역장비 유지비용이 많이 발생한다는 단점이 있다.
ㄷ. **샤시방식** : 야드면적이 넓은 경우에 사용되고 있으며, 컨테이너 양륙시간이 단축되고 하역장비 유지비용은 적다는 장점이 있으나 자본투자 부담이 많고 자동화 가능성은 낮다.

정답 **57** ⑤   **58** ③

59 정박기간에 관한 설명으로 옳지 않은 것은?

① 정박기간은 Notice of Readiness 통지 후 일정기간이 경과되면 개시한다.
② SHEX는 일요일과 공휴일을 정박일수에 산입하지 않는 조건이다.
③ WWD는 하역 가능한 기상조건의 날짜만 정박기간에 산입하는 조건이다.
④ CQD는 해당 항구의 관습적 하역방법과 하역능력에 따라 할 수 있는 한 빨리 하역하는 조건이다.
⑤ Running Laydays는 불가항력을 제외한 하역 개시일부터 끝날 때까지의 모든 기간을 정박기간으로 계산하는 조건이다.

> 해설 ⑤ Running Laydays는 하역작업이 시작된 날로부터 종료시까지의 경과일수로 정박기간을 정하는 방법으로서, 불가항력, 일요일, 공휴일 모두 정박기간으로 계산된다.

60 철도운송의 장점이 아닌 것은?

① 환경 친화적인 운송이다.
② 적재 중량당 용적이 작다.
③ 계획적인 운행이 가능하다.
④ 적기 배차가 용이하다.
⑤ 다양한 운임할인 제도를 운영한다.

> 해설 ②, ④ 철도운송은 철도운행의 일정에 따라 이루어지므로 여타 운송수단 대비 적기 배차가 어렵다. 그리고 철도운송은 중량화물 위주 운송수단이지만, 적재 중량당 용적이 작아 더 많은 중량화물을 운송할 수 있는 것은 아니므로 장점이라 할 수 없다. (복수 답안 처리)

61 선적시 양하항을 복수로 선정하고 양하항 도착 전에 최종 양하항을 지정하는 경우 발생하는 비용은?

① 항구변경할증료
② 외항추가할증료
③ 환적할증료
④ 양하항선택할증료
⑤ 혼잡할증료

> 해설 ① 항구변경할증료(Diversion charge) : 당초 양륙항을 선적완료 후에 변경하는 경우, 양륙항 변경화물에 부과하는 것이다.
> ② 외항추가할증료(Outport arbitrary) : 정기항로 기항 항구 이외에 화주의 요청으로 기항하는 항구가 추가될 경우에 부과되는 운임이다. 즉, 원래 계획된 기항지(base port) 이외의 지역에서 적·양화되는 화물에 대해 부과되는 것을 말한다.
> ③ 환적할증료(Transshipment charges) : 선박이 최종 목적항에 직접 기항하지 않기 때문에 화물의 환적으로 인해 추가로 발생하는 비용을 보전하기 위해 부과하는 것을 말한다.
> ⑤ 혼잡할증료(Congestion surcharge) : 도착항의 항만 혼잡으로 신속히 하역할 수 없어 손실이 발생할 경우 이를 보전하기 위해 부과하는 운임이다. 즉, 항만에서 선박의 폭주로 선박이 장시간 대기할 경우에 부과하는 것을 말하며, 항만체화할증료(Port congestion surcharge)라고도 한다.

62 용선계약시 묵시적 확약이 아닌 것은?

① 휴항의 내용
② 신속한 항해 이행
③ 부당한 이로 불가
④ 위험물의 미 적재
⑤ 내항성 있는 선박 제공

> [해설] ① 휴항(off-hire)의 내용은 용선계약서에 명시적, 즉 명문화 되어 있는 약속이며, 신속한 항해 이행, 부당한 이로 불가, 위험물의 미 적재, 내항성 있는 선박 제공 등은 용선계약서에는 없는 묵시적, 즉 암묵적 약속에 해당한다. 선주는 용선자에 대해 묵시적 확약일지라도 준수할 의무를 지는 것이 일반적이다.

63 헤이그 규칙과 함부르크 규칙을 비교 설명한 것으로 옳지 않은 것은?

① 헤이그 규칙에서는 운송인 면책이었던 항해 과실을 함부르크 규칙에서는 운송인 책임으로 규정하고 있다.
② 헤이그 규칙에서는 지연손해에 대한 명문 규정이 없으나 함부르크 규칙에서는 이를 명확히 규정하고 있다.
③ 헤이그 규칙에서는 운송책임 구간이 'from Receipt to Delivery'였으나 함부르크 규칙에서는 'from Tackle to Tackle'로 축소하였다.
④ 헤이그 규칙에서는 운송인의 책임 한도가 1포장당 또는 단위당 100파운드였으나 함부르크 규칙에서는 SDR을 사용하여 책임한도액을 인상하였다.
⑤ 헤이그 규칙에서는 선박화재가 면책이었으나 함부르크 규칙에서는 면책으로 규정 하지 않았다.

> [해설] ③ 헤이그 규칙에서는 운송책임 구간이 'from Tackle to Tackle'이었으나 함부르크 규칙에서는 화물을 관리하는 전 구간, 즉 'from Receipt to Delivery'로 확대되었고, 책임기간도 'Port to Port' 원칙이 적용된다.

64 철도화물 운송에 관한 설명으로 옳지 않은 것은?

① 차급운송이란 화물을 화차단위로 탁송하는 것을 말한다.
② 화차의 봉인은 내용물의 이상 유무를 검증하기 위한 것으로 철도운송인의 책임으로 하여야 한다.
③ 화약류 및 컨테이너 화물의 적하시간은 3시간이다.
④ 전세열차란 고객이 특정 열차를 전용으로 사용하는 열차를 말한다.
⑤ 열차 · 경로지정이란 고객이 특정열차나 수송경로로 운송을 요구하거나 철도공사가 안전수송을 위해 위험물 및 특대화물 등에 특정열차와 경로를 지정하는 경우를 말한다.

[정답] **62** ① **63** ③ **64** ②

해설 ② 화물운송세칙 제17조 (화차의 봉인) 내용물의 이상 유무를 검증하기 위한 것으로 송화인의 책임으로
하여야 한다.
① 화물운송세칙 제3조 (정의)
③ 화물운송세칙 제8조 (화물의 적하시간)
④ 화물운송세칙 제3조 (정의)
⑤ 화물운송세칙 제3조 (정의)

65 **국제항공 협약과 협정에 관한 설명으로 옳지 않은 것은?**

① 항공협정이란 항공협상의 산출물로서 항공운송협정 또는 항공서비스협정이라고 한다.

② 국제항공에 대한 규제 체계는 양자 간 규제와 다자 간 규제로 나누어진다.

③ 항공협정은 '바젤 협정'을 표준으로 하여 정의 규정, 국내법 적용, 운임, 협정의 개정,
폐기에 관한 사항 등을 포함한다.

④ 상무협정은 항공사 간 체결한 협정으로 공동운항 협정, 수입금 공동배분 협정, 좌석 임대
협정, 보상금 지불 협정 등이 있다.

⑤ 하늘의 자유(Freedom of the Air)는 '시카고 조약'에서 처음으로 명시되어 국제 항공
문제를 다루는 기틀이 되었다.

해설 ③ 바젤협정은 BIS(국제결제은행)의 가맹국이 체결한 가맹국간 금융원조 및 협력협정으로 항공협정과는
무관하다. 바젤협정 또는 바젤협약의 내용은 다양하나 주로 파운드 지원을 위한 협정이다.

66 **택배 표준약관(공정거래위원회 표준약관 제10026호)의 운송장에 관한 설명으로 옳지 않은
것은?**

① 사업자의 상호, 대표자명, 주소 및 전화번호, 담당자(집화자) 이름, 운송장 번호를 사업
자는 고객(송화인)에게 교부한다.

② 운임 기타 운송에 관한 비용 및 지급 방법을 사업자는 고객(송화인)에게 교부한다.

③ 고객(송화인)이 운송장에 운송물의 가액을 기재하지 아니하면 제22조 제3항에 따라 사
업자가 손해배상을 할 경우 손해배상한도액은 50만원이 적용된다.

④ 고객(송화인)이 운송물의 가액에 따라 할증요금을 지급하는 경우에는 각 운송가액 구간
별 최저가액이 적용됨을 명시해 놓는다.

⑤ 고객(송화인)은 운송물의 인도예정장소 및 인도예정일을 기재하여 사업자에게 교부한다.

④ 최저가액이 아니라 최고가액이다.

택배표준약관 제7조 (운송장)
5. 손해배상한도액
 ※ 고객(송화인)이 운송장에 운송물의 가액을 기재하지 아니하면 제22조 제3항에 따라 사업자가 손해배상을 할 경우 손해배상한도액은 50만원이 적용되고, 운송물의 가액에 따라 할증요금을 지급하는 경우에는 각 운송가액 구간별 최고가액이 적용됨을 명시해 놓을 것

67 **운송주선인의 기능에 관한 설명으로 옳은 것은?**

① 운송주선인은 복합운송에서 전 운송 구간에 운송책임을 지지만 구간별 운송인과는 직접 계약을 체결하지 않는다.
② 운송주선인은 혼재운송보다 단일 화주의 FCL화물을 주로 취급한다.
③ 운송주선인은 화주를 대신하여 운송인과 운송계약을 체결하고, 화물 운송에 따른 보험 업무를 대리하지 않는다.
④ 운송주선인이 작성하는 서류는 선하증권, 항공화물운송장으로 제한된다.
⑤ 운송주선인은 화주를 대신하여 수출입화물의 통관절차를 대행할 수 있지만, 국가에 따라서 관세사 등 통관허가를 받은 자만이 할 수 있다.

해설 ① 운송주선인은 구간별 운송인과도 직접 계약을 체결한다.
 ② 운송주선인은 단일 화주의 FCL(full container load)화물보다는 혼재운송을 주로 취급한다.
 ③ 운송주선인은 화물 운송에 따른 험 업무도 대리한다.
 ④ 운송주선인이 작성하는 서류에는 선하증권, 항공화물운송장 외 보험, 통관 등 다양하다.

68 **항공화물의 특성으로 옳지 않은 것은?**

① 취급과 보관비용이 낮은 화물
② 긴급한 수요와 납기가 임박한 화물
③ 중량이나 부피에 비해 고가인 화물
④ 시간의 흐름에 따라 가치가 변동되는 화물
⑤ 제품의 시장경쟁력 확보가 필요한 화물

해설 ① 항공화물은 신속한 운송을 특징으로 하므로 보관기간이 짧아 보관비용은 낮으나, 여타 운송수단 대비 운임부담력이 높은 고가화물이기에 취급비용은 높다.

정답 **67** ⑤ **68** ①

69 다음과 같은 요율 체계를 가지고 있는 A항공사는 중량과 용적중량 중 높은 중량 단계를 요율로 적용하고 있다. B사가 A항공사를 통해 서울에서 LA까지 항공운송할 경우 중량 40kg, 최대길이 (L) = 100cm, 최대폭(W) = 45cm, 최대높이(H) = 60cm인 화물에 적용되는 운임은? (단, 용적중량은 1kg = 6,000cm^{3}를 적용하여 계산함)

지역	최저요율	kg당 일반요율	kg당 중량요율(45kg 이상인 경우)
LA	70,000원	10,000원	9,000원

① 70,000원
② 320,000원
③ 400,000원
④ 405,000원
⑤ 450,000원

[해설] 중량 40kg, 용적중량 100 × 45 × 60 = 270,000/6,000 = 45kg, 높은 중량 45kg 적용 시 45 × 9,000 = 405,000원

70 택배 표준약관(공정거래위원회 표준약관 제10026호)의 운송물 수탁거절 사유를 모두 고른 것은?

ㄱ. 운송이 법령, 사회질서 기타 선량한 풍속에 반하는 경우
ㄴ. 운송물 1포장의 가액이 200만원을 초과하는 경우
ㄷ. 운송물의 인도예정일(시)에 따른 운송이 가능한 경우
ㄹ. 운송물이 현금, 카드, 어음, 수표, 유가증권 등 현금화가 가능한 물건인 경우
ㅁ. 운송물이 재생 불가능한 계약서, 원고, 서류 등인 경우

① ㄱ, ㄴ, ㄹ
② ㄱ, ㄹ, ㅁ
③ ㄴ, ㄷ, ㅁ
④ ㄴ, ㄹ, ㅁ
⑤ ㄷ, ㄹ, ㅁ

[해설] ※ 택배 표준약관 제12조(운송물의 수탁거절)
사업자는 다음 각 호의 경우에 운송물의 수탁을 거절할 수 있습니다.
1. 고객(송화인)이 운송장에 필요한 사항을 기재하지 아니한 경우
2. 고객(송화인)이 제9조 제2항의 규정에 의한 청구나 승낙을 거절하여 운송에 적합한 포장이 되지 않은 경우
3. 고객(송화인)이 제11조 제1항의 규정에 의한 확인을 거절하거나 운송물의 종류와 수량이 운송장에 기재된 것과 다른 경우
4. 운송물 1포장의 크기가 가로·세로·높이 세변의 합이 ( )cm를 초과하거나, 최장변이 ( ) cm를 초과하는 경우
5. 운송물 1포장의 무게가 ( )kg를 초과하는 경우

6. 운송물 1포장의 가액이 300만원을 초과하는 경우
7. 운송물의 인도예정일(시)에 따른 운송이 불가능한 경우
8. 운송물이 화약류, 인화물질 등 위험한 물건인 경우
9. 운송물이 밀수품, 군수품, 부정임산물 등 관계기관으로부터 허가되지 않거나 위법한 물건인 경우
10. 운송물이 현금, 카드, 어음, 수표, 유가증권 등 현금화가 가능한 물건인 경우
11. 운송물이 재생 불가능한 계약서, 원고, 서류 등인 경우
12. 운송물이 살아 있는 동물, 동물사체 등인 경우
13. 운송이 법령, 사회질서 기타 선량한 풍속에 반하는 경우
14. 운송이 천재, 지변 기타 불가항력적인 사유로 불가능한 경우

71 공동 수·배송시스템의 구축을 위한 전제조건이 아닌 것은?

① 물류표준화
② 유사한 배송 조건
③ 물류서비스 차별화 유지
④ 적합한 품목의 존재
⑤ 일정구역 내에 배송지역 분포

해설 ③ 물류서비스의 차별화가 적을수록 공동 수배송이 용이하며, 공동 수배송을 하게 되면 물류서비스의 차별화는 원칙적으로 배제된다.

72 항공화물 조업 장비에 관한 설명으로 바르게 연결된 것은?

ㄱ. 화물을 운반하는데 사용되는 작은 바퀴가 달린 무동력 장비
ㄴ. 화물을 여러 층으로 높게 적재하거나 항공기에 화물을 탑재하는 장비
ㄷ. 탑재용기에 적재된 화물을 운반할 수 있는 장비
ㄹ. 화물 운반 또는 보관 작업을 하는데 사용되는 장비

① ㄱ : Dolly ㄴ : High Loader ㄷ : Tug Car ㄹ : Hand Lift Jack
② ㄱ : Dolly ㄴ : Hand Lift Jack ㄷ : Tug Car ㄹ : High Loader
③ ㄱ : Dolly ㄴ : Tug Car ㄷ : High Loader ㄹ : Hand Lift Jack
④ ㄱ : Tug Car ㄴ : Hand Lift Jack ㄷ : Dolly ㄹ : High Loader
⑤ ㄱ : Tug Car ㄴ : High Loader ㄷ : Dolly ㄹ : Hand Lift Jack

해설 ㄱ. Dolly : Transporter를 이용한 운송작업에 사용되며, 자체의 기동성이 없고 견인차와 연결하여 사용된다.
ㄴ. High Loader : 단위탑재용기를 대형기에 탑재하거나 하역시 사용한다.
ㄷ. Tug Car : Dolly와 연결되어 Dolly를 이동시키는 차량이다.
ㄹ. Hand Lift Jack : 물품을 운반 또는 보관하는데 널리 사용되는 장비이다.

정답 71 ③ 72 ①

73 다음과 같은 운송조건이 주어졌을 때 공급지 C의 공급량 20톤의 운송비용은? (단, 공급지와 수요지 간 비용은 톤당 단위운송비용이며, 운송비용은 보겔의 추정법을 사용하여 산출함)

공급지 \ 수요지	X	Y	Z	공급량
A	10원	7원	8원	15톤
B	17원	10원	14원	15톤
C	5원	25원	12원	20톤
수요량	15톤	20톤	15톤	50톤

① 100원   ② 135원

③ 240원   ④ 260원

⑤ 500원

> **해설** 보겔추정법에 따라 기회비용을 산출하면 다음 표와 같다. 공급지 A의 기회비용은 수요지 X와 Y의 차이, 공급지 B의 기회비용은 수요지 X와 Y의 차이, 공급지 C의 기회비용은 수요지 Y와 X의 차이. 수요지 X의 기회비용은 공급지 B와 C의 차이, 수요지 Y의 기회비용은 공급지 C와 A의 차이, 수요지 Z의 기회비용은 공급지 B와 A의 차이이다.
>
> | 공급지 \ 수요지 | X | Y | Z | 공급량 |
> |---|---|---|---|---|
> | A | 10원 | 7원 | 8원 | 15톤 |
> | B | 17원 | 10원 | 14원 | 15톤 |
> | C | 5원 | 25원 | 12원 | 20톤 |
> | 수요량 | 15톤 | 20톤 | 15톤 | 50톤 |
> | 기회비용 | 12 | 18 | 6 | |
>
> 기회비용이 가장 큰 공급지 C의 공급량을 먼저 수요지에 할당. 공급량 20톤을 단위운송비용이 가장 적은 수요지 X에 15톤 할당하고 나머지 5톤을 수요지 Z에 할당. 운송비용 = (15 × 5) + (5 × 12) = 135원

74 항공화물운임에 관한 설명으로 옳지 않은 것은?

① 동물, 화폐, 보석류, 무기, 고가 예술품 등은 일반요율보다 높은 운송요율을 책정할 수 있다.

② 할인요율은 특정한 구간과 화물에 적용되는 요율로 일반요율보다 낮게 적용된다.

③ 표준 컨테이너요율은 대체로 일반요율보다 낮은 수준의 요율이 적용된다.

④ 화물의 특성상 특별한 취급과 주의를 필요로 하거나 우선적으로 운송되어야 하는 화물에는 별도의 요율을 부과할 수 있다.

⑤ 일반요율은 일반화물에 적용하는 요율로 중량만을 기준으로 운송요율을 책정한다.

> **해설** ⑤ 일반화물 운임은 기본운임, 최저운임, 중량단계별 할인운임 등으로 구분된다.

정답 73 ②   74 ⑤

75 수·배송 계획 수립의 원칙으로 옳은 것은?

① 집화와 배송은 따로 이루어지도록 한다.

② 효율적인 수송경로는 대형 차량보다 소형 차량을 우선 배차한다.

③ 배송지역의 범위가 넓을 경우, 운행 경로 계획은 물류센터에서 가까운 지역부터 수립한다.

④ 배송날짜가 상이한 경우에는 경유지를 구분한다.

⑤ 배송경로는 상호 교차되도록 한다.

> **해설** ① 집화와 배송은 동시에 이루어지도록 한다.
> ② 효율적인 수송경로는 가능한 대형 차량을 우선 배차한다.
> ③ 운행 경로 계획은 물류센터에서 먼 곳부터 수립한다.
> ⑤ 배송경로는 상호 교차되지 않도록 한다.

76 3개의 수요지와 공급지가 있는 운송문제에서 최소비용법(Least-cost Method)을 적용하여 산출한 최초 가능해의 총운송비용은? (단, 공급지와 수요지 간 비용은 톤당 단위운송비용임)

공급지＼수요지	X	Y	Z	공급량
A	10원	15원	5원	500톤
B	20원	10원	25원	1,000톤
C	8원	15원	20원	500톤
수요량	700톤	700톤	600톤	2,000톤

① 17,100원
② 20,000원
③ 20,700원
④ 21,700원
⑤ 22,100원

> **해설** 공급지와 수요지 고려시 첫 번째 최소운송비용은 공급지 A의 공급량을 수요지 Z에 할당하는 것이다. 공급지 A의 공급량 500톤을 수요지 Z에 할당(수요량 600톤 미만). 두 번째 최소운송비용은 공급지 C의 공급량 500톤을 수요지 X에 할당(X의 수요량 700톤 미만)한다. 마지막으로 최소운송비용은 공급지 B의 공급량 1000톤을 수요지 Y에 700톤을 할당하고 수요지 X에 200톤, 수요지 Z에 100톤을 각각 할당한다.
> 총운송비용 = (500 × 5) + (500 × 8) + (700 × 10) + (200 × 20) + (100 × 25) = 20,000원

정답 **75** ④ **76** ②

77 다음 그림과 같이 각 구간별 운송거리가 주어졌을 때, 물류센터 S에서 최종 목적지 G까지의 최단 경로 산출거리는? (단, 구간별 운송거리는 km임)

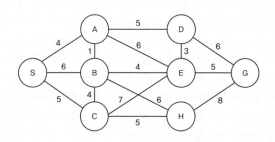

① 12km   ② 13km

③ 14km   ④ 15km

⑤ 16km

해설 물류센터 S에서 최종 목적지 G까지의 최단 경로는 S → A → B → E → G = 4 + 1 + 4 + 5 = 14km

78 물류센터에서 배송처 A와 B를 순회 배송하는 방법(물류센터 → 배송처 A → 배송처 B → 물류센터)과 배송처 A와 B를 개별 배송하는 방법(물류센터 → 배송처 A → 물류센터, 물류센터 → 배송처 B → 물류센터) 간의 운송거리 차이는?

From \ To	물류센터	배송처 A	배송처 B
물류센터	0	10	12
배송처 A	10	0	8
배송처 B	12	8	0

① 6km   ② 8km

③ 10km   ④ 12km

⑤ 14km

해설 물류센터에서 배송처 A와 B를 순회하는 방법 : 10 + 8 + 12 = 30
물류센터에서 배송처 A와 B를 개별 배송하는 방법 : 10 + 10 + 12 + 12 = 44
두 방법의 운송거리 차이 : 44 − 30 = 14km

79 공동 수·배송에 관한 설명으로 옳은 것은?

① 배송, 화물의 보관 및 집화 업무까지 공동화하는 방식을 공동납품대행형이라 한다.

② 크로스도킹은 하나의 차량에 여러 화주들의 화물을 혼재하는 것이다.

③ 참여기업은 물류비 절감 효과를 기대할 수 있다.

④ 소량 다빈도 화물에 대한 운송요구가 감소함에 따라 그 필요성이 지속적으로 감소하고 있다.

⑤ 노선집화공동형은 백화점, 할인점 등에서 공동화하는 방식이다.

> [해설] ① 집화배송공동형
> ② 크로스도킹은 입고된 물품을 보관하지 않고 분류 후 즉시 출고하는 것을 말한다.
> ④ 소량 다빈도 화물에 대한 운송요구는 증가 추세에 있다.
> ⑤ 노선집화공동형은 노선업자가 집화한 화물을 공동집화하여 각지에 발송하는 형태이며, 백화점, 할인점 등에서 공동화하는 것은 공동납품대행형 방식이다.

80 화물을 공급지 A, B, C에서 수요지 X, Y, Z까지 운송하려고 할 때 북서코너법에 의한 총운송비용은? (단, 공급지와 수요지 간 비용은 톤당 단위운송비용임)

공급지＼수요지	X	Y	Z	공급량
A	4원	6원	6원	20톤
B	7원	4원	12원	17톤
C	12원	8원	6원	10톤
수요량	15톤	20톤	12톤	47톤

① 234원   ② 244원

③ 254원   ④ 264원

⑤ 274원

> [해설] 북서코너법은 공급지의 공급량을 수요지에 순차적으로 할당하는 것이다.
> 공급지 A의 공급량 20톤을 수요지 X에 15톤을 할당하고 나머지 5톤을 수요지 Y에 할당한다. 공급지 B의 공급량 17톤을 수요지 Y에 15톤을 할당하고 나머지 2톤을 Z에 할당한다. 공급지 C의 공급량 10톤을 수요지 Z에 10톤을 할당한다.
> 총운송비용 = (15 × 4) + (5 × 6) + (15 × 4) + (2 × 12) + (10 × 6) = 234원

제3과목 **국제물류론**(81~120)

81 국제물류의 기능에 관한 설명으로 옳은 것을 모두 고른 것은?

구분	기능	내용
ㄱ	수량적 기능	생산수량과 소비수량의 불일치를 집화, 중계 배송 등을 통해 조정
ㄴ	품질적 기능	생산자가 제공하는 재화와 소비자가 소비하는 재화의 품질을 가공, 조립, 포장 등을 통해 조정
ㄷ	가격적 기능	생산자와 소비자를 매개로 운송에서 정보활동에 이르기까지의 모든 비용을 조정
ㄹ	시간적 기능	생산자와 소비자가 인적으로 다르고 분업으로 발생하는 복잡한 유통경제 조직을 운송과 상거래로 조정
ㅁ	장소적 기능	재화의 생산 시기와 소비 시기의 불일치 조정

① ㄱ, ㄴ, ㄷ
② ㄱ, ㄴ, ㄹ
③ ㄱ, ㄷ, ㄹ
④ ㄴ, ㄷ, ㅁ
⑤ ㄷ, ㄹ, ㅁ

해설 • **시간적 기능** : 생산 시기와 소비 시기의 불일치에 대한 해소의 역할
• **장소적 기능** : 생산과 소비의 장소적 불일치에 대한 해소의 역할

82 다음에서 설명하는 국제운송의 형태는?

천연가스, 원유 등 에너지 자원의 수송에 이용되며, 구축을 위해서는 대규모 자본투자가 필요하나, 일단 구축되면 이를 운영하기 위한 변동비용은 그다지 크지 않고 인적 노동력이 거의 필요하지 않은 운송

① 도로운송
② 철도운송
③ 항공운송
④ 해상운송
⑤ 파이프라인운송

해설 파이프라인운송은 파이프를 통해 석유, 천연가스, 가루석탄, 모래 등을 운송하는 방식으로 파이프라인을 설치하기 위한 초기시설 투자비용이 필요하지만 24시간 동안 가동이 가능하고 다른 운송수단에 비하여 유지비가 저렴하다.

정답 81 ① 82 ⑤

83 다음 설명에 해당하는 국제물류시스템은?

> ㄱ. 수출국 기업에서 해외의 자회사 창고로 상품을 출하한 후, 발주요청이 있을 때 해당 창고에서 최종 고객에게 배송하는 가장 보편적인 시스템
> ㄴ. 수출국의 공장 또는 배송센터로부터 해외 자회사의 고객 또는 최종 소비자나 판매점으로 상품을 직송하는 형태로, 해외 자회사는 상거래 유통에는 관여하지만 물류에는 직접적으로 관여하지 않는 시스템

① ㄱ : 통과 시스템　　ㄴ : 다국적(행) 창고 시스템
② ㄱ : 고전적 시스템　　ㄴ : 직송 시스템
③ ㄱ : 통과 시스템　　ㄴ : 고전적 시스템
④ ㄱ : 고전적 시스템　　ㄴ : 다국적(행) 창고 시스템
⑤ ㄱ : 통과 시스템　　ㄴ : 직송 시스템

해설
• 고전적 시스템 : 수출기업에서 상품이 해외의 자회사 창고로 출하 선적되고 그 창고에서 배송되는 형태로 해외의 자회사는 창고 시스템의 역할을 한다.
• 직송 시스템 : 수출국의 공장이나 배송센터에서 상품을 수입국의 최종 소비자나 판매점으로 직송하는 형태이다.

84 최근 국제물류의 환경변화에 관한 설명으로 옳지 않은 것은?

① 국내외 물류기업 활동의 글로벌화로 국제물류의 중요성이 증대되고 있다.
② IoT 등 정보통신기술의 발전으로 국내외 물류기업들은 국제물류체계를 플랫폼화 및 고도화하고 있다.
③ 컨테이너 선박이 대형화됨에 따라 항만도 점차 대형화되고 있다.
④ 국제물류시장의 치열한 경쟁상황은 국내외 물류기업들 간 전략적 제휴나 인수·합병을 가속화시키고 있다.
⑤ 국내외 화주기업들은 물류비 절감과 서비스 향상을 위해 물류전문업체를 활용하지 않고 있다.

해설 기업들의 국제물류의 효율적 운영을 도모하기 위하여 제3자 물류업자 또는 제4자 물류업자에게 위탁하는 경우가 증가하고 있다.

정답 83 ② 84 ⑤

85 글로벌 공급사슬관리시스템의 효율적 설계 및 운영에 관한 설명으로 옳지 않은 것은?

① 구성원들이 시스템에 관한 목표를 명확히 정의하여 시스템의 목표를 달성하는 방향으로 의사결정을 내리게 유도한다.

② 소비자에 대한 서비스수준 향상에 기여할 수 있는 성과측정 장치를 개발하도록 한다.

③ 정보 공유를 통한 의사결정을 이루기 위해서는 부서 간의 협동은 중요하지 않다.

④ 물류기업의 물류 하부구조 등에 대한 적극적인 투자를 수행하며 이를 통해 미래 확장가능성에 대비할 수 있어야 한다.

⑤ 아웃소싱을 적극적으로 활용함으로써 비용과 시간을 절감하며 물류기업의 경쟁력을 최대화하는 방향으로 물류기업의 자원을 서로 결합하여야 한다.

[해설] 공급사슬관리의 핵심은 구성원들 간의 정보공유가 원활히 이루어지고, 이를 통해 불확실성을 제거하여 물류의 흐름을 최적화시키는 것이므로 부서 간의 협동이 중요하다.

86 컨테이너 운송의 특성에 관한 설명으로 옳지 않은 것은?

① 선박의 속력이 빠르고 신속한 화물조작이 가능하다.

② 운송기간의 단축으로 수출대금의 회수가 빨라져 교역촉진이 가능하다.

③ 특수 컨테이너가 개발되고 있지만, 모든 화물을 컨테이너화 할 수 없는 한계를 가지고 있다.

④ 컨테이너화에는 거액의 자본이 필요하며, 선사 및 항만 직원의 교육·훈련, 관련 제도 개선, 기존 설비의 교체 등에 장기간의 노력과 투자가 필요하다.

⑤ 왕항복항(往航復航)간 물동량의 불균형이 발생해도 컨테이너선의 경우 공(空)컨테이너 회수 문제는 발생하지 않는다.

[해설] 왕항복항간 물동량의 불균형으로 컨테이너선의 경우 재래선과는 달리 반드시 공컨테이너 회수문제가 발생한다.

87 다음에서 설명하는 컨테이너 종류로 옳은 것은?

과일, 채소 등의 선도유지에 적절한 단열구조를 갖춘 컨테이너로, 통상 드라이아이스 등을 냉매로 사용하는 보냉 컨테이너

① Liquid Bulk Container   ② Hard Top Container

③ Side Open Container   ④ Insulated Container

⑤ Skeleton Container

④ 보냉 컨테이너(Insulated container) : 과일, 채소 등 보냉이 필요한 물품을 운송하기 위하여 외벽에 보온재를 넣은 컨테이너이다.
　① Liquid Bulk Container : 액체화물운송용으로 제작된 컨테이너
　② Hard Top Container : OPEN TOP의 CANVAS COVER가 방수성이 부족하기 때문에 천장의 CANVAS COVER를 ROOF PANAL로 대체한 컨테이너로 OVER HEIGHT 화물의 적재가 불가능하나, 정밀 기기의 수송에 적합함.
　③ Side Open Container : 길이가 긴 제품을 싣고 내리기 편하게 옆면이 개방된 컨테이너
　⑤ Skeleton Container : 골격 컨테이너

88 다음은 CSC(1972) Annex 1 SERIOUS STRUCTURAL DEFICIENCIES IN CONTAINERS 내용의 일부이다. (　　)에 들어갈 용어로 옳은 것은?

STRUCTURALLY SENSITIVE COMPONENT	SERIOUS STRUCTURAL DEFICIENCY
(　　　　)	Local deformation perpendicular to the rail in excess of 100mm or in the rail's material in excess of 75mm

① Top Rail　　　　　　② Bottom Rail
③ Corner Posts　　　　④ Corner and intermediate Fittings
⑤ Understructure

해설 컨테이너 bottom rail : 컨테이너 바닥을 지지해주는 레일
주어진 표의 우측의 내용은 '심각한 구조적 결함 : 100mm이나 75mm를 초과하는 레일의 재료에 수직인 국소적인 변형'이라는 내용이다. 따라서 괄호 안에는 'Bottom Rail'이 들어가야 한다.

89 정기선사들의 전략적 제휴에 관한 설명으로 옳지 않은 것은?
① 공동운항을 통해 선복을 공유한다.
② 화주에게 안정된 수송서비스 제공이 가능하다.
③ 광석, 석탄 등 벌크 화물 운송을 중심으로 이루어지고 있다.
④ 제휴선사간 상호 이해관계를 조정하기 위해 협정을 맺고 있다.
⑤ 제휴선사간 불필요한 경쟁을 회피하는 수단으로 활용되고 있다.

해설 벌크 화물은 부정기선으로 운송한다.

정답 88 ② 89 ③

90 해상운송화물의 선적절차를 순서대로 올바르게 나열한 것은?

　ㄱ. Shipping Request　　　　ㄴ. Booking Note
　ㄷ. Shipping Order　　　　　ㄹ. Mate's Receipt
　ㅁ. Shipped B/L

① ㄱ → ㄴ → ㄷ → ㄹ → ㅁ　　② ㄱ → ㄴ → ㄹ → ㄷ → ㅁ
③ ㄱ → ㄷ → ㅁ → ㄴ → ㄹ　　④ ㄴ → ㄱ → ㄷ → ㄹ → ㅁ
⑤ ㄴ → ㄱ → ㅁ → ㄷ → ㄹ

[해설] 선적요청서 제출(Shipping Request) → 선사는 선복예약서(Booking Note)를 화주에게 교부 → 선사는 선적요청서를 선복예약목록과 확인대조하고, 선적지시서(S/O : Shipping Order)를 화주에게 발행 → 본선수취증(M/R : Mate's Receipt) 서명 : 일등항해사는 이상이 없는 경우 본선수취증에 서명하여 검수인에게 교부하고 물품은 선창에 적부시킨다 → 선하증권 발급 : 화주는 본선수취증을 선사에 제출하여 선하증권을 발급받는다.

91 정기선에 관한 설명으로 옳지 않은 것은?

① 운임은 공시된 확정운임이 적용된다.
② 개품운송계약을 체결하고 선하증권을 사용한다.
③ 다수 화주로부터 다양한 화물을 집화하여 운송한다.
④ 특정한 항구 간을 운항계획에 따라 규칙적으로 반복 운항한다.
⑤ 항해단위, 기간 등에 따라 계약조건이 다른 용선계약서를 사용한다.

[해설] 용선계약서는 부정기선 운송에서 체결한다.

92 해상운송과 관련된 국제기구의 설명으로 옳은 것을 모두 고른 것은?

　ㄱ. IACS는 국제적인 대리업의 확장에 따른 제반 문제점을 다루기 위해 설립된 운송주선인의 민간기구이다.
　ㄴ. BIMCO는 선주들의 공동이익을 위해 창설된 민간기구이다.
　ㄷ. ICS는 선주들의 권익보호와 상호협조를 위해 각국 선주협회들이 설립한 민간기구이다.
　ㄹ. IMO는 국제무역과 경제발전을 촉진할 목적으로 설립된 국제연합의 전문기구이다.

① ㄱ, ㄷ　　　　　　② ㄱ, ㄹ
③ ㄴ, ㄷ　　　　　　④ ㄴ, ㄷ, ㄹ
⑤ ㄱ, ㄴ, ㄷ, ㄹ

해설 ㄱ. IACS : 안전한 항해와 깨끗한 해양 보전을 위하여 조직된 국제 단체
ㄹ. IMO : 해양오염방지협약

93 정기용선계약에 관한 설명으로 옳은 것은?

① 선박 자체만을 빌리는 선박임대차계약이다.
② 용선계약기간은 통상 한 개의 항해를 단위로 한다.
③ 용선자가 선장 및 선원을 고용하고 관리·감독한다.
④ 선박의 유지 및 수리비를 용선자가 부담한다.
⑤ 기간용선계약이라고도 하며, 선박의 보험료는 선주가 부담한다.

해설 정기용선계약(기간용선계약)에서는 선주는 감가상각비, 보험료 등의 간접비와 선원비, 수리비, 선용품비 등 직접비를 부담하고, 용선자는 용선료 외에 연료비, 항만사용료, 하역비 등 운항비를 부담하게 된다. ①과 ④는 나용선, ②와 ③은 항해용선에 해당함.

94 만재흘수선과 관련된 설명으로 옳지 않은 것은?

① 만재흘수선 마크는 TF, F, T, S, W, WNA 등이 있다.
② 만재흘수선 마크는 선박 중앙부의 양현 외측에 표시되어 있다.
③ 선박의 항행대역과 계절구간에 따라 적용범위가 다르다.
④ Reserved buoyancy란 선저에서 만재흘수선까지 이르는 높이를 말한다.
⑤ 선박의 안전을 위하여 화물의 과적을 방지하고 선박의 감항성이 확보되도록 설정된 최대한도의 흘수이다.

해설 reserved buoyancy : 예비부력을 의미한다.

95 항해용선계약의 하역비 부담조건으로 옳은 것을 모두 고른 것은?

구분	부담조건	내용
ㄱ	Liner(Berth) Term	적하시와 양하시의 하역비를 선주가 부담
ㄴ	FIO	적하시와 양하시의 하역비를 화주가 부담
ㄷ	FI	적하시는 선주가 부담, 양하시는 화주가 부담
ㄹ	FO	적하시는 화주가 부담, 양하시는 선주가 부담

① ㄱ, ㄴ
② ㄴ, ㄷ
③ ㄷ, ㄹ
④ ㄱ, ㄴ, ㄷ
⑤ ㄱ, ㄴ, ㄷ, ㄹ

정답 93 ⑤ 94 ④ 95 ①

해설 ㄷ. FI(Free In) : 선적항에서의 선적시에 그 하역비를 화주가 부담하는 조건으로서, 양륙시에는 선주가 부담한다.
　　 ㄹ. FO(Free Out) : 선적항에서의 선적시에는 하역비를 선주가 부담하고, 도착항에서의 양륙시에는 화주가 부담하는 하역조건을 말한다.

96 다음 (　)에 들어갈 용어로 옳은 것은?

(ㄱ)는 선박의 밀폐된 내부 전체 용적을 말하며, 선박의 크기 및 선복량을 비교할 때 이용된다. (ㄴ)는 선박이 적재할 수 있는 화물의 최대중량을 나타내는 것이며, 선박의 매매나 용선료를 산출하는 기준이 된다.

① ㄱ : 총톤수,　ㄴ : 재화중량톤수　② ㄱ : 총톤수,　ㄴ : 재화용적톤수
③ ㄱ : 순톤수,　ㄴ : 재화중량톤수　④ ㄱ : 배수톤수, ㄴ : 재화용적톤수
⑤ ㄱ : 배수톤수, ㄴ : 운하톤수

해설 • 총톤수(Gross Tonnage : GT) : 총톤수는 선박내부의 총용적으로 상갑판하의 적량과 상갑판상의 밀폐된 정도의 적량을 합한 것으로 100ft³을 1톤으로 나타내고, 선박의 안전과 위생항해 등에 사용되는 장소인 기관실, 조타실, 취사실, 출입구실, 통풍 또는 채광을 요하는 장소 등은 제외된다. 총톤수는 상선이나 어선의 크기를 표시하고 해운력의 비교 자료가 되며, 관세, 등록세 등의 세금과 도선료, 검사수수료 등의 수수료 산출기준이 된다.
• 재화중량톤수(Dead Weight Tonnage : DWT) : 선박의 하기 만재흘수선까지 잠긴 상태에서의 배수톤수인 만재배수톤수와 화물을 적재하지 아니한 상태에서 선박 자체의 중량인 경하배수톤수와의 차이를 말한다. 선박에 적재할 수 있는 화물의 최대중량을 나타내기 때문에 선박의 매매나 용선료 등의 산출기준이 된다.

97 복합운송인의 책임에 관한 설명으로 옳은 것은?

① 과실책임(liability for negligence)원칙은 선량한 관리자로서 복합운송인의 적절한 주의의무를 전제로 한다.
② 엄격책임(strict liability)원칙은 과실의 유무를 묻지 않고 운송인이 결과를 책임지는 것이지만, 불가항력 등의 면책을 인정한다.
③ 무과실책임(liability without negligence)원칙은 운송인의 면책조항을 전혀 인정하지 않는다.
④ 단일책임체계(uniform liability system)에서 복합운송인이 전 운송구간의 책임을 지지만, 책임의 내용은 발생구간에 적용되는 책임체계에 의해 결정된다.
⑤ 이종책임체계(network liability system)는 UN국제복합운송조약이 채택하고 있는 체계로 단일변형책임체계라고도 한다.

정답 96 ① 97 ①

해설 ② **엄격책임** : 과실 유무에 불구하고 손해의 결과에 대하여 절대적으로 책임을 지는 원칙으로, 면책의 항변이 절대 인정되지 않는 원칙이다.
③ **무과실책임** : 운송인의 과실 여부에 불문하고 책임을 지는 원칙으로 불가항력, 포장의 불비, 통상의 누손, 화물고유의 성질에 대하여는 면책을 인정하는 원칙이다.
④ **단일책임체계(Uniform Liability System)** : 단일책임체계는 물품의 멸실, 손상 또는 지연 등의 손해가 발생한 운송구간이나 운송방식 여하를 불문하고 복합운송인이 전 운송구간을 동일의 책임체계에 따라 복합운송인의 책임이 정해지는 것이다.
⑤ **이종책임체계(Network Liability System)** : 이종책임체계는 복합운송인이 전 운송구간에 대하여 책임을 지지만, 그 책임내용은 손해발생구간에 따라 달라지는 것으로 서로 다른 운송수단에 의한 복합운송시 손해가 발생할 경우 그 손해발생 운송구간에 해당하는 국제규칙이나 국제법을 적용하는 것

98 다음에서 설명하는 국제항공기구를 올바르게 나열한 것은?

ㄱ. 시카고조약에 의거하여 국제항공의 안전성 확보와 항공질서 감시를 위한 관리를 목적으로 설립된 UN산하 항공전문기구
ㄴ. 각국의 정기 항공사에 의해 운임, 정비 등 상업적, 기술적인 활동을 목적으로 설립된 국제적 민간항공단체

① ㄱ : IATA, ㄴ : ICAO   ② ㄱ : ICAO, ㄴ : IATA
③ ㄱ : IATA, ㄴ : FAI   ④ ㄱ : ICAO, ㄴ : FAI
⑤ ㄱ : FAI,   ㄴ : IATA

해설 • 국제민간항공기구(ICAO)는 국제민간항공조약(시카고조약)에 기초하여, 국제민간항공의 발전을 도모하기 위하여 1947년에 발족된 국제연합(UN) 전문기관의 하나이다.
• 국제항공운송협회(IATA)는 1945년에 설립되었고 캐나다 몬트리올, 스위스 제네바 및 싱가포르에 본부를 둔 민간단체로서 국제 간 운임, 운항, 정산업무 등 상업적, 기술적 활동을 토대로 항공운송 발전과 제반 문제 연구, 안전하고 경제적인 항공운송, 회원 업체 사이의 우호 증진 등을 목적으로 한다.

99 항공운송인의 책임을 규정한 국제조약에 관한 설명으로 옳지 않은 것은?

① 1929년 체결된 Warsaw Convention은 국제항공운송인의 책임과 의무를 규정한 최초의 조약이다.
② 1955년 채택된 Hague Protocol에서는 여객에 대한 운송인의 보상 책임한도액을 인상했다.
③ 1966년 발효된 Montreal Agreement에서는 화물에 대한 운송인의 보상 책임한도액을 인상했다.
④ 1971년 채택된 Guatemala Protocol에서는 운송인의 절대책임이 강조되었다.
⑤ Montreal 추가 의정서에서는 IMF의 SDR이 통화의 환산단위로 도입되었다.

정답 **98** ② **99** ③

해설 미국은 헤이그 의정서상 항공운송인의 책임한도액이 너무 적다는 이유로 바르샤바 협약을 탈퇴할 것을 통보하였고, 미국의 탈퇴를 막기 위해 국제민간항공기구(ICAO)는 회원국과 협의하여 항공운송인의 책임한도액을 인상하려 했으나 회원국 간의 의견차이로 합의에 도달하지 못했다. 결국 국제항공운송협회(IATA)는 미국에 기항하는 주요 항공사들을 몬트리올에 소집하여 몬트리올 협정을 맺었고, 1966년 미국 민간항공국의 승인을 얻어 발효되었다. 다만, 몬트리올 협정은 여객운송에 관한 규정만 두었으므로, 화물운송은 바르샤바 조약이 그대로 적용된다.

100 항공화물운송에 관한 설명으로 옳지 않은 것은?

① 해상화물운송에 비해 신속하고 화물의 파손율도 낮은 편이다.
② 항공여객운송에 비해 계절적 변동이 적은 편이다.
③ 해상화물운송에 비해 운송비용이 높은 편이다.
④ 항공여객운송에 비해 왕복운송의 비중이 높다.
⑤ 해상화물운송에 비해 고가의 소형화물 운송에 적합하다.

해설 해상여객운송에 비해 왕복운송의 비중이 높다.

101 국제복합운송에 관한 설명으로 옳지 않은 것은?

① 국제복합운송은 국가 간 운송으로 2가지 이상의 운송수단이 연계되어야 한다.
② 일관운임(through rate)은 국제복합운송의 기본요건이 아니다.
③ NVOCC는 선박을 직접 보유하지는 않지만, 화주와 운송계약을 체결하고 복합운송 서비스를 제공한다.
④ Containerization으로 인한 일관운송의 발전은 해륙복합운송을 비약적으로 발전시켰다.
⑤ 국제복합운송을 통해 국가 간 운송에서도 Door to Door 운송을 실현할 수 있다.

해설 국제복합운송은 전 운송구간에 대하여 단일운임이 적용되어야 한다.

102 다음에서 설명하는 Freight Forwarder의 업무는?

화주로부터 선적을 의뢰받은 소량화물(LCL)을 자체적으로 혼재처리하기 어려운 경우, Forwarder 간의 협력을 통해 혼재작업을 하는 것

① Buyer's consolidation
② Shipper's consolidation
③ Project cargo service
④ Co-loading service
⑤ Break bulk service

정답 100 ④ 101 ② 102 ④

해설 Co-loading service : 포워더가 LCL화물이 FCL화물로 혼재되기 부족한 경우 다른 포워더의 동일 목적지의 LCL화물을 공동혼재하는 방법

103 다음에서 설명하는 복합운송경로는?

극동지역과 유럽대륙을 연결하는 경로로, All Water 서비스에 비해 운송거리를 크게 단축시킬 수 있고, 주 경로상 TSR 구간을 포함한다.

① Canada Land Bridge　　　　② America Land Bridge
③ Mini Land Bridge　　　　　④ Micro Land Bridge
⑤ Siberia Land Bridge

해설 시베리아 랜드브리지는 우리나라 또는 일본 등과 같은 극동지역에서 러시아의 나호트카항이나 보스토치니항으로 운송하여 시베리아 대륙횡단철도를 이용하여 유럽이나 중동까지 화물을 운송하는 경로를 말하는 것으로, 시베리아 철도를 경유하여 극동, 동남아, 호주 등과 유럽, 중동 간을 복합운송형태로 연결하는 해상·육상 또는 해상·육상·해상의 형태로 연결하는 복합운송이다. 운송수단에는 Trans sea(해상운송), Trans rail(철도), Tracons(Trailer + Container의 합성어)가 있다.

104 다음은 부산항에서 미국 내륙의 시카고로 향하는 화물의 복합운송경로이다. 각각의 설명에 해당하는 것을 올바르게 나열한 것은?

ㄱ. 극동지역의 항만에서 북미의 서해안 항만까지 해상운송한 후, 북미 대륙의 횡단철도를 이용하여 화물을 인도하는 경로
ㄴ. 극동지역의 항만에서 북미의 동해안 또는 멕시코만의 항만까지 해상 운송한 후, 철도 운송을 이용하여 화물을 인도하는 경로

① ㄱ : IPI,　ㄴ : RIPI　　　　② ㄱ : MLB, ㄴ : OCP
③ ㄱ : IPI,　ㄴ : OCP　　　　④ ㄱ : OCP, ㄴ : MLB
⑤ ㄱ : RIPI,　ㄴ : IPI

해설 ㄱ. 마이크로 랜드브리지(IPI)는 한국, 일본 등의 극동지역에서 미국 서부해안까지 해상운송하고, 철도 또는 도로에 의하여 미국의 내륙지점까지 운송하는 경로를 말한다.
ㄴ. RIPI는 한국, 일본 등의 극동지역에서 파나마운하를 통과하여 미국 동부 또는 멕시코만까지 해상운송한 후 미국 내륙지점까지 철도로 운송하는 경로를 말한다.

정답 103 ⑤　104 ①

105 신용장통일규칙(UCP 600) 제20조의 선하증권 수리요건에 관한 설명으로 옳지 않은 것은?

① 운송인의 명칭이 표시되어 있고, 지정된 운송인 뿐만 아니라 선장 또는 그 지정 대리인이 발행하고 서명 또는 확인된 것
② 물품이 신용장에서 명기된 선적항에서 지정된 선박에 본선적재 되었다는 것을 인쇄된 문언이나 본선적재필 부기로 명시한 것
③ 운송조건을 포함하거나 또는 운송조건을 포함하는 다른 자료를 참조하고 있는 것
④ 용선계약에 따른다는 표시를 포함하고 있는 것
⑤ 단일의 선하증권 원본 또는 2통 이상의 원본으로 발행된 경우에는, 선하증권상에 표시된 대로 전통인 것

[해설] 용선계약에 따른다는 어떠한 표시도 포함하고 있지 아니하여야 한다.

106 선하증권의 종류에 관한 설명으로 옳지 않은 것은?

① Stale B/L은 선적일로부터 21일이 경과한 선하증권이다.
② Order B/L은 수화인란에 특정인을 기재하고 있는 선하증권이다.
③ Third Party B/L은 선하증권상에 표시되는 송화인은 통상 신용장의 수익자이지만, 수출입거래의 매매당사자가 아닌 제3자가 송화인이 되는 경우에 발행되는 선하증권이다.
④ Red B/L은 선하증권 면에 보험부보 내용이 표시되어, 항해 중 해상사고로 입은 화물의 손해를 선박회사가 보상해 주는데, 이러한 문구들이 적색으로 표기되어 있는 선하증권이다.
⑤ Clean B/L은 물품의 본선 적재시에 물품의 상태가 양호할 때 발행되는 선하증권이다.

[해설] 지시식 선하증권(Order B/L) : 수하인란에 특정한 명칭이 없이 지시인만 기재하여 유통을 목적으로 하는 선하증권이다. 국제거래에서는 대부분 Order B/L을 사용하며, 수입자 이름과 주소는 수하인란이 아니고 Notify party(착화통지처)란에 기재된다.

107 항공화물운송장(AWB)과 선하증권(B/L)에 관한 설명으로 옳은 것은?

① AWB는 기명식으로만 발행된다.
② B/L은 일반적으로 본선 선적 후 발행하는 수취식(received)으로 발행된다.
③ AWB는 유통성이 있는 유가증권이다.
④ B/L은 송화인이 작성하여 운송인에게 교부한다.
⑤ AWB는 B/L과 달리 상환증권이다.

② B/L은 선적식 서류인데 반해, AWB는 수취식 서류이다.
③ 선하증권은 증권 자체가 매매의 대상이 되는 유가증권이고, AWB는 단지 계약의 증빙으로서 화물 담보의 기능이 없으므로 유가증권이 아니다.
④ B/L은 선박회사나 그 대리인에 의해 발행되고, AWB는 송하인이 작성해서 항공사에 교부하지만 실제적으로는 항공화물대리점이 발행한다.
⑤ B/L은 화물의 인도는 선하증권과의 상환으로만 청구할 수 있는 상환증권이다.

108 다음에서 설명하는 물류보안 관련 용어는?

- 국제운송 전체의 보안성과 안전성을 제고하여 테러 위협에 대항하기 위해 미국 관세청이 만든 임의참가 형식의 보안프로그램
- 미국으로 화물을 수출하는 모든 제조업자, 화주, 선사 등에게 화물의 공급사슬 전반에 걸쳐 보안성을 확보하도록 하는 것

① CSI
② ISF
③ C-TPAT
④ PIP
⑤ 24-Hour Rule

[해설] C-TPAT은 미국 관세청이 만든 테러를 방지하기 위한 세관과 업계의 상호협력 프로그램으로, 무역업계가 관세국경보호국(Customs and Border Protection : CBP)과 협력하여 자발적으로 법규 및 보안기준을 준수하도록 하여 보안을 강화하는 동시에, 이와 같은 조치가 적용되는 화물 및 운송수단에 대하여 무역흐름을 촉진하는 수출입물류보안 프로그램이다.

109 다음은 해상화물운송장을 위한 CMI통일규칙(1990)의 일부이다. (   )에 공통으로 들어갈 내용을 올바르게 나열한 것은?

- The (ㄱ) on entering into the contract of carriage does so not only on his own behalf but also as agent for and on behalf of the consignee, and warrants to the (ㄴ) that he has authority so to do.
- The (ㄱ) warrants the accuracy of the particulars furnished by him relating to the goods, and shall indemnify the (ㄴ) against any loss, damage or expense resulting from any inaccuracy.

① ㄱ : shipper, ㄴ : consignee
② ㄱ : carrier, ㄴ : consignee
③ ㄱ : shipper, ㄴ : carrier
④ ㄱ : carrier, ㄴ : shipper
⑤ ㄱ : shipper, ㄴ : master

• 운송계약을 체결함에 있어서 송하인은 자신의 명의로 또는 수하인의 대리인 또는 그를 대신하여 이를 체결하는 것이며, 또 송하인은 그가 운송계약을 체결할 권한이 있다는 것을 운송인에게 담보하는 것이다.
• 송하인은 화물과 관련하여 자신이 제공한 명세사항의 정확성을 담보하고, 또 어떠한 부정확성으로 인하여 발생하는 모든 멸실, 손상 또는 비용에 대하여 운송인에게 배상하여야 한다.

110 다음은 신용장통일규칙(UCP 600) 제3조 내용의 일부이다. (   )에 들어갈 내용을 올바르게 나열한 것은?

• The words "to", "until", "till", "from" and "between" when used to determine a period of shipment (ㄱ) the date or dates mentioned, and the words "before" and "after" (ㄴ) the date mentioned.
• The words "from" and "after" when used to determine a maturity date (ㄷ) the date mentioned.

① ㄱ : include, ㄴ : exclude, ㄷ : exclude
② ㄱ : include, ㄴ : exclude, ㄷ : include
③ ㄱ : include, ㄴ : include, ㄷ : exclude
④ ㄱ : exclude, ㄴ : include, ㄷ : include
⑤ ㄱ : exclude, ㄴ : include, ㄷ : exclude

• 'to', 'until', 'till', 'from', 'between'이라는 단어는 선적기간을 결정하기 위하여 사용되는 경우에는 언급된 당해 일자를 포함하며, 'before', 'after'라는 단어는 언급된 당해 일자를 제외한다.
• 'from', 'after'라는 단어는 만기일(환어음의 만기일)을 결정하기 위하여 사용된 경우에는 언급된 당해 일자를 제외한다.

111 비엔나협약(CISG, 1980)의 적용 제외 대상으로 옳지 않은 것은?
① 경매에 의한 매매
② 강제집행 또는 기타 법률상의 권한에 의한 매매
③ 주식, 지분, 투자증권, 유통증권 또는 통화의 매매
④ 선박, 항공기의 매매
⑤ 원유, 석탄, 가스, 우라늄 등의 매매

CISG 적용 제외 물품
- 개인용, 가족용, 가정용으로 구입된 물품의 매매(다만, 매도인이 계약체결 전후에 물품이 그러한 용도로 구입된 사실을 알지 못하였고, 알았어야 했던 것도 아닌 경우에는 제외)
- 경매에 의한 매매
- 강제집행 그 밖의 법령에 의한 매매
- 주식, 지분, 투자증권, 유통증권 또는 통화의 매매
- 선박, 소선, 부선, 항공기의 매매
- 전기의 매매

112 무역계약의 주요 조건에 관한 설명으로 옳은 것은?

① D/P(Documents against Payment)는 관련 서류가 첨부된 기한부(Usance) 환어음을 통해 결제하는 방식이다.

② 표준품 매매(Sales by Standard)란 공산품과 같이 생산될 물품의 정확한 견본의 제공이 용이한 물품의 거래에 주로 사용된다.

③ 신용장 방식에 의한 거래에서 벌크 화물(bulk cargo)에 관하여 과부족을 금지하는 문언이 없는 한, 5%까지의 과부족이 용인된다.

④ CAD(Cash Against Document)는 추심에 관한 통일규칙에 의거하여 환어음을 추심하여 대금을 영수한다.

⑤ FAQ(Fair Average Quality)는 양륙항에서 물품의 품질에 의하여 품질을 결정하는 방법이다.

① 지급인도조건(D/P : Documents against Payment) : 수출자가 물품 선적 후 수입자를 지급인으로 하는 일람출급환어음(Sight bill)을 발행하여 선하증권 등 운송서류를 첨부시켜 자기의 거래은행을 통하여 그 추심을 의뢰하게 되면, 추심은행이 이를 수입상에게 제시하여 환어음을 결제받아 대금을 지급받고 운송서류를 인도하는 거래방식이다.
② 표준품매매(Sale by standard) : 수확 예정인 농수산물이나 광물과 같은 1차산품의 경우에는, 공산품과는 달리 일정한 규격이 없기 때문에 특정 연도와 계절의 표준품을 기준으로 등급을 정하여 거래하게 된다.
③ 신용장 방식의 거래시에는, 신용장상에 수량의 과부족(Tolerance)에 대한 별도의 합의가 있으면 그대로 적용이 되고, 혹 따로 과부족 범위를 설정하지 않았다 해도 살물(Bulk cargo)의 경우라면 신용장 금액을 초과하지 않는 범위 내에서 수량의 5%의 과부족을 자동적으로 인정하게 된다. 다만 신용장의 조건이 명시적으로 과부족의 금지를 요구하는 경우에는 그러하지 아니하다.
④ 서류상환방식(CAD : Cash Against Documents) : 수출업자가 상품을 선적한 후 선적서류를 수출국 소재 수입업자의 지사나 대리인에게 제시하면 서류와 상환으로 대금을 결제하는 방식으로서, 통상 수입업자의 대리인 등이 수출국 내에서 물품의 제조 과정을 지켜보고 검사를 하게 된다.
⑤ 평균중등품질(F.A.Q. : Fair Average Quality)조건 : 당해 연도, 당해 지역에서 생산되는 동종물품 가운데 중등품질의 것을 인도하기로 약정하는 품질조건을 말하며, 곡물거래와 선물거래시 주로 이용된다.

112 ③

113 다음은 MIA(1906) 내용의 일부이다. (   )에 들어갈 용어가 올바르게 나열된 것은?

- Where the subject-matter insured is destroyed, or so damaged as to cease to be a thing of the kind insured, or where the assured is irretrievably deprived thereof hereof, there is (ㄱ).
- There is (ㄴ) where any extraordinary sacrifice or expenditure is voluntarily and reasonably made or incurred in time of peril for the purpose of preserving the property imperilled in the common adventure.

① ㄱ : an actual total loss   ㄴ : a particular average act

② ㄱ : a constructive total loss   ㄴ : a general average act

③ ㄱ : an actual total loss   ㄴ : a general average act

④ ㄱ : a particular average act   ㄴ : a subrogation

⑤ ㄱ : a constructive total loss   ㄴ : a salvage charge

> **해설** 보험목적물이 파괴되거나 또는 보험에 가입된 종류의 물건으로서 존재할 수 없을 정도로 손상을 입은 경우 또는 피보험자가 회복할 수 없도록 보험목적물의 점유를 박탈당하는 경우에는 현실전손(actual total loss)이 있는 것이다. 공동의 해상사업에 있어서 위험에 직면한 재산을 보존할 목적으로 위험의 작용시에 어떠한 이례적인 희생 또는 비용이 임의로 또는 합리적으로 초래되거나 지출되는 경우에 공동해손(general average)행위가 있는 것으로 한다.

114 ICC(C)(2009)에서 담보되는 손해는?

① 피난항에서의 화물의 양하(discharge)로 인한 손해

② 지진 또는 낙뢰로 인한 손해

③ 갑판유실로 인한 손해

④ 본선, 부선 또는 보관장소에 해수 또는 하천수의 유입으로 인한 손해

⑤ 선박 또는 부선의 불내항(unseaworthiness)으로 인한 손해

> **해설** ICC(C)에서 담보되는 위험
> - 화재・폭발
> - 선박・부선의 좌초・교사・침몰・전복
> - 육상운송용구의 전복・탈선
> - 선박・부선・운송용구의 타물과의 충돌・접촉
> - 조난항에서의 화물의 양하
> - 공동해손의 희생
> - 투하
> - 공동해손조항
> - 쌍방과실충돌조항

정답 113 ③ 114 ①

115 다음은 Incoterms® 2020 소개문(introduction)의 일부이다. (   )에 들어갈 용어가 올바르게 나열된 것은?

> Likewise, with DDP, the seller owes some obligations to the buyer which can only be performed within the buyer's country, for example obtaining import clearance. It may be physically or legally difficult for the seller to carry out those obligations within the buyer's country and a seller would therefore be better advised to consider selling goods in such circumstances under the (ㄱ) or (ㄴ) rules.

① ㄱ : DAP, ㄴ : DDP 　　② ㄱ : CPT, ㄴ : DAP
③ ㄱ : DAT, ㄴ : DPU 　　④ ㄱ : DAP, ㄴ : DPU
⑤ ㄱ : CIP, ㄴ : DAT

[해설] 마찬가지로 DDP의 경우에 매도인은 매수인 국가에서만 이행될 수 있는 의무들, 예컨대 수입통관을 할 의무를 부담한다. 매도인이 그러한 의무들을 매수인 국가에서 이행하기는 물리적으로나 법적으로 어려울 수 있고, 따라서 매도인은 그러한 경우에 DAP나 DPU 규칙으로 물품을 매매하는 것을 고려하는 것이 더 좋다.

116 Incoterms® 2020의 CIF 규칙에 관한 설명으로 옳지 않은 것은?

① 물품의 멸실 및 손상의 위험은 물품이 선박에 적재된 때 이전된다.
② 매수인은 자신의 운송계약상 목적항 내의 명시된 지점에서 양하에 관하여 비용이 발생한 경우에 당사자 간에 달리 합의되지 않는 한, 그러한 비용을 매도인으로부터 별도로 상환받을 권리가 없다.
③ 해상운송이나 내수로운송에만 사용된다.
④ 해당되는 경우에 매도인이 물품의 수출통관을 해야 한다.
⑤ 매수인은 매도인에 대하여 운송계약을 체결할 의무가 없다.

[해설] CIF규칙에서 매도인은 자신의 운송계약상 목적항 내의 명시된 지점에서 양하에 관하여 비용이 발생한 경우에 당사자 간에 달리 합의되지 않은 한, 그러한 비용을 매수인으로부터 별도로 상환받을 권리가 없다.

117 다음은 Incoterms® 2020의 DPU 규칙에 관한 내용이다. 밑줄 친 부분 중 옳지 않은 것은?

㉠ The seller bears all risks involved in bringing the goods to ㉡ and loading them at the named port of destination. ㉢ In this Incoterms® rule, therefore, the delivery and arrival at destination are the same. ㉣ DPU is the only Incoterms® rule that requires the seller to unload goods at destination. ㉤ The seller should therefore ensure that it is in a position to organise unloading at the named place.

① ㉠   ② ㉡

③ ㉢   ④ ㉣

⑤ ㉤

해설   The seller bears all risks involved in bringing the goods to and <u>unloading</u> them at the named place of destination.
매도인은 물품을 지정목적지까지 가져가서 그곳에서 물품을 양하하는데 수반되는 모든 위험을 부담한다.

118 무역분쟁의 해결에 이용되는 ADR(Alternative Dispute Resolution)로 옳은 것은?

① 알선, 중재, 소송   ② 소송, 중재, 조정

③ 중재, 소송, 화해   ④ 알선, 조정, 중재

⑤ 소송, 화해, 조정

해설   ADR : 소송 이외의 분쟁해결 방법으로 알선, 조정, 중재를 말한다.

119 수출입통관과 관련하여 관세법상 내국물품이 아닌 것은?

① 우리나라에 있는 물품으로서 외국물품이 아닌 것

② 우리나라의 선박 등이 공해에서 채집하거나 포획한 수산물 등

③ 입항전수입신고가 수리된 물품

④ 수입신고수리전 반출승인을 받아 반출된 물품

⑤ 외국으로부터 우리나라에 도착한 물품으로서 수입신고가 수리되기 전의 물품

해설   외국으로부터 우리나라에 도착한 물품으로서 수입신고가 수리된 물품이 내국물품이다.

120 Incoterms® 2020에 관한 설명으로 옳지 않은 것은?

① Incoterms는 이미 존재하는 매매계약에 편입된(incorporated) 때 그 매매계약의 일부가
된다.

② 대금지급의 시기, 장소, 방법과 관세부과, 불가항력, 매매물품의 소유권 이전 문제를
다루고 있다.

③ 양극단(two extremes)의 E규칙과 D규칙 사이에, 3개의 F규칙과 4개의 C규칙이 있다.

④ CPT와 CIP매매에서 위험은 물품이 최초운송인에게 교부된 때 매도인으로부터 매수인에
게 이전된다.

⑤ A1/B1에서 당사자의 기본적인 물품제공/대금지급의무를 규정하고, 이어 인도 조항과
위험이전조항을 보다 두드러진 위치인 A2와 A3으로 각각 옮겼다.

> **해설** Incoterms 2020은 다음의 사항을 다루지 않는다.
> • 대금지급의 시기, 장소, 방법, 통화
> • 관세부과
> • 불가항력 또는 이행가혹
> • 매매물품의 소유권/물권 이전

제2교시 2020년 물류관리사	형별	A형	제한시간	80분	수험번호	성 명

제1과목 보관하역론(01~40)

01 보관의 기능에 관한 설명으로 옳지 않은 것은?

① 재화의 물리적 보존과 관리 기능
② 제품의 거리적, 장소적 효용을 높이는 기능
③ 운송과 배송을 원활하게 하는 기능
④ 생산과 판매와의 조정 또는 완충 기능
⑤ 집산, 분류, 구분, 조합, 검사의 장소적 기능

[해설] 거리적, 장소적 효용을 창출하는 물류의 기능적 활동은 "운송"이다.

02 보관의 원칙에 관한 설명으로 옳은 것을 모두 고른 것은?

ㄱ. 회전대응의 원칙 : 보관할 물품의 위치를 입출고 빈도에 따라 달리하며 빈도가 높은 물품은 출입구 가까이에 보관한다.
ㄴ. 중량특성의 원칙 : 중량에 따라 보관장소를 하층부와 상층부로 나누어 보관한다.
ㄷ. 형상특성의 원칙 : 동일 품목은 동일 장소에, 유사품은 인접장소에 보관한다.
ㄹ. 통로대면의 원칙 : 작업의 효율성을 위하여 보관물품의 장소와 선반 번호 등 위치를 표시하여 보관한다.
ㅁ. 네트워크 보관의 원칙 : 연대출고가 예상되는 관련품목을 출하가 용이하도록 모아서 보관한다.

① ㄱ, ㄴ, ㄷ
② ㄱ, ㄴ, ㄹ
③ ㄱ, ㄴ, ㅁ
④ ㄴ, ㄷ, ㅁ
⑤ ㄷ, ㄹ, ㅁ

[해설] ㄷ. 동일성 및 유사성의 원칙
ㄹ. 위치표시의 원칙

정답 **01** ② **02** ③

03 하역에 관한 설명으로 옳지 않은 것은?

① 운송 및 보관에 수반하여 발생하는 부수작업을 총칭한다.

② 화물에 대한 시간적 효용과 장소적 효용 창출을 지원한다.

③ 물류기술의 발달로 인해 노동집약적인 물류활동이 자동화 및 무인화로 진행되고 있다.

④ 하역은 항만, 공항, 철도역 등 다양한 장소에서 수행되고 있으나 운송과 보관을 연결하는 기능은 갖고 있지 않다.

⑤ 생산에서 소비까지 전 유통과정에서 발생하는 하역작업의 합리화는 물류합리화에 중요한 요소이다.

[해설] 하역은 운송과 보관 전에 운송활동의 전후, 보관활동 전후에 활동을 연결하는 기능을 수행한다.

04 하역의 기본원칙이 아닌 것을 모두 고른 것은?

> ㄱ. 최대 취급의 원칙　　　　　　ㄴ. 경제성의 원칙
> ㄷ. 중력이용의 원칙　　　　　　ㄹ. 이동거리 및 시간의 최대화 원칙
> ㅁ. 화물 단위화의 원칙

① ㄱ, ㄴ　　　　　　　　　　② ㄱ, ㄹ
③ ㄴ, ㄷ　　　　　　　　　　④ ㄴ, ㅁ
⑤ ㄷ, ㅁ

[해설] ㄱ. 최소 취급의 원칙, ㄹ. 이동거리 및 시간의 최소화 원칙

05 다음이 설명하는 컨테이너 하역작업 용어는?

> 화물을 창고나 야드 등 주어진 시설과 장소에 정해진 형태와 순서로 정돈하여 쌓는 작업이며 하역 효율화에 크게 영향을 준다.

① 래싱(Lashing)　　　　　　　② 배닝(Vanning)
③ 디배닝(Devanning)　　　　　④ 스태킹(Stacking)
⑤ 더니징(Dunnaging)

[해설] 하역 작업 용어 중 스태킹에 대한 설명이다.

정답　**03** ④　**04** ②　**05** ④

06 하역 기계화에 관한 설명으로 옳지 않은 것은?

① 하역 분야는 물류활동 중에서 가장 기계화수준이 높으며, 인력의존도가 낮은 분야이다.

② 파렛트화에 의한 하역 기계화는 주로 물류비의 절감을 위하여 도입한다.

③ 하역 기계화 효과를 높이기 위해서는 물동량과 인건비 수준을 고려하여 도입해야 한다.

④ 액체 및 분립체 등 인력으로 하기 힘든 화물의 경우 기계화 필요성은 더욱 증대된다.

⑤ 하역 기계화를 촉진하기 위해서는 하역기기의 개발과 정보시스템을 통합한 하역 자동화시스템 구축이 필요하다.

> 해설 하역 분야는 하역환경의 다양성, 특수성으로 인해 기계화수준이 상대적으로 낮으며, 인력의존도가 높은 분야이다.

07 항공화물 탑재방식에 관한 설명으로 옳지 않은 것은?

① 살화물 탑재방식은 개별화물을 항공전용 컨테이너에 넣은 후 언로더(Unloader)를 이용하여 탑재하는 방식이다.

② 살화물 탑재방식은 단시간에 집중적으로 작업해야 하는 화물탑재에 적합한 방식이다.

③ 살화물 탑재방식에서는 트랙터(Tractor)와 카고 카트(Cargo Cart)가 주로 사용된다.

④ 파렛트 탑재방식은 기본적인 항공화물 취급 방법이며, 파렛트화된 화물을 이글루(Igloo)로 씌워서 탑재하는 방식이다.

⑤ 컨테이너 탑재방식은 항공기 내부구조에 적합한 컨테이너를 이용하여 탑재하는 방식이다.

> 해설 Lift-Loader, High Loader를 이용하여 탑재하는 방식이다.

08 크레인에 관한 설명으로 옳지 않은 것은?

① 크레인은 천정크레인(Ceiling Crane), 갠트리크레인(Gantry Crane), 집크레인(JibCrane), 기타 크레인 등으로 구분된다.

② 갠트리크레인은 레일 위를 주행하는 방식이 일반적이나, 레일 대신 타이어로 주행하는 크레인도 있다.

③ 스태커크레인(Stacker Crane)은 고층랙 창고 선반에 화물을 넣고 꺼내는 크레인의 총칭이다.

④ 언로더(Unloader)는 천정에 설치된 에이치빔(H-beam)의 밑 플랜지에 전동 체인블록 등을 매단 구조이며, 소규모 하역작업에 널리 이용되고 있다.

⑤ 집크레인은 고정식과 주행식이 있으며, 아파트 등의 건설공사에도 많이 쓰이고 수평방향으로 더 넓은 범위 안에서 작업할 수 있다.

정답 **06** ① **07** ① **08** ④

해설 천정(장) 크레인(Overhead Traveller Crane)에 대한 설명이며, 언로더는 항만에서 벌크화물을 상하역하는 기중기로서 상하역 기기이다.

09 ICD(Inland Container Depot)에서 수행하는 기능이 아닌 것으로만 짝지어진 것은?

① 마샬링(Marshalling), 본선 선적 및 양화
② 마샬링(Marshalling), 통관
③ 본선 선적 및 양화, 장치보관
④ 장치보관, 집화분류
⑤ 집화분류, 통관

해설 마샬링(Marshalling), 본선 선적 및 양하는 항만에서 수행하는 기능이다.

10 복합화물터미널에 관한 설명으로 옳은 것을 모두 고른 것은?

ㄱ. 창고단지, 유통가공시설, 물류사업자의 업무용 시설 등을 결합하여 종합물류기지 역할을 수행한다.
ㄴ. 두 종류 이상의 운송수단을 연계하여 운송할 수 있는 규모 및 시설을 갖춘 화물터미널이다.
ㄷ. 최종 소비자에 대한 배송, 개별 기업의 배송센터 기능도 수행하지만, 정보센터 기능은 수행하지 않는다.
ㄹ. 환적기능보다는 보관기능 위주로 운영되는 물류시설이다.
ㅁ. 협의로는 운송수단 간의 연계시설, 화물취급장, 창고시설 및 관련 편의시설 등을 의미한다.

① ㄱ, ㄴ, ㄹ ② ㄱ, ㄴ, ㅁ
③ ㄱ, ㄷ, ㅁ ④ ㄴ, ㄷ, ㄹ
⑤ ㄷ, ㄹ, ㅁ

해설 ㄷ. 정보센터 기능도 수행한다.
ㄹ. 보관기능보다는 환적기능 위주로 운영되는 물류시설이다.

11 물류시설 및 물류단지에 관한 설명으로 옳지 않은 것은?

① CY(Container Yard)는 수출입용 컨테이너를 보관·취급하는 장소이다.

② CFS(Container Freight Station)는 컨테이너에 LCL(Less than Container Load)화물을 넣고 꺼내는 작업을 하는 시설과 장소이다.

③ 지정장치장은 통관하고자 하는 물품을 일시 장치하기 위해 세관장이 지정하는 구역이다.

④ 통관을 하지 않은 내국물품을 보세창고에 장치하기 위해서는 항만법에 근거하여 해당 지방자치단체장의 허가를 받아야 한다.

⑤ CFS(Container Freight Station)와 CY(Container Yard)는 부두 외부에도 위치할 수 있다.

> **해설** 관세법에 의하여 세관장에 신고하면 기존 보세물품 장치에 방해가 안되는 한도 내에서 내국물품도 장치 가능하다.

12 크로스도킹(Cross Docking)에 관한 설명으로 옳지 않은 것은?

① 물류센터를 화물의 흐름 중심으로 운영할 수 있다.

② 물류센터의 재고관리비용은 낮추면서 재고수준을 증가시킬 수 있다.

③ 배송리드타임을 줄일 수 있어서 공급사슬 효율성을 높일 수 있다.

④ 기본적으로 즉시 출고될 물량을 입고하여 보관하지 않고 출고하는 방식으로 운영한다.

⑤ 공급업체가 미리 분류·포장하는 기포장방식과 물류센터에서 분류·출고하는 중간 처리 방식으로 운영한다.

> **해설** 크로스도킹을 통하여 물류센터의 재고관리비용도 낮추면서 재고수준을 감소시킬 수 있다.

13 다음이 설명하는 물류관련 용어는?

- 물류센터 입고 상품의 수량과 내역이 사전에 물류센터로 송달되어 오는 정보를 말한다.
- 물류센터에서는 이 정보를 활용하여 신속하고 정확하게 검품 및 적재업무를 수행할 수 있다.

① ASN(Advanced Shipping Notification)
② ATP(Available To Promise)
③ EOQ(Economic Order Quantity)
④ BOM(Bill Of Material)
⑤ POS(Point Of Sale)

> **해설** 사전출하정보(ASN : Advanced Shipping Notification)에 대한 설명이다.

14 자동화창고의 구성요소에 관한 설명으로 옳지 않은 것은?

① 버킷(Bucket)은 화물의 입출고 및 보관에 사용되는 상자이다.
② 셀(Cell)은 랙 속에 화물이 저장되는 단위공간을 의미한다.
③ 스태커크레인(Stacker Crane)은 승강장치, 주행장치, 포크장치로 구분된다.
④ 이중명령(Dual Command)시 스태커크레인은 입고작업과 출고작업을 동시에 실행한다.
⑤ 트래버서(Traverser)는 화물을 지정된 입출고 지점까지 수직으로 이동시키는 자동 주행장치이다.

> **해설** 트래버서(Traverser)는 스태커 크레인의 수평이동, 횡적이동 주행장치이고, 스태커(Stacker)가 수직으로 이동시키는 주행장치이다.

15 자동화창고에 관한 설명으로 옳지 않은 것은?

① 단위화 및 규격화된 물품 보관으로 효율적인 재고관리가 가능하다.
② 물류의 흐름보다는 보관에 중점을 두고 설계해야 한다.
③ 고단적재가 가능하여 단위면적당 보관효율이 좋다.
④ 자동화시스템으로 운영되므로 생산성과 효율성을 개선할 수 있다.
⑤ 설비투자에 자금이 소요되므로 신중한 준비와 계획이 필요하다.

> **해설** 자동화 창고는 물류의 보관보다는 흐름에 중점을 두고 설계하게 된다.

16 창고관리시스템(WMS : Warehouse Management System)의 도입효과에 관한 설명으로 옳지 않은 것은?

① 입고관리, 출고관리, 재고관리 등의 업무를 효율적으로 지원한다.
② 설비 활용도와 노동 생산성을 높이며, 재고량과 재고관련 비용을 증가시킨다.
③ 재고 투명성을 높여 공급사슬의 효율을 높여준다.
④ 수작업으로 수행되는 입출고 업무를 시스템화하여 작업시간과 인력이 절감된다.
⑤ 전사적자원관리시스템(ERP : Enterprise Resource Planning)과 연계하여 정보화의 범위를 확대할 수 있다.

> **해설** 창고관리시스템을 도입하여 전 거점의 재고량을 최적으로 조정하여 재고관련 비용을 감소시킨다.

정답 **14** ⑤ **15** ② **16** ②

17 유닛로드(Unit Load)와 관련이 없는 것은?

① 일관파렛트화(Palletization)

② 프레이트 라이너(Freight Liner)

③ 호퍼(Hopper)

④ 컨테이너화(Containerization)

⑤ 협동일관운송(Intermodal Transportation)

> **해설** 호퍼(Hopper) : 원료나 연료, 화물을 컨베이어나 기계로 이송하는 깔때기로 유닛로드장비와 관련이 가장 적다.

18 다음 표는 A회사의 공장들과 주요 수요지들의 위치좌표를 나타낸 것이다. 수요지1의 월별 수요는 200톤이며 수요지2의 월별 수요는 300톤, 수요지3의 월별 수요는 200톤이다. 공장 1의 월별 공급량은 200톤이며 공장2의 월별 공급량은 500톤이다. 새롭게 건설할 A회사 물류센터의 최적 입지좌표를 무게중심법으로 구하라. (단, 소수점 둘째자리에서 반올림함)

구분	X좌표	Y좌표
공장1	10	70
공장2	40	40
수요지1	20	50
수요지2	30	20
수요지3	50	30

① X : 24.2, Y : 32.1
② X : 28.6, Y : 40.0
③ X : 28.6, Y : 40.7
④ X : 32.1, Y : 40.0
⑤ X : 32.1, Y : 42.6

> **해설**

구분	X좌표	Y좌표	상대적 가중치
공장1	10	70	$\dfrac{200}{200+300+200+200+500}=\dfrac{200}{1,400}=\dfrac{2}{14}$
공장2	40	40	$\dfrac{500}{200+300+200+200+500}=\dfrac{500}{1,400}=\dfrac{5}{14}$
수요지1	20	50	$\dfrac{200}{200+300+200+200+500}=\dfrac{200}{1,400}=\dfrac{2}{14}$
수요지2	30	20	$\dfrac{300}{200+300+200+200+500}=\dfrac{300}{1,400}=\dfrac{3}{14}$
수요지3	50	30	$\dfrac{200}{200+300+200+200+500}=\dfrac{200}{1,400}=\dfrac{2}{14}$

정답 **17** ③ **18** ④

$$X = \frac{(10 \times 2) + (40 \times 5) + (20 \times 2) + (30 \times 3) + (50 \times 2)}{14} = 32.14$$

$$Y = \frac{(70 \times 2) + (40 \times 5) + (50 \times 2) + (20 \times 3) + (30 \times 2)}{14} = 40.0$$

물류센터 최적 입지좌표 = (32.1, 40)

---

19 4가지 제품을 보관하는 창고의 기간별 저장소요공간이 다음 표와 같을 때, (ㄱ)임의위치저장(Randomized Storage)방식과 (ㄴ)지정위치저장(Dedicated Storage)방식으로 각각 산정된 창고의 저장소요공간은?

기간	제품별 저장공간			
	A	B	C	D
1월	27	21	16	16
2월	14	15	20	17
3월	19	12	13	23
4월	15	19	11	20
5월	18	22	18	19

① (ㄱ) 74, (ㄴ) 92   ② (ㄱ) 80, (ㄴ) 80
③ (ㄱ) 80, (ㄴ) 86   ④ (ㄱ) 80, (ㄴ) 92
⑤ (ㄱ) 92, (ㄴ) 80

기간	제품별 저장공간				기간공간소요
	A	B	C	D	
1월	27	21	16	16	80
2월	14	15	20	17	66
3월	19	12	13	23	67
4월	15	19	11	20	65
5월	18	22	18	19	77
최대공간소요	27	22	20	23	92

임의위치저장(Randomized Storage)방식 공간소요량 = 기간별 공간 소요량 합 중 최대값 = 80 (80, 66, 67, 65, 77)

지정위치저장(Dedicated Storage)방식 공간소요량 = 전 기간에 걸친 제품별 최대공간소요량의 합 = 92 (27 + 22 + 20 + 23 = 92)

정답 **19** ④

20 자동창고시스템에서 AS/RS(Automated Storage/Retrieval System) 장비의 평균가동률은 95%이며, 단일명령(Single Command) 수행시간은 2분, 이중명령(Dual Command) 수행시간은 3.5분이다. 단일명령 횟수가 이중명령 횟수의 3배라면 AS/RS 장비 1대가 한 시간에 처리하는 화물의 개수는? (단, 소수점 첫째자리에서 반올림함)

① 24개   ② 26개
③ 28개   ④ 30개
⑤ 32개

해설 [처리횟수 변수지정] ➡ 이중명령 횟수 = x, 단일명령 횟수 = $3x$(이중명령 횟수의 3배)

[평균가동률] ➡ $\dfrac{\text{단일명령수행시간} + \text{이중명령수행시간}}{\text{단위시간}} = \dfrac{(2\text{분} \times 3x) + (3.5\text{분} \times x)}{60\text{분}} = 0.95$

$(2\text{분} \times 3x) + (3.5\text{분} \times x) = 57\text{분}, \ x = 6\text{회}$

- 이중명령 횟수에 따른 화물 처리개수 = x = 6회 ➡ 12개(2개/회)
- 단일명령 횟수에 따른 화물 처리개수 = $3x$ = 18회 ➡ 18개(1개/회)
- AS/RS 장비 한 대의 시간당 총 화물 처리 개수 = 12 + 18 = <u>30개</u>

21 유닛로드 시스템(ULS : Unit Load System)의 효과로 옳지 않은 것은?

① 하역의 기계화   ② 화물의 파손방지
③ 신속한 적재   ④ 운송수단의 회전율 향상
⑤ 경제적 재고량 유지

해설 유닛로드시스템에서 ULD(Unit Load Device)인 파렛트와 컨테이너를 사용하게 되고 이에 따라 주문 및 물류비용 절감을 위해 보통은 고객사에게 로트주문(한번에 몇 개 단위로)을 요청하게 된다. 자연스럽게 불필요한 재고를 포함한 주문이 발생하게 되어 경제적 재고량 유지는 어렵게 된다.

22 일관파렛트화(Palletization)의 이점이 아닌 것은?

① 물류현장에서 하역작업의 혼잡을 줄일 수 있다.
② 창고에서 물품의 운반관리를 용이하게 수행할 수 있다.
③ 화물의 입고작업은 복잡하지만, 출고작업은 신속하게 할 수 있다.
④ 기계화가 용이하여 하역시간을 단축할 수 있다.
⑤ 파렛트에 적합한 운송수단의 사용으로 파손 및 손실을 줄일 수 있다.

해설 일관파렛트화는 물류 전 과정에 걸쳐 포크리프트트럭(지게차)이나 자동화 설비를 이용한 파렛트를 사용하는 흐름을 만들어내므로 창고 내 입·출고 및 저장 전 작업을 단순하고 신속하게 할 수 있게 된다.

정답 **20** ④ **21** ⑤ **22** ③

23 창고설계의 기본원칙이 아닌 것은?

① 직진성의 원칙

② 모듈화의 원칙

③ 역행교차 회피의 원칙

④ 물품 취급 횟수 최소화의 원칙

⑤ 물품이동 간 고저간격 최대화의 원칙

[해설] 물품이동 간 고·저 간격 최소화의 원칙

24 항공하역에서 사용하는 장비가 아닌 것은?

① 돌리(Dolly)

② 터그 카(Tug Car)

③ 리프트 로더(Lift Loader)

④ 파렛트 스케일(Pallet Scale)

⑤ 스트래들 캐리어(Straddle Carrier)

[해설] 스트래들 캐리어(Straddle Carrier)는 항만의 운반 하역기기이다.

25 물류센터 KPI(Key Performance Indicator)에 관한 설명으로 옳지 않은 것은?

① 환경 KPI는 CO_2 절감 등 환경측면의 공헌도를 관리하기 위한 지표이다.

② 생산성 KPI는 작업인력과 시간당 생산성을 파악하여 작업을 개선하기 위한 지표이다.

③ 납기 KPI는 수주부터 납품까지의 기간을 측정하여 리드타임을 증가시키기 위한 지표이다.

④ 품질 KPI는 오납율과 사고율 등 물류품질의 수준을 파악하여 고객서비스 수준을 향상시키기 위한 지표이다.

⑤ 비용 KPI는 작업마다 비용을 파악하여 물류센터의 물류비용을 감소시키기 위한 지표이다.

[해설] 납기 KPI는 수주부터 납품까지의 기간을 측정하여 리드타임을 감소시키기 위한 지표이다.

26 물류센터의 보관 방식에 관한 설명으로 옳지 않은 것은?

① 평치저장(Block Storage) : 창고 바닥에 화물을 보관하는 방법으로 소품종 다량 물품 입출고에 적합하며, 공간 활용도가 우수하다.

② 드라이브인랙(Drive-in Rack) : 소품종 다량 물품 보관에 적합하고 적재공간이 지게차 통로로 활용되어 선입선출(先入先出)이 어렵다.

③ 회전랙(Carrousel Rack) : 랙 자체가 수평 또는 수직으로 회전하며, 중량이 가벼운 다품종 소량의 물품 입출고에 적합하다.

④ 이동랙(Mobile Rack) : 수동식 및 자동식이 있으며 다품종 소량 물품 보관에 적합하고 통로 공간을 활용하므로 보관효율이 높다.

⑤ 적층랙(Mezzanine Rack) : 천정이 높은 창고에 복층구조로 겹쳐 쌓는 방식으로 물품의 보관효율과 공간 활용도가 높다.

해설 평치저장은 화물의 높이 쌓기가 제한되므로 공간 활용도가 나쁘다.

27 물류센터의 소팅 컨베이어에 관한 설명으로 옳지 않은 것은?

① 슬라이딩슈방식(Sliding-shoe Type)은 반송면에 튀어나온 기구를 넣어 단위화물을 함께 이동시키면서 압출하는 방식으로 충격이 없어 정밀기기, 깨지기 쉬운 물건 등의 분류에 사용된다.

② 틸팅방식(Tilting Type)은 레일을 주행하는 트레이 및 슬라이드의 일부를 경사지게 하여 단위 화물을 활강시키는 방식으로 우체국, 통신판매 등에 사용된다.

③ 저개식방식은 레일을 주행하는 트레이 등의 바닥면을 개방하여 단위화물을 방출하는 방식이다.

④ 크로스벨트방식(Cross-belt Type)은 레일 위를 주행하는 연속된 캐리어에 장착된 소형 벨트 컨베이어를 레일과 교차하는 방향으로 구동시켜 단위화물을 내보내는 방식이다.

⑤ 팝업방식(Pop-up Type)은 컨베이어 반송면의 아래에서 벨트, 롤러, 휠, 핀 등의 분기장치가 튀어나와 단위화물을 내보내는 방식으로, 하부면의 손상 및 충격에 약한 화물에도 적합하다.

해설 팝업방식은 컨베이어 반송면의 아래에서 벨트, 롤러, 휠, 핀 등의 분기장치가 튀어나오므로 화물 하부면의 손상 및 충격에 약한 화물에는 저합하지 않다.

28 연간 영업일이 300일인 K도매상은 A제품의 안전재고를 250개에서 400개로 늘리면서 새로운 재주문점을 고려하고 있다. A제품의 연간수요는 60,000개이며 주문 리드타임은 3일이었다. 이때 새롭게 설정된 재주문점은?

① 400   ② 600

③ 900   ④ 1,000

⑤ 1,200

> **해설** 평균수요 $= \dfrac{\text{연간수요}}{\text{영업일수}} = \dfrac{60,000개}{300일} = 200개/일$, 안전재고 $= 400개$
>
> 안전재고를 고려한 재주문점 $=$ (평균수요 $\times$ 조달기간) $+$ 안전재고 $=$ (200개 $\times$ 3일) $+$ 400
> $= 1,000개$

29 ABC(Activity Based Costing)에 관한 설명으로 옳지 않은 것을 모두 고른 것은?

> ㄱ. 재고의 입출고가 활발한 상품을 파악하여 중점적으로 관리하기 위한 기법이다.
> ㄴ. 서비스 다양화에 맞추어 보다 정확한 코스트를 파악하려는 원가계산기법이다.
> ㄷ. 물류활동의 실태를 물류 원가에 반영하는 것을 목적으로 하고 있다.
> ㄹ. 물류활동 또는 작업내용으로 구분하고, 이 활동마다 단가를 산정하여 물류서비스 코스트를 산출한다.
> ㅁ. 품목수가 적으나 매출액 구성비가 높은 상품을 A그룹, 품목수는 많으나 매출액 구성비가 낮은 상품을 C그룹으로 관리한다.

① ㄱ, ㅁ   ② ㄱ, ㄷ, ㄹ

③ ㄱ, ㄷ, ㅁ   ④ ㄴ, ㄷ, ㅁ

⑤ ㄴ, ㄹ, ㅁ

> **해설** ㄱ, ㅁ의 설명은 파레토 법칙(20:80)에 의거한 ABC재고관리에 대한 설명이다.

30 컨테이너터미널에서 사용되는 컨테이너 크레인에 관한 설명으로 옳지 않은 것은?

① 아웃리치(Out-reach)란 스프레더가 바다 쪽으로 최대로 진행되었을 때, 바다 측 레일의 중심에서 스프레더 중심까지의 거리를 말한다.

② 백리치(Back-reach)란 트롤리가 육지 측으로 최대로 나갔을 때, 육지 측 레일의 중심에서 스프레더 중심까지의 거리를 말한다.

③ 호이스트(Hoist)란 스프레더가 최대로 올라갔을 때 지상에서 스프레더 컨테이너 코너 구멍 접촉면까지의 거리를 말한다.

④ 타이다운(Tie-down)이란 크레인이 넘어졌을 때의 육지 측 레일의 중심에서 붐 상단까지의 거리를 말한다.

⑤ 헤드블록(Head Block)이란 스프레더를 달아매는 리프팅 빔으로서 아래 면에는 스프레더 소켓을 잡는 수동식 연결핀이 있으며 윗면은 스프레더 급전용 케이블이 연결되어 있다.

> **해설** 타이다운(Tie-down)은 전도안전장치로써 크레인 하부(Sill Beam)와 안벽의 상부콘크리트를 연결하여 여기에서 발생하는 인장력으로 하여금 크레인의 전도를 방지하도록 고안된 것이다.

31 어느 도매상점의 제품 A의 연간 수요량이 2,000개이고 제품당 단가는 1,000원이며, 연간 재고유지비용은 제품단가의 10%이다. 1회 주문비용이 4,000원일 때 경제적주문량을 고려한 연간 총 재고비용은? (단, 총 재고비용은 재고 유지비용과 주문비용만을 고려함)

① 40,000원 ② 50,000원
③ 60,000원 ④ 70,000원
⑤ 80,000원

> **해설**
> - CO(Cost of Ordering) : 1회 주문비용
> - D(yearly Demand) : 연간수요
> - CH(Carrying & Holding Cost) : 연간단위당 재고유지비용
> - 경제적주문량(EOQ) $= \sqrt{\dfrac{2 \cdot CO \cdot D}{CH}} = \sqrt{\dfrac{2 \cdot 4,000 \cdot 2,000}{1,000 \cdot 0.1}} = \sqrt{160,000} = 400$개
> - 연간 총재고비용 = 연간 총 재고유지비용 + 연간 총 주문비용
>   - 연간 총 재고유지비용 = 평균재고량 × CH $= \dfrac{EOQ}{2} \times CH = \dfrac{400}{2} \times 100 = 20,000$원
>   - 연간 총 주문비용 = 연간주문횟수 × CO $= \dfrac{D}{EOQ} \times CO = \dfrac{2,000}{400} \times 4,000 = 20,000$원
>   - 연간 총 재고비용 = 20,000원 + 20,000원 = 40,000원

정답 **30** ④ **31** ①

32 철도복합운송방식에 관한 설명으로 옳지 않은 것은?

① 피기백(Piggy-back)방식은 화물열차의 대차 위에 컨테이너를 적재한 트레일러나 트럭을 운송하는 방식과 컨테이너를 직접 철도 대차 위에 적재하여 운송하는 방식이 있다.

② COFC(Container On Flat Car)방식은 크레인이나 컨테이너 핸들러 등의 하역장비를 이용하여 적재하고 있다.

③ TOFC(Trailer On Flat Car)방식은 COFC방식에 비하여 총중량이 적으며, 철도터미널에서의 소요공간이 적어 널리 사용되고 있다.

④ 2단적 열차(Double Stack Train)는 한 화차에 컨테이너를 2단으로 적재하는 방식이다.

⑤ 바이모달시스템(Bi-modal System)은 철도차륜과 도로 주행용 타이어를 겸비한 차량을 이용하여 철도에서는 화차로, 도로에서는 트레일러로 사용하는 방식이다.

[해설] TOFC(Trailer On Flat Car)방식은 컨테이너를 적재한 트레일러가 화차 위에 탑승되므로 컨테이너만 탑승시키는 COFC(Container On Flat Car)방식에 비해 총중량이 크고, 철도 터미널에서의 소요공간이 크므로 COFC방식에 비해 사용빈도가 적다.

33 화인에 관한 설명으로 옳지 않은 것은?

① 화물작업의 편리성, 하역작업시의 물품손상 예방 등을 위해 포장에 확실히 표시하는 것을 말한다.

② 주화인표시(Main Mark)는 수입업자 화인으로 수입업자의 머리문자를 도형 속에 표기하지 않고, 주소, 성명을 전체 문자로서 표시하는 것을 말한다.

③ 부화인표시(Counter Mark)는 대조번호 화인으로서 생산자나 공급자의 약호를 붙여야 하는 경우에 표기한다.

④ 원산지표시(Origin Mark)는 정상적인 절차에 의해 선적되는 모든 수출품을 대상으로 관세법에 따라 원산지명을 표시한다.

⑤ 취급주의표시(Care Mark)는 화물의 취급, 운송, 적재요령을 나타내는 주의표시로서 일반화물 취급표시와 위험화물 경고표시로 구분된다.

[해설] 주화인표시(Main Mark)는 다른 상품과 식별을 용이하게 하는 기호로 머리문자(상호 등의 약자)로 표기된다.

34 손소독제를 판매하는 K상사는 5월 판매량을 60,000개로 예측하였으나 실제로는 56,000개를 판매하였다. 6월의 실제 판매량이 66,000개일 경우 지수평활법에 의한 7월의 판매 예측량은? (단, 지수평활계수 α = 0.2를 적용함)

① 58,240개   ② 58,860개

③ 60,240개   ④ 60,560개

⑤ 61,120개

> **해설** 지수평활법
> $F_{(forecast, 예측치)}$, $Y_{(yield, 실측치)}$
> $F_{t+1} = F_t + \alpha (Y_t - F_t)$
> $F_6 = F_5 + \alpha (Y_5 - F_5) = 60,000 + 0.2(56,000 - 60,000) = 59,200$개
> $F_7 = F_6 + \alpha (Y_6 - F_6) = 59,200 + 0.2(66,000 - 59,200) = 60,560$개

35 파렛트 집합적재방식에 관한 설명으로 옳지 않은 것을 모두 고른 것은?

ㄱ. 블록쌓기는 아래에서 위까지 동일한 방식으로 쌓는 가장 단순한 방식으로 작업효율성이 높고 무너질 염려가 없어 안정성이 높다.

ㄴ. 교호열쌓기는 블록쌓기의 짝수층과 홀수층을 90도 회전시켜 교대로 쌓는 방법으로 정방형의 파렛트에서만 적용할 수 있다.

ㄷ. 벽돌쌓기는 벽돌을 쌓듯이 가로와 세로를 조합하여 배열하고, 이후부터는 홀수층과 짝수층을 180도 회전시켜 교대로 쌓는 방법을 말한다.

ㄹ. 스플릿(Split)쌓기는 벽돌쌓기의 변형으로 가로와 세로를 배열할 때 크기의 차이에서 오는 홀수층과 짝수층의 빈 공간이 서로 마주보게 쌓는 방법이다.

ㅁ. 장방형 파렛트에는 블록쌓기, 벽돌쌓기 및 핀휠(Pinwheel)쌓기 방식이 적용된다.

① ㄱ, ㄴ   ② ㄱ, ㄹ

③ ㄱ, ㅁ   ④ ㄴ, ㄷ

⑤ ㄴ, ㅁ

> **해설** ㄱ. 블록쌓기는 작업효율성은 높으나 무너질 우려가 커 안전성이 낮다.
> ㅁ. 장방형 파렛트에는 각 단이 직사각형을 이루어 홀수단과 짝수단을 180도 회전이나 뒤집힌 형태로 적재하는 벽돌적재, 스플릿 적재 패턴이 적용된다.

36 채찍효과(Bullwhip Effect)에 관한 설명으로 옳지 않은 것은?

① 채찍효과에 따른 부정적 영향을 최소화하기 위해서는 가격할인 등의 판매촉진 정책을 장려해야 한다.

② 공급사슬 내의 한 지점에서 직면하게 되는 수요의 변동성이 상류로 갈수록 증폭되는 현상을 의미한다.

③ 채찍효과가 발생하는 원인으로는 부정확한 수요예측, 일괄주문처리 등이 있다.

④ 조달기간이 길어지면 공급사슬 내에서 채찍효과가 커지게 된다.

⑤ 공급사슬에서의 정보공유 등 전략적 파트너십을 구축하면 채찍효과에 효율적으로 대응할 수 있다.

> **[해설]** 가격할인 등의 판매촉진 정책은 수요의 불확실성을 증가시켜 채찍효과가 발생한다. 반면, 항시저가정책(EDLP)을 실시하면 수요 변동성을 줄여 채찍효과를 경감할 수 있게 된다.

37 A제품을 취급하는 K상점은 경제적주문량(EOQ)에 의한 제품발주를 통해 합리적인 재고관리를 추구하고 있다. A제품의 연간 수요량이 40,000개, 개당 가격은 2,000원, 연간 재고유지비용은 제품단가의 20%, 1회 주문비용이 20,000원일 때 경제적주문량(EOQ)과 연간 최적 발주횟수는 각각 얼마인가?

① 1,600개, 20회   ② 1,600개, 25회

③ 2,000개, 20회   ④ 2,000개, 40회

⑤ 4,000개, 10회

> **[해설]**
> - 경제적주문량(EOQ) $= \sqrt{\dfrac{2 \times CO \times D}{CH}} = \sqrt{\dfrac{2 \times 20,000 \times 40,000}{2,000 \times 0.2}} = \sqrt{4,000,000} = 2,000$개
> - 연간발주횟수 $= \dfrac{D(연간수요)}{EOQ} = \dfrac{40,000}{2,000} = 20$회

38 안전재고에 관한 설명으로 옳지 않은 것은?

① 안전재고는 품절예방, 납기준수 및 고객서비스 향상을 위해 필요하다.

② 안전재고 수준을 높이면 재고유지비의 부담이 커진다.

③ 공급업자가 제품을 납품하는 조달기간이 길어지면 안전재고량이 증가하게 된다.

④ 고객수요가 임의의 확률분포를 따를 때 수요변동의 표준편차가 작아지면 제품의 안전재고량이 증가한다.

⑤ 수요와 고객서비스를 고려하여 적정수준의 안전재고를 유지하면 재고비용이 과다하게 소요되는 것을 막을 수 있다.

[정답] 36 ① 37 ③ 38 ④

> [해설] 안전재고 = 수요의 표준편차 × 안전계수 × $\sqrt{조달기간}$
> 수요의 표준편차가 작아지면 제품의 안전재고량은 감소하게 된다.

39 구매방식에 관한 설명으로 옳지 않은 것은?

① 집중구매방식(Centralized Purchasing Method)은 일반적으로 대량구매가 이루어지기 때문에 가격 및 거래조건이 유리하다.

② 분산구매방식(Decentralized Purchasing Method)은 사업장별 구매가 가능하여 각 사업장의 다양한 요구를 반영하기 쉽다.

③ 집중구매방식(Centralized Purchasing Method)은 구매절차 표준화가 용이하며, 자재의 긴급조달에 유리하다.

④ 분산구매방식(Decentralized Purchasing Method)은 주로 사무용 소모품과 같이 구매지역에 따라 가격 차이가 없는 품목의 구매에 이용된다.

⑤ 집중구매방식(Centralized Purchasing Method)은 절차가 복잡한 수입물자 구매 등에 이용된다.

> [해설] 집중구매방식은 분산구매방식에 비해 구매절차, 사무처리가 복잡하여 자재의 긴급조달은 어렵다는 단점을 갖고 있다.

40 A소매점에서의 제품판매에 관한 정보가 아래와 같을 때 가장 합리적인 안전재고 수준은?
(단, Z(0.90) = 1.282, Z(0.95) = 1.645이며, 답은 소수점 둘째자리에서 반올림함)

- 연간 수요 : 6,000개
- 제품 판매량의 표준편차 : 20
- 연간 판매일 : 300일
- 연간 최대 허용 품절량 : 300개
- 제품 조달기간 : 4일

① 51.3
② 65.8
③ 84.8
④ 102.6
⑤ 131.6

> [해설]
> - 안전재고 = 수요의 표준편차 × 안전계수 × $\sqrt{조달기간}$
> - 목표서비스율 = 1 − 허용결품률 = $1 - \frac{300개}{6,000개}$ = 0.95(95%)
> - 95% 목표서비스율에 해당하는 안전계수 = Z(0.95) = 1.645
> - 안전재고 = 20 × 1.645 × $\sqrt{4}$ = 65.8개

41 물류정책기본법상 물류계획의 수립·시행에 관한 설명으로 옳지 않은 것은?

① 국토교통부장관 및 해양수산부장관은 국가물류정책의 기본방향을 설정하는 10년 단위의 국가물류기본계획을 5년마다 공동으로 수립하여야 한다.

② 국가물류기본계획에는 국가물류정보화사업에 관한 사항이 포함되어야 한다.

③ 국토교통부장관은 국가물류기본계획을 수립하거나 변경한 때에는 관계 중앙행정기관의 장에게 통보하며, 관계 중앙행정기관의 장은 이를 시·도지사에게 통보하여야 한다.

④ 국토교통부장관 및 해양수산부장관은 국가물류기본계획을 시행하기 위하여 연도별 시행계획을 매년 공동으로 수립하여야 한다.

⑤ 특별시장 및 광역시장은 지역물류정책의 기본방향을 설정하는 10년 단위의 지역 물류기본계획을 5년마다 수립하여야 한다.

> **해설** ③ 국토교통부장관은 국가물류기본계획을 수립하거나 변경한 때에는 이를 관보에 고시하고, 관계 중앙행정기관의 장 및 시·도지사에게 통보하여야 한다(법 제11조 제5항).

42 물류정책기본법령상 국가물류정책위원회에 관한 설명으로 옳지 않은 것은?

① 국가물류정책에 관한 주요 사항을 심의하기 위하여 산업통상자원부장관 소속으로 국가물류정책위원회를 둔다.

② 국가물류정책위원회는 위원장을 포함한 23명 이내의 위원으로 구성한다.

③ 공무원이 아닌 국가물류정책위원회 위원의 임기는 2년으로 하되, 연임할 수 있다.

④ 국가물류정책위원회의 업무를 효율적으로 추진하기 위하여 분과위원회를 둘 수 있다.

⑤ 국가물류정책위원회 전문위원의 임기는 3년 이내로 하되, 연임할 수 있다.

> **해설** ① 산업통상자원부장관 → 국토교통부장관

43 물류정책기본법상 국제물류주선업에 관한 설명으로 옳은 것은?

① 국제물류주선업을 경영하려는 자는 국토교통부령으로 정하는 바에 따라 시·도지사에게 등록하여야 한다.

② 국제물류주선업 등록을 하려는 자는 2억원 이상의 자본금(법인이 아닌 경우에는 4억원 이상의 자산평가액을 말한다)을 보유하여야 한다.

③ 거짓이나 그 밖의 부정한 방법으로 등록을 한 경우에는 국제물류주선업 등록을 취소하거나 6개월 이내의 기간을 정하여 사업의 전부 또는 일부의 정지를 명할 수 있다.

④ 국제물류주선업자가 사망한 때 상속인에게는 국제물류주선업의 등록에 따른 권리·의무가 승계되지 않는다.

⑤ 국제물류주선업의 등록에 따른 권리·의무를 승계하려는 자는 국토교통부장관의 허가를 얻어야 한다.

[해설] ② 2억원 → 3억원, 4억원 → 6억원
③ 취소하거나 ~ 정지를 명할 수 있다 → 취소해야만 한다
④ 권리.의무가 승계되지 않는다 → 승계된다
⑤ 허가 → 신고

44 물류정책기본법상 물류관련협회에 관한 설명으로 옳은 것을 모두 고른 것은?

ㄱ. 물류관련협회를 설립하려는 경우에는 해당 협회의 회원이 될 자격이 있는 기업 100개 이상이 발기인으로 정관을 작성하여 해당 협회의 회원이 될 자격이 있는 기업 200개 이상이 참여한 창립총회의 의결을 거쳐야 한다.

ㄴ. 물류관련협회는 설립인가를 받아 설립등기를 함으로써 성립한다.

ㄷ. 물류관련협회에 관하여 이 법에 규정한 것 외에는 「민법」 중 재단법인에 관한 규정을 준용한다.

ㄹ. 국토교통부장관 및 해양수산부장관은 물류관련협회의 발전을 위하여 필요한 경우에는 물류관련협회를 행정적·재정적으로 지원할 수 있다.

① ㄱ, ㄷ
② ㄴ, ㄹ
③ ㄷ, ㄹ
④ ㄱ, ㄴ, ㄹ
⑤ ㄱ, ㄴ, ㄷ, ㄹ

[해설] ㄷ. 재단법인 → 사단법인

45 물류정책기본법에 따른 행정업무 및 조치에 관한 설명으로 옳지 않은 것은?

① 국토교통부장관·해양수산부장관 및 산업통상자원부장관의 업무소관이 중복되는 경우에는 서로 협의하여 업무소관을 조정한다.

② 국제물류주선업자에게 사업의 정지를 명하여야 하는 경우로서 그 사업의 정지가 해당 사업의 이용자 등에게 심한 불편을 주는 경우에는 그 사업정지처분을 갈음하여 1천만원 이하의 과징금을 부과할 수 있다.

③ 과징금을 기한 내에 납부하지 아니한 때에는 시·도지사는「지방재정법」에 따라 징수한다.

④ 국제물류주선업자에 대한 등록을 취소하려면 청문을 하여야 한다.

⑤ 이 법에 따라 업무를 수행하는 위험물질운송단속원은「형법」제129조부터 제132조까지의 규정에 따른 벌칙의 적용에서는 공무원으로 본다.

> 해설 ③ 법 제67조 제3항 : 지방재정법 →「지방행정제재·부과금의 징수 등에 관한 법률」

46 물류정책기본법상 위반행위자에 대한 벌칙 혹은 과태료의 상한이 중한 것부터 경한 순서로 바르게 나열한 것은?

> ㄱ. 국가물류통합정보센터 또는 단위물류정보망에 의하여 처리·보관 또는 전송되는 물류 정보를 훼손한 자
> ㄴ. 우수물류기업의 인증이 취소되었음에도 인증마크를 계속 사용한 자
> ㄷ. 단말장치의 장착명령에 위반했음을 이유로 하여 내린 위험물질 운송차량의 운행중지 명령에 따르지 아니한 자
> ㄹ. 국제물류주선업의 등록을 하지 아니하고 국제물류주선업을 경영한 자

① ㄱ - ㄷ - ㄴ - ㄹ   ② ㄱ - ㄹ - ㄷ - ㄴ
③ ㄷ - ㄱ - ㄹ - ㄴ   ④ ㄹ - ㄱ - ㄴ - ㄷ
⑤ ㄹ - ㄷ - ㄴ - ㄱ

> 해설 ㄱ. 3년 이하의 징역 또는 3,000만원 이하의 벌금
> ㄴ. 200만원 이하 과태료
> ㄷ. 1,000만원 이하의 벌금형
> ㄹ. 1년 이하의 징역 또는 1,000만원 이하의 벌금

정답 45 ③ 46 ②

47 물류정책기본법상 물류체계의 효율화에 관한 설명으로 옳지 않은 것은?

① 국토교통부장관은 효율적인 물류활동을 위하여 필요한 물류시설 및 장비를 확충할 것을 물류기업에 명할 수 있다.

② 해양수산부장관은 효율적인 물류활동을 위하여 필요한 물류시설 및 장비의 확충에 필요한 행정적·재정적 지원을 할 수 있다.

③ 시·도지사는 물류공동화를 추진하는 물류기업이나 화주기업 또는 물류 관련 단체에 대하여 예산의 범위에서 필요한 자금을 지원할 수 있다.

④ 산업통상자원부장관은 물류공동화를 확산하기 위하여 필요한 경우에는 시범지역을 지정하거나 시범사업을 선정하여 운영할 수 있다.

⑤ 시·도지사는 물류공동화 촉진을 위한 조치를 하려는 경우에는 중복을 방지하기 위하여 미리 해당 조치와 관련하여 국토교통부장관·해양수산부장관 또는 산업통상자원부장관과 협의하여야 한다.

해설 ① 법 제21조 제1항 : 명할 수 있다 → 권고할 수 있다

48 물류정책기본법령상 물류정보화에 관한 설명으로 옳지 않은 것은?

① 국토교통부장관·해양수산부장관·산업통상자원부장관 또는 관세청장은 물류정보화를 통한 물류체계의 효율화를 위하여 필요한 시책을 강구하여야 한다.

② 단위물류정보망은 물류정보의 수집·분석·가공 및 유통 등을 촉진하기 위하여 구축·운영된다.

③ 「한국토지주택공사법」에 따른 한국토지주택공사는 단위물류정보망 전담기관으로 지정될 수 있다.

④ 국토교통부장관, 해양수산부장관, 시·도지사 및 행정기관은 단위물류정보망 전담기관에 대한 지정을 취소하려면 청문을 하여야 한다.

⑤ 단위물류정보망 전담기관이 시설장비와 인력 등의 지정기준에 미달하게 된 경우에는 그 지정을 취소하여야 한다.

해설 ⑤ 법 제28조 제8항 제2호 : 취소하여야 한다 → 취소할 수 있다

정답 47 ① 48 ⑤

49 물류시설의 개발 및 운영에 관한 법령상 지원시설에 해당하지 않는 것은?

① 교육·연구 시설

② 선상수산물가공업시설

③ 단독주택·공동주택 및 근린생활시설

④ 물류단지의 종사자의 생활과 편의를 위한 시설

⑤ 「건축법 시행령」 별표 1 제5호에 따른 문화 및 집회시설

해설 ② 선상수산물가공업시설을 제외한다(영 제2조 제3항 제4호).

50 물류시설의 개발 및 운영에 관한 법령상 물류시설개발종합계획의 수립에 관한 설명으로 옳은 것은?

① 국토교통부장관은 물류시설개발종합계획을 10년 단위로 수립하여야 한다.

② 물류시설개발종합계획에는 용수·에너지·통신시설 등 기반시설에 관한 사항이 포함되어야 하는 것은 아니다.

③ 국토교통부장관은 물류시설개발종합계획 중 물류시설별 물류시설용지면적의 100분의 5 이상으로 물류시설의 수요·공급계획을 변경하려는 때에는 물류시설분과 위원회의 심의를 거쳐야 한다.

④ 국토교통부장관은 관계 기관에 물류시설개발종합계획을 수립하는 데에 필요한 자료의 제출을 요구할 수 있으나, 물류시설에 대하여 조사할 수는 없다.

⑤ 관계 중앙행정기관의 장이 물류시설개발종합계획의 변경을 요청할 때에는 물류시설개발종합계획의 주요 변경내용에 관한 대비표를 국토교통부장관에게 제출하여야 한다.

해설 ① 10년 → 5년

② 포함되어야 하는 것은 아니다 → 포함된다

③ 5/100 → 10/100

(법 제5조 및 시행령 제3조)

국토교통부장관은 물류시설개발종합계획을 수립하는 때에는 관계 행정기관의 장으로부터 소관별 계획을 제출받아 이를 기초로 물류시설개발종합계획안을 작성하여 시·도지사의 의견을 듣고 관계 중앙행정기관의 장과 협의한 후 물류시설분과위원회의 심의를 거쳐야 한다. 물류시설개발종합계획 중 대통령령으로 정하는 사항을 변경하려는 때에도 또한 같다.

"대통령령으로 정하는 사항을 변경하려는 때"란 물류시설별 물류시설용지면적의 <u>100분의 10</u> 이상으로 물류시설의 수요·공급계획을 변경하려는 때를 말한다.

④ 조사할 수 없다 → 조사할 수 있다

정답 49 ② 50 ⑤

51 물류시설의 개발 및 운영에 관한 법률상 국토교통부장관이 복합물류터미널사업자의 등록을 취소하여야 하는 것을 모두 고른 것은?

ㄱ. 거짓이나 그 밖의 부정한 방법으로 제7조 제1항에 따른 등록을 한 때
ㄴ. 제7조 제3항에 따른 변경등록을 하지 아니하고 등록사항을 변경한 때
ㄷ. 제16조를 위반하여 다른 사람에게 등록증을 대여한 때
ㄹ. 제17조에 따른 사업정지명령을 위반하여 그 사업정지기간 중에 영업을 한 때

① ㄱ, ㄹ
② ㄴ, ㄷ
③ ㄱ, ㄴ, ㄷ
④ ㄱ, ㄷ, ㄹ
⑤ ㄴ, ㄷ, ㄹ

해설 법 제17조(등록의 취소 등) ① 국토교통부장관은 복합물류터미널사업자가 다음 각 호의 어느 하나에 해당하는 때에는 그 등록을 취소하거나 6개월 이내의 기간을 정하여 사업의 정지를 명할 수 있다. 다만, 제1호·제4호·제7호 또는 제8호에 해당하는 때에는 등록을 취소하여야 한다.
1. 거짓이나 그 밖의 부정한 방법으로 제7조 제1항에 따른 등록을 한 때
2. 제7조 제3항에 따른 변경등록을 하지 아니하고 등록사항을 변경한 때
3. 제7조 제4항의 등록기준에 맞지 아니하게 된 때. 다만, 3개월 이내에 그 기준을 충족시킨 때에는 그러하지 아니하다.
4. 제8조 각 호의 어느 하나에 해당하게 된 때. 다만, 같은 조 제3호에 해당하는 경우로서 그 사유가 발생한 날부터 3개월 이내에 해당 임원을 개임한 경우에는 그러하지 아니하다.
5. 제9조 제1항에 따른 인가 또는 변경인가를 받지 아니하고 공사를 시행하거나 변경한 때
6. 사업의 전부 또는 일부를 휴업한 후 정당한 사유 없이 제15조 제1항에 따라 신고한 휴업기간이 지난 후에도 사업을 재개하지 아니한 때
7. 제16조를 위반하여 다른 사람에게 자기의 성명 또는 상호를 사용하여 사업을 하게 하거나 등록증을 대여한 때
8. 이 조에 따른 사업정지 명령을 위반하여 그 사업정지기간 중에 영업을 한 때

정답 **51** ④

52 물류시설의 개발 및 운영에 관한 법령상 물류터미널사업에 관한 설명으로 옳지 않은 것은?

① 「한국농어촌공사 및 농지관리기금법」에 따른 한국농어촌공사는 복합물류터미널사업의 등록을 할 수 있는 자에 해당한다.

② 일반물류터미널사업을 경영하려는 자는 물류터미널 건설에 관하여 필요한 경우 국토교통부장관의 공사시행인가를 받아야 한다.

③ 물류터미널 안의 공공시설 중 오·폐수시설 및 공동구를 변경하는 경우에는 인가권자의 변경인가를 받아야 한다.

④ 복합물류터미널사업자는 복합물류터미널사업의 일부를 휴업하려는 때에는 미리 국토교통부장관에게 신고하여야 하며, 그 휴업기간은 6개월을 초과할 수 없다.

⑤ 물류터미널을 건설하기 위한 부지 안에 있는 국가 또는 지방자치단체 소유의 토지로서 물류터미널 건설사업에 필요한 토지는 해당 물류터미널 건설사업 목적이 아닌 다른 목적으로 매각하거나 양도할 수 없다.

> **해설** ② 법 제9조 제1항 : 국토교통부장관의 ~ 받아야 한다. → 시·도지사의 ~ 받을 수 있다.

53 물류시설의 개발 및 운영에 관한 법령상 일반물류단지의 지정에 관한 설명으로 옳지 않은 것은?

① 일반물류단지는 국토교통부장관이 지정하지만, 100만 제곱미터 이하의 일반물류단지는 관할 시·도지사가 지정한다.

② 시·도지사는 일반물류단지를 지정하려는 때에는 일반물류단지개발계획을 수립하여 관계 행정기관의 장과 협의한 후 지역물류정책위원회의 심의를 거쳐야 한다.

③ 시·도지사는 일반물류단지를 지정할 때에는 일반물류단지개발계획과 물류단지개발지침에 적합한 경우에만 일반물류단지를 지정하여야 한다.

④ 일반물류단지개발계획에는 일반물류단지의 개발을 위한 주요시설의 지원계획이 포함되어야 한다.

⑤ 중앙행정기관의 장은 일반물류단지의 지정이 필요하다고 인정하는 때에는 대상지역을 정하여 국토교통부장관에게 일반물류단지의 지정을 요청할 수 있으며, 이 경우 일반물류단지개발계획안을 작성하여 제출하여야 한다.

> **해설** ⑤ 관계 행정기관의 장과 제27조 제2항 제2호부터 제5호까지의 어느 하나에 해당하는 자는 일반물류단지의 지정이 필요하다고 인정하는 때에는 대상지역을 정하여 국토교통부장관 또는 시·도지사에게 일반물류단지의 지정을 요청할 수 있다. 이 경우 중앙행정기관의 장 이외의 자는 일반물류단지개발계획안을 작성하여 제출하여야 한다(법 제22조 제4항).
> ①은 법 개정으로 개정 법률 확인 필요함.

정답 **52** ② **53** ⑤

54 물류시설의 개발 및 운영에 관한 법령상 물류단지개발지침에 관한 설명으로 옳지 않은 것은?

① 국토교통부장관은 물류단지개발지침을 작성하여 관보에 고시하여야 한다.

② 물류단지개발지침에는 문화재의 보존을 위하여 고려할 사항이 포함되어야 한다.

③ 국토교통부장관은 물류단지개발지침을 작성할 때에는 미리 시·도지사의 의견을 듣고 관계 중앙행정기관의 장과 협의한 후 물류시설분과위원회의 심의를 거쳐야 한다.

④ 국토교통부장관은 물류단지개발지침에 포함되어 있는 토지가격의 안정을 위하여 필요한 사항을 변경할 때에는 물류시설분과위원회의 심의를 거쳐야 한다.

⑤ 물류단지개발지침은 지역 간의 균형 있는 발전을 위하여 물류단지시설용지의 배분이 적정하게 이루어지도록 작성되어야 한다.

> **해설** ④ 국토교통부장관은 물류단지개발지침을 작성할 때에는 미리 시·도지사의 의견을 듣고 관계 중앙행정기관의 장과 협의한 후 물류시설분과위원회의 심의를 거쳐야 한다. 물류단지개발지침을 변경할 때(<u>국토교통부령으로 정하는 경미한 사항을 변경할 때는 제외</u>)에도 또한 같다(법 제22조의6 제2항).
>
> ※ **물류단지개발지침 포함사항**
> 1. 물류단지의 계획적·체계적 개발에 관한 사항
> 2. 물류단지의 지정·개발·지원에 관한 사항
> 3. 「환경영향평가법」에 따른 전략환경영향평가, 소규모 환경영향평가 및 환경영향평가 등 환경보전에 관한 사항
> 4. 지역 간의 균형발전을 위하여 고려할 사항
> 5. 문화재의 보존을 위하여 고려할 사항
> 6. <u>토지가격의 안정을 위하여 필요한 사항</u>(물류시설분과위원회 심의 제외)
> 7. 분양가격의 결정에 관한 사항
> 8. 토지·시설 등의 공급에 관한 사항

55 물류시설의 개발 및 운영에 관한 법령상 특별법에 따라 설립된 법인인 시행자가 물류단지개발사업의 시행으로 새로 공공시설을 설치한 경우에는 종래의 공공시설은 시행자에게 무상으로 귀속되고 새로 설치된 공공시설은 그 시설을 관리할 국가 또는 지방자치단체에 무상으로 귀속되는 바, 이러한 공공시설에 해당하지 않는 것은?

① 방풍설비　　　　　② 공원
③ 철도　　　　　　　④ 녹지
⑤ 공동구

> **해설** 공공시설의 범위(시행령 제26조)
> 노로, 공원, 광장, 주차장(국가 또는 지방자치단체가 설치한 것만 해당), 철도, 하천, 녹지, 운동장(국가 또는 지방자치단체가 설치한 것만 해당), 공공공지, 수도(한국수자원공사가 설치하는 수도의 경우에는 관로만 해당), 하수도, 공동구, 유수지시설, 구거

정답 **54** ④　**55** ①.

---

56 물류시설의 개발 및 운영에 관한 법령상 물류단지의 원활한 개발을 위하여 국가나 지방자치단체가 설치를 우선적으로 지원하여야 하는 기반시설에 해당하는 것을 모두 고른 것은?

ㄱ. 물류단지 안의 공동구　　　　ㄴ. 유수지 및 광장
ㄷ. 보건위생시설　　　　　　　　ㄹ. 집단에너지공급시설

① ㄱ, ㄴ
② ㄱ, ㄴ, ㄹ
③ ㄱ, ㄷ, ㄹ
④ ㄴ, ㄷ, ㄹ
⑤ ㄱ, ㄴ, ㄷ, ㄹ

[해설] **법 제39조 제2항** : 국가 또는 지방자치단체는 물류단지의 원활한 개발을 위하여 필요한 도로·철도·항만·용수시설 등 기반시설의 설치를 우선적으로 지원하여야 한다.
시행령 제29조 : 법 제39조 제2항에 따라 국가나 지방자치단체가 지원하는 기반시설
1. 도로·철도 및 항만시설
2. 용수공급시설 및 통신시설
3. 하수도시설 및 폐기물처리시설
4. 물류단지 안의 공동구
5. 집단에너지공급시설
6. 유수지 및 광장

57 화물자동차 운수사업법상 운송주선사업자에 관한 설명으로 옳은 것은?

① 운송주선사업자는 운송 또는 주선 실적을 관리하고 국토교통부령으로 정하는 바에 따라 국토교통부장관의 승인을 받아야 한다.
② 운송주선사업자가 위·수탁차주에게 화물운송을 위탁하는 경우에는 운송가맹사업자의 화물정보망을 이용할 수 있다.
③ 운송사업자로 구성된 협회, 운송주선사업자로 구성된 협회 및 운송가맹사업자로 구성된 협회는 그 공동목적을 달성하기 위하여 국토교통부령으로 정하는 바에 따라 공동으로 연합회를 설립하여야 한다.
④ 부정한 방법으로 허가를 받고 화물자동차 운송주선사업을 경영한 자에 대하여는 500만원 이하의 과태료를 부과한다.
⑤ 운송주선사업자는 주사무소 외의 장소에서 상주하여 영업하려면 국토교통부령으로 정하는 바에 따라 국토교통부장관에게 신고하고 영업소를 설치하여야 한다.

[해설] ① 승인 → 신고
③ 공동으로 연합회를 설립하여야 한다 → 각각 연합회를 설립할 수 있다
④ 500만원 이하의 과태료 → 2년 이하의 징역 또는 2,000만원 이하의 벌금
⑤ 신고 → 허가

정답 **56** ② **57** ②

58 화물자동차 운수사업법령상 적재물배상보험등에 관한 설명으로 옳지 않은 것은?

① 이사화물을 취급하는 운송주선사업자는 적재물배상보험등에 가입하여야 한다.

② 건축폐기물·쓰레기 등 경제적 가치가 없는 화물을 운송하는 차량으로서 국토교통부장관이 정하여 고시하는 화물자동차는 적재물배상보험등의 가입 대상에서 제외된다.

③ 운송주선사업자의 경우 각 화물자동차별로 적재물배상보험등에 가입하여야 한다.

④ 보험회사등은 적재물배상보험등에 가입하여야 하는 자가 적재물배상보험등에 가입하려고 하면 대통령령으로 정하는 사유가 있는 경우 외에는 적재물배상보험등의 계약의 체결을 거부할 수 없다.

⑤ 이 법에 따라 화물자동차 운송사업을 휴업한 경우 보험회사등은 책임보험계약등의 전부 또는 일부를 해제하거나 해지할 수 있다.

해설 ③ 시행령 제9조의7 : 화물자동차별 → 사업자별

59 화물자동차 운수사업법령상 자가용 화물자동차의 사용에 관한 설명으로 옳은 것은?

① 특수자동차를 제외한 화물자동차로서 최대 적재량이 2.5톤 이상인 자가용 화물자동차는 사용신고대상이다.

② 자가용 화물자동차를 사용하여 화물자동차 운송사업을 경영한 경우 국토교통부장관은 6개월 이내의 기간을 정하여 그 자동차의 사용을 제한하거나 금지할 수 있다.

③ 이 법을 위반하여 자가용 화물자동차를 유상으로 화물운송용으로 제공하거나 임대한 자에게는 1천만원 이하의 과태료를 부과한다.

④ 시·도지사는 자가용 화물자동차를 무상으로 화물운송용으로 제공한 자를 수사기관에 신고한 자에 대하여 대통령령으로 정하는 바에 따라 포상금을 지급할 수 있다.

⑤ 자가용 화물자동차로서 대통령령으로 정하는 화물자동차로 사용하려는 자는 국토교통부령으로 정하는 기준에 따라 시·도지사의 허가를 받아야 한다.

해설 ② 국토교통부장관 → 시·도지사
③ 1천만원 이하의 과태료 → 2년 이하의 징역 또는 2,000만원 이하의 벌금
④ 무상 → 유상
⑤ 허가 → 신고

정답 **58** ③ **59** ①

60 화물자동차 운수사업법령상 화물자동차 휴게소의 건설사업 시행에 관한 설명으로 옳지 않은 것은?

① 「국가철도공단법」에 따른 한국철도시설공단은 화물자동차 휴게소 건설사업을 할 수 있는 공공기관에 해당하지 않는다.

② 화물자동차 휴게소 건설사업을 시행하려는 자는 사업의 명칭·목적, 사업을 시행하려는 위치와 면적 등 대통령령으로 정하는 사항이 포함된 건설계획을 수립하여야 한다.

③ 화물자동차 휴게소의 건설 대상지역 및 시설기준은 국토교통부령으로 정한다.

④ 「도로법」 제10조에 따른 고속국도 또는 일반국도에 인접한 지역으로서 화물자동차의 일일 평균 편도 교통량이 3천5백대 이상인 지역은 화물자동차휴게소의 건설 대상지역이다.

⑤ 사업시행자는 건설계획을 수립한 때에는 이를 공고하고, 관계 서류의 사본을 20일 이상 일반인이 열람할 수 있도록 하여야 한다.

> **해설** 「공공기관의 운영에 관한 법률」에 따른 공공기관 중 대통령령으로 정하는 공공기관
> 1. 「한국철도공사법」에 따른 한국철도공사
> 2. 「한국토지주택공사법」에 따른 한국토지주택공사
> 3. 「한국도로공사법」에 따른 한국도로공사
> 4. 「한국수자원공사법」에 따른 한국수자원공사
> 5. 「한국농어촌공사 및 농지관리기금법」에 따른 한국농어촌공사
> 6. 「항만공사법」에 따른 항만공사
> 7. 「인천국제공항공사법」에 따른 인천국제공항공사
> 8. 「한국공항공사법」에 따른 한국공항공사
> 9. 「한국교통안전공단법」에 따른 한국교통안전공단
> 10. 「국가철도공단법」에 따른 국가철도공단

61 화물자동차 운수사업법상 공제조합에 관한 규정 내용이다. ( )에 들어갈 내용을 바르게 나열한 것은?

> 공제조합을 설립하려면 공제조합의 조합원 자격이 있는 자의 (ㄱ) 이상이 발기하고, 조합원 자격이 있는 자 (ㄴ)인 이상의 동의를 받아 창립총회에서 정관을 작성한 후 국토교통부장관에게 인가를 신청하여야 한다.

① ㄱ : 5분의 1,   ㄴ : 50   ② ㄱ : 5분의 1,   ㄴ : 100
③ ㄱ : 5분의 1,   ㄴ : 200   ④ ㄱ : 10분의 1, ㄴ : 100
⑤ ㄱ : 10분의 1, ㄴ : 200

정답 **60** ① **61** ⑤

해설 공제조합을 설립하려면 공제조합의 조합원 자격이 있는 자의 10분의 1 이상이 발기하고, 조합원 자격이 있는 자 200인 이상의 동의를 받아 창립총회에서 정관을 작성한 후 국토교통부장관에게 인가를 신청하여야 한다(법 제51조의3).

62 화물자동차 운수사업법령상 화물자동차 운송사업의 차량충당조건에 관한 설명으로 옳은 것은?

① 신규등록에 충당되는 화물자동차는 차령이 2년의 범위에서 대통령령으로 정하는 연한 이내여야 한다.

② 제작연도에 등록된 화물자동차의 차량충당 연한의 기산일은 제작연도의 말일이다.

③ 부득이한 사유가 없는 한 대폐차 변경신고를 한 날부터 30일 이내에 대폐차하여야 한다.

④ 대폐차의 절차 및 방법 등에 관하여 국토교통부령으로 규정한 사항 외에 필요한 세부사항은 국토교통부장관이 정하여 고시한다.

⑤ 국토교통부장관은 차량충당조건에 대하여 2014년 1월 1일을 기준으로 5년마다 그 타당성을 검토하여 개선 등의 조치를 하여야 한다.

해설 ① 2년 → 3년
② 제작연도의 말일 → 최초의 신규등록일
③ 30일 → 15일
⑤ 5년마다 → 3년마다

63 화물자동차 운수사업법상 과징금에 관한 설명으로 옳지 않은 것은? (단, 권한위임에 관한 규정은 고려하지 않음)

① 국토교통부장관은 운송사업자에게 이 법에 의한 감차 조치를 명하여야 하는 경우에는 이를 갈음하여 과징금을 부과할 수 없다.

② 과징금을 부과하는 경우 그 액수는 총액이 1천만원 이하여야 한다.

③ 과징금을 부과하려면 사업정지처분이 해당 화물자동차 운송사업의 이용자에게 심한 불편을 주거나 그 밖에 공익을 해칠 우려가 있어야 한다.

④ 국토교통부장관은 과징금 부과처분을 받은 자가 과징금을 정한 기한에 내지 아니하면 국세 체납처분의 예에 따라 징수한다.

⑤ 징수한 과징금은 법에서 정한 외의 용도로는 사용할 수 없다.

해설 ② 법 제21조 제1항 : 1,000만원 → 2,000만원

정답 **62** ④ **63** ②

64 화물자동차 운수사업법령상 운송사업자의 준수사항에 관한 설명으로 옳지 않은 것은?

① 최대적재량 1.5톤 이하의 화물자동차의 경우에는 주차장, 차고지 또는 지방자치단체의 조례로 정하는 시설 및 장소에서만 밤샘주차할 것

② 화주로부터 부당한 운임 및 요금의 환급을 요구받았을 때에는 환급할 것

③ 「자동차관리법」에 따른 검사를 받지 아니하고 화물자동차를 운행하지 아니할 것

④ 개인화물자동차 운송사업자의 경우 주사무소가 있는 특별시·광역시·특별자치시 또는 도와 맞닿은 특별시·광역시·특별자치시 또는 도에 상주하여 화물자동차 운송사업을 경영하지 아니할 것

⑤ 화물자동차 운전자가 「도로교통법」을 위반해서 난폭운전을 하지 않도록 운행관리를 할 것

> **해설** ④ 개인화물자동차 운송사업자의 경우 주사무소가 있는 특별시·광역시·특별자치시 또는 도와 이와 맞닿은 특별시·광역시·특별자치시 또는 <u>도 외의 지역에</u> 상주하여 화물자동차 운송사업을 경영하지 아니할 것(시행규칙 제21조)

65 화물자동차 운수사업법상 위·수탁계약에 관한 설명으로 옳은 것은? (단, 권한위임에 관한 규정은 고려하지 않음)

① 국토교통부장관은 해지된 위·수탁계약의 위·수탁차주였던 자가 감차 조치가 있는 날부터 6개월이 지난 후 임시허가를 신청하는 경우 3개월로 기간을 한정하여 허가할 수 있다.

② 임시허가를 받은 자가 허가 기간 내에 다른 운송사업자와 위·수탁계약을 체결하지 못하고 임시허가 기간이 만료된 경우 6개월 내에 임시허가를 신청할 수 있다.

③ 국토교통부장관이 건전한 거래질서의 확립과 공정한 계약의 정착을 위하여 표준 위·수탁계약서를 고시한 경우에는 계약당사자의 위·수탁계약은 이에 따라야 한다.

④ 운송사업자가 부정한 방법으로 변경허가를 받았다는 사유로 위·수탁차주의 화물자동차가 감차 조치를 받은 경우에는 해당 운송사업자와 위·수탁차주의 위·수탁계약은 해지된 것으로 본다.

⑤ 위·수탁계약의 내용 중 일부에 대하여 당사자 간 이견이 있는 경우 계약내용을 일방의 의사에 따라 정함으로써 상대방의 정당한 이익을 침해한 경우에는 그 위·수탁계약은 전부 무효로 한다.

해설 ① 6개월 → 3개월, 3개월 → 6개월

② 6개월 → 3개월

③ 계약의 당사자는 그 계약을 체결하는 경우 차량소유자·계약기간, 그 밖에 국토교통부령으로 정하는 사항을 계약서에 명시하여야 하며, 서명날인한 계약서를 서로 교부하여 보관하여야 한다. 이 경우 국토교통부장관은 건전한 거래질서의 확립과 공정한 계약의 정착을 위하여 표준 위·수탁계약서를 고시하여야 하고, 이를 우선적으로 사용하도록 권고할 수 있다(법 제40조 제4항).

⑤ 전부 무효 → 그 부분에 한정하여 무효

---

66 화물자동차 운수사업법상 화물자동차 운송사업의 허가를 받을 수 없는 결격사유가 있는 자에 해당하는 것을 모두 고른 것은?

ㄱ. 이 법을 위반하여 징역 이상의 형(刑)의 집행유예를 선고받고 그 유예기간이 지난 후 1년이 지난 자

ㄴ. 이 법을 위반하여 징역 이상의 실형(實刑)을 선고받고 그 집행이 면제된 날부터 1년이 지난 자

ㄷ. 부정한 방법으로 화물자동차 운송사업의 허가를 받아 허가가 취소된 후 3년이 지난 자

ㄹ. 화물운송 종사자격이 없는 자에게 화물을 운송하게 하여 허가가 취소된 후 3년이 지난 자

① ㄴ

② ㄱ, ㄷ

③ ㄴ, ㄷ

④ ㄱ, ㄴ, ㄹ

⑤ ㄴ, ㄷ, ㄹ

해설 법 제4조(결격사유) : 다음 각 호의 어느 하나에 해당하는 자는 화물자동차 운송사업의 허가를 받을 수 없다. 법인의 경우 그 임원 중 다음 각 호의 어느 하나에 해당하는 자가 있는 경우에도 또한 같다.

1. 피성년후견인 또는 피한정후견인

2. 파산선고를 받고 복권되지 아니한 자

3. 이 법을 위반하여 징역 이상의 실형을 선고받고 그 집행이 끝나거나(집행이 끝난 것으로 보는 경우를 포함한다) 집행이 면제된 날부터 2년이 지나지 아니한 자

4. 이 법을 위반하여 징역 이상의 형의 집행유예를 선고받고 그 유예기간 중에 있는 자

5. 제19조 제1항(제1호 및 제2호 제외)에 따라 허가가 취소(제4조 제1호 또는 제2호에 해당하여 제19조 제1항 제5호에 따라 허가가 취소된 경우는 제외)된 후 2년이 지나지 아니한 자

6. 제19조 제1항 제1호 또는 제2호에 해당하여 허가가 취소된 후 5년이 지나지 아니한 자

정답 **66** ③

67 유통산업발전법령상 유통업상생발전협의회(이하 "협의회"라 함)에 관한 설명으로 옳은 것은?

① 협의회는 회장 1명을 포함한 9명 이내의 위원으로 구성한다.

② 해당 지역의 대·중소유통 협력업체·납품업체 등 이해관계자는 협의회의 위원이 될 수 없다.

③ 협의회 위원의 임기는 3년으로 한다.

④ 협의회의 회의는 재적위원 3분의 1 이상의 출석으로 개의하고, 출석위원 과반수 이상의 찬성으로 의결한다.

⑤ 협의회는 분기별로 1회 이상 개최하는 것을 원칙으로 한다.

[해설] ① 9명 → 11명
② 될 수 없다 → 될 수 있다
③ 3년 → 2년
④ 1/3 이상의 출석으로 개의, 출석위원 과반수 이상 찬성 → 2/3 이상의 출석으로 개의, 출석위원 2/3 이상 찬성

68 유통산업발전법상 중소유통공동도매물류센터에 대한 지원에 관한 설명이다. (　)에 들어 갈 수 있는 내용을 바르게 나열한 것은?

- (ㄱ)은 「중소기업기본법」 제2조에 따른 중소기업자 중 대통령령으로 정하는 소매업자 50인 또는 도매업자 10인이 공동으로 중소유통기업의 경쟁력 향상을 위하여 상품의 보관·배송·포장 등 공동물류사업 등을 하는 물류센터를 건립하거나 운영하는 경우에는 필요한 행정적·재정적 지원을 할 수 있다.
- 중소유통공동도매물류센터의 건립, 운영 및 관리 등에 필요한 사항은 (ㄴ)이 정하여 고시한다.

① ㄱ : 기획재정부장관　　　ㄴ : 산업통상자원부장관
② ㄱ : 산업통상자원부장관　ㄴ : 지방자치단체의 장
③ ㄱ : 지방자치단체의 장　　ㄴ : 중소벤처기업부장관
④ ㄱ : 중소벤처기업부장관　ㄴ : 기획재정부장관
⑤ ㄱ : 기획재정부장관　　　ㄴ : 중소벤처기업부장관

[해설] 유통산업발전법 제17조의2
① 산업통상자원부장관, 중소벤처기업부장관 또는 지방자치단체의 장은 「중소기업기본법」 제2조에 따른 중소기업자 중 대통령령으로 정하는 소매업자 50인 또는 도매업자 10인 이상의 자가 공동으로 중소유통기업의 경쟁력 향상을 위하여 중소유통공동도매물류센터를 건립하거나 운영하는 경우에는 필요한 행정적·재정적 지원을 할 수 있다.
④ 중소유통공동도매물류센터의 건립, 운영 및 관리 등에 필요한 사항은 중소벤처기업부장관이 정하여 고시한다.

정답　67 ⑤　68 ③

69 유통산업발전법상 대규모점포의 등록결격사유가 있는 자로 옳지 않은 것은?

① 미성년자

② 피성년후견인

③ 파산선고를 받고 복권된 후 3개월이 지난 자

④ 이 법을 위반하여 징역의 실형을 선고받고 그 집행이 면제된 날부터 6개월이 지난 자

⑤ 이 법을 위반하여 징역형의 집행유예선고를 받고 유예기간 중에 있는 자

해설 ③ 복권된 후 3개월이 지난 자 → 복권되지 아니한 자

70 유통산업발전법령상 유통분쟁조정위원회(이하 "위원회"라 함)에 관한 설명으로 옳지 않은 것은?

① 위원회는 위원장 1명을 포함하여 11명 이상 15명 이하의 위원으로 구성한다.

② 유통분쟁조정신청을 받은 위원회는 신청일부터 7일 이내에 신청인 외의 관련 당사자에게 분쟁의 조정신청에 관한 사실과 그 내용을 통보하여야 한다.

③ 분쟁의 조정신청을 받은 위원회는 원칙적으로 조정신청을 받은 날부터 60일 이내에 이를 심사하여 조정안을 작성하여야 한다.

④ 당사자가 조정안을 수락하고 조정서에 기명날인하거나 서명하였을 때에는 당사자 간에 조정서와 동일한 내용의 합의가 성립된 것으로 본다.

⑤ 위원회는 동일한 시기에 동일한 사안에 대하여 다수의 분쟁조정이 신청된 경우에는 그 다수의 분쟁조정신청을 통합하여 조정할 수 있다.

해설 ② 시행령 제16조 제1항 : 7일 → 3일

71 유통산업발전법상 지방자치단체의 장이 행정적·재정적 지원을 할 수 있는 대상으로 옳지 않은 것은?

① 재래시장의 활성화

② 전문상가단지의 건립

③ 비영리법인의 판매사업 활성화

④ 중소유통공동도매물류센터의 건립 및 운영

⑤ 중소유통기업의 창업 지원 등 중소유통기업의 구조개선 및 경쟁력 강화

정답 69 ③ 70 ② 71 ③

해설 ① 정부는 재래시장의 활성화에 필요한 시책을 수립·시행하여야 하고, 정부 또는 <u>지방자치단체의 장</u>은 이에 필요한 <u>행정적·재정적 지원을 할 수 있다</u>(법 제15조 제3항).

② 산업통상자원부장관, 관계 중앙행정기관의 장 또는 <u>지방자치단체의 장</u>은 다음 각 호의 어느 하나에 해당하는 자가 전문상가단지를 세우려는 경우에는 <u>필요한 행정적·재정적 지원을 할 수 있다</u>(제20조 제1항).

④ 산업통상자원부장관, 중소벤처기업부장관 또는 <u>지방자치단체의 장</u>은 「중소기업기본법」 제2조에 따른 중소기업자 중 대통령령으로 정하는 소매업자 50인 또는 도매업자 10인 이상의 자가 공동으로 중소유통기업의 경쟁력 향상을 위하여 중소유통공동도매물류센터를 건립하거나 운영하는 경우에는 필요한 <u>행정적·재정적 지원을 할 수 있다</u>(법 제17조의2 제1항).

⑤ 정부 또는 <u>지방자치단체의 장</u>은 다음 각 호의 사항이 포함된 중소유통기업의 구조개선 및 경쟁력 강화에 필요한 시책을 수립·시행할 수 있고, 이에 필요한 <u>행정적·재정적 지원을 할 수 있다</u>(법 제15조 제4항).

72 항만운송사업법령상 타인의 수요에 응하여 하는 행위로서 항만운송에 해당하는 것은?

① 선박에서 발생하는 분뇨 및 폐기물의 운송
② 탱커선에 의한 운송
③ 선박에서 사용하는 물품을 공급하기 위한 운송
④ 선적화물을 싣거나 내릴 때 그 화물의 용적 또는 중량을 계산하거나 증명하는 일
⑤ 「해운법」에 따른 해상여객운송사업자가 여객선을 이용하여 하는 여객운송에 수반되는 화물 운송

해설 ④ 선적화물을 싣거나 내릴 때 그 화물의 용적 또는 중량을 계산하거나 증명하는 일[이하 "검량"이라 한다](법 제2조 제1항 제16호)

73 항만운송사업법령상 2020년 6월 화물 고정 항만용역업에 채용된 甲이 받아야 하는 교육훈련에 관한 설명으로 옳은 것은?

① 화물 고정 항만용역작업은 안전사고가 발생할 우려가 높은 작업에 해당되지 않으므로 甲은 교육훈련의 대상이 아니다.
② 甲은 채용된 날부터 6개월 이내에 실시하는 신규자 교육훈련을 받아야 한다.
③ 甲이 2020년 9월에 실시하는 신규자 교육훈련을 받는다면, 2021년에 실시하는 재직자 교육훈련은 면제된다.
④ 甲이 최초의 재직자 교육훈련을 받는다면, 그 후 매 3년마다 실시하는 재직자 교육훈련을 받아야 한다.
⑤ 甲의 귀책사유 없이 교육훈련을 받지 못한 경우에도 甲은 화물 고정 항만용역작업에 종사하는 것이 제한되어야 한다.

정답 **72** ④ **73** ②

해설 ① 해양수산부령으로 정하는 안전사고가 발생할 우려가 높은 작업이란 다음 각 호의 작업을 말한다(시행규칙 제30조의2 제1항).
1. 법 제3조 제1호의 항만하역사업
2. 영 제2조 제1호 나목 중 줄잡이 항만용역업
3. 영 제2조 제1호 다목 중 <u>화물 고정 항만용역업</u>
③ 재직자훈련은 신규자 교육훈련 다음 연도부터 받아야 함(시행규칙 제30조의2 제2항 제2호).
④ 시행규칙 제30조의2 제2항 제2호 : 3년 → 2년
⑤ 귀책사유 없는 경우는 화물 고정 항만용역작업에 종사하는 것이 제한되지 않는다(시행규칙 제30조의2 제6항 제2호).

74 항만운송사업법령상 항만운송 분쟁협의회(이하 "분쟁협의회"라 함)에 관한 설명으로 옳지 않은 것은?

① 분쟁협의회는 취급화물별로 구성·운영된다.
② 분쟁협의회는 위원장 1명을 포함하여 7명의 위원으로 구성한다.
③ 분쟁협의회의 위원장은 위원 중에서 호선한다.
④ 분쟁협의회의 위원에는 항만운송사업의 분쟁 관련 업무를 담당하는 공무원 중에서 해당 항만을 관할하는 지방해양수산청장 또는 시·도지사가 지명하는 사람이 포함된다.
⑤ 분쟁협의회는 항만운송과 관련된 노사 간 분쟁의 해소에 관한 사항을 심의·의결한다.

해설 ① 법 제27조의8 제1항 : 취급화물별 → 항만별

75 철도사업법령상 철도사업자의 사업계획 변경에 관한 설명으로 옳지 않은 것은?

① 철도사업자는 여객열차의 운행구간을 변경하려는 경우에는 국토교통부장관에게 신고하여야 한다.
② 철도사업자는 사업용철도노선별로 여객열차의 정차역을 10분의 2 이상 변경하려는 경우에는 국토교통부장관의 인가를 받아야 한다.
③ 국토교통부장관은 노선 운행중지, 감차 등을 수반하는 사업계획 변경명령을 받은 후 1년이 지나지 아니한 철도사업자의 사업계획 변경을 제한할 수 있다.
④ 국토교통부장관은 사업의 개선명령을 받고 이를 이행하지 아니한 철도사업자의 사업계획 변경을 제한할 수 있다.
⑤ 국토교통부장관이 지정한 날 또는 기간에 운송을 시작하지 아니한 철도사업자의 사업계획 변경에 대하여 국토교통부장관은 이를 제한할 수 있다.

해설 ① 법 제12조 제1항 단서 : 신고 → 인가

정답 **74** ① **75** ①

76 철도사업법령상 과징금처분에 관한 설명으로 옳지 않은 것은?

① 국토교통부장관이 사업정지처분을 갈음하여 철도사업자에게 부과하는 과징금은 1억원 이하이다.

② 과징금의 수납기관은 과징금을 수납한 때에는 지체 없이 그 사실을 국토교통부장관에게 통보하여야 한다.

③ 과징금은 이를 분할하여 납부할 수 있다.

④ 국토교통부장관은 과징금을 부과하고자 하는 때에는 그 위반행위의 종별과 해당과징금의 금액 등을 명시하여 이를 납부할 것을 서면으로 통지하여야 한다.

⑤ 국토교통부장관은 매년 10월 31일까지 다음 연도의 과징금 운용계획을 수립하여 시행하여야 한다.

> [해설] ※ 행정기본법 제29조 단서의 사유에 해당하는 경우 분할 납부가 가능해졌다. 그리고 관련규정인 철도사업법 시행령 제10조 제5항은 삭제(2021.9.24일자 개정)되었다.

77 철도사업법령상 전용철도를 운영하는 자가 등록사항의 변경을 등록하지 않아도 되는 사유에 해당하는 것을 모두 고른 것은?

> ㄱ. 운행시간을 연장한 경우
> ㄴ. 운행횟수를 단축한 경우
> ㄷ. 전용철도 건설기간을 4월 조정한 경우
> ㄹ. 주사무소·철도차량기지를 제외한 운송관련 부대시설을 변경한 경우

① ㄱ, ㄴ   ② ㄷ, ㄹ

③ ㄱ, ㄴ, ㄷ   ④ ㄴ, ㄷ, ㄹ

⑤ ㄱ, ㄴ, ㄷ, ㄹ

> [해설] 변경을 등록하지 않아도 되는 "경미한 변경의 경우"란 다음 각 호의 어느 하나에 해당하는 경우를 말한다(시행령 제12조 제1항).
> 1. 운행시간을 연장 또는 단축한 경우
> 2. 배차간격 또는 운행횟수를 단축 또는 연장한 경우
> 3. 10분의 1의 범위안에서 철도차량 대수를 변경한 경우
> 4. 주사무소·철도차량기지를 제외한 운송관련 부대시설을 변경한 경우
> 5. 임원을 변경한 경우(법인에 한한다)
> 6. 6월의 범위 안에서 전용철도 건설기간을 조정한 경우

정답 **76** ③   **77** ⑤

78 철도사업법령상 철도서비스 향상 등에 관한 설명으로 옳지 않은 것은?

① 국토교통부장관은 공정거래위원회와 협의하여 철도사업자 간 경쟁을 제한하지 아니하는 범위에서 우수 철도서비스에 대한 인증을 할 수 있다.

② 철도사업자의 신청에 의하여 우수철도서비스인증을 하는 경우에 그에 소요되는 비용은 예산의 범위 안에서 국토교통부가 부담한다.

③ 철도서비스 평가업무 등을 위탁받은 자는 철도서비스의 평가 등을 할 때 철도사업자에게 관련 자료 또는 의견 제출 등을 요구할 수 있다.

④ 철도사업자는 철도사업 외의 사업을 경영하는 경우에는 철도사업에 관한 회계와 철도사업 외의 사업에 관한 회계를 구분하여 경리하여야 한다.

⑤ 철도사업자는 관련 법령에 따라 산출된 영업수익 및 비용의 결과를 회계법인의 확인을 거쳐 회계연도 종료 후 4개월 이내에 국토교통부장관에게 제출하여야 한다.

해설　② 철도사업자의 신청에 의하여 우수철도서비스인증을 하는 경우에는 그에 소요되는 비용은 당해 철도사업자가 부담한다(시행규칙 제20조 제3항).

79 농수산물 유통 및 가격안정에 관한 법령상 중도매인(仲都賣人)에 관한 설명으로 옳지 않은 것은?

① 중도매인의 업무를 하려는 자는 부류별로 해당 도매시장 개설자의 허가를 받아야 한다.

② 도매시장 개설자는 법인이 아닌 중도매인에게 중도매업의 허가를 하는 경우 3년 이상 10년 이하의 범위에서 허가 유효기간을 설정할 수 있다.

③ 중도매업의 허가를 받은 중도매인은 도매시장에 설치된 공판장에서는 그 업무를 할 수 없다.

④ 해당 도매시장의 다른 중도매인과 농수산물을 거래한 중도매인은 농림축산식품부령 또는 해양수산부령으로 정하는 바에 따라 그 거래 내역을 도매시장 개설자에게 통보하여야 한다.

⑤ 부류를 기준으로 연간 반입물량 누적비율이 하위 3퍼센트 미만에 해당하는 소량품목의 경우 중도매인은 도매시장 개설자의 허가를 받아 도매시장법인이 상장하지 아니한 농수산물을 거래할 수 있다.

해설　③ 제25조에 따라 허가를 받은 중도매인은 도매시장에 설치된 공판장에서도 그 업무를 할 수 있다(법 제26조).

80 농수산물 유통 및 가격안정에 관한 법령상 경매사에 관한 설명으로 옳지 않은 것은?

① 도매시장법인은 2명 이상의 경매사를 두어야 한다.

② 경매사는 경매사 자격시험에 합격한 자 중에서 임명한다.

③ 도매시장법인은 경매사가 해당 도매시장의 산지유통인이 된 경우 그 경매사를 면직하여야 한다.

④ 도매시장법인이 경매사를 임면하면 도매시장 개설자에게 신고하여야 한다.

⑤ 도매시장 개설자는 경매사의 임면 내용을 전국을 보급지역으로 하는 일간신문 또는 지정·고시된 인터넷 홈페이지에 게시하여야 한다.

> [해설] ⑤ 도매시장법인이 경매사를 임면하였을 때에는 농림축산식품부령 또는 해양수산부령으로 정하는 바에 따라 그 내용을 도매시장 개설자에게 신고하여야 하며, 도매시장 개설자는 농림축산식품부장관 또는 해양수산부장관이 지정하여 고시한 인터넷 홈페이지에 그 내용을 게시하여야 한다(법 제27조 제4항).

물류
관리사